经济密码
PMI指数体系与经济预测

于 颖◎著

·北京·

图书在版编目（CIP）数据

经济密码：PMI指数体系与经济预测 / 于颖著 . —北京: 科学技术文献出版社, 2021.4 （2022.9重印）

ISBN 978-7-5189-7806-9

Ⅰ . ①经… Ⅱ . ①于… Ⅲ . ①企业—采购—指数—研究—中国 Ⅳ . ① F279.23

中国版本图书馆CIP数据核字（2021）第066666号

经济密码——PMI指数体系与经济预测

策划编辑：郝迎聪	责任编辑：赵 斌	责任校对：张 微	责任出版：张志平

出 版 者	科学技术文献出版社
地 址	北京市复兴路15号　邮编 100038
编 务 部	（010）58882938，58882087（传真）
发 行 部	（010）58882868，58882870（传真）
邮 购 部	（010）58882873
官方网址	www.stdp.com.cn
发 行 者	科学技术文献出版社发行　全国各地新华书店经销
印 刷 者	北京虎彩文化传播有限公司
版 次	2021年4月第1版　2022年9月第2次印刷
开 本	787×1092　1/16
字 数	382千
印 张	17.25
书 号	ISBN 978-7-5189-7806-9
定 价	68.00元

版权所有　违法必究

购买本社图书，凡字迹不清、缺页、倒页、脱页者，本社发行部负责调换

序 一

中国采购经理指数（PMI）体系至今已经走过了16年时间。

PMI指数的诞生，是中国经济与企业发展过程中采购经理阶层兴起和壮大的必然产物；PMI的发展，也是中国经济逐步优化结构、经济分析走向指数化的重要成果。中国PMI体系的编制，是国内一项开创性工作，也是一项系统工程。

多年来，中国物流与采购联合会坚持中立、真实、科学、合作的原则，发展、壮大PMI，目前PMI体系已经成为中国和全球的"经济晴雨表"，不仅是有关市场研究人士观察经济趋势的窗口，更是我国政府决策层赖以做出宏观经济政策调控的重要参考。

在经济数据调查统计领域，坚持新发展理念、贯彻新系统观念，PMI作为第三方社团组织的中立数据，是不可或缺的中国数据名片。在深化改革、加大对外开放的新格局中，PMI将对国外各方人士了解中国、认识中国发挥更好的作用。

PMI取得如此成就，相关人士为之投入了巨大的努力。其中，以于颖女士为代表的企业界人士付出良多。为了促成应用，其多年来坚持研究工作，为PMI应用提出了多种解决方案。他们依据PMI数据，在中国经济周期分析、结构转型、质量提升、新兴科技崛起、支柱产业转换等方面做出了很多重要判断，每年都在重要经济媒体及高层内部参考媒体上发表有关文章。这些分析判断得到了市场人士的认可，也成为政府宏观调控决策的重要参考。

该书作为一本指南式书籍，也是继之前两本中国PMI专著之后的又一部力作。书中述及PMI主要应用领域，如观察经济周期位置、比较行业走势优劣、预测其他经济数据、中国经济质量测度、中国经济结构分析等，全面概括了这些年PMI数据应用的目标，详细阐述了PMI数据在宏观经济研究、政策决策研究、投资决策研究等领域的方法和推导过程，可以说构建了完整的PMI数据应用体系。同时，该书汇集了于颖女士多年来宏观研究的重点文献，脉络清晰。

立足研究本身，运用多种分析方法对PMI数据进行挖掘，是于颖女士团队对PMI体系做出的最大贡献。因为这些引领性的分析，各种讨论研究广泛兴起，PMI成为经济研究、投资决策不可或缺的工具。随着宏观研究者大量分析的每月出台，中国PMI数据在更广阔的社会层面为人熟知，为全球人士了解中国提供了重要窗口，得到我国政府决策层的认可和重视。

目前，PMI数据分析报告已经成为中国物流与采购联合会例行上报有关部门，并同时面向社会及时发布数据的服务平台，于颖女士等根据PMI撰写的文字得到有关部门及社会各界的广泛认可。许多部门与机构也在自身负责的领域采用、挖掘PMI的深层价值，从宏观研究到投资决策，从数据挖掘到宏观决策，针对PMI形成了立体多样的研究体系。

随着中国在全球经济地位的不断提升，作为研判中国和全球经济走势的重要数据，PMI将进一步得到其他国家研究者的重视，我们在国际应用方面还有很多工作要做。希望于颖女士等再接再厉，继续刻苦钻研，发挥团队力量，将PMI研究带到国际舞台上，为新时代中国经济研究再做贡献。

未来，随着大数据技术的不断发展和深入，PMI体系作为中国经济数据中不可多得的连续数据库，其应用还有更广阔的领域，诸如量化投资、构建指数模型、资本市场衍生品设计、深度挖掘其供应链领域的数据意义等，都有待进一步的研究。

希望该书的出版能为更多人士了解应用PMI提供重要的参考，助力PMI体系走向更成功的未来。

蔡进，中国物流与采购联合会副会长。

序 二

　　世间的许多事情并不是完全按照事先的预设在运行，所谓"种瓜得豆"就是这个意思。王维则有"木末芙蓉花，山中发红萼。涧户寂无人，纷纷开且落。"自开自落的花儿，虽然躲在寂寥的深山，但同样是生命的绽放，有其自身的价值与尊严。不仅是"一草一天国"的生命安顿，更有"月印万川，俯仰自得"的人生智慧与境界。一朵在山风吹拂下独自开放的木芙蓉花，无所求，有璀璨的生命光芒，散发出生命之美。某种意义上言，它所自证的，是砥砺生命信心，归复内在心灵平宁，心安即归程。

　　说这段话是有感于于颖抱着她的关于PMI的著作，来找我写序时的悠然和随性，我既讶异她的术业跨度，但也很了然她貌似散漫实则有定的慢条斯理。一晃，她已经开始人生的华章，为她高兴为她喜。

　　我和她相识是在20世纪80年代的末期，虽然我们并无太大的代际差距，但毕竟她是我的学生，我不仅给他们授课，而且还是他们的班主任，要代行学校的"管理权"，所以，该训诫时还是要对他们"口诛语伐"，尽管他们有许多人心里是抗拒的，大概于颖也如此，不过她没有当面表示罢了。

　　后来在中文系百年系庆编纂系友名录时，虽然她的名字被印成"于颖"，但我知道她还是那个我熟悉的于颖。

　　在学校期间，于颖并不是一个很听话的学生，可能教过她的老师都对此印象深刻。不过，于颖天资聪颖，属于一点就通的那类，课堂上她虽然人在教室，头抬起来时眼神里却是"随白云轻起，共山花烂漫"的"任真"，她是在对自己感兴趣的事情投入执着和理解。虽然她的课程成绩并不差，诗也写得不错，但从后来的兴趣和发展看，似乎她是中文系培养出的"特异独行"者。后来认识她的人恐怕都认为她是理科生——这源于于颖后来从事的一个事业，中国PMI体系的实践研究。

　　PMI应该是一个中文系的人很难感兴趣也完全不懂的话题，为其作序，难煞我也。但是对待她取得的成绩，我欣然又喜悦，愿意乐观其成是一方面，由此反思我们的教育，或许也更应该。

北大中文系几十年来新生第一课的内容，都在强调："北大中文系不是培养作家的地方，也不是培养诗人的地方，是做学问，培养学者的地方。"这瓢冷水，也许对很多做着文学梦来到这里的新生而言，打击是沉重的，而且科层制的培养计划和课程设置，也会对充满幻想的一些学生的浪漫予以碾压。也许大多数学生就会积极调整，适应了"定制"。但还是有极少数，却并没有顺从，甚至进行了必要的"抵抗"，他们"人在课堂心在梦"，作业自然也是凭兴趣来做，"认真"只是对着自己的趣味来，读自己喜欢的书，甚至"每有会意便欣然忘食"。其实，有意无意之间，他们已经熏染了中文系"无用之大用"之影响，无论最终发展路径和去向如何，中国语言文学的专业训练和营养已经浸润在他们的身心。如今，他们毕业快30年了，大家各自都术业有专攻，并拥有各自纯粹的生活，有在文化界深耕的，也有跨界的。无论如何，中文系的背景和底色已经植入他们的生命。30多年前那一批青春勃发、意气昂扬的少男少女，现在都已经成为各领域的专家，包括于颖。我为他们感到骄傲。

于颖没有像她的一些同学一样在文学的道路上获得突出成绩，也没有做优秀的文化工作者，却在PMI这样一个小众的经济学领域，从无到有建立了一个完整的分析挖掘体系，这也是巨大的成功，"观千剑而后识器"，莫不如是。这或许就是北大中文系给予她的营养，化育似春雨般润物无声，沉浸如泉汩汩汇聚成川。跨界需要能力，更需要视域和眼光，其中勇气和坚定是必不可少的，正如于颖自己"任真"地说，音乐、数学与文学，节奏上是相通的，使命上是一致的。

于颖是幸运的，能在北大宽容自由的氛围里求学，北大的兼容并包，育人以实，时时处处让我们如沐春风。我们既得之于它的有容，也要赓续这样的精神传统。所以即便对于于颖时有的散漫，我也从来没有否定过她的真与诚，并且与她所有任课老师一起，容纳她，给她空间，容纳她的优点，容纳她的率直，容纳她用真诚和年轻探寻世界的企图和梦想。我想，之所以于颖请我为该书作序，也是想让我作为中文系老师的代表，看看她终于认真完成的数学作业吧。

用比较传统的眼光看，个性突出的孩子是尤应多加管教的。但用历史的眼光看，其实，有些"不足"未必不是优点，有些叛逆未必不是创新。而成长过程中的磨难和收获，最终恰恰成为精神之树上熠熠闪光的成分。不服输、不恐惧、不抱屈、不游移、不抛弃、不放弃，这些闪光的特质，构成了于颖、造就了于颖，也支撑着她能够跨界、能够超越、能够不断创新，做成别人不太能做到的事情。

PMI专业话题，我所知不多，但PMI无论如何也是事业的一种。凡天下成事，少不了坚韧二字，中间多少坎坷自不必言；从白手到白首，从对手到队友，中间多少寥落不可尽察。于颖一步步坚定地走。PMI和她的孩子几乎同岁，是她用生命创造和呵护的成果。

如果时光能够倒流，于颖得以再次选择数学还是中文，得以选择乖顺还是逆鳞，我想她一定难逃宿命，终究会以外界期望的样子面对学堂，会以数学的视角审视命运，终究不是走向PMI也会拥抱另外的什么没人懂得的字母。

如果时光可以倒流，或许她知止知进；若是人生能够选择，她也许以此终生；然而，空山无人，水流花开，"情性所至，妙不自寻，遇之似天，泠然希音"。青丝之变，也就十年，如果换来的是"不劳其目，不惑其心，不惧于物，故合于道"。是否也算不负初心，不辱系名？心之因梦飞翔，橘井泉香杏暖，山亦有月，院有花开，"我生何处往，心安是归处"，你带来的，在身于心。

因昨天的努力，成就今日之果，在同一个繁盛的园子里。包裹我们的，是同一种羽衣。

蒋朗朗，北京大学中国语言文学系硕士，曾任北京大学中文系党委书记，北京大学党委宣传部部长、新闻中心主任（兼）、新闻发言人（兼），现任北京中医药大学党委副书记、纪委书记。

序 三

　　PMI即采购经理指数，目前是研究宏观政策及资本市场投资等领域耳熟能详的数据指标。作为长期跟踪PMI研究的专家，于颖女士邀我就她的相关研究成果作序，十分高兴。我在哥伦比亚大学担任高级访问学者时，深感中美两国经济金融界相互了解十分有限，于是推出了"连线华尔街"的系列交流活动，分别邀请来自华尔街和中国不同领域的专家主讲不同的专题，于颖女士即受邀讲座，让更多海内外人士更了解中国PMI指标；我在北京大学汇丰商学院开办"北大汇丰金融前沿讲堂"系列后，于颖女士也是较早受邀的专家。我自己也参加过于颖女士在香港举办的PMI论坛。她和她的机构发布的研究报告，也是我一直关注和阅读的重要资料，于颖女士专注、持续的研究风格给我留下了深刻印象。

　　PMI按照月度对经济活动状况进行调查，能够反映工商业活动的增长与衰退，是经济景气监测指标体系的常用指标之一。中国PMI指标体系的建立，从2002年开始，到2005年7月中国PMI指数的正式发布，经历了长达3年多的时间。发展至今日，中国PMI已经成为中国经济研究不可或缺的数据体系，中国物流与采购联合会及于颖女士所负责的中采咨询公司为之做出了巨大贡献。

　　中采PMI体系有很多优势。它覆盖了几乎所有制造业、非制造业大类，同时涉及战略性新兴产业，行业门类非常全面；PMI内部指标自洽，横向分析无障碍；除了能够对比行业优劣外，观察上游领先行业的PMI及其分项指标的变动，可以预测出下游行业的波动趋势，进而预测全国宏观经济的走势。PMI数据没有断层，纵向分析历史较久，对过往基钦周期的波动反映相对确切，因而常常用于预测未来经济波动；PMI与国外指标体系对应，中外对比分析也很有价值。由于涵盖新订单等具有领先性的特殊指标，于颖女士又设计了多个更为领先的拟合指标，PMI可以作为先行指标来观察把握宏观经济走势，如对比工业增加值、进出口、PPI、社会就业等指标，PMI都能在特定条件下领先反映波动情况。因此，中采PMI可以说是研究中国宏观经济走势最有参考价值的数据体系之一。

我们在研究中也发现，PMI数据波动与各种资本市场指数存在良好相关关系。投资者进行投资时，常常将基本面与资本市场比喻为遛狗的人，狗会在人的前后跑动，而基本面的经济数据也是影响资本市场的根本力量，而PMI数据是其中重要的研究对象，其先导价值有待进一步挖掘，值得广大投资者关注。PMI的分项数据具有先导性，可以尝试通过分析PMI指数来帮助判断经济走势，并建立PMI模型来尝试构建投资组合。例如，可以基于PMI细分行业及其衍生指标来建立不同行业或大盘的优选模型，或是基于PMI数据形成策略择时因子。除股市以外，PMI对于其他与基本面密切相关的市场投资决策都有一定帮助，如债市、大类资产配置、大宗商品等。

该书总结了于颖女士从事PMI分析多年来的经验，是有关中国PMI体系十分完整的集成之作。PMI对经济分析来说举足轻重，但关于PMI如何使用的文献较少，作为中国PMI的主要推行者之一，于颖女士在月度报告中经常提到如何挖掘数据中的领先表现，也曾经在《中国经济蓝皮书》、各大经济证券类报刊发表文章，阐述她关于中国宏观经济及其结构转型的观点，但这些分析相对零散。我曾经邀请她在北大汇丰金融前沿讲堂讲座，专门讲解PMI分析应用方法，当时的讲稿还收入我主编的《金融前沿讲堂》一书，至今仍是研究者了解中国PMI分析的重要参考文献，但一篇讲稿难以囊括中国PMI的全部内容。该书的问世可谓恰逢其时，可以为研究者提供更翔实系统的一手资料。该书基本囊括了中国PMI分析的方方面面，总结了于颖女士近10年主要的研究心得。书中涉及了经济周期的分析方法，条分缕析，将各种数据有关周期变化的判断进行了深入分析。她用PMI推导出中国宏观经济结构转型路径，思路独特，可为相关研究带来有益启发。

于颖女士做数据分析，善于从点滴入手、从细节入手，发现宏观主题如经济发展、结构变化等的蛛丝马迹，一直为人称道。在宏观经济研究、资本市场领域她推出了很多值得参考的报告。于颖乐于分享，多年来奔走市场，传播有关PMI和中国经济分析的经验，深得业界认同，这也是我非常愿意推荐该书的原因。

该书为学术界、投资界提供了一套完整的基于中国PMI指标的宏观及中观数据与研究方法，提供了一个研究经济形势和指导投资的重要工具，相信该书能为投资业界、研究院所及经管机构、政府部门提供有效的参考。衷心希望于颖女士及其他业内专家能进一步开发中国PMI的价值，为经济研究者提供更有参考价值的丰富信息和指标。

巴曙松，北京大学汇丰金融研究院执行院长，中国宏观经济学会副会长，香港交易所董事总经理兼首席中国经济学家。

前　言

　　PMI数据已经成为中国关键经济数据，每个月PMI数据的发布都会引起政府部门决策者和市场投资者的高度关注。在2005年以来的PMI应用推广和研究过程中，我们积累了大量的数据分析和挖掘经验。以往这些经验资料主要分布在各种报告中，本次应金融机构研究人员需求，进行完整著述，希望对市场投资者研究经济走势和市场走势提供帮助，并向更多读者分享PMI应用心得。

　　感谢中国物流与采购联合会中国物流信息中心提供详细数据，使相关研究应用与调研能够持续进行。感谢中国PMI当年的倡导者和发起人，没有他们就不会有今天的中国PMI。感谢所有的PMI分析者，他们每月的支持与关注是PMI数据研究的持续动力。中采咨询研究员李晓鹏、杨晔、姜浩、王艳艳、涂克克、马连等参与了本书资料文本的编辑整理。

　　感谢科学技术文献出版社的编辑们对本书提出了十分专业的修订意见，并创造性地将图片做成电子版，读者扫码即可按章节浏览彩图，其水准与创意均弥足称道。

　　希望本书能够为中国PMI的研究贡献力量，由于著者知识水平的局限，书中疏漏与不足在所难免，期待读者批评指正。

目 录

第一章 中国的PMI ··· 1
- 第一节 PMI概述 ··· 1
- 第二节 世界的PMI ··· 2
- 第三节 中国PMI的独特性 ··· 13
- 第四节 中国三类PMI调查方案 ··· 16
- 第五节 中国PMI调查历史 ··· 24
- 第六节 中国PMI研究应用历史 ··· 26

第二章 四面一体：用PMI预测市场趋势的体系 ··· 31
- 第一节 四面一体预测股指 ··· 31
- 第二节 PMI是全面反映基本面情况的指标体系 ··· 32
- 第三节 PMI辅助政策决策 ··· 33
- 第四节 资金面与技术面分析 ··· 34
- 第五节 独特的中国，经济分析的几个准则 ··· 35

第三章 PMI重点指标 ··· 37
- 第一节 制造业PMI指标概况与内部相关关系 ··· 37
- 第二节 制造业PMI指标 ··· 38
- 第三节 非制造业指标概况与内部相关关系 ··· 58
- 第四节 非制造业指标 ··· 59
- 第五节 其他重要指标 ··· 68

第四章　用PMI预测其他经济指标 ·· 73

　　第一节　经济数据体系概况 ·· 74
　　第二节　PMI对其他主要统计指标的阐释作用 ···················· 75
　　第三节　PMI数据与其他经济指标相关关系的一些说明 ····· 84
　　第四节　PMI指标与其他经济指标的相关性 ························ 88
　　第五节　PMI数据链的构成 ··· 94
　　第六节　PMI行业链的构成 ··· 94
　　第七节　各种衍生值的数据链条 ·· 98
　　第八节　中国经济数据链条 ·· 102

第五章　PMI与经济周期的关系 ··· 105

　　第一节　基钦周期、朱格拉周期的含义 ······························ 105
　　第二节　PMI领先指标如何描述基钦周期 ·························· 106
　　第三节　PMI指标与朱格拉周期的关系 ······························ 124
　　第四节　大类行业PMI指标与基钦周期、朱格拉周期的关系 ···· 134
　　第五节　经济周期分析对于投资的指导作用 ······················· 142

第六章　PMI数据如何发现优势行业 ······································ 144

　　第一节　PMI行业覆盖 ·· 144
　　第二节　选择优势行业的3种方法 ······································· 145
　　第三节　PMI行业轮动的投资策略 ······································ 149

第七章　PMI对股市整体趋势的反映 ······································ 151

　　第一节　研究结论 ·· 151
　　第二节　具体表现 ·· 151
　　第三节　量化应用 ·· 154

第八章　PMI行业指标对股市趋势的提前反映 ······················ 155

　　第一节　研究结论 ·· 155
　　第二节　具体表现 ·· 155

第九章　PMI行业购进价格指标与期货价格的关系 ·············· 172

　　第一节　PMI购进价格领先其他价格指标 ·························· 172
　　第二节　各行业PMI购进价格指标与期货价格的关系 ········ 175

附录：PMI分析经济质量与结构转型的公开文献 ········· 184
 附录1 由PMI供需比看当前中国经济增长质量 ········· 184
 附录2 PMI指标如何预报了牛市 ········· 189
 附录3 有质量的增长正在路上 ········· 194
 附录4 PMI显示：供需关系改善 供给侧改革初见成效 ········· 200
 附录5 供给侧改革持续深化 周期行业有望年内出清 ········· 209
 附录6 PMI显示：供给体系创新 新消费时代来临 ········· 217
 附录7 经济发展的协调性不断增强 ········· 224
 附录8 新消费时代 资本市场助力创新供给增量 ········· 233
 附录9 中国PMI成为全球经济"晴雨表" ········· 242
 附录10 从EPMI看，新兴产业将成为新引擎 ········· 246

数据链行业链，互为因果——代后记 ········· 257

第一章　中国的 PMI

第一节　PMI 概述

　　判断市场走势，可以用到很多经济指标，而经济指标体系很庞杂，如何快速选择有效的、重要的、领先的指标帮助进行经济分析，就成为投资分析中答案纷纭的问题。采购经理指数（PMI）是快速及时反映经济活动的先行指标体系，是国际上通行的重要经济监测指标体系之一，也是著名的格林斯潘的"荒岛指标"。在国内这两年来声誉渐高、影响渐大。

　　如果目标是厘清 PMI 这个指标体系怎样应用于预测资本市场变化，那么首先需要了解中国 PMI 的框架。我们可以将这个数据体系应用的研究方向概括为是什么、什么样、怎么样、干什么用、怎么用等，本章主要探讨 PMI 是什么、什么样，其余问题逐章探讨。探讨过程中，随时介绍如何简化地用，如何更复杂、更细化地用，至于如何做进一步数据挖掘，让这唯一一套 15 年没有断层的中国数据发挥更大作用，留待以后探讨。

　　PMI 英文为 Purchasing Managers' Index，中文名称为"采购经理指数"，是一套月度发布的综合性经济先行指标体系。PMI 是非常重要的一个领先指标，具有明显的先导性，可以很好地预测经济拐点和走势。1923 年[①]，美国最早开始进行 PMI 调查研究，1948 年正式发布；其次是欧洲，20 世纪 90 年代初，多数欧洲国家建立了 PMI 编制和发布制度；亚洲建立该调查制度的主要是日本与新加坡，在 21 世纪初建立 PMI 发布制度。

---

① 美国供应管理协会网站（www.ism.ws）*The Origin of the Manufacturing ISM Report On Business*®："The origin of the Manufacturing ISM Report On Business® can be traced as far back as the early 1920s"．"In 1923, ISM adopted this polling technique to survey its members on commodities across the country"．(《ISM制造业商务报告的起源》："ISM制造业商务报告的起源最早可以追溯到20世纪20年代。1923年，ISM开始向其全国范围内的企业会员进行问卷调查。")

第二节 世界的PMI

一、国际可比的调查体系

计算PMI指数的依据是,与上月进行比较,企业的生产活动是否扩张。如果PMI大于50%,表示经济上升,反之则趋向下降。世界上已经开始的PMI调查包括制造业、非制造业和建筑业PMI调查。这些调查在调查样本选样、细分指数的选择上有所区别,但调查方法和计算过程基本一致。

从国际上看,PMI分为制造业PMI、服务业PMI,目前也有一些国家建立了建筑业PMI。制造业PMI指标体系现包含新订单、生产量、雇员、供应商配送时间、产成品库存、主要原材料库存、购进价格、现有订单(积压订单)、出口订单、进口等商业活动指数。这些指数基于对样本企业采购经理的月度问卷调查数据计算汇总得出,制造业PMI综合指数则由生产量、新订单、雇员(就业)、供应商配送时间与主要原材料库存等5项指数加权计算得出(表1-1)。服务业PMI指标体系则包括经营活动状况、中间投入价格指数、收费价格、生产经营人员、经营活动预期等指数,但尚未形成综合指数。

表1-1 制造业PMI指标体系

PMI综合指数		其他扩散指数
指标	权重	采购量
生产量	25%	现有订单(积压订单)
新订单	30%	出口订单
雇员(就业)	20%	购进价格(采购品价格、产成品价格)
供应商配送时间	15%	产成品库存(用户库存)
主要原材料库存	10%	进口

注:上述指标除综合指数是各国统一的以外,其他扩散指数各国并非全部采用,而是根据本国情况有所差异。

PMI调查来源于企业经营活动的最前端——采购活动,分项指标也都是反映商业活动的现实情况,综合指数则反映制造业或服务业的整体增长或衰退。调查采用非定量的问卷形式,被调查者对每个问题只需做出定性的判断:同上月相比,在"上升""基本持平""下降"3种答案中选择一种。问卷搜集上来以后,对各类答案的百分比进行统计汇总,然后按照一定方法进行计算,得到有关指数。通过各指数动态变化,可以观测经济活动所处的周期状态。

PMI指数的发布时间在国外也是成规,制造业及非制造业PMI商业报告分别于每月第一个和第三个工作日发布,甚至将发布时间锁定到上午9:00。因此,这个指数体系不仅所选的指标具有先导性,时间上也超前于政府其他部门的统计数字,所以国际上PMI指数在经济界尤其是在金融投资领域得到了普遍认同和应用,成为金融界判断经济走势的风向标，在美国更被誉为"荒岛指数"[①]。

中国PMI发布日安排，不考虑是否工作日，为的是固定发布日期便于社会使用。发布之初，每月1日和3日分别发布制造业、非制造业数据；2008年12月开始更改为每月4日发布两项数据；2009年5月开始恢复到每月1日和3日分别发布。2015年以后，考虑到月初（1日）中国节假日过于集中，将两项数据都安排到月末最后一天发布。

PMI指数以百分比来表示，通常以50%作为经济发展态势强弱的分界点。以制造业PMI指数为例，如高于50%，预示着制造业经济扩张；低于50%，预示着制造业经济衰退。

但由于经济结构和发展阶段不同，理论上的临界值并不能通用于每一个经济体。从美国的经验来看，PMI指数不同的取值区间同经济发展、经济结构有一定的对应关系。美国商务部定期会对临界值进行确定，如2003年，将其制造业PMI临界值调整为42.7%[②]。由于中国经济结构不断发展变化，制造业PMI的临界值目前也处于不断降低的趋势中，每年都需要重新计算其对应GDP的实际分界线，官方没有从事这一工作，中采咨询[③]则定期公布其相关研究成果。

二、各国PMI溯源

自1923年始，美国供应管理协会（Institute for Supply Management，ISM）开始进行PMI调查研究，1939年始发布报告和PMI数据结果，从1948年开始不间断地每月发布。20世纪90年代初，在NTC-Research集团（2005年更名为NTC Economics，一家全球商业信息研究和咨询机构，2010年更名为Markit Economics）的支持下，欧洲多数国家建立了PMI编制和发布制度。在亚洲，日本、中国与新加坡已建立该调查制度。日本制造业PMI数据的收集和建立始于2001年10月，新加坡的采购和材料管理协会SIPMM（Singapore Institute of Purchasing & Materials Management）1999年1月开始正式发布PMI调查结果。2005年7月至今，中国制造业PMI准时按月连续发布，2008年1月正式对外发布非制造业调查数据。目前，全球已有20多个国家建立了PMI体系。

美国是最早建立PMI指标体系的国家。美国的PMI由美国供应管理协会[ISM前身是美国采购经理协会（National Association of Purchasing Managers，NAPM）]负责。经过几十年的发展，其体系与应用都已经非常成熟，中国PMI主要借鉴了美国的经验。ISM在全球75个国家共有180个分会，超过45 000名会员，是全球采购与供应管理领域历史最悠久、规模最大的专业协会之一。ISM按照规模、行业、地理位置和占GDP的百分比对企业分类后随机进行选择。该协会每月对400～500个采购经理群体进行问卷调查，将其调查数据结果绘制成图表，发布PMI指数和商业报告。美国非制造业

[①] "要知道美联储主席怎样知道通胀将变得更糟吗？忘了所有那些政府数据及来自债券掮客们的嘟囔。就看制造商获得物资供应的时间是否更长。"格林斯潘先生在国会陈词中说，"供应商配送（PMI的一个指标）比美联储自己的数据在测量经济中的价格压力上更有用。"（Wall Street Journal, 6 April 1996）

[②] 美国供应管理协会网站（www.ism.ws）："The PMI"。

[③] 中采咨询是在中国注册的专业的商业调研和经济数据分析机构。

PMI及其ISM报告是1997年后制定的，它是对标准行业分类（SIC）中9个类别62个不同的行业小类超过370个服务业企业的采购与供应经理调查的结果汇总而成。这些行业也是根据标准行业分类目录而变化的，并基于各行业对GDP的贡献而定。

20世纪90年代初，在NTC-Research集团①（现为Markit Economics，以下简称"NTC"或"Markit"）的支持下，欧洲多数国家建立了PMI编制和发布制度。欧洲国家大多使用概率抽样方法。其中，德国联邦采购物流协会分别建立了制造业、建筑业和服务业PMI指数，其中制造业PMI报告来源于对全国400家制造业公司的调查，调查样本考虑了各行业的贡献度及地区分布。整个欧元区PMI体系将欧元区作为一个整体，基于各国产值对于欧元区经济的相对重要性来进行加权计算。

亚洲仅有少数国家编制PMI指数，比较典型的是日本和新加坡。除中国外，亚洲各地PMI均采用概率抽样方法。日本制造业PMI数据的收集和建立始于2001年10月，确定11个大类后采用随机抽样方法得到公司样本，数据来自300个制造企业采购经理或类似高层管理人员。新加坡采购与材料管理学会PMI并不严格抽样，而是采取开放性调查方法，实际填报企业200多家，由新加坡采购协会执行。

另外，以色列物流与采购经理人协会2005年以后开始PMI调查。南非采购与供应协会发布本国PMI。

与国外相比，中国PMI的相关工作起步较晚。经历了长达两年多的研究准备期后，中国物流与采购联合会（CFLP）与国家统计局合作，于2004年启动，进行试点和前期调查，2005年1月开始正式调查，同年7月正式对外公布中国制造业采购经理指数（CFLP-PMI）。非制造业从2007年开始调查，2008年1月开始公布调查数据。

目前，全球已有24个国家（地区）建立了PMI体系（表1-2）。在PMI调查和研究方面，除了单个国家（地区）PMI和区域性PMI外，由J.P.Morgan、NTC（后更替为Markit）、国际采购联盟和ISM还共同发起建立了全球制造业、服务业PMI指数（表1-3和表1-4）。PMI指数及其商业报告已成为世界经济运行活动的重要评价指标和观察世界经济变化的"晴雨表"。2019年以来，中国物流与采购联合会开始在其官网发布各大洲和全球制造业PMI。

---

① 2007年，www.ntceconomics.com：NTC Economics started life as NTC Research in 1992, producing one single indicator of manufacturing activity in the UK. Within five years NTC had expanded its activities to cover most key Eurozone countries and, moreimportantly, to cover the service sector, on which most countries still produce few or no statistics. （2007年，NTC网站：NTC经济研究机构从1992年开始在英国调查制造业PMI。在5年时间里，调查扩大了范围，覆盖了大多数主要欧元区国家，且覆盖了服务业，那时，大多数欧洲国家仍然很少或根本没有提供有关服务业的统计数据。）
2011年，www.markiteconomics.com：Markit Economics is a specialist compiler of business surveys and economic indices, producing some of the world's most closely watched economic indicators. Our data include the Purchasing Managers' Index (PMI) series, which is now available for 26 countries and key regions including the Eurozone and BRIC as well as by detailed sector. （2011年，Markite网站：Markit经济研究机构从事商业调查和经济指数研究，它编制了一些全球最受关注的经济指标。我们的数据包括PMI指数系列，该指数目前采集了26个国家和主要地区的数据，包括欧元区和金砖四国。）

表1-2 世界主要国家PMI发布机构（部分）

国家	发布机构中文名称	发布机构本国语言名称	简称	发布机构网址
美国	美国供应管理协会	Institute for Supply Management	ISM	www.ism.ws
德国	德国联邦采购物流协会	Bundesverband Materialwirtschaft Einkauf und Logistik e.V.	BME	www.ntc-research.com
法国	法国采购商和执行官协会	Compagnie des Dirigeants et Acheteurs de France	CDAF	www.cdaf.asso.fr
英国	英国特许采购与供应学会	The Chartered Institute of Purchasing & Supply	CIPS	www.cips.org
意大利	意大利采购管理协会	Associazione Italiana di Management degli Approvvigionamenti	ADACI	www.adaci.it
西班牙	西班牙物流采购协会	Asociación Española de Profesionales de Compras, Contratacióny Aprovisionamientos	AERCE	www.aerce.org
瑞士	瑞士采购和物资管理协会	Swiss Association of Purchasing and Materials Management	SVME	www.svme.ch
奥地利	奥地利物流、采购与物资管理联盟	Austrian Federation of Purchasing, Materials Management and Logistics	AFPMML	www.opwz.com
丹麦	丹麦物流采购协会	Dansk Indkøbs-og Logistik Forum	DILF	www.dilf.dk
南非	南非采购与供应协会	The Institute of Procurement and Supply South Africa	IPSA	www.ber.sun.ac.za
希腊	希腊采购协会	Hellenic Purchasing Institute	HPI	www.hpi.gr
新加坡	新加坡采购与材料管理学会	Singapore Institute of Purchasing & Materials Management	SIPMM	www.sipmm.org.sg
以色列	以色列物流与采购经理人协会	Israeli Purchasing & Logistics Managers Association	IPLMA	www.iplma.org.il
爱尔兰	爱尔兰采购与材料管理协会	Irish Institute of Purchasing & Materials Management	IIPMM	www.ncbdirect.com
匈牙利	匈牙利物流、采购与仓储管理协会	Hungarian Association of Logistics, Purchasing and Inventory Management	HALPIM	www.logisztika.hu
日本	日本资材管理协会	日本資材管理者協会	JMMA	www.jmma.gr.jp

表1-3 全球制造业PMI的数据来源及其权重

国家（地区）	承担人	合作者
美国	ISM	—
日本	Markit	JMMA
中国	Markit	HSBC
德国	Markit	BME

续表

国家（地区）	承担人	合作者
英国	Markit	CIPS
法国	Markit	—
意大利	Markit	ADACI
巴西	Markit	HSBC
印度	Markit	HSBC
南非	Markit	HSBC
西班牙	Markit	AERCE
澳大利亚	AIG	PriceWaterhouseCoopers
荷兰	Markit	NEVI
俄罗斯	Markit	HSBC
土耳其	Markit	HSBC
中国台湾	Markit	HSBC
瑞士	SVME	Credit Suisse
波兰	Markit HSBC	
奥地利	Markit	BA Creditanstalt/OPWZ
南非	BER	IPSA/Kagiso
丹麦	DILF	Kairoscommodities
希腊	Markit HPI	
以色列	IPLMA	Bank Hapoalim Ltd
新加坡	SIPMM	—
爱尔兰	Markit	NCB Stockbrokers
捷克	Markit	HSBC
新西兰	Business NZ	Bank of New Zealand
匈牙利	HALPIM	Hungarian National Bank
美国	ISM	—
日本	Markit	JMMA

资料来源：世界银行2009年数据。

表1-4 全球服务业PMI的数据来源及其权重

国家（地区）	全球GDP比重	承担人	合作者
美国	28.6%	ISM	—
日本	12.3%	Markit	—
中国	7.4%	Markit	HSBC
德国	5.0%	Markit	—
英国	4.2%	Markit	CIPS
法国	3.7%	Markit	—
意大利	2.8%	Markit	ADACI

续表

国家（地区）	全球GDP比重	承担人	合作者
巴西	2.2%	Markit	HSBC
印度	2.2%	Markit	HSBC
西班牙	1.8%	Markit	AERCE
澳大利亚	1.4%	AIG	Commonwealth Bank
俄罗斯	1.0%	Markit	HSBC
中国香港	0.6%	Markit	HSBC
爱尔兰	0.3%	Markit	NCB Stockbrokers
新西兰	0.2%	Business NZ	Bank of New Zealand

注：ISM非制造业数据由NTC重新计算，以便与服务业涵盖范围一致。
数据来源：世界银行2009年数据。

三、数据处理方法的国际经验

在数据处理上，国际通行做法比较一致，即单个指数采用扩散指数方法，综合指数采用加权综合指数方法。中国PMI直接采用国际经验，使得调查结果能够匹配国外的应用结果。下面以制造业为例，说明指数处理方法。

（一）单个指数的计算

单个指数的计算涉及生产量、新订单、出口订单、现有订货（积压订单）、产成品库存、采购量、进口、购进价格、主要原材料库存、雇员、供应商配送时间等11个问题，而原材料订货提前天数等问题单独处理，开放性问题不参加计算。

1. 汇总方法

针对单个指数的生成，国际上存在两种方案，英国NTC曾经采用过第一种方案。

① 采用加权计算百分比。若中国采用该方案，则是以《企业基本情况调查表》（国家统计局统计调查制度N131表）的上年营业收入作为权重，计算"增加""基本持平""减少"选项所占百分比。

② 采用不加权计算百分比。直接通过企业个数计数，计算"增加""基本持平""减少"选项所占百分比。

考虑中国PMI在调查取样过程中，已经通过行业、区域、企业规模类型等贡献率成比例分配了样本，因此指标汇总方面，采用不加权计算百分比，直接通过企业个数计数，计算"增加""基本持平""减少"选项所占百分比。

计算各选项（"增加""基本持平""减少"）百分比时，剔除无关项（如"不好估计""没有出口""没有进口"等），即"增加""基本持平""减少"3项的百分比之和为100%。

2. 指数计算

采用扩散指数法，正向回答的百分数加上回答不变的百分数的一半。计算公式如下：

$$DI = \text{"增加"选项的百分比} \times 1 + \text{"基本持平"选项的百分比} \times 0.5, \quad (1-1)$$

即"增加"问卷赋值为1,"基本持平"问卷赋值为0.5,"减少"问卷赋值为0,所有问卷赋值结果相加,即生成指标数值。

其中,供应商配送时间是逆指标,在汇总综合PMI指标时,用100减去配送指标后计入权重。

PMI几个扩散指数,按照成熟经济体的经验,都具有先行指数的特性,可以更早地显示变化的趋势及变化范围。但在中国,就业稳定实际表现是滞后的;配送指标,由于发展水平不足,其领先作用也很弱。

(二)综合指数(PMI)的计算

制造业PMI是一个综合指数,由5个扩散指数加权而成,即产品订货(新订单)、生产量、雇员、供应商配送时间(配送)、主要原材料库存(存货)。非制造业没有综合指数。这5个指数是依据其对经济的先行影响程度而确定的,各指数的权重分别是新订单30%、生产量25%、雇员20%、供应商配送时间15%、主要原材料库存(存货)10%。计算公式如下:

$$PMI=新订单\times30\%+生产量\times25\%+雇员\times20\%+(100-供应商配送时间)\times 15\%+主要原材料库存(存货)\times10\%。 \quad (1-2)$$

对计算出的PMI指数,国际通行的判断是,如果在50%以上,反映产业扩张;反之,如果低于50%,通常反映其在衰退。但如上所述,由于国情不同,市场经济发展阶段不同,也就是说,以该指数判断经济低迷时,必须低到50%以下的某一程度,才能真正做出宏观经济衰退的判断。42.7%是2003年美国商务部的标准,并且ISM每月会同步发布衡量标准,当前有关美国宏观经济活动的这一盛衰分界点已再次下修至41.9%[①]。中国关于制造业PMI与GDP的对应关系,我们每年都会进行相关测算。由于中国产业结构变化很快,近10年来,制造业在整体经济的占比持续下降,因此,制造业PMI绝对值与GDP的对应关系也在不断变化,截至2019年12月,制造业全国PMI对应GDP零增长的分界线为36.7%。

在我们对美国ISM发布的综合指标进行测算时发现,综合指标PMI在美国不同历史时期中,各分项指标所占权重并不相同,而新订单作为权重较高的分项指标,占比30%还是占比20%,最终计算结果不同(表1-5)。所以,我们在实际应用中,尤其是需要长期分析时,也可以按照统一权重标准重新计算,再行历史对比。

表1-5 美国在不同历史时期综合指标的计算方式

起始时间	截止时间	综合指标计算方式
1948-01	2000-12	PMI=新订单×30%+生产量×25%+雇员×20%+配送×15%+存货×10%
2001-01	2010-12	PMI=新订单×20%+生产量×20%+雇员×20%+配送×20%+存货×20%
2011-01	2014-11	PMI=所有分项指标等权
2014-12	2019-12	PMI=新订单×20%+生产量×20%+雇员×20%+配送×20%+存货×20%

注:表中指标名称为美国供应管理协会公示指标翻译成中文后的对应名称。

[①] 最新说法的这一临界数值未能从ISM网站上查到,引自我国台湾地区《经济日报》的《PMI滑落 美经济衰退疑虑攀升》一文,2008年2月17日。ISM网站2005年以前该数值为42.8%,2006年为42.7%。

（三）季节因素调整

由于PMI调查结果反映了当月相对于上月的变化情况，受季节性因素影响比较明显，需要进行季节性调整。

美国的PMI调查结果的季节调整因子[①]由美国商务部提供，每年根据环境条件变化进行相应调整。中国调查数据采用的调整方法是以时间因素为基础，同时考虑天气变化、节假日等不规则因素（工作日调整），然后根据采购经理对于每个问题受季节变动影响的程度和他们在填写问卷时多大程度上考虑季节因素进行调整（称作短时季节调整）。2012年4月之后，国家统计局对全国指标做了X13时间序列的季节调整。

四、PMI应用领域及其价值

如前所述，PMI调查方式就决定了它是一个重要的领先指标。PMI的优势是其于生产经营的源头，数据及时快捷，并涉及几乎所有过程的经济活动，而且是来源于权威部门的数据。此外，所有国家都采用同样的方法，还可以进行国际比较。所以，PMI的主要应用就在于预判其可以预判的东西。

此外，还有一点使PMI区别于其他商业调查的是它能追踪实际发生的事件，而非仅仅是商业信心和期望，如格林斯潘所说："我们感兴趣的是人们做什么，而非人们说什么。"[②]

在长达70年的PMI历史调查中，美国已形成非常完整、丰富、系统的PMI数据，并有众多研究机构对此进行了深入分析。2003年1月发表在 *Quarterly Journal of Business and Economics* 上的文章"A New Index Outperforms the Purchasing Managers' Index"对PMI进行了建模分析，"A Reassessment of the Purchasing managers' Index"也通过使用ISM的扩散指数试图建立新的更好的指数，并称其建立的新指数比PMI数据本身能够更好地预测GDP[③]。1980年，Theodore Torda阐述了等权PMI指数的方法和应用；1982年，美国商务部和NAPM引入加权的PMI指数；Theodore Torda所选择的权数使得PMI与GDP的增长率相关系数达到最高[④]。

欧洲也有相关学者对PMI数据进行梳理和分析。例如，欧洲经济研究中心（Center for European Economic Research）分析了4种德国感情经济指标：IFO（IFO Business Expections）、ESIN（European Commission's Economic Senttiment Indicator for Germany）、PMI（Purchasing Manager's Index）和ZEW（ZEW Indicator of Economic Sentiment）指

---

① 美国供应管理协会网站（www.ism.ws）："The resulting single index number is then seasonally adjusted to allow for the effects of repetitive intrayear variations resulting primarily from normal differences in weather conditions, various institutional arrangements, and differences attributable to nonmoveable holidays. All seasonal adjustment factors are supplied by the U.S. Department of Commerce and are subject annually to relatively minor changes when conditions warrant them."（根据季节性因素对单一指数进行调整，主要考虑天气状况的正常差异、各种制度安排及不可移动假期造成差异而造成的季节性影响。所有季节性调整因素均由美国商务部提供，在条件允许的情况下，每年都会进行相对小幅的调整。）
② WARC news, 30 July 2002（www.warc.com）。
③ http://www.nabe/publib/be/0304/pelaezarticle.html。
④ TORDA T S. Purchasing management index provides early clue on turning points[J]. Business America, 1985(13): 11-13.

标。结论是IFO、PMI和ZEW，这3个指标真正是德国经济活动的领先指标，都领先增长率指标5个月。

在中国投资市场，PMI可具体应用于行业经济数据的预测、行业策略配置、政策预判、股指预测、金融工程的建立等方面，我们将在第五章详细论述。下面介绍国外研究PMI预警作用的部分经验。

（一）用PMI判断经济周期位置

经济运行中的起伏波动形成闭环时就形成一个经济周期，也可称为经济循环周期。通常把经济周期划分为上升、高峰、下降和低谷4个阶段。在任何一个经济周期中，我们可以看到GDP、失业率、价格、利率等经济指标的变化。

图1-1是一个典型的"上升—下降"的经济周期。经济增长，首先导致失业率下降、原材料需求增加；进而引起技术短缺，供应出现"瓶颈"；原材料价格上涨，员工工资成本上升；生产的高成本传递到消费者方面，引起通货膨胀；政府通过调高利率，使经济增长减缓，经济进入下降通道；在经济增长速度减慢后，再逐步调低利率，刺激经济增长。

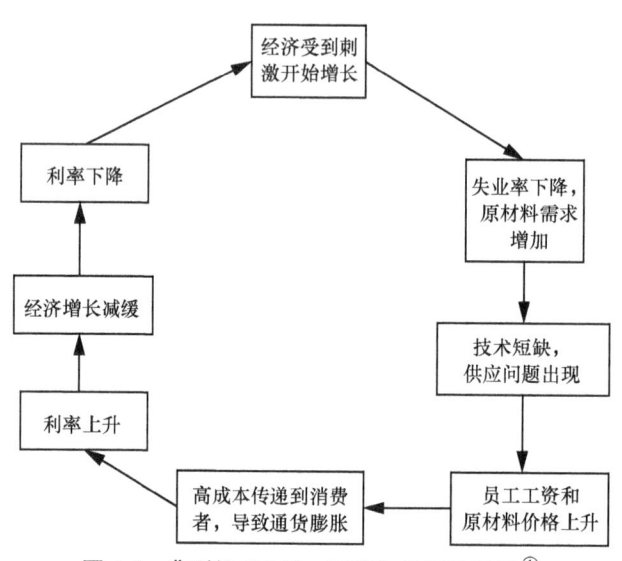

图1-1 典型的"上升—下降"的经济周期①

这个经济周期过程中，PMI的多项指标都反映了上述变化，在图1-2我们添加了PMI调查中对应的指标变化位置。例如，新订单、生产量、采购量、雇员、供应商配送时间、购进价格等指数都反映了经济活动乃至经济趋势的发展与变化。但这个流程由于经济发展阶段的影响，在中国还不能完全反映指标的链条顺序，中国现有的数据链特征我们在第六章中将详细说明。

根据美国专家的研究，PMI指数通常领先经济顶点8～15.4个月，领先经济谷底1～8.7个月（表1-6）。PMI中的指标如生产量、新订单、库存、供应商配送时间等也显示了在经济周期中的先导作用。

---

① 资料来源：www.ism.ws。

第一章 中国的PMI

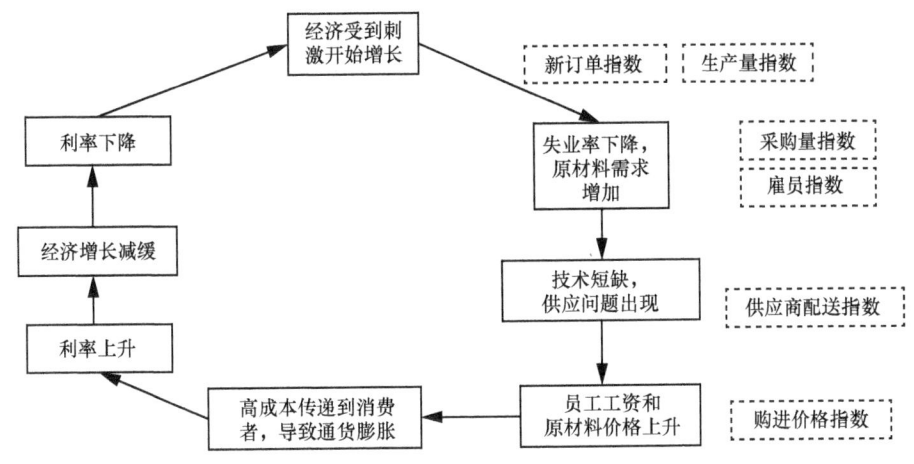

图 1-2 在商业周期中的 PMI 指标

表1-6 美国制造业PMI与商业周期的关系

PMI指标	与商业周期的关系	时段
PMI综合指数	领先顶点14.9个月，领先谷底3.1个月	1975-01至1994-09
生产量	领先顶点15.4个月，领先谷底3.6个月	1975-01至1994-09
新订单	领先顶点15.9个月，领先谷底4.0个月	1975-01至1994-09
库存	领先顶点14.1个月，领先谷底1.1个月	1975-01至1994-09
供应商配送	领先顶点12.3个月，领先谷底8.7个月	1975-01至1994-09

注：①商业周期的转折点是美国国家经济研究局确定的。
②这里是指特定的时点，而不是月度或季度系列数据。

（二）用PMI预判其他经济指标

PMI不仅能够指示经济上升或下降的变动方向，而且还能显示扩张或收缩的幅度。根据美国专家的研究，美国制造业PMI与GDP、GNP的相关系数很高，在0.75以上。1994—1997年，PMI与GDP季度百分比变化的相关系数达到0.91。在1970—1992年长达22年的时间里，PMI与GNP季度百分比变化的相关系数达到0.878（表1-7）。同时，PMI中的新订单、生产量等指数与GNP也密切相关。

表1-7 美国制造业PMI与GDP、GNP的关系[①]

PMI指标	经济活动指标	平均相关系数（R）	研究时期
PMI	GDP季度百分比变化	0.84	1953—1987
PMI	GDP季度百分比变化	0.91	1994—1997
PMI	GDP季度百分比变化	0.76	1953—1986
PMI	GNP季度百分比变化	0.878	1970-03至1992-06
生产量	GNP季度百分比变化	0.9	1970-03至1992-06
新订单	GNP季度百分比变化	0.888	1970-03至1992-06

① 数据来源：www.ism.ws。

NTC（现已转型为Markit）针对PMI对经济的先行性、相关性也做了深入分析和研究，发现了PMI指数与GDP的对应关系，建立了定量分析模型，通过PMI来预测GDP。另外，有些学者在研究中还发现，在通货膨胀年代，PMI预测道·琼斯指数变化的准确率大约是81%；在通货膨胀较为严重的年代，PMI与标准普尔（S&P）之间的相关性更高，达到80%～100%[①]。我们利用中国PMI量化分析中国工业增加值、GDP及A股指数，其相关性达到70%～90%（详见第四章）。

（三）用PMI监测国民经济运行状况

通常，监测国民经济运行状况最常用的指标就是GDP，但GDP存在一些缺陷：一是发布时间较为滞后。GDP一般是季度数据，而且多在季度之后数周发布。例如，一些西方国家常在季度之后6周发布。二是数据常常进行修订。第一次发布后往往要根据经济运行情况进行多次修订，使用起来很不方便。三是各国GDP的统计方法不一致，方法、范围、数据采集计算系统等经常不统一，导致国际比较较为困难。四是GDP是经济成果的总量核算，透过GDP数据只能看到宏观经济运行的总量成果，难以从中看到经济运行过程各环节的变化。

相对于GDP这些缺陷，PMI具有明显优越性：一是PMI指数具有及时性、先导性；二是数据真实、客观，不做修订；三是有科学的方法论，全球统一，数据具有国际可比性；四是PMI可以反映经济走势和经济活动中的各环节变化。PMI指数体系涵盖了从原材料采购到生产经营活动的全过程，其中各项指数，如新订单、生产量、购进价格、进口、库存等，反映了原材料采购、生产、销售等各项环节，因而借助这些指数能够全面反映经济整体走势和各环节发展变化。帮助决策者进行抉择。

根据国外的经验，PMI各项指数反映在经济活动的各环节上，其表现也不尽相同。在理论上，国外研究认为各指标领先关系如表1-8所示。但在中国实际数据中，由于产业活动变化快、数据系列不够长等原因，我们发现中国PMI各指标的领先关系特征与表1-8不尽一致，实际特征将在第五章中详述。

表1-8 制造业PMI反映经济活动的各个环节

环节	相关指标	先行与滞后关系
需求	新订单、出口订单	先行
采购	采购量、主要原材料库存、购进价格	先行
库存	产成品库存	先行
生产	生产量	同步
供应配送	供应商配送时间	同步
销售（美国）	产成品价格	滞后
就业	雇员	滞后

（四）监测经济转型和经济质量

由于PMI数据分项全面、行业覆盖面广，分项和行业指标的对比能够精确反映中

---
① www.markiteconomics.com。

国经济的结构转型,也能够监测中国经济质量的提升程度。这种研究在国外并没有先例,因为发达国家经历的结构转型比较早,那时PMI仅有美国发布,深度、细致的研究较少。

中国PMI诞生和发展于特殊的经济阶段,这十几年来我国由工业化初期转向中期,工业生产方式由2.0转为3.0,正在转向4.0,经历了全球金融危机及其救助,验证了供给侧结构性改革(以下简称"供给侧改革"),也见证了中国非制造业比重反超制造业比重的历史进程。10多年来,挖掘PMI数据,我们找到了一些监测经济结构转型的分析方法,也构建了经济质量分析的拟合指标(拟合指标指的是根据解释变量与被解释变量之间的相关关系,利用一定的计量模型,通过解释变量把被解释变量表示出来),过去发表的一些文章分析,证实PMI监测结构转型和经济质量非常有效,相关文献全文列在书后附录。未来,我们也会进一步完善这方面的研究。

(五)制造业PMI更敏感

根据美国专家的研究,制造业经济是宏观经济活动中最活跃的部分,尽管制造业仅占美国GDP 18%左右,但在整个经济活动中所占比例达到约33%。Harris在1999年曾经认为,制造业的变化代表了GDP总趋势的2/3。制造业GDP增长率与总GDP增长率的比率为2.1,即总GDP每上升或下降1个百分点,制造业GDP就会上升或下降2.1个百分点,即制造业在总体国民经济活动中波动较大,制造业有关统计指标对整体经济活动的变化更为敏感。因此,制造业PMI数据除了作为制造业经济的代表性指标外,还可以被视为整个经济的指示器[①]。

中国非制造业PMI已经有15年的数据,在实际应用中,我们也发现其与经济指标有很强的关联,但在领先程度、拐点指示作用方面,也是不如制造业PMI。后边章节重点提到的领先指标都在实际分析中测试过,它们表现了更好、更确定的领先作用。

PMI在分析预测经济形势方面具有较好的应用。国际上,PMI指数体系无论对政府部门、金融机构,还是对企业,在经济预测和商业运行分析方面都有重要意义。PMI指数作为预测经济的重要工具,已成为经济研究业界及企业、媒体广为应用、传播的重要信息。

第三节 中国PMI的独特性

对比其他PMI调查,中国PMI调查概括起来有如下独特的地方。

中国PMI在体系安排上充分保证调查质量。

第一,样本参与保证。中外PMI调查的组织形式不尽相同。发达国家的PMI,一般由行业组织、民间组织来开展调查。我国的PMI也是由行业协会,即中国物流与采购联合会具体组织实施,由于采购经理都是联合会的会员,其职业生涯与联合会活动

---

① Ralph G. Kauffman,美国,《供应链管理杂志》(1999年)。

密切相关，因此对待联合会的调查也更为严肃认真，这就保障了样本的回收。同时，中国PMI在调查渠道的建立上得到了国家统计局的支持，这主要是因为，统计法要求部门统计需要得到国家统计局的审批，与统计局合作，部分采集通过统计局的调查渠道，可以获得稳定的、可靠的样本基础和数据来源——《中华人民共和国统计法》第七条规定，国家机关、企事业单位和其他组织及个体工商户和个人等统计调查对象，必须依照统计法和国家有关规定，真实、准确、完整、及时地提供调查所需的资料，不得提供不真实或不完整的统计资料，不得迟报、拒报统计资料。

第二，抽样方法保证。在抽样方法上，我们选择了分层概率抽样法（PPS），这是一个创新。以制造业PMI调查为例，将制造业20个行业大类作为抽样总体，首先按照各行业对GDP贡献的大小选取一定数量的企业，贡献大的行业样本多，反之则少；其次考虑地理分布，样本企业具有足够的地域代表性；最后考虑企业类型，如国有企业、民营企业、外资企业等不同类型的企业均有代表。运用这种抽样方法，较好地解决了在中国这样一个大国开展抽样调查样本的代表性问题。

第三，样本量保证。在美欧日等地，PMI调查的企业通常只有300~400家，考虑到中国国情——地域广阔、产业繁多，必须有足够样本量才能有足够的代表性。在PMI调查工作初期，制造业企业样本便有730家，非制造业企业样本更是达到1190家，随着调查工作的进一步深入，截至2019年，制造业与非制造业企业样本均已超过3000家。需要补充的是：无论制造业还是非制造业，样本企业的选取都不是固定不变的。随着经济形势和经济结构的变化，在调查基准与历史对比能够保证的前提下，样本企业会适当进行动态调整，幅度会控制在每年5%以下。

第四，调查质量保证。由于调查之初，国内采购人员的素质参差不齐，中国物流与采购联合会加强了对采购经理的培训，使其可以提供质量更好、更稳定的信息反馈。

第五，配合国情的指标设置。在具体指标的设置上，我国同国外相比有所不同。以制造业PMI为例，我国选定了11个指标作为制造业PMI指标，具体包括新订单、生产量、雇员、供应商配送时间、主要原材料库存、购进价格、出口订单、现有订单、产成品库存、进口、采购量。与美国比较，我国增加了采购量指数，用产成品库存代替了用户库存，这是因为国内供应链发展阶段较低，原材料库存反映的采购情况与实际采购量并不一致；库存管理水平较低，产成品库存仍是中国企业的主要核算科目。与NTC比较，我们增加了进口指数，但最初没有产成品价格（销售价格）指数。之所以这样选择，也主要考虑到中国的国情。

第六，严谨进程保证。美欧发达国家的PMI指数体系均有10年以上的历史，而在我国，PMI 2005年的建立是一项开创性的研究工作，国内无现成经验可依，一切均需要从零开始。截至目前，在十几年的PMI指数体系建设与研究工作中，我们始终坚持3条基本原则：一是坚持从中国国情出发，借鉴国际经验但不照搬国际经验；二是坚持调查与试点先行，逐步推进与完善；三是充分考虑PMI成果的应用和推广前景，将PMI的目的立足于为经济建设服务。

因此，中国PMI对比其他国家PMI就具有以下独特的优势。

一、定性指标与开放性问题结合

PMI调查的特别之处在于，问卷中的问题主要以定性判断的选择题形式出现，没有数量指标。调查对象只需就调查内容的"升高""基本持平""降低"3个答案做出选择即可，最后经过扩散指数将定性判断定量化。也就是说，PMI调查通过对定性问题出现的频率进行计算分析比较，从而达到判断经济上升或下降的目的。

但中国的调查中设计了几个开放性问题，并每期进行总结，这对于在采购供应链环节上有所缺失的中国本土制造业来讲，是一个难得的意见搜集来源，能够为政府决策部门提供一个很好的搜集市场状况的渠道。这与调查本身结果无关，但确实是中国PMI调查独有。

二、半强制性调查与培训结合

任何调查对受调者而言都是一种意愿性行为，PMI调查目的是获取企业采购经理关于宏观经济和企业经营状况及其发展趋势的真实想法和预期，调查结果是否准确，同样有赖于受调者合作的意愿，以及他们做出回答的真实性、彻底性与可信赖性，因此，需要加强与采购经理的交流与沟通，使采购经理了解PMI调查的意义和益处，自觉自愿地配合调查。这是PMI调查的基本思路，但在国外，全部是靠采购经理个人意愿参与调查，增加了调查结果的不确定性，同时也增加了准确性。

也正是基于不同的调查渠道保证，国外调查的反馈率一般都低于80%，而中国PMI由于建立了稳定的调查渠道，除了个别企业由于兼并、重组等发生变化之外，问卷回收率超过95%，增强了调查结果的适用性。

在中国，PMI调查列入国家统计制度，规定每个被调查企业都由采购经理本人来答复问卷，使得这项调查带有了法律色彩；采取网上直报的易行方式，降低了工作难度；中国物流信息中心不定期举行采购经理培训会，加强采购经理对该项调查的重视程度。这些措施对采购经理本人认真对待这份问卷起到了至关重要的作用，这也是中国物流与采购联合会在PMI调查中所具有的优势，是其他组织无法取代的。但是，半强制性色彩对调查结果也会产生不利影响，如果采购经理将个人态度带入问卷，将增加数据结果分析难度。

三、领先性强

所谓领先，即能够通过现有的资料预测经济将来的发展方向，这个将来不是长期的，而是中短期的，这样它的领先性才对经济预测的指导有及时作用。PMI调查基于采购经理的判断，而采购原本就是企业运作的第一环节，因此理论上说，PMI调查结果是整个经济运行中第一变化的数据，这在国际经验上已经得到公认。在采购数据发生变化之后，根据不同产业的周期，行业和综合经济指标会在1~6个月发生同向变化。

从我国历史数据看，PMI数据被证实领先于大多数统计指标，将在其他章节中另述。

四、可靠性更强

所谓可靠,是指调查上来的资料是可靠的,用起来是可信的。因为这些资料来自市场第一线的采购经理,采购经理对本企业的生产经营情况基本上有一个正确的判断和把握,对宏观经济运行有一个估计。根据采购经理群体对宏观经济运行情况和企业生产经营情况的判断来进行分析和预测,其基础是扎实的,从统计的意义上来说,得出的结果是可靠的。培训制度也是中国PMI可靠性的保证。

此外,中国PMI调查不是来源于业界机构,而是来源于中立性的公益组织,也是它可靠性的保证,因为如果一项调查的费用来源于某些机构的资助支持,那么它的公开数据结论从市场情理上推论,就难免带有倾向性的嫌疑[①]。中国物流与采购联合会、中国物流信息中心最初创建PMI时,拒绝和国际投行机构的合作,某种程度上也可能出于这种考虑[②]。

五、连续性更强

PMI整个调查资料是可以连续起来研究的,也就是说根据调查资料可以进行时间序列分析,通过时间序列来看整个产业和宏观经济的发展变化情况,归纳概括出整个经济运行的规律。中国物流与采购联合会的强力执行、统计局的参与,使得中国PMI调查得到持续性的保障,我们对于调查样本、指标、季调方法等方面的谨慎调整也使得数据序列保持了很好的历史可比性。到目前为止,中国PMI几乎是我国唯一十几年历史可比的指标体系,这一点是非常大的优势。

六、体现中国国情的指标

PMI调查采用国际通行已经被验证多年的方法,搭配、增配适合中国市场经济特点的指标,如采购量、进口、产成品库存等指标,这使得调查体系更有代表性,指标应用更方便反映中国经济实际情况。

第四节 中国三类PMI调查方案

中国物流与采购联合会的PMI调查采用分层PPS(Probability Proportional to Size)抽样,即以行业大类为层,层内使用与企业主营业务收入成比例的概率抽样方法。

PPS抽样方法,是公认难度最大也是最科学的抽样方法。在调查正式开始之前,在多次调研的基础上,中国物流与采购联合会严格按照各行业对制造业增加值的贡献度,确定了各行业的样本数。在此基础上,考虑区域分布、企业类型进行PPS抽样,最终

[①] (美)罗杰·J·沃恩,特里·E·巴斯著,沈崇麟译,《科学决策方法——从社会科学研究到政策分析》,第26页"法则2:看清数字背后的问题,首先要了解编制数据的是什么人"。
[②] 2002年,里昂证券有意委托中国物流与采购联合会进行中国的PMI调查。

确定样本企业,从而使得样本的数量与分布更加科学,调查结果更加准确。中国PMI在执行分层PPS抽样中,就高不就低、就多不就少的做法,对调查结果的准确性起到了重要作用。

PPS抽样,即按规模大小成比例的概率抽样,它是一种使用辅助信息,从而使每个单位均有按其规模大小成比例的被抽中概率的一种抽样方式。PPS抽样的主要优点是使用了辅助信息,减少抽样误差;主要缺点是对辅助信息要求较高,方差的估计较复杂等。

PPS抽样在社会、经济和人口调查中使用,它将总体按一种标准划分出容量不等的具有相同标志的单位,在总体中按不同比例分配样本量;在层内采取概率、等比例或不等比例等方法再次选择具体样本。PPS抽样是一种分层抽样与简单随机抽样或不等比例抽样相配合的两阶段抽样,有时也进一步进行多阶段抽样。

中国PMI采用PPS抽样主要出于以下几点考虑:

一是由于样本比较集中,抽样人员便于掌握;

二是使用的抽样框,一般用最新资料作为标志值;

三是抽出的样本是等概率的,即每个样本有相同的概率,在资料汇总时可以直接相加减,不用加权;

四是技术方法比较成熟,每个最终抽中单位有大体相等的样本量,便于管理。

PPS抽样所具有的特性,决定了它执行比较复杂,但是如果执行得到位,结果精度会比较高。中国PMI调查在这一点上比较到位,保证了数据结果的适用性。

一、制造业PMI调查方案

（一）抽样总体

样本抽取以法人企业（或依照法人单位进行统计的产业活动单位）为单位。调查总体为能够从事正常经营活动的全部企业。

（二）抽样与分层

根据《国民经济行业分类》（GB/T 4754—2002）,制造业分为41个大类,剔除与采购活动关系不大的"废弃资源和废旧材料回收加工业",对一些增加值比重较小的行业大类进行了归并,目前PMI调查保留21个工业行业大类。

以行业大类为层,层内使用与企业主营业务收入成比例的概率抽样方法。在确定样本量后,样本在各行业大类之间的分配采用与各层增加值成比例分配的方法,即按照各行业大类增加值占全部制造业增加值的比重进行样本分配。按照各行业对GDP贡献大小选取一定数量的企业,贡献大的行业样本多,反之则少;其次考虑地理分布、企业类型、企业规模等因素,使样本企业具有足够的代表性。这样,减少了随机波动带来的误差。在首次抽样选择之后,样本基本确定下来,但每年度或每半年对样本进行抽查,根据企业、采购经理发生的变化,予以调整。

（三）样本量的计算

PMI调查为比例估计抽样。在不需要得到各层的精确估计,在95%的概率保证程度下,按照最大相对误差r不超过10%来确定样本量。根据企业景气调查历史数据测算，需要估计的主要比例P一般分布在20%～50%，平均值在35%左右，预计回答率在95%以上。2003年，我们开始设计抽样体系，以大中型企业为主要抽样框，2003年年底全国共有大中型制造业企业20 680家，以此计算预计样本量。

第1步：计算主要抽样参数。

允许误差限：

$$e = r \times P = 0.10 \times 0.35 = 0.035。$$

样本方差：

$$S^2 = P \times (1-P) = 0.35 \times (1-0.35)。$$

在95%的概率保证程度下，这意味着20次抽样中只有1次，所得的样本估计值确定的置信区间$\hat{P} \pm e$不包括总体真值P，因此$t = 1.96$。

第2步：计算初始样本量n_1。

$$n_1 = \frac{t^2 \hat{P}(1-P)}{e^2} = \frac{(1.96)^2 (0.35)(1-0.35)}{(0.035)^2} \approx 713。$$

第3步：计算初步修正的样本量n_2。

$$n_2 = n_1 \frac{N}{N+n_1} = 713 \times \frac{20\,680}{20\,680 + 713} \approx 689。$$

第4步：根据设计效应，再次进行调整。

$$n_3 = Bn_2 = n_2 \approx 689。$$

对于分层随机抽样，通常$B<1$。取$B=1$，以得到保守（即比需要样本量大）的样本量。

第5步：对于无回答进行调整，确定最终样本量n。

$$n = \frac{n_3}{b} = \frac{689}{0.95} \approx 725。$$

2004年最终确定样本量为730个。随后这些年逐步调整，调查总量约为3000家。

（四）样本分配

在样本量固定的情况下，样本在各行业的分配采用与各层增加值X成比例分配的方法。分配系数a_h的计算公式如下：

$$a_h = \frac{X_h}{\sum_{h=1}^{L} X_h}, \tag{1-3}$$

即分配系数a_h等于各行业增加值与制造业增加值之比。因而，各行业样本量n_h的具体计算公式如下：

$$n_h = na_h = \frac{730 X_h}{\sum_{h=1}^{L} X_h}。 \tag{1-4}$$

据此，各行业大类样本量，按公式计算并取整数后最终确定。

（五）层内样本抽取方法示例

各行业企业的具体抽取方法为与企业主营业务收入成比例的概率抽样，即以主营业务收入作为每个样本单位的规模，每个样本单位被抽中的概率与此成比例。这是一种不等概率抽样方法，抽样精度较高。具体采用PPS系统抽样，下面举例说明抽样的步骤。

① 设某行业有 N_h=10 家企业，分配的样本量为 n_h=4，即需抽选 4 家企业作为样本，抽样步骤如下：

令 x_h 为该行业第 h 个企业的主营业务收入，将主营业务收入累加得到一个累加序列，设层，即该行业主营业务收入为 $X = \sum_{h=1}^{N} x_h$，给每个企业赋以一个与其主营业务收入 x_h 相等的代码数，代码编号为

$$\sum_{j=1}^{h-1} x_j + 1 \rightarrow \sum_{j=1}^{h} x_j \text{。}$$

② 将累加的主营业务收入 X_h=560 除以分配的样本量 n_h=4，得到抽样间隔：

$$k_h = \frac{X_h}{n_h} = \frac{560}{4} = 140 \text{。}$$

③ 在 $1 \rightarrow k$ 范围内抽一个随机数 r，则与以下 n_h 个代码对应的企业即为抽中的样本单位：

$$r, r+k, r+2k, \cdots, r+(n-1)k \text{。}$$

在本例中，若 $r = 21$，则以下 4 个代码被抽中：

$$21, 21+140=161, 21+2\times140=301, 21+3\times140=441 \text{。}$$

相应的样本企业的序号为1、4、5、8。

PPS样本抽取方法示例如表1-9所示。

表1-9 PPS样本抽取方法示例

企业序号	主营业务收入 x_h	累加数 $\sum_{j=1}^{h} x_j$	主营业务收入累加区间	选中样本单位
1	100	100	1～100	√
2	10	110	101～110	
3	30	140	111～140	
4	70	210	141～210	√
5	140	350	211～350	√
6	10	360	351～360	
7	20	380	361～380	
8	100	480	381～480	√
9	30	510	481～510	
10	50	560	511～560	

注：①如果第 h 个企业的主营业务收入 x_h 大于等于抽样间距 k，则该企业应作为必调查单位，将所有必调查单位抽完后，应重新计算还需抽取的单位个数与抽样间距；

②层内企业应按随机顺序排列，这样可以保证有一定比例（尽管很小）的企业也有可能被抽到。

二、非制造业PMI调查方案

中国非制造业PMI调查与制造业PMI调查一样采用分层PPS抽样方法，行业、企业规模、企业分布等层内成比例抽取企业样本，最大限度地保证了样本精度。调查以非制造业行业大类为层（部分行业大类进行了合并），层内使用与企业主营业务收入成比例的概率抽样方法。首先，根据国家行业标准目录，将非制造业合并为20个行业大类；其次，根据非制造业这20个行业对GDP的贡献率，确定各行业样本比例；最后，选择PPS抽样法作为抽样调查方法，最终抽取1191家非制造业企业作为样本调查单位。调查范围主要包括建筑业和服务业；服务业包括交通运输、仓储和邮政业，信息传输、计算机服务和软件业，批发和零售业，住宿和餐饮业，房地产业，租赁和商务服务业，环境和公共设施管理业，居民服务和其他服务业等非制造业行业法人企业，以及依照法人单位进行统计的产业活动单位。以上行业划分为三级行业，20个行业大类是更为细分的四级行业分类。

无论是制造业还是非制造业，样本企业的选取都不是固定不变的。随着经济形势和经济结构的变化，为了增强抽样调查的代表性，在调查基准与历史对比能够保证的前提下，样本企业会适当进行动态调整，抽样企业的数量及分布情况会出现一些变化。

全球开展非制造业PMI调查的时间不长，大约20年。国外非制造业PMI调查大体分为两类：一类是作为非制造业总体进行调查，涵盖了服务业与建筑业，以美国和新加坡为代表；另一类是将服务业与建筑业分开，分别进行PMI调查，以英国、德国、法国等西欧国家为代表，这些国家的调查主要由NTC协助完成。

从现实可操作性考虑，中国将服务业与建筑业合并为非制造业总体进行调查。这样做的原因主要有3个方面：一是从我国具体情况来看，建筑业行业企业比较少，单独开展一项大规模调查难度较大；二是从合作单位统计局服务业调查中心的职能来看，将服务业与建筑业合并为非制造业总体进行调查易于操作；三是从国外非制造业PMI调查实践来看，全球服务业PMI指标统一的是5个，由于开展建筑业PMI调查的国家比较少，尚未形成合成的全球数据。因此，要与国际接轨，首先要满足这5个指标，即商业活动指数、新订单指数、积压订单指数、采购价格指数和雇员指数，而就这5项指标来说，无论是服务业还是建筑业都可开展调查。

对进入调查范围的所有非制造业，设计了10个问题作为基本调查。这10个问题的回答以封闭式为主，提供了正向变化、反向变化、不变等几种选择，要求非制造业企业主管采购（或供应）的总经理对企业经营活动、采购及相关业务活动情况的判断，主要包括对业务总量、新订单（客户需求）、存货、投入价格、企业员工、供应商配送等情况的判断，同时对问题的回答也带有一定的开放性，要求调查对象对其经营活动和商务环境做出总体评价，这是为了获得更多的信息，以便对行业的经济活动做出深入分析。

我国非制造业PMI调查指标的设定主要参考了美国做法，这样做的好处是能够与制造业PMI形成对应，使得我国的PMI能够形成一套较为完整的体系，也便于今后建立基于整体经济活动的PMI指数。另外，也吸收借鉴了NTC的做法，增加了未来商业活动预期指数和收费价格指数。中国非制造业PMI调查指标如表1-10所示。

表1-10 中国非制造业PMI调查指标

指数构成	备注
经营活动状况	类似于制造业生产量指数
新订单（业务需求）	对应于制造业同名指数
国（境）外新订单（业务需求）	对应于制造业出口订单指数
在手订单（业务需求）	对应于制造业现有订单指数
存货	类似于制造业主要原材料库存和产成品库存指数
中间投入价格	对应于制造业购进价格指数
收费价格	对应于制造业销售价格指数
生产经营人员	对应于制造业雇员指数
供应商配送	对应于制造业供应商配送时间指数
经营活动预期	对应于制造业生产经营活动预期指数

三、战略性新兴产业EPMI调查方案

2010年10月10日，国务院印发《国务院关于加快培育和发展战略性新兴产业的决定》（国发〔2010〕32号），首次提出战略性新兴产业的概念。2012年7月9日，国务院印发《"十二五"国家战略性新兴产业发展规划》（国发〔2012〕28号），部署了战略性新兴产业发展框架，成立由发展改革委、科技部、工业和信息化部、财政部等有关部门参加的战略性新兴产业发展部际协调小组，强调要加强相关战略性新兴产业的统计和监测。

2012年9月28日，发展改革委公布《战略性新兴产业重点产品和服务指导目录（公开征求意见稿）》，目录列出战略性新兴产业（以下简称"新兴产业"）涉及的产品，将新兴产业七大类进一步细分，第二层为30个类别，第三层为100个类别，为新兴产业统计提供了指导意见。2012年12月，国家统计局发布《战略性新兴产业分类（2012）（试行）》，为新兴产业统计提供了可执行的产业分类意见。这两个文件建立了新兴产业涉及产品与行业和产品（服务）的对应关系，对应《国民经济行业分类》中的行业类别359个，对应战略性新兴产业产品及服务2410项。

由于新兴产业涉及的产品众多，按照国标行业对比，很难形成系统性的统计信息，对新兴产业的发展引导带来了一定困难。

2013年，按照以上目录与指导意见，同时考察发展情况，中采咨询发现新兴产业的发展引导缺乏数据支持，并总结了原因，主要如下。

① 上述主管部门公开发布的是指导意见，没有涉及新兴产业具体企业，相关统计调查很难形成，一直是国内空白。

② 按照以上计划性文件，形成统计数据估计需要2~5年。即使形成产业数据，也与当时现行产业数据结构类似，难以及时体现结构数据变化，在领先性与历史性方

面，应用会有缺憾。

③ 存在的零星数据不能整体发布。新兴产业涉及行业众多，部分行业对发展总量数据进行了一些统计，但因为是部分国家相关部委统计，没有对外发表。曾经存在一些特定的数据用于监测局部新兴产业发展，用于地区、行业差异比较，但都没有持续成体系，不可依赖，不具有数据分析基础。

④ 对新兴产业以至于整体经济的发展质量监测也是一大空白，并且目前市场上存在多数衡量产业质量的指标皆是依据现有统计指标合成的，令人信服的程度不高，在新兴产业领域也无法成型。

数据缺失带来的主要影响：社会上对新兴产业的布局与发展缺乏了解，无法指导企业经营；有关投资机构对新兴产业发展缺了解，投资缺乏客观性，造成融资冷热不均；国家有关部门无法得知新兴产业总体状况，进一步的发展方向难以厘定。在新兴产业蓬勃发展的同时，相关数据的缺失对产业发展带来诸多不利。在中国经济转型升级、国家倡导新兴产业发展的关键时刻，市场上亟须具有权威性、能有效衡量产业发展状况的指标，以引领中国产业未来和谐创新发展。

针对以上情况，中采咨询从2012年开始，做了大量基础调研，对相关产业、产品、企业做了很多研究，也邀请有关部门、相关专家进行多次座谈，于2014年1月开始向采购经理调研，进行实验调查，2015年1月开始联合科技部中国科学技术发展战略研究院对外公布，形成了我国第一套新兴产业数据，并持续调研优化和数据分析工作，证实其数据结果有效、及时、高频地反映了新兴产业领域发展的进程。至今为止，EPMI（新兴产业PMI）仍然是我国唯一的新兴产业数据库。

（一）样本量

EPMI体系最初涉及节能环保、新一代信息技术、生物、高端装备制造、新能源、新材料、新能源汽车等新兴产业，2016年开始增加了健康医疗服务业，现共有八大类新兴产业，企业样本数量超过600家。根据需要及产业变化可以对样本结构及样本量进行相应调整。

随着社会发展和居民生活方式不断升级，医疗卫生、健身休闲等健康服务功能的健康产业成为21世纪引导全球经济发展和社会进步的重要产业。健康医疗服务业细分为健康服务、养老服务和新兴医疗服务行业，但暂不计入全国EPMI指数的计算。

（二）抽样方案

EPMI抽样总体来源于有关部门新兴产业企业库，以2013年年底列入七大新兴产业的法人企业（或依照法人单位进行统计的制造业产业活动单位）为抽样单位，为加强研究和市场应用，不断补充指数成分公司作为受调群体。

抽样方法以产业一级大类为层，各产业平均分布，均为不低于60个核定样本。不采用PPS抽样方法是基于符合新兴产业发展特点的考虑。首先新兴产业相对于整体经济分布来说相对分散，不存在新兴产业全国汇总数据，且各行业发展情况数据核算分属不同部门，口径存在不一致情况，计算各产业比重相对困难；其次各产业发展极快，结构变化随时都在发生，每年各产业的相对比重都会有变化，行业样本数量频繁调整影响调查稳定性。因此，我们的方案是在指标计算阶段再计入比重因素，即计算新兴产业整体指数时，按照上年各产业的产值数据计算相对比例，按该比例核算各产业权重，从而合成整体指数。

层内按照二级分类的产业规模比重分配样本数量，二级产业内部使用概率抽样方法。抽样时考虑地理分布，使样本企业具有足够的地域代表性。同时考虑企业规模，不同规模的企业均有代表，减少随机波动带来的误差。

在首次抽样选择之后，样本基本确定，样本自然替代情况发生时，替换同样样本，根据以往调查实践，这种替换总量占总样本的10%左右。每年度对样本进行抽查，根据产业发展情况、企业采购发生的变化，酌情予以调整。由于样本的突然或大幅变动对数据序列的质量影响很大，因此每年样本调整总规模限制在15%以内。

（三）问卷方案

目前确立的16个主要指标基本能够反映新兴产业特点与发展形势变化，并且能够方便地与传统制造业指标进行对比。今后依据需要，也可能适当增加一些指标。

① 问卷的设计遵循3个原则：简练、熟悉、定性。尽量简化，但要基本反映产业经济活动情况，并对宏观经济形势具有预示作用。

② EPMI调查问卷设有16个封闭式问题、3个开放型问题。不涉及企业敏感话题和保密数据。

③ 问卷设计中，大部分参照国际通行的调查问题，根据我国新兴产业生产经营的具体情况增加部分问题，并且对于从业人员进一步限制在主要生产经营人员。

④ 除了PMI各项指标以外，对企业的研发投入进行调查，以助于对企业研发投入收益等问题的研判。2015年以来，针对企业融资问题我们也进行了调查。

⑤ 单个指数：涉及生产量、产品订货、出口订货、现有订货、用户库存、采购量、研发活动、进口、购进价格、自有库存、就业、供应商配送、经营活动预期、贷款难度、销售价格、新产品投产等16个问题。健康医疗服务业调研指标以非制造业的指标为基础，加入"新服务项目推出""市场科研投入"两个新的指标。

（四）数据处理

战略性新兴产业包含科技部公布的7个新兴产业分类及健康医疗服务业，因此样本企业既包含制造业企业，也包含非制造业企业。七大新兴产业的数据处理与制造业PMI调查方案一致，健康医疗服务业与非制造业PMI调查方案一致。

① EPMI各行业综合PMI指数：由5个扩散指数加权而成，即产品订货、生产量、就业、供应商配送、自有库存。计算公式：

行业EPMI=产品订货×30%+生产量×25%+就业×20%+供应商配送×15%+自有库存×10%。 (1-5)

② 全国指数：目前按照各产业数据等权计算全国指标，新兴服务业指数不计入全国指标。

③ 拟合指数计算，同样分别与制造业和非制造业PMI指标计算和处理保持一致。

第五节 中国PMI调查历史

一、中国PMI创建背景

中国PMI的创建，主要源于下述背景：

一是经济发展需要。中国经历了改革开放30年发展，经济已经今非昔比，在国际上具有举足轻重的影响。随着对外开放不断深入，特别是自2001年加入WTO以后，我国同世界各国的联系日益密切，已经深深融入世界经济之中，国外对中国经济日益关注，需要在国际上具有可比性的经济先行指标，借以观察、分析预测中国经济形势。

二是政策调控需要。我们提出了"全面建设小康社会"的目标以后，不但应关注经济发展的速度，更加关注经济发展的质量和效益，需要对经济发展具有重要预测和预警作用的经济先行指标，借以及时、快速地把握经济发展的趋势与方向，便于政府部门及时采取灵活有效的调控措施，保持经济发展的稳定性，熨平波动性，增加可持续性。

三是采购经理阶层形成。中国经济尤其是制造业发展，到2002年中国物流与采购联合会成立，中国已经逐渐形成了现代采购和物流体系，采购经理作为专门的职业阶层也在形成，满足了中国PMI调查的基础条件。

但当时统计数据没有反映社会采购运行的体系。其他统计数据首先时间比较滞后；其次是不能综合反映经济活动的各个层面，如企业生产经营活动中订货、发货、库存等方面的动向，尤其是在流通与服务领域，缺乏反映总体经济活动的指标；最后是现行统计数据多是对经济活动的事后统计，缺乏前瞻性预测和预警功能。

在这样的背景下，一些学者和研究机构对国外PMI的研究开始活跃起来。早在2002年，中国物流与采购联合会就对PMI给予了高度关注，敏感地认识到建立中国PMI的必要性，随后在长达两年多的时间内，为PMI的创建做了大量卓有成效的工作。

中国物流与采购联合会在2002年开始了有关PMI的研究，翻译了大量国外资料，丁俊发副会长撰写了相关文章，并多次与美国、新加坡、英国等专家交流与研讨。2003年，丁会长撰写了《建议尽快建立我国采购经理指数》一文，发表在8月动态清样上，并写了有关报告，同时向国家计委、经贸委、统计局、财政部报送。2004年，丁会长在《经济日报》上又发表了有关"加紧建立中国采购经理指数"的文章。2004年7月，中国物流与采购联合会向国家统计局提出了建立PMI统计调查制度的报告，并起草了初步的调查方案和工作计划。国家统计局责成山东、天津和宁夏企调队开展PMI的专题研究，林贤郁副局长对中国物流与采购联合会向国家统计局提出的《关于开展建立我国采购经理指数体系建议的请示》，做出重要批示："我国建立PMI指数有其必要性。"

中国物流与采购联合会向国家统计局申请建立PMI调查制度，国家统计局认为中国物流与采购联合会可以利用国家统计局调查队伍和直报系统，建立中国PMI体系。中国物流与采购联合会、中国物流信息中心遂与国家统计局当时的企调总队密切磋商。

二、中国PMI创建和完善

2004年，为了尽快建立中国的PMI体系，中国物流与采购联合会与国家统计局成立了中国PMI协调工作小组，工作机构设在中国物流信息中心（中国物流与采购联合会科技信息部）。随后协调工作小组迅速开展工作，PMI创建步伐因此加快。

从2004年下半年到2004年年底，中国制造业PMI的建设完成了前期准备工作。一是完成了调查方案制定、企业调查问卷设计、企业抽样方法制定与实施；二是在山东、天津和宁夏三地开展了部分企业的试点工作；三是在青岛召开了部分省市PMI小型研讨会；四是在11月召开了全国制造业PMI工作会议，就2005年1月开展调查进行了部署，并针对PMI的特点及其应用、采购经理调查问卷、联网上报的具体事宜开展了培训。此后，中国物流信息中心每年举办一至二次全国采购经理调查会议，培训参调单位，同时采集有关调查的建议。

从2005年1月开始，全国制造业PMI调查工作正式启动。为保证PMI调查的科学性、合理性，中国物流与采购联合会于当年4月组织召开了"中国制造业采购经理指数专家论证会"，邀请了国家统计局和其他政府部门、高等院校、科研机构等有关专家，对制造业PMI调查方案和调查方法、指标内容等进行了认真的研讨和论证，获得专家们的高度评价。在此基础上，中国物流与采购联合会认为，制造业PMI调查已经趋于成熟和完善，遂于当年7月6日组织了新闻发布会，正式对外发布我国制造业PMI，引起了国内外各大媒体、证券金融机构、政府机构等的强烈关注。为扩大中国制造业PMI在国际上的影响，中国物流与采购联合会在香港利丰集团的支持下，于2005年8月31日又在香港成功召开了一次中国制造业PMI新闻发布会，在国际上引起强烈反响，受到境外30多家新闻媒体和有关机构密集报道。

为扩大PMI调查的覆盖范围，特别是为了适应国家加快服务业发展的基本要求，更好地为经济建设提供信息咨询服务和决策参考，中国物流与采购联合会得到国家统计局服务业调查中心的密切合作，在充分吸收国际经验及多次调研、反复讨论的基础上，于2006年12月又建立了非制造业PMI调查制度，并于2007年1月正式调查。随后，在2007年12月21日召开了一次非制造业PMI专家论证会，获得有关专家的肯定和好评。在此基础上，中国物流与采购联合会认为非制造业PMI经过一年运行，已经基本成熟和完善，遂于2008年1月18日由中采咨询承接举办，正式对外发布了非制造业PMI。

2014年，考虑到中国经济结构转型，需要监测战略性新兴产业发展，中采咨询联合科技部中国科学技术发展战略研究院对外发布了中国战略性新兴产业采购经理指数EPMI。至此，建立了比较完备的中国PMI调查体系。

第六节 中国PMI研究应用历史

一、应用初期：相关性研究

2005年6月，中国物流与采购联合会向社会发布PMI后，社会各界广泛关注，路透社向全球做了相关报道，国内各大主流媒体也开始每月播发有关数据表现的新闻。由于国内的研究界、投资界，以及政府部门对PMI这一数据体系了解不多，数据也需要时间的积累，开始的几年，对PMI的研究应用并不是十分深入，主要是验证PMI数据与其他中国数据的关系。

2006年开始，国内零星地出现分析PMI走势的文章，集中于中国国际金融、中信证券、中采咨询等投资研究机构。2007年开始，中采咨询开始就PMI诸多分项数据与其他宏观经济数据的相关系数情况进行分析，这一工作持续十几年至今。当时中采咨询提出PMI拟合指标是数据链当中的重要一环，还在业界引起了讨论和质疑，但随后研究者们认可接纳了拟合指标的用法，并应用到其后的实践分析中。

2007年10月，中采咨询的报告《中国经济后高峰期已到来》是PMI在国内第一次引起多方关注的数据分析报告，在当时券商唱多经济、唱多股市的热潮中，这篇质疑经济走冷的数据分析显得有些突兀。2008年4月，中采咨询再次推出报告《经济方向的紧要关头》，指出经济风险的集聚越来越明显。随后经济危机爆发。此时国内地位领先的证券、基金、资管、银行等投资机构更多地参与到PMI数据挖掘研究中来，如华夏基金、华安基金、中信建投证券、华泰联合证券、中国银行、中国人寿保险等都推出了专门的PMI研究报告。

2008年6月开始，PMI的表现精准地提示了未来经济谷底的存在（中采咨询2008年7月8日发布《低谷还未最终来临》，2008年9月8日发布《低谷徘徊与回升之兆》）。2009年3月，里昂PMI与中国PMI走势背离，引发国际舆论一片喧哗，也引发政府层面极大关注，时任总理温家宝亲自批示表示关切，从此政府层面对PMI的应用开始发展起来。而其后中国PMI的正确性被验证，也形成了中采PMI体系建立国际威望的里程碑。

2008年之前，国内期刊论文库中可查的相关PMI核心论文仅7篇，基本是由中国物流与采购联合会、中采咨询成员完成。

① 丁俊发（中国物流与采购联合会），《加紧建立中国采购经理指数》，发表于《经济日报》（2004年5月）。

② 丁俊发（中国物流与采购联合会），《建立中国采购经理指数具有重要意义》，发表于《中国物流与采购》（2005年7月）。

③ 蔡进（中国物流与采购联合会），《采购经理指数的建立及其意义》，发表于《中国物流与采购》（2005年第11期）。

④ 于颖（中采咨询）、尤建新（同济大学经济管理学院），《中国采购经理指数PMI的研究与应用》，发表于《中国科技论坛》（2006年第12期）。

⑤ 王雅璨、陈琼、汝宜红（北京交通大学经济管理学院），《论采购经理指数对经济运行的指示功能》，发表于《统计与决策》（2006年第22期）。

⑥ 蔡进（中国物流与采购联合会），《从采购经理指数（PMI）看我国经济发展》，发表于《市场周刊》（2007年第2期）。

⑦ 于颖（中采咨询），《PPS抽样方法在CFLP-PMI中的运用》，发表于《社科纵横》（2007年第12期）。

二、中期的数据应用研究

2008年1月，由中采咨询承办，中国物流与采购联合会向全社会发布了非制造业PMI，国家统计局及多个部委、协会到会致辞，国内外主要媒体现场进行了报道。随着PMI声名大噪，分析研究文章明显增多。2008—2012年，PMI研究最主要的成果是两本专著，为PMI研究应用提供了框架性的指导。此后，对PMI数据的研究从综合指标深入到分项的行业指标，公开的券商报告不计其数。

2009年1月和5月，中采咨询的报告《数据链、行业链华丽交叉》描述了在经济高峰—谷底—复苏过程当中，PMI分项数据交替、依次进行变化，反映经济周期的过程，在国内首次提出"数据链"的概念。从某种角度说，该报告内容是对当时提出的研究框架的补充，PMI各项数据在数据链和行业链上的表现没有根本性的变化。

2009年6月，在中采咨询的推动下，由中科院数学与系统科学研究院张永光教授牵头的"中国采购经理指数PMI的应用体系研究"，被纳入当年全国统计科研计划项目的"重大项目"中，中国物流与采购联合会蔡进、何辉、于颖，时任国家统计局服务业调查中心主任孟庆欣，市场金融机构的几位研究员是课题组成员，也参与了课题研究，课题组人员汇集了中国PMI研究的几种力量。课题研究结论认为，GDP是中国经济的风向标，PMI是中国经济的晴雨表。

2009—2010年，为了满足PMI研究需求，中采咨询于颖成稿了《解读PMI，走在市场之前》，并联合业内人士于2011年8月出版该书。该书引用多种中采咨询的历史报告，总结PMI数据多个方向的应用例证，主要内容是深入挖掘PMI应用方法，是有关中国PMI的首部专著，为国内PMI数据体系成熟应用起到推动作用。

自2010年，中国物流与采购联合会开始着手整理相关PMI的知识、背景及研究内容，2013年1月，《中国PMI研究与实践》出版，对PMI体系做了更为全面精准的总结，编著小组由中国物流与采购联合会、中国物流信息中心和中采咨询的相关人士组成。书中不仅对PMI历史做了详细介绍，也汇集了一些历史研究成果。

自2006年开始，中国物流与采购联合会、中国物流信息中心、中采咨询合作，不断就PMI各种事项召集专家会议，其实也是PMI研究应用的一个重要事项。

这期间的其他核心文献包括：

① 中国人民银行研究局，《价格监测分析报告》，2007年3月版。

② 何黎明（中国物流与采购联合会），《建立中国非制造业采购经理指数具有重要意义》，发表于《中国物流与采购》（2008 年 1 月）。

③ 于颖（中采咨询）、蔡进（中国物流与采购联合会），《中国采购经理指数相关性研究（二）》，发表于《社科纵横》（2008 年第 12 期）。

④ 陈中涛（中国物流信息中心），《从中国制造业 PMI 显示宏观经济走势》，发表于《价格与市场》（2008 年第 12 期）。

⑤ 武威（中国物流信息中心），《从制造业 PMI 看采购环境和政策变化》，发表于《中国采购发展报告》（2008 年）。

⑥ 谭筱（广东茂名报社），《从 PMI 复跌看我国经济发展》，发表于《市场周刊》（2008 年第 11 期）。

⑦ 陈中涛（中国物流信息中心），《从 PMI 看当前中国经济形势》，发表于《当代经济》（2008 年第 9 期）。

⑧ 于颖（中采咨询），《中国采购经理指数相关性研究（一）》，发表于《社科纵横》（2009 年 1 月）。

三、应用成熟，步入大数据挖掘阶段

2010 年以后，有关 PMI 的核心期刊论文已经非常之多，对 PMI 的认识逐步从相关性研究转入更为细致深入的大数据挖掘。相关指标证明，2012—2014 年的周期里，PMI 一直能够显示精确的预测能力，并且在反映中国结构转型方面体现出出色的完整性——同一体系内多种经济侧面、多个行业反映企业活动，这是其他数据体系所不具有的优势。更多的金融投资机构开始测试 PMI 数据投资模型，将其应用到投资实践中。公开可查的文献概要包括东方证券邵宇的《PMI 与价值投资的正相关性》，海通证券的《PMI 分项看周期，精选子行业》《PMI 分项指数与行业轮动系列报告》，光大证券的《行业 PMI 景气观察系列报告》等。出于版权限制，我们不能给出各种模型的具体方案，其他章节我们将讨论 PMI 投资模型的构建方法。

目前，市场上更多的机构将 PMI 分项数据纳入量化工程，用于投资实践，取得了良好效果，也在反馈市场。某种方法的应用广泛到一定程度后，它一定与市场本身再次形成双向反馈，影响市场本身的走势；并且 PMI 数据准确反映一线企业的冷暖，与领先 GDP 的股指、债市等市场指数本身就高度相关，大数据挖掘的结果是 PMI 与股指的关系越发强烈了。但我们并不希望这一结果产生在每一个细分领域，历史经验证明，占比过多的量化投资，某些特别时期将使市场产生不必要的波动。因此，出于市场自发原动的原则，尤其是用于轮动的模型，我们支持鼓励数据和方法的差异化，对各种 PMI 数据挖掘的需求，我们仅仅提供理论上的支持，并不期待所有模型采取一致的方法。

PMI 行业数据研究转入投资应用、数据挖掘，在国内外实践中皆是如此，投资研究与数据建设互相促进，最终形成了有效、权威的指数体系。但随着 PMI 的市场影响力越来越大，对它的质疑、挑战也不缺少。例如，2012 年年初，有些媒体在分析中，为博取眼球，将 PMI 冠以官方、不实、被修正等标签。但历经数次经济周期验证，PMI

对经济趋势提前预警非常有效,自然成为政府决策、投资研究中不可或缺的参考。

2010年以后,金融从业人员的研究报告不计其数,社会上其他研究机构的PMI研究也向投资和经济增长预测方向发展,本书仅列出论文文献库能够检索到的主要PMI研究文献及其内容摘要。

① 梁强、刘嘉琦、翁潘林(汕头大学商学院),《PMI指数与中国GDP增长率:基于有效性和设计合理性视角的研究》,发表于《中国外资》(2013年第16期)。

"论文从理论上阐述了PMI指数可以很好地预测经济发展,并且通过实证分析证实了PMI与GDP之间确实存在显著的相关关系,并且PMI峰值领先商业周期3~6个月。接下来运用2012年至2013年4月PMI指数数据分析了当前我国制造业发展状况,详细分析了我国制造业面临的主要问题,通过研究政府已经及可能采取的调控措施,对我国2013年中后期经济走势进行了预期。最后,针对PMI指数体系的设计,提出了完善该指数体系的切入点,并给出了一些建议意见。"

② 王言(华东政法大学),《PMI指数引导效率的实证研究》,发表于《经济视角》(2012年第12期)。

"PMI指数对经济总量的先行引导预示作用在政府宏观调控、企业生产计划指定等领域发挥着越来越重要的作用。本文将会分析我国PMI的基本构成,通过研究我国PMI指数的引导关系与GDP的月度总量指标,分析我国PMI指数对我国经济总量的先行引导作用,检验我国PMI指数对经济总量变化的引导效率,理清PMI指数与经济总量发展的内在逻辑关系。"

③ 盛煜、杨桂元(安徽财经大学数量经济研究所),《PMI与上证指数关系的实证研究》,发表于《科技和产业》(2014年第11期)。

"利用2005—2013年的中国制造业采购经理指数(PMI)数据与相应时期的上证综合指数的相关数据,采用协整关系检验法和Granger因果检验法对二者之间的关系进行研究,并以此建立误差修正模型。结果表明:PMI与上证综合指数之间存在协整关系,即两者之间存在着长期均衡关系;PMI是上证综合指数的Granger原因,而上证综合指数不是PMI的Granger原因,进而表明PMI有助于对上证综合指数的预测。"

④ 乔宝华、徐光瑞(中国电子信息产业发展研究院工业经济研究所),《提高PMI预判工业走势效果的探索与思考》,发表于《工业经济论坛》(2015年第1期)。

"本文首先剖析了我国PMI指标体系与发达国家的异同,然后采用相关性分析、时差相关分析和转折点分析等方法深入研究了PMI与工业经济走势的关系,结果发现我国制造业PMI与工业增速中度相关;与工业运行更趋同步,领先性相对较弱;用PMI转折点来预测工业经济走势转折点的可靠性并不稳定。为提高对工业走势的预判效果,应加大PMI调查的样本量,积极开展预测指标的探索,准确理解各项指标的内涵;在现有条件下应更多关注新订单和生产等分类指数的表现。"

⑤ 刘萍、赵洪进、李钦(上海理工大学),《基于PMI指数对我国经济增长进行预测的实证研究》,发表于《财税金融与保险》(2017年第2期)。

"采购经理指数PMI每月发布,超前于其他经济指标,又具有简易性、综合性、国际可比性等优势，满足了经济预测的时效性要求。运用2005年第一季度至2016年第二季度的数据，选取制造业PMI和居民消费价格指数CPI指标，对国内生产总值GDP进行实证分析，运用Stata软件通过序列相关系数检验、单位根检验、VAR模型及Granger因果关系检验分析得出PMI、CPI和GDP三者间存在长期均衡关系，PMI指数领先总产出指标GDP 3～6个月，对GDP具有正向推动作用；相比CPI指数，PMI能够更准确地预测GDP，提高GDP的预测精度。"

⑥ 桂文林（暨南大学经济学院统计学系）、唐崔巍（中国社会科学院数量经济技术经济研究所），《基于PMI分解的制造业损失评估》，发表于《统计研究》（2016年第8期）。

"2008年金融危机对我国制造业造成巨大冲击，对危机的影响进行评估对于建立科学的危机预防机制具有重要的意义。本文运用X-13A-S模型将我国制造业PMI进行分解，研究各成分在危机期间的波动情况，分析金融危机的动态演变过程并构建本底趋势线进行损失评估，最后划分金融危机的生命周期。研究结果表明：①X-13A-S模型对指数调整效果较好，长期波动趋势分为3个时期；季节成分波动表现为"三波峰、三波谷"；异常值与危机事件相对应。②金融危机全面爆发前期PMI指数损失5.11%，平均损失1.28%；爆发后期指数损失49.31%，平均损失4.11%。本轮危机共损失54.42个百分点。③2008年1—4月为金融危机生成期，2008年5—12月为全面爆发期，2009年1—5月为衰退期，2009年6—8月为消亡期，整个危机持续16个月。④金融危机全面爆发时期以8月份为分界点，表现出"前期趋势-循环成分，后期不规则变动"的动态机制。"

⑦ 李娜（国家统计局服务业统计司），《PMI新出口订单指数实证分析》，发表于《山东商业职业技术学院学报》（2017年第3期）。

"近年来，我国对外贸易体量不断增大，与全球经济共振现象日益明显，尤其是制造业出口受我国主要贸易伙伴国的经济变动影响更大，为了给政府部门、相关行业和企业制定外向型的政策和经营决策提供参考依据，对制造业PMI新出口订单指数进行了实证分析，以期发挥PMI的预测预警功能，对2005年以来我国制造业PMI新出口订单指数、欧美日PMI和工业企业出口交货值等相关数据进行了时差相关分析，建立了VAR模型，并对工业出口交货值和新出口订单指数进行预测。"

⑧ 丁黎黎、孙文霄、韩梦、唐旺霖（中国海洋大学），《我国PMI指数对GDP的影响及预测效果分析》，发表于《统计与决策》（2018年第15期）。

"文章从代表制造业'晴雨表'的PMI指数入手，探讨我国制造业在GDP混频预测中的作用。构建了混频数据抽样模型（MIDAS），对GDP增长率的实时预测问题进行研究，将PMI指数及GDP增长率自身的滞后效应引入GDP趋势预测中，实现高频数据PMI指数与低频数据GDP增长率的联动分析。结果表明：① 自回归非限制混频数据抽样模型[$U\text{-}AR(4)\text{-}MIDAS(3,K)$]的预测精度具有比较优势。② 高频月度PMI指数对季度GDP具有正负两种效应，该效应会持续9个月，GDP自身之间也存在着相互影响，该影响会持续4个季度之久。③向前h步$U\text{-}AR(4)\text{-}MIDAS(3, K, h)$适合短期内利用最新公布的月度PMI对GDP进行实时预测和修正，预测结果显示对2017年第三季度的GDP增长率进行实时预测时，$U\text{-}AR(4)\text{-}MIDAS(3,9,5)$模型最优。"

第二章 四面一体：用PMI预测市场趋势的体系

PMI的主要应用之一是市场投资，包括股票、债券、期货投资、外汇交易等，因此多年来，PMI对于金融从业者是不可或缺的存在。同时，股票指数、期货价格也不仅仅是市场指标，因为其表现当中隐含了市场预期、资金流向，实际也包含了实体企业经营前景的信息，而PMI是实体经营的信号，其中的领先指标恰好也是经营前景的反映，而任何投资归根结底都是资金的运动。同时，数据所包含的信息，通过对比、加减、乘除等运算后，可以反映潜在的资金运动方向。因此，我们从PMI体系中提取了相应的拟合指标，是可以领先股市、债市的。因此，股指与PMI指标之间存在对应关系。

PMI 100%来源于企业经营一线，从理论上讲，只包含基本面信息；而投资集合的反映——股指，则吸收了政策环境的影响，同时反映资金的密集程度。因此，我们提炼了预测股指的方法论——"四面一体"。"四面"指的是基本面、政策面、资金面、技术面（图2-1）。

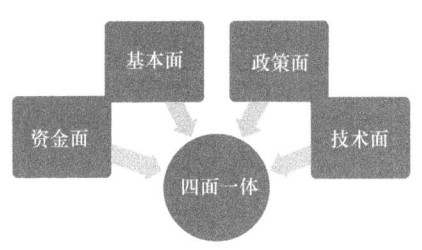

图2-1 "四面一体"的作用方式

第一节 四面一体预测股指

股指走势是多种信息变量集合决定的最终走向，而股指通常领先于其他经济指标——无论从发布时间方面还是从更新频率看，因此，准确把握股指趋势，也就是把握了左右经济趋势的多种因素。

股票交易的基本动力是资本的逐利性,也就是我们常说的:"钱是最聪明的。"资本最终会流向能够产生利润的领域。我们此处说的"资本"或"钱"并非是单一的某项资金,而是指市场上流动的所有资本的集合体,这种集合体是一种似乎看不见的力量。由于其逐利的根本性质,总是向利润所在方向聚集,因此分析产出和体现利润的几个方面,我们在 2008 年提出了"四面一体",并一直用这种理念来把握市场走势。

在上述"四面"中,我们始终认为基本面是决定因素,即便是 A 股市场,我们也认为是基本面决定了其最终走势。政策面是从属于基本面的,它根据基本面的走势来决定放松、紧缩或结构性的产业政策,而政策一旦发出,又对基本面构成反作用力,但这种反作用力通常不会改变基本面的趋势,只能改变基本面的波幅,正像我们向决策层提出的建议:"宏观调控政策的作用是削峰填谷,只能改变幅度,而不能改变趋势。"

资金面的流动则是结合对基本面的判断、对政策面的理解来决定投向。这是市场最终决定力量,通常没有直接的指标进行观测,但我们一直在用 PMI 领先指标来观测,并且证实有效。这是因为,企业代表投资方,其行为预期等实际上就反映了资金的取向,而 PMI 是一线调查,它反映的企业行为就代表了部分资金取向。

事后的技术面指标、资金流向指标可以反映资金面的变化。因此,我们在预测的时候,还是以基本面和政策面分析为主。

技术面是运用多种计量指标,运用纯数学方法及经验理论,分析市场趋势走向的技术,往往是印证其他三面的结果。在某些时候,技术面本身隐含了其他三面的信息,可以更为直观地分析未来。但在基本面发生逆转、政策面出现托底和抑制的时候,技术面是无从反映的。

在某个时期,政策面的作用很大,尤其是基本面达到高潮或低谷后,其趋势的扭转通常通过政策面的配合来完成。

总之,基本面、政策面的变动,最终必须是资金面发生变化,才可以引发市场趋势的变动,反映在技术面上。前三者对市场的作用权重不是恒定的,在不同时间点,需要结合实际情况加以判断。这 4 种左右资本市场的因子,对市场走向的影响权重通常不是等权的,基本面占有 50% 以上的权重。但在不同时点,其权重又会变化互换,因此,用量化的方法分配其权重往往比较失败,如果一定用 4 个因子推测市场走向,往往经验比较有效。反过来,仅使用有效的基本面指标反而能够提高预测的准确率。

第二节 PMI 是全面反映基本面情况的指标体系

PMI 的调研来自一线企业,本身含有投资走向、需求走向的信息,所以是最领先的指标体系,尤其我们内部组合的多项拟合指标,体现了更好的领先性,10 多年来在金融市场应用过程中显示非常有效。

PMI体系内的指标分项都非常全面。宏观经济研究所关注的统计指标，PMI都能够与其相互对比，并存在很高的领先性。从分项指标看，PMI涵盖了企业生产经营的方方面面，对一线实体经济的反映非常全面。这种全面覆盖实体经济指标的体系是少有的，而且内部体系之间进行对比分析、自洽性强，分析结论就更加可靠。

同时制造业PMI中的新订单、主要原材料库存、采购量、供应商配送时间是独有指标，在工业统计中没有对标，非制造业中的服务业体系指标几乎没有对标。这样，PMI体系就成为内部自洽最好的经济指标体系。一些统计系统缺失的经济侧面和行业发展情况，都能在PMI体系中找到。

行业分项方面，PMI体系更为全面。中国PMI存在制造业、非制造业行业门类，涉及39个行业中类，与经济运行中的国标行业能够一一对应，并且非制造业PMI的一些行业目前除了PMI没有其他统计数据；新兴产业EPMI目前仍然是国内唯一的战略性新兴产业数据库，没有对标。这样，PMI体系就成为横向行业可比性最强的经济指标体系。

PMI体系国际横向可比性强。全球各个重要经济体都有PMI数据，各项指标横向可比。我们最近两年做了国际产业链分析、中国历史发展阶段分析，PMI数据都呈现了非常好的可用性。

最后，PMI数据纵向没有断层。诞生十几年来，分项数据没有改变过标准。尤其是分项数据，多年来不存在人为调整和大的成分调整，因此历史可比性强。而国家统计局和中国人民银行的指标体系，都曾因为多种现实原因进行过多次统计范围和指标内涵方面的变更。这样，PMI体系用于基本面研究，基本可以表达除货币量指标之外的其他经济趋势。

第三节　PMI辅助政策决策

PMI本身是一套领先指标，近年来，PMI越来越多地引起我国决策层的关注，影响了更多调控政策的发出，因此，研判PMI走势的同时也可以对政策走向略知一二。例如，货币政策大方向是放松还是紧缩，企业类别上是扶助小微企业还是支持大中企业，产业领域是科技方向、消费方向还是基建和制造业方向——因为PMI体系拥有各种领域的数据且可以实现纵向历史对比和横向产业对比，所以政策的细微方向也都可以参考预判。在附录中，我们罗列了几篇在历史上对政策形成影响，或者说与宏观政策非常匹配的文章，从中可以看出PMI数据分析对政策存在影响力。

近年来，中国PMI数据引起政府高层的更多重视，成为宏观政策调控的重要参考。例如，2015年2月2日降准政策、3月30日楼市首付比例降低，2016年2月29日降准等政策均是根据PMI表现做出的。此后，根据PMI审慎调整宏观政策成为惯例。2019年几次国务院会议、政治局会议都是在PMI发布之初召开的。

中采咨询专家与政策决策部门多有互动，中采咨询与决策层沟通渐多，解读政策的能力也为人称道。中国物流与采购联合会副会长蔡进每年两次参加总理主持的经济形势座谈会，中央财经工作领导小组办公室领导多次参与中采咨询承办的研讨会、座谈会、闭门研究会。中采咨询还参与了中国人民银行货币政策委员会专家会、国发院CMRC经济观察季度报告会，社科院、发展改革委经济形势座谈会等会议。

中采咨询的经济分析文章多次被新华社内参和清样采用。

2015年发表于《上海证券报》的《有质量的增长，在路上》一文，被收入国务院政府网站。该文是中采咨询用PMI首次展望消费为主的远期未来，做出中国经济发展将转化为高质量增长的"新周期"论述，判断5～8年内中国GDP增速将回落至5.5%左右。2016年，《供需关系改善，供给侧改革初见成效》发表于《中国证券报》。这些文章阐述了以制造业转型出清升级为特征的"新周期"由来，并首次提出"新消费时代"的创新科技、高速高质特征。2017年，《中国证券报》《上海证券报》等，发表《周期行业有望年内"出清"》《供给体系创新，新消费时代来临》等文章，后者全文收录于《中国经济蓝皮书》；2018年1月，达沃斯论坛刘鹤的发言中重点强调了"新消费时代"的到来。此后，"新消费"在多个场合中成为热词。2018年，在《中国证券报》《上海证券报》等媒体发表《从PMI看经济质量提升政策需要多角平衡》《库存与订单，谁看谁的脸》《战略性新兴产业发展与创投资金的支持密不可分》等文章。2019年，在《中国证券报》《上海证券报》《科技中国》发表《资本市场助力创新消费》《国际链：从PMI看全球经济发展》《从EPMI看，新兴产业将成为新引擎》等文章。2018年下半年及2019年，中采咨询多次撰文分析新兴科技产业在经济发展中的重要性，分析了新兴EPMI数据回落走势，呼吁政策给予支持，国务院也做出了税务部门对创投资金往期所得税不再追缴、加大研发费用在所得税前的扣除比例、加速及提高技术企业的折旧等决策，都是相关科技政策对EPMI趋势回落的反应。此外，我们在新华社内参每年都发表文章或接受采访，内容也都是对政策方向的建言。

政策思考和建议体现了中采咨询研究方面的社会价值理想，也凸显了PMI分析对宏观政策的影响，因此用PMI数据表现推演政策方向是可行的。

第四节　资金面与技术面分析

资金面与技术面是上述基本面、政策面互动后影响市场资金流向的结果，其中资金面既包括实体经济的资金也包括金融体系的资金，二者的方向趋势往往趋同。技术面是资金流向的监测方法，未来有被纳入量化投资的趋势。

鉴于二者是基本面、政策面的反映，我们仅在附录中呈现一些既有判断结果，也就是依据基本面和政策面分析后，我们对资金面和技术面的判断（见本书附录）。鉴于篇幅关系，本节只列举最近一年来的判断例证。

第五节 独特的中国，经济分析的几个准则

多年来，我们在对经济数字进行解读的时候，一些方法论引发了经济分析者和投资从业者的很多关注，并且也得到了很多认同。逐渐地，这些准则也在业界有了足够的影响。因拟本节，总结其中的几个准则以飨读者，也便于读者日后能够对于我们的各种分析报告有更加快速深入的理解。

第一个准则：量价博弈。

每一种经济现象，都是量价博弈的结果，每一种结果，都经历交易参与者用自己的资本（钱）决定市场价格的过程。价格低迷引发交易，交易拥挤则价格飙升，价格过高则交易淡出，周而复始。我们做过的数据分析中，发现量价二者都是相互制约、相互支持的。在实体经济数据中，关键的量涉及生产、库存、消费、开工、投资等，而价格，就是商品定价。在金融领域，利率、汇率都可以视为价格，货币、融资贷款则是典型的量。

第二个准则：阈值之间的波动。

每一个经济数字，都是上有顶下有底，同时加上时间的轴来表现的。而时间的轴，如果转换为变量之一，经济数字的顶底就会变得更加确定。

经济数据根据以上两个准则运行，因此我们会看到周期。

每一个拐点都是出现了历史阈值以后，才看到另一个趋势。趋势一旦开始，便会自我循环，不到高潮，不会停止。一个数字，到了历史阈值的时候，趋势便会反向运动，并且历史阈值跨越的时间区段越长，反向运动的力量便越大，不过相邻周期之间的阈值往往相差不会太大，这往往有60%概率的出现。

2011年，我们认为：时间经停此处，历史半个循环。当时间经停、合拢，需要用历史见证未来的时候，一定需要睿智得足够判断何处取舍。

而至于阈值到底在哪里，需要结合历史表现、发展阶段、结构变化来确定。历史表现容易理解，中国的发展阶段和结构变化，我们是这样理解的。

第三个准则：中国是独特的。

第一，发展阶段决定了，中国的数据分析与外国的数据分析是不一样的。中国过去几十年，以及现阶段、未来十几年，也就是达到目前发达国家水平之前，其经济分析的基础决定了其方法论是独特的。

中国作为一个发展中国家，其数据脉络与发达国家的数据脉络是不一样的，那么认识它们、揭示历史的轨迹、预测未来的发展，方法路径肯定是不一样的。

接触过很多国外投资者，他们所遵循的大多是成熟的、在西方经济理论体系当中良好运行的经济体，然后运用他们传统的投资框架、投资工具，决定投资行为。但是在中国，这种框架多数时候是不适用的。未来，当QD业务大幅发展，当金融对外开放更多的外资进入中国，当中国资产引发更多的国外投资者。他们可能会影响本土的投

资。但是目前中国的经济发展结构仍然是和成熟经济体不一致的。

作为一个发展中国家，改革开放30年以来，看似是经历了与其他工业化国家相同的进程。但是这种进程间，因为不同的民族禀赋、不同的人口资源和环境，使中国经济发展呈现了与其他发展中小国也不能相提并论的一些特点。

所以，中国是独特的。

第二，结构不仅决定当前的结构，而且决定未来的结构及总量，所谓"一叶知秋，见微知著，春江水暖鸭先知"。

这是第四个准则：我们不看总量是因为，看清结构就能看清未来的总量。

既然我们国家经济发展还相当不稳定，结构分析就更为重要。

从PMI数据上看，中国每一个经济的周期，或者说基钦周期，确实是伴随着新的一轮结构调整。也许是高增速带来的伴生现象，每当增速调整下跌，然后重新开始的时候，往往经济结构就会发生新一轮的变化。在过去的3个半周期里，每一次都是这样。所以，我们十分关注中国经济结构的变化，也正因为这种关注，也才能够提出"新周期""新经济时代"等经济指征。

每个月都整理分析几十个行业的十几个指标，每月都对同样系列的1000多条数字进行对比和综合，十几年这种分析结构数据的经验促使我们在诸多数据当中去发现未来的蛛丝马迹，所以我们才对结构变化、结构决定未来总量有更深刻的体会。

例如，我们分析过：产成品库存在不同历史阶段有不同作用，领先行业在不同时期也是不同，数据紊乱的2015—2018年其成因就是结构变动，等等。这种变化至今仍未停止。又如，我们从2019年秋季看到，秋季小周期的引领行业不再是原料行业，中国制造业向高附加值发展的结果之一是设备类替代原料类成为领先行业，这一判断在2020年的数据里再次被验证。

放到更长周期里看经济，很多时候会讲文化决定政治，政治决定经济，这是第五个准则：政治也有周期。

在基钦周期、朱格拉周期之间，非常想叠加一个政治周期。30年精英政治历史后，另一极端归来的平民政治的代表正在登上舞台。这一浪潮的显现是有历史周期的。

其实，2015年我们就开始写：微的力量，早在中国展开；个性化时代，首先在西方开启。

平民政治的兴起与精英政治走到高潮不无关系，同时又受到信息革命、这一轮技术革命，或者说网络技术的促进，从而实现了自我循环。这一趋势开始之后不走到极点、不走到顶点是不会结束的，它将对全球的经济产生极大的影响。

如果要寻找这一轮朱格拉周期向前发展的轨迹，不妨循着这种平民政治代表力量能所调动的经济元素去考虑周期的特点。

暂时未及记录的，留待他文。

第三章 PMI 重点指标

第一节 制造业 PMI 指标概况与内部相关关系

在制造业PMI体系中，有综合PMI指标和其他11个分项指标，同时我们构建了8个拟合指标。按权重不同，各指标对综合PMI指标升降所起的作用也不同，所占权重较大，与PMI指标相关关系就较强。从相关关系看，计入权重的指标之间相关关系都很好，并且与PMI大多表现同步相关，趋势表达方面新订单最优。雇员和供应商配送时间表现出一定的滞后相关。因此，在应用数据需要简化工作时，只看一个新订单就可以看清趋势。权重指数之外，购进价格和产成品库存是非常值得注意的指标，其领先相关系数都较高。出口订单是订单的一部分，需要独立观察；进口与采购量有相通之处，可将进口视作采购量的一部分。拟合指标中，利润趋势、量价配比、销售、供需比等都对提前判断拐点很有帮助。因此，众多指标中，我们需要重点观测的指标只有一半不到，这样每月的分析工作量就可以大大减少。

表3-1是相对于全国PMI，其他各指标的领先相关情况，可以看出，除了拟合指标领先于PMI发生变化外，产成品库存也领先综合PMI发生变化，其他指标基本上是同步指标。但在不同经济周期的行业指标体现上，这些领先关系会有所变化，在下面的论述中有所涉及，在应用时应加以注意。

表3-1 PMI体系内部全国各指标的领先相关系数（截至2019年12月）

领先期数	0	1	2	3	4	5	6	7
全国-生产量	0.98	0.80	0.58	0.44	0.37	0.34	0.26	0.14
全国-新订单	0.98	0.80	0.56	0.46	0.39	0.35	0.28	0.16
全国-采购量	0.97	0.79	0.57	0.45	0.39	0.35	0.28	0.17
全国-出口订单	0.93	0.81	0.65	0.54	0.48	0.43	0.34	0.17
全国-进口	0.92	0.76	0.59	0.49	0.40	0.33	0.25	0.11
全国-现有订货	0.92	0.77	0.62	0.52	0.48	0.47	0.42	0.29
全国-主要原材料库存	0.70	0.56	0.43	0.42	0.38	0.31	0.25	0.14

续表

领先期数	0	1	2	3	4	5	6	7
全国–雇员	0.83	0.77	0.69	0.64	0.58	0.52	0.47	0.33
全国–购进价格	0.71	0.67	0.60	0.55	0.49	0.40	0.30	0.24
全国–产成品库存	−0.60	−0.45	−0.23	−0.18	−0.01	−0.03	−0.01	0.05

第二节 制造业 PMI 指标

一、新订单

新订单是指企业根据报告期内正式签订的订供货合同计算出的主要产品订货数量，该指标的别称有产品订货、订单、业务需求、需求、新产品订货等。它在综合指标 PMI 中所占权重最大，为 30%。新订单是 PMI 中最重要的指标之一，也是其他数据系统中没有的指标。但是新订单与企业利润是间接关系，只反映未来价格，不反映成本。

新订单其走势与其他正向指标显示出完全一致的趋势，并且在理论意义上领先于其他指标发生变化。但在实际数据中是与综合 PMI 同步的指标，只有在行业数据中，因为数据采集更分散、波动性更强，有时会领先其他正向指标。

图 3-1 为黑色金属冶炼及压延加工业新订单与采购量的对比，通过对 2006 年 1 月到 2019 年 7 月的比较可以发现新订单领先采购量 0～2 个时间周期。例如，2008 年黑色金属冶炼及压延加工业新订单在 4 月出现下滑趋势，10 月达到最低点；采购量下滑趋势出现在 6 月，11 月达到最低点。2008 年新订单下滑趋势领先采购量两个时间周期，新订单的谷底领先采购量 1 个周期。再如，2015 年黑色金属冶炼及压延加工业新订单触底回升趋势出现在 10 月，而采购量回升趋势出现在 11 月，新订单领先采购量一个时间周期。

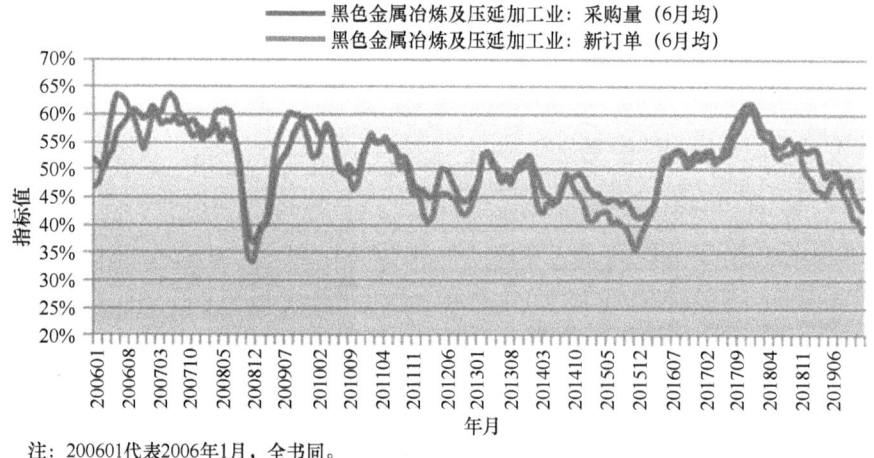

注：200601代表2006年1月，全书同。

图 3-1 黑色金属冶炼及压延加工业新订单与采购量走势对比

图 3-2 为黑色金属冶炼及压延加工业新订单与雇员的对比，通过对 2006 年 1 月到 2019 年 7 月的比较可以发现新订单领先雇员 1～3 个时间周期。例如，2008 年新订单在 4 月出现下滑趋势，而雇员的下滑趋势出现在 7 月，滞后新订单 3 个时间周期左右。再如，2015 年 9 月新订单呈触底回升趋势并于 2016 年 6 月到达阶段性高位，雇员于 2016 年 1 月开始触底回升，于 2016 年 8 月到达高位，期间领先 2 个时间周期左右。

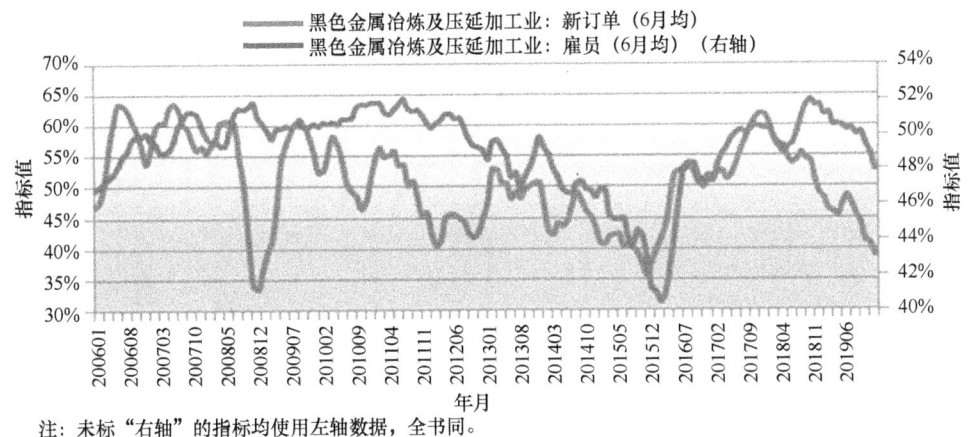

注：未标"右轴"的指标均使用左轴数据，全书同。

图 3-2　黑色金属冶炼及压延加工业新订单和雇员指标走势对比

图 3-3 为黑色金属冶炼及压延加工业新订单与生产量的对比，通过对 2006 年 1 月到 2019 年 7 月的比较可以发现新订单与生产量的变化趋势基本上是同步的，这一点从月度数据上也可以看到，这是因为企业的生产量是依据新订单量的变化而变化的。如果企业新订单增加，必然促使企业增加产量，以满足新订单需求。例如，我们通过 2008 年的数据可以发现，在 4 月新订单出现下滑趋势，到 10 月达到最低点；而生产量也是在 4 月出现下滑趋势，到 10 月达到最低点，两者的变化趋势和时间基本同步。再如，2014 年 9 月新订单开始回落，直到 2015 年 11 月达到低位；而生产量的回落趋势也出现在 2014 年 9 月，在 2015 年 10 月达到低谷，与新订单基本同步。

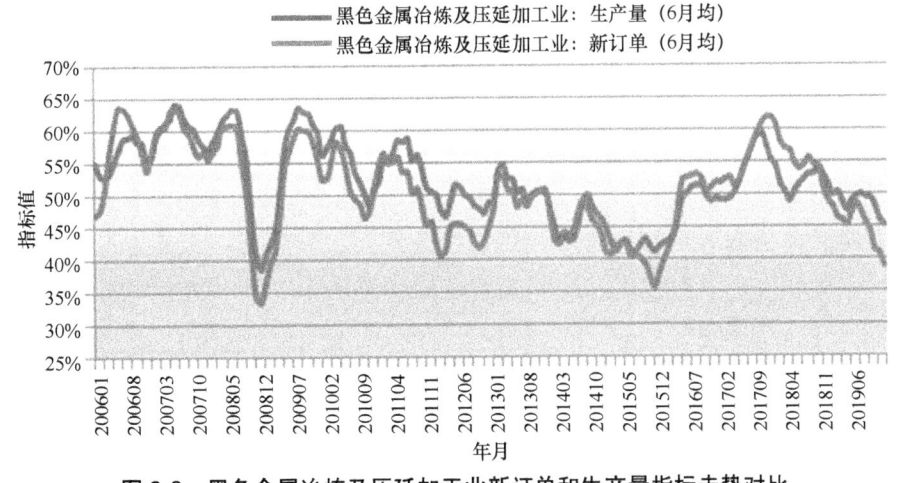

图 3-3　黑色金属冶炼及压延加工业新订单和生产量指标走势对比

新订单与生产量的差值（供需比指标）我们常常用以观察产需缺口或产能过剩情况。

图 3-4 为黑色金属冶炼及压延加工业新订单与现有订货的对比，通过对 2006 年 1 月到 2019 年 7 月的比较可以发现新订单领先现有订货 1 个时间周期左右。例如，2008 年 10 月，黑色金属冶炼及压延加工业的新订单出现上升趋势，而现有订货的上升趋势出现在 11 月。再如，2015 年 12 月新订单开始新一轮的增长周期，而现有订货于 2016 年 1 月开始进入增长周期，正好比新订单滞后 1 个时间周期。

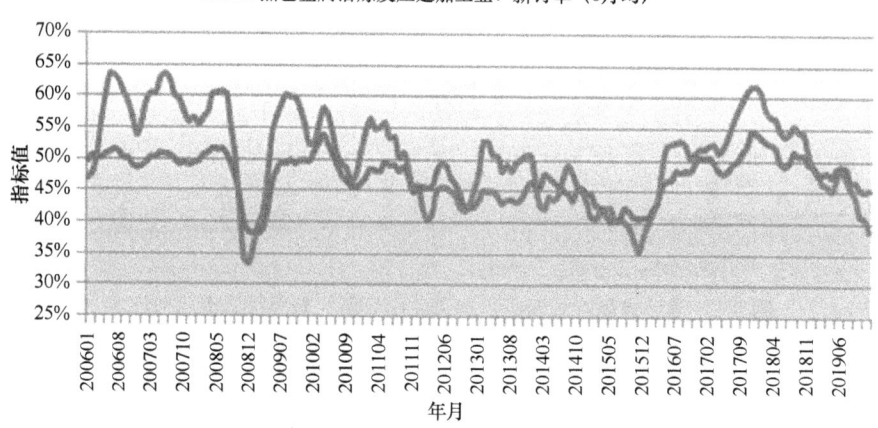

图 3-4 黑色金属冶炼及压延加工业新订单和现有订货走势对比

二、生产量

生产量指标反映企业报告期内生产的符合产品质量要求的主要产品的实物数量，该指标的别称有产生、生产、产量等。从经济意义上来看，产品制造过程实际上也是将原材料转化为成品的生产过程。从这种意义来讲，生产量指标通常可以单独用来反映工业经济景气状况和发展趋势，可以反映整体市场供应状况。由于所有企业的产量构成了社会的财富、经济发展的成果，因而在理性生产的假设下，产量的升降可以反映经济发展的景气状况。通常情况下，生产量指标大于 50%，表明工业经济处于景气区间；生产量指标小于 50%，表明工业经济不景气或出现衰退迹象。生产量指标处于持续上升变化过程中，说明企业开工率较足，工业生产步伐在加快，市场产品供应有保障；反之，则说明企业开工率较低，工业生产在减速，市场资源供应在收缩。一般来说，如果生产量指标持续 3 个月以上在 50% 以下，则表明工业经济进入收缩期。

生产量指标在制造业 PMI 指数体系中具有重要地位，通过相关性研究可以发现，生产量指标与大部分指数，如新订单指标、新出口订单指标、采购量指标、现有订货指标等相关性较高，走势基本同向。但由于生产活动处于需求之后，生产量指标有时在某些拐点处滞后于新订单指标。

图 3-5 为制造业全国生产量与采购量的对比，通过对 2006 年 1 月到 2019 年 7 月的比较可以发现，二者相关性非常高。生产量指标上升，采购量指标会随之联动。一般来说，在不考虑主要原材料库存的情况下，生产量指标升幅越高，采购量指标上升也会越快。例如，2008 年生产量在 2 月到达高点，采购量同时到达高位；12 月二者同时到达历史低位。再如，2018 年生产量与采购量同时在 2 月到达低点，随着短暂的回升后，于 12 月同时回落至低点。这反映出企业生产活动越活跃，企业生产开工率越高，所需采购的原材料量越大。

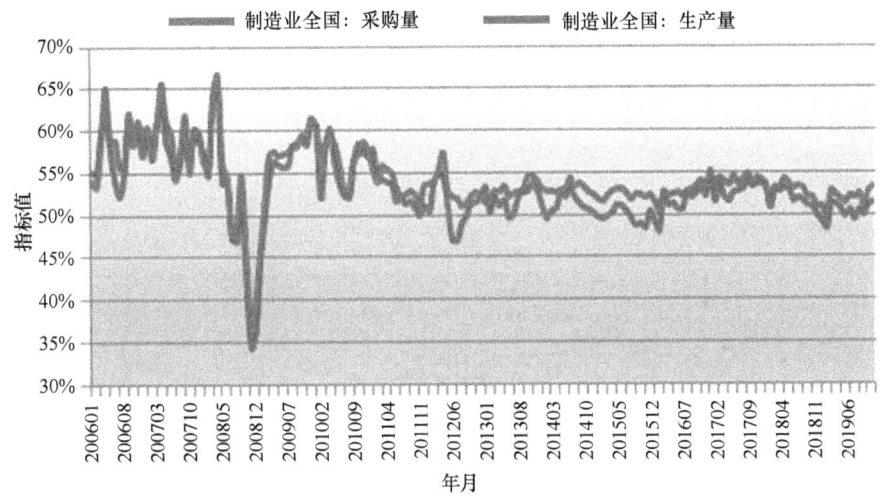

图 3-5 制造业全国采购量与生产量走势对比

三、购进价格

购进价格指标是指企业报告期内购进的主要原材料（包括零部件）价格水平，该指标的别称有投入价格、中间投入价格、原材料价格等。它也是 PMI 指标体系中较为敏感的指标，尤其是相对于其他数据系列中诸如 CPI、PPI 等指标对比时，显得比较领先。在 CFLP-PMI 体系中，对购进价格做的季调较小，所以购进价格指标的波动很大，敏感程度也更高。PMI 体系中，购进价格指标反映的是采购所有原材料所付出的采购成本的综合评价，并不仅仅局限于企业的主要原材料价格。例如，食品行业中，购进价格包括油、电、气、加工食品等所有原材料价格的总和，它反映的是企业成本。把新订单和购进价格结合起来，可以用来预测企业的未来利润，并且这一拟合指标的领先作用现在看来依然比较显著。

价格在整个经济运行体系中也是一个非常重要的指标，商品价格高，反映经济运行良好；商品价格低，反映经济运行低迷。但在价格偏高的时候，提示企业经营成本升高，反而代表未来利润低迷，经济状况会转而不好。我们发现当新订单低于购进价格扩张速度的时候，往往提示未来企业经营困难、经济周期高潮已过。

商品的价格上升分为需求拉动型和成本推动型，分别是经济周期底部和顶部的情形。例如，在石油加工及炼焦业，当周期底部成品油需求增加时，反映在企业则是新订单增多。根据市场的需求供给杠杆调节，成品油价格必然上升，上述情况为需求拉动型。如果是由于原油的价格上升引起的成品油价格上涨，则这种由于成本推动引起的价格上升情况就完全不同了，往往是周期高涨和顶部时期才出现。因此分析购进价格变动还要结合具体经济环境，进而判断未来价格向什么方向变动。

无论如何，采购成本的增加反映在企业就是购进价格上升，同时用新订单指标来反映未来企业收益，二者结合分析可反映经济的运行状况。

图 3-6 为购进价格与 PPI 和 CPI 的对比，通过对 2006 年 1 月到 2019 年 7 月的比较可以发现购进价格领先 PPI（当月同比）0～4 个时间周期。例如，2011 年 4 月，全国购进价格出现高位回落趋势并于 2012 年 4 月到达阶段性低位，而 PPI 的回落趋势出现在 2011 年 7 月，并于 2012 年 7 月到达低位，这期间 PMI 购进价格领先 PPI 3～4 个时间周期。

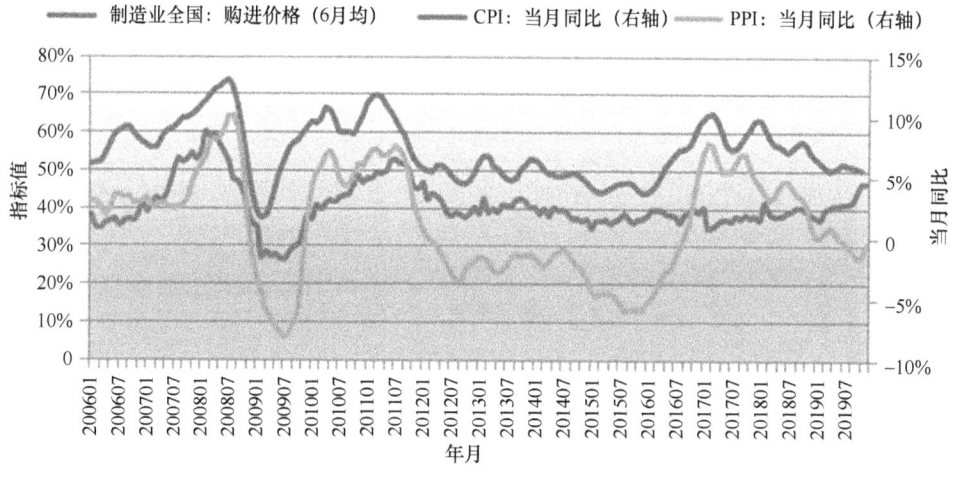

图 3-6　PPI、CPI 与 PMI 购进价格情况走势对比

四、产成品库存

产成品库存是指企业报告期末止已经生产并验收入库但尚未售出的主要产品的产成品库存的实物数量。产成品库存是中国 PMI 独有的指标，因为中国产业发展阶段尚不成熟，至今仍然无法做到零库存管理，而美国 PMI 只有用户库存的概念，用来描述的是已经售出的成品库存。

产成品库存是对企业所有产成品数量的综合评价，并不仅仅局限于某一类产品，如汽车制造业，产成品库存包括飞机、火车、船舶、汽车等各种运输设备。产成品库存反映的是企业的生产经营状况。产成品库存高，反映企业生产经营状况不佳，销售遇阻；产成品库存低，反映企业生产经营状况良好，销售顺畅。

分析产成品库存指标,我们有3个方面的经验。

第一,库存指标往往能够领先提示企业未来经营状况。从相关性分析看,全国指标中,产成品库存与PMI的反向相关系数在2期时表现最好,而且能够达到0.62,即产成品库存领先全国指标2个月发生变化。

这种领先是有经济运行基础的。

产出水平直接影响库存水平,因此产成品库存的变化滞后于产出的变化,是一项经济意义上位于生产之后的指标。但从另一方面看,产成品库存由于变化较快(企业招募人员扩张产能或裁减人员收缩产能往往需要更长时间),反而有时会成为在数据系列中较为领先的指标。

经营活动从萎缩转为旺盛、而生产扩张未能及时完成时,首先反映出来的现象是产成品库存低位下降,这是经济周期底部的典型现象;反之,经营活动从旺盛到萎缩,生产还在继续,产成品库存却是首先受到影响的指标之一,其达到历史阈值或增幅扩大,是周期顶部的典型现象。

在经济衰退期间,企业收缩产能的结果是向上游企业发出的订单减少,引发上游产业订单减少、库存增加;可供向下游产业输出的产品增多,本产业产能收缩,形成去库存过程。上下游产业共同作用,则是整体订单减少。反之,在经济向好的恢复期间,首先表现是下游企业向本产业发来的订单增多,在扩张产能之前,企业首先以库存应对需求,引发库存减少,而下一期向上游产业发出的订单随之增加,产能扩张,形成补库存过程。

但这一反向相关系数一直没有达到0.8以上的高度相关。究其原因,一是产成品库存的变动除了来自明显的衰退、扩张的趋势性动力之外,还包含短期内企业因为备产、限产等因素造成的库存增加、减少等变化,这种临时变化与整体经济变动趋势并不一致。二是两者领先与滞后的关系在经济周期不同位置有所不同,经济底部时,产成品库存下降大多滞后于订单的增加,而经济周期顶部时,库存的增加常常领先于订单的减少。因此,库存与综合PMI的反向相关系数未能达到高度相关的程度(表3-2),若能在不同时段分别计算相关系数,则能获得较好的相关系数结果。

表3-2 制造业产成品库存领先PMI相关系数

领先期数	0	1	2	3	4	5	6
领先PMI相关系数	−0.28	−0.52	−0.63	−0.57	−0.47	−0.34	−0.33

观察历史数据可以看出,在经济趋弱时,大宗行业的产成品库存是观察经济趋势拐点的重要指标。

在2008年9月,全国的产成品库存已经超越50%的分水岭,20个行业中有行业产成品库存超过50%,显示全面产品积压,其中重要先导行业黑色金属冶炼及压延加工业的产成品库存早在7月已经超过50%,并且其后连续两个月达到62.5%的高位,到9月更是达到65.8%(11月领先降低为45%)。虽然全国新订单还在50%以上,但是产成品库存高位,提示后期经济需求后劲不足。其中,领先行业的产成品库存也是比较早地超越50%的分水岭，而后周期性行业的产成品库存则比较晚地出现50%以上高位（表3-3）。

2018年，同样的情形再次出现，大宗行业的产成品库存首先出现高点，全国的产成品库存指标出现高点几乎是在各行业中最晚的（表3-4）。

表3-3 2008年低谷前期各行业库存超越50临界点的时间与数值

日期	PMI行业	指标	数值
200806	化纤制造及橡胶塑料制品业	产成品库存	61.7%
200807	化纤制造及橡胶塑料制品业	产成品库存	58.3%
200808	化纤制造及橡胶塑料制品业	产成品库存	53.3%
200809	化纤制造及橡胶塑料制品业	产成品库存	60.0%
200810	化纤制造及橡胶塑料制品业	产成品库存	76.7%
200811	化纤制造及橡胶塑料制品业	产成品库存	61.8%
200807	黑色金属冶炼及压延加工业	产成品库存	58.3%
200808	黑色金属冶炼及压延加工业	产成品库存	62.5%
200809	黑色金属冶炼及压延加工业	产成品库存	62.5%
200810	黑色金属冶炼及压延加工业	产成品库存	65.8%
200808	化学原料及化学制品制造业	产成品库存	52.6%
200809	化学原料及化学制品制造业	产成品库存	56.1%
200810	化学原料及化学制品制造业	产成品库存	56.1%
200811	化学原料及化学制品制造业	产成品库存	67.6%
200808	石油加工及炼焦业	产成品库存	51.9%
200810	石油加工及炼焦业	产成品库存	68.5%
200811	石油加工及炼焦业	产成品库存	63.1%
200808	有色金属冶炼及压延加工业	产成品库存	55.0%
200810	有色金属冶炼及压延加工业	产成品库存	62.5%
200811	有色金属冶炼及压延加工业	产成品库存	67.6%
200808	纺织业	产成品库存	51.2%
200809	纺织业	产成品库存	51.2%
200810	纺织业	产成品库存	52.4%
200811	纺织业	产成品库存	53.6%
200809	通用设备制造业	产成品库存	60.9%
200810	通用设备制造业	产成品库存	54.7%
200809	非金属矿物制品业	产成品库存	52.6%
200811	非金属矿物制品业	产成品库存	57.8%
200812	非金属矿物制品业	产成品库存	59.0%
200809	汽车制造业	产成品库存	51.5%
200809	全国	产成品库存	50.5%
200810	全国	产成品库存	51.4%

续表

日期	PMI行业	指标	数值
200811	全国	产成品库存	50.8%
200810	医药制造业	产成品库存	52.3%
200811	医药制造业	产成品库存	59.2%
200810	造纸印刷及文教体育用品制造业	产成品库存	64.8%
200811	食品及酒饮料精制茶制造业	产成品库存	55.3%
200811	农副食品加工业	产成品库存	52.2%

表3-4 2018年成品库存高点出现月份

PMI行业	当月值	3月均
全国	201811	201812
黑色金属冶炼及压延加工业	201811	201803
非金属矿物制品业	201806	201806
石油加工及炼焦业	201802	201803
化学原料及化学制品制造业	201802	201810
有色金属冶炼及压延加工业	201805	201807
专用设备制造业	201804	201806
汽车制造业	201805	201812
通用设备制造业	201809	201810
电气机械及器材制造业	201812	201812
计算机通信电子设备及仪器仪表制造业	201804	201806
化学纤维及橡胶塑料制品业	201810	201806
木材加工及家具制造业	201808	201810
造纸印刷及文教体美娱用品制造业	201806	201811
纺织业	201809	201810
农副食品加工业	201805	201806
医药制造业	201812	201812
纺织服装服饰业	201805	201806
食品及酒饮料精制茶制造业	201803	201803

当然，各个行业的绝对值有其行业惯性，有的行业如化纤行业，历史上就是订单低、库存高且波动较大，因此领先低谷的时间较早。我们以往的经验是，观察黑色、石油炼焦、非金属、汽车（交通运输设备）、化学等这些代表性比较强的大宗行业，可以较早得出准确的预判。

第二，产成品库存与主要原材料库存指标相对进行比较时，差值为正数，则未来企业经营向好，反之则转差。我们系统中称作"销售"的拟合指标就是出于这一原理。从几年的实践看，其指标变动也较好地反映了经济走势，但是这个拟合指标比"利润趋势""量价配比"等拟合指标滞后几个时间周期；尤其是经济底部时滞后更多，甚至与上证综指等其他领先指标更滞后，可以后期确认趋势时参照使用。

图 3-7 和图 3-8 为制造业全国主要原材料库存与产成品库存的对比，以及拟合指标"销售"与上证综指走势对比。观察图形可以看出，产成品库存指标可以作为我国经济及 A 股市场变化的一个滞后指标，销售可以作为领先指标使用。例如，在 2008 年，虽说两种库存只有小幅波动，但因与主要原材料库存变动时间不一的影响，两者差值出现较大幅度的变化，并在 11 月达到最低，之后出现上升趋势。上证综指也是在 2008 年出现下滑趋势，并在 11 月出现最低点，之后缓慢上升，这些正好与主要原材料库存和产成品库存的差值变化相吻合。

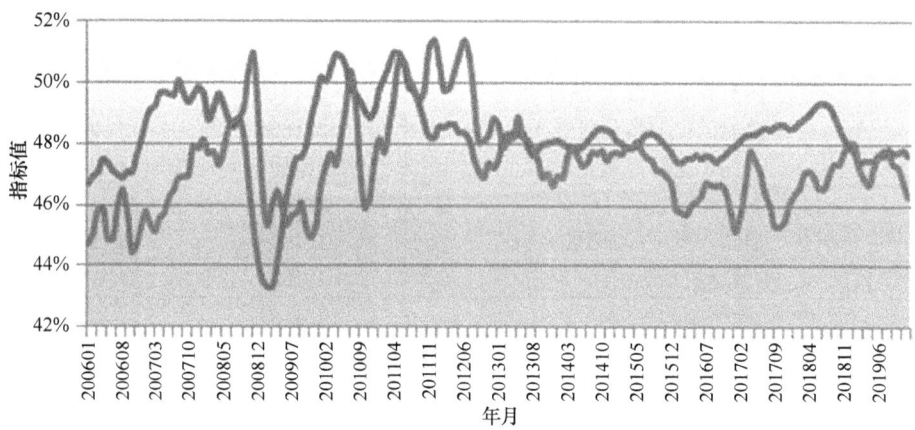

图 3-7 制造业全国主要原材料库存与产成品库存走势对比

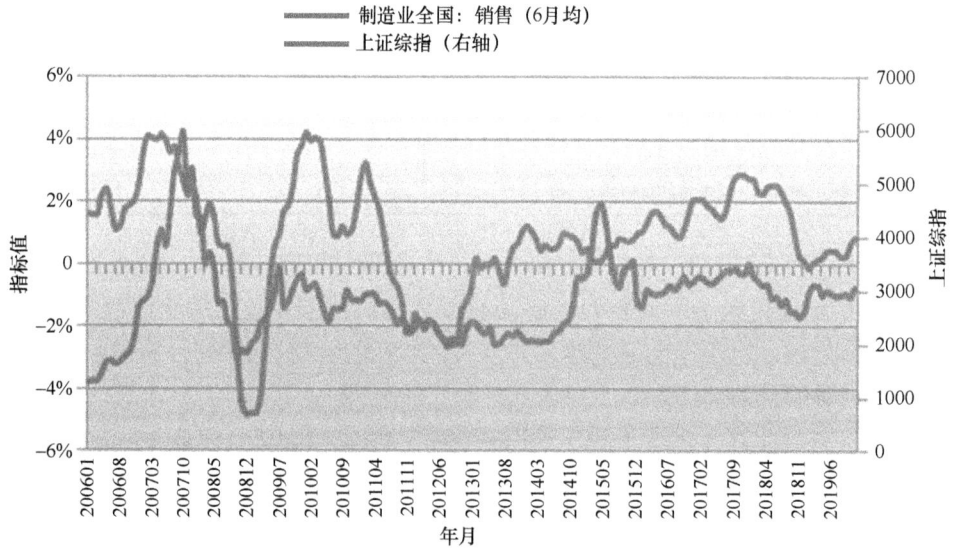

图 3-8 制造业全国拟合指标"销售"与上证综指走势对比

第三，产成品指标曾经对下期生产量和新订单有提示作用。

在经济持续上升的过程中，产成品库存显示较平稳的低位，但在经济明显下滑过程中，产成品库存则首先显示快速下滑，提示企业去库存的经营过程，当企业经营环境有所好转，产成品库存指标则开始回升，提示企业补库存的经营过程。在去库存和补库存的过程中，从库存指标的高低位置，可以看出企业（行业）库存充足与否，进而判断后期可以有多少存量用于解决订单。

目前，企业又在进行库存管理升级，产成品库存中枢位置长期下移，长期来看，领先作用已经不明显。

第三种特点在2012年的经济波动中最为明显，产成品库存的位置直接影响了企业生产的多寡。尤其是在与生产量指标结合运用的时候，能够比较清楚地看出企业库存高低状态，能否满足下期订单需求，也能够看出企业产能利用程度的高低，从而判断后期生产量的扩张程度。因为当时全社会商品积压到了历史最严重的时候，产成品库存表现出了最好的领先作用。

因此，短期预测时，可以依据库存结合产量和订单状态来预判未来。例如，预判生产量：低位库存、环境良好，就需要扩张生产以解决新订单，下期生产量仍然会扩张；反之，高位库存，则预示后期可以有充足产品解决新订单，生产量将降低，进而拉低整个企业（行业）PMI综合值。再如，预判新订单：低位库存，生产高位，表明后期订单平稳；高位库存，低位生产，表明后期订单一般；低位库存，低位生产，表明后期生产将提升，下游产业订单会提升；高位库存，低位生产，表明后期下游订单会下降。

所以看库存高低，更要看它与订单、生产之比，可用两者相减观察未来趋势。订单与生产分化时，多是经济不稳时，库存变化也比较剧烈。行业低库存、高生产，发展势头强劲。行业库存不低，但因为订单较好，生产也不错，则库存无忧；如果库存较低，但生产量并未表现强劲，说明企业在谨慎地保持低库存。生产量和库存两指标相加的结果往往提示后期订单状况，这一点因为在2010年以来的数据中表现得最为明显，并不是所有阶段的共有特征，我们并未将其作为一个正式的拟合指标，而是沿用主要原材料库存减去产成品库存，称之为"销售"，实践证明它是一个领先1~2个月的指标。

第四，在制造业升级过程中，产成品库存体现了极为不同的阶段性特征。

PMI产成品库存近6年的变化有3个特征：第一，2009—2012年，由于产能过剩和产品积压，库存领先、支配订单；第二，从2012年6月开始不断回落，2017年9月创出历史新低，表明企业库存安全边际不断下降；第三，2015—2017年，订单开始领先、支配库存，制造业进入零库存管理时代，降本增效的效果显现。

2011—2018年，产成品库存的地位在经济技术不断发展中发生了巨大的嬗变，经历了从"订单看库存的脸"到"库存看订单的脸"，再到"低安全库存成常态"的转变。在制造业3.0下，产成品库存的领先性不再，经济指示意义逐渐减弱，而安全库存的均衡点也不断下降。

上述第3种特点（产成品库存曾经领先）在2012年表现得最为明显，但是这种特征随着制造业升级至3.0，"零库存"管理成为常态，产成品库存的领先作用在弱化、消失。数据上看，就是2012—2018年，产成品库存一路走低，同时领先新订单2个月的相关系数也是一路走低，直到2018年前后，企业的"零库存"管理达到新的水平，产成品库存指标重新建立了上下波动，形成新的中枢值，产成品库存的领先作用才恢复一二，但也不能起到2012年那样领先灵敏的作用了（图3-9）。

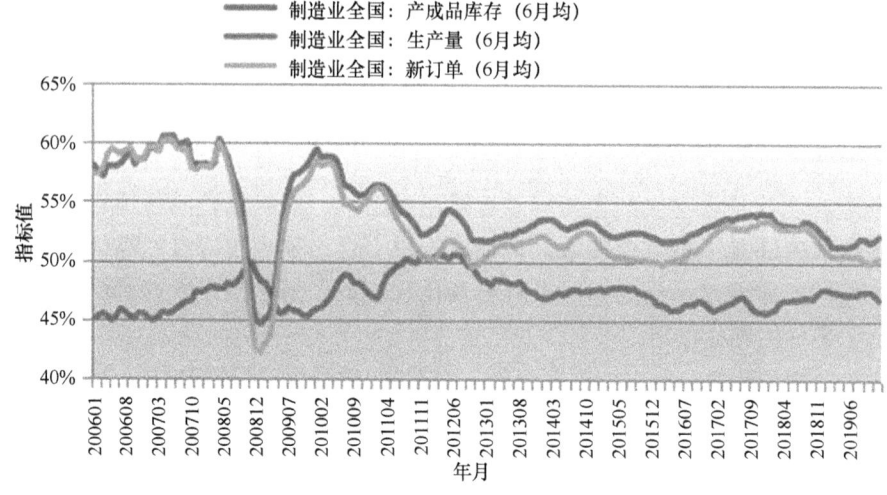

图3-9 制造业全国新订单、生产量与产成品库存走势对比

第五，如何理解PMI产成品库存指标大多时候在50%以下的问题。

这个问题有关对整个PMI指标的理解，与供应商配送时间在正常扩张状态下应高于50%一样，值得一提。那就是第三章分析中提到的不能将PMI指数当作绝对量理解，它的单位是"范围"——虽然在做数学分析时，可以忽略单位问题。因为PMI只是反映了一个趋势，指数低于50%说明单个企业本月相对于上个月指数下降，反映的也是下降的一个趋势，并不是反映量的多或少，更不代表全社会库存总量；而指数一直在50%以下也只说明了单个企业这些月份的指数相对于上月呈下降趋势。

例如，产成品库存经常是在50%以下，并不代表产成品已经越来越少，企业回答"下降"只是说明其单个企业的指标情况。整体数据低于50%不是表示全社会库存数量环比减少，而只是表示超过50%的企业（库存）环比减少。如果本月产成品库存等于50%，可能是因为50%范围的样本企业产成品库存与上月持平（或者一半下降一半上升）。由于每个样本在合成指数时都占一个份额，所以PMI指数不指代具体库存"量"的绝对数额——实际库存数量与范围无关。假设调查中，大企业样本数量等于小企业样本数量，全部大企业下降，全部小企业上升，那么全社会的库存"量"是下降的，但PMI产成品库存"指数"是上升的。反之亦然。

不同行业的临界值也是不同的，需要结合历史数据计算。例如，我们评价全国的产成品库存指标，48%代表中位，49%以上代表高位，47%以下则是低位；对于冶炼及压延加工业，则产成品库存55%以上属于高位，40%以下属于低位。这都是根据历史表现用阈值来规定的。

五、PMI指标

PMI是一个综合指标，是5个分项指标经过加权计算后形成的，即新订单、生产量、雇员、供应商配送时间、主要原材料库存。5个指数的权重依据其对经济的先行影响程度而定，具体计算公式为：

$PMI=$新订单$\times 30\%+$生产量$\times 25\%+$雇员$\times 20\%+$供应商配送时间$\times 15\%+$主要原材料库存$\times 10\%$。 (3-1)

PMI指标既然是加权所得，所以在有些时候并不能灵敏反映经济本身的扩张与收缩。尤其在中国经济转型的这10年及未来10年左右，单个企业就业波动下行，而新订单、生产量不变，还反映了企业生产率的提升，当其拉低PMI指标，但长期是利好表现。例如，中国的配送指标，由于物流水平低，长期以来是无效的，不像它在美国灵敏地起到了领先指标的作用。

所以，PMI指标高低反映了综合状况，综合表达企业经营状况的作用比较好，但目前不能作为领先指标使用。当劳动生产率提升空间消失、配送水平及效率极大提升时，PMI才会成为真正领先的指标。

六、拟合指标：利润趋势

利润趋势是拟合指标，因为是兑减指标，最好不用于量化的对应预测，只能用于趋势判断，虽然这个指标与其他指标的相关系数已经达到60%以上。

利润趋势指标自我们2007年提出以来，目前在投资界的应用已经相当普遍，因此它对股指的领先时滞从9个月提前到了3个月。以下是截至2019年12月，分行业利润趋势指标领先相应行业股指的相关系数如表3-5所示。

表3-5 PMI利润趋势与股指KDJ的相关性（截至2019年12月）

领先期数		0	1	2	3	4	5	6
电气-利润趋势	中信电信设备-月线J	−0.35	−0.42	−0.46	−0.47	−0.46	−0.42	−0.35
纺织-利润趋势	中信纺织服装-月线J	−0.36	−0.36	−0.35	−0.36	−0.40	−0.48	−0.60
非金-利润趋势	中信建材-月线J	−0.06	0.13	0.35	0.57	0.77	0.89	0.94
服装-利润趋势	中信纺织服装-月线J	0.55	0.57	0.58	0.59	0.58	0.56	0.53
黑色-利润趋势	中信钢铁-月线J	0.14	0.02	−0.09	−0.20	−0.32	−0.43	−0.54
化学-利润趋势	中信化工-月线J	−0.02	0.04	0.17	0.33	0.48	0.57	0.55
化纤-利润趋势	中信化纤-月线J	−0.28	−0.29	−0.19	0.03	0.27	0.44	0.46
汽车-利润趋势	中信汽车类-月线J	0.37	0.45	0.50	0.53	0.53	0.51	0.45
全国-利润趋势	上证综指-月线J	−0.56	−0.61	−0.55	−0.43	−0.32	−0.25	−0.22
石油-利润趋势	中信石油-月线J	0.67	0.67	0.91	0.98	0.79	0.57	−0.04
食品-利润趋势	中信食品饮料-月线J	0.50	0.49	0.39	0.24	0.03	−0.22	−0.44
通信-利润趋势	中信通信设备-月线J	−0.17	−0.13	0.00	0.20	0.41	0.52	0.41

续表

领先期数		0	1	2	3	4	5	6
通用-利润趋势	中信通用机械-月线J	−0.26	−0.03	0.23	0.45	0.60	0.66	0.64
医药-利润趋势	中信医药-月线J	−0.23	−0.12	0.07	0.28	0.45	0.56	0.56
饮料-利润趋势	中信酿酒-月线J	0.53	0.53	0.47	0.35	0.16	−0.07	−0.33
有色-利润趋势	中信有色-月线J	−0.54	−0.63	−0.59	−0.47	−0.30	−0.15	−0.06
造纸-利润趋势	中信造纸-月线J	−0.44	−0.43	−0.33	−0.21	−0.10	0.03	0.22
专用-利润趋势	中信工业机械-月线J	−0.35	−0.49	−0.56	−0.58	−0.55	−0.49	−0.42

七、拟合指标：量价配比

量价配比是在利润趋势的基础上建立的拟合指标，是由利润趋势加上产成品库存的中枢偏离值组合而成，这个指标体现了企业在新订单、购进价格、产成品库存3个指标的综合走势。在PMI分项指标中，新订单、购进价格、产成品库存三者之间互相促进、互相约束，量在PMI里最重要的体现为新订单、产成品库存等，价则主要体现为购进价格，相对利润趋势加入了产成品库存指标，对于企业的经营现状的表现更为清晰，对判断未来企业的经营状况更加准确，对于观察经济趋势拐点也有了更全面的支撑。

经过多年的数据积累，产成品库存的中枢值已经相对稳定，这对于我们判断经济趋势有着重要的意义，为了更全面地预测股市（如上证综指）的波动，2018年我们在利润趋势的基础上加入产成品库存指标，产生新的量价配比指标。通过与上证综指趋势对比，领先上证综指的时效为2～6个月，相对利润趋势领先性有所减弱，但较销售指标要领先。

在实际应用中，全国指标因为掩盖了波动，对经济周期的反映不甚明显；而在行业分项中，描述周期波动最好的行业是黑色、石油、化学、非金、有色、汽车等大宗类行业，使用PMI大宗行业的量价配比指标，对经济周期拐点的预测领先且准确，这在PMI有数据以来的3个半周期里，都得到了验证。

观察对比图3-10可以看出，PMI（黑化石油汽车）量价配比相对上证综指领先5～6个月。例如，2008年7月，PMI量价配比达到阶段性低点，上证综指在2008年12月达到阶段性低点。随后，PMI量价配比开始反弹，并在2009年6月达到阶段性高点，然后急剧下滑。同时，上证综指在2009年12月开始达到顶阶段性顶点，然后在波动中下滑。PMI量价配比在2018年6月开始回升，上证综指在2018年12月出现阶段性低点，开始触底反弹。

我们创建量价配比指标是为了在利润趋势指标之外寻找一个领先资金运行稍少、距离其拐点时点更为相近的指标。资金轨迹我们选取人民币贷款增速作为对标。在不断试错中确定产成品库存作为领先指标的一部分，目前看来是成功的。

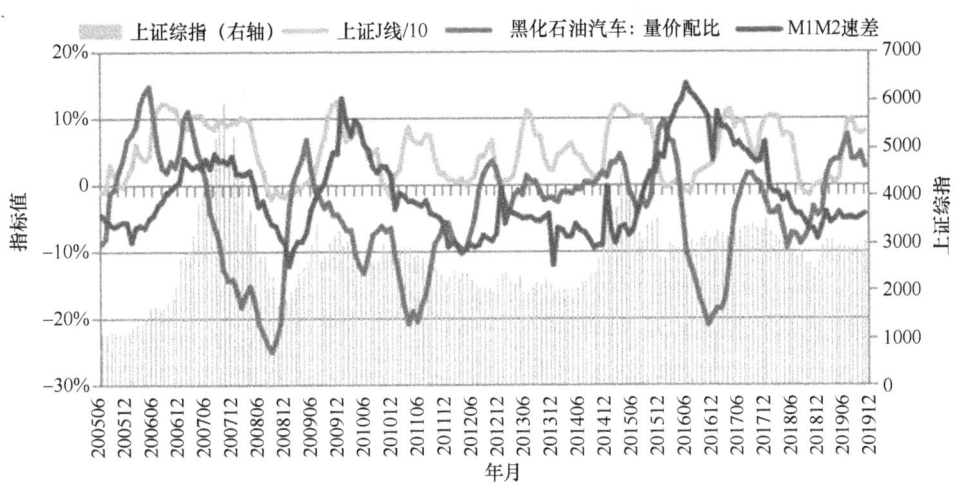

注:"黑化石油汽车"是取黑色、化学、石油、汽车的简称合并后指代这4个行业。

图 3-10 黑化石油汽车量价配比与上证指数走势对比

观通过图 3-11 可以发现,量价配比与人民币贷款增速二者的整体趋势基本一致。例如,在 2009 年 4 月量价配比率先出现高点,然后急剧下滑,人民币贷款增速在 2009 年 7 月份出现高点,量价配比领先人民币贷款增速 3 个月出现高点。2015 年 12 月量价配比出现阶段性高点,然后迅速下滑,至 2016 年 10 月出现低点,开始回升;人民币贷款增速在此阶段相对量价配比滞后 4 个月出现拐点。

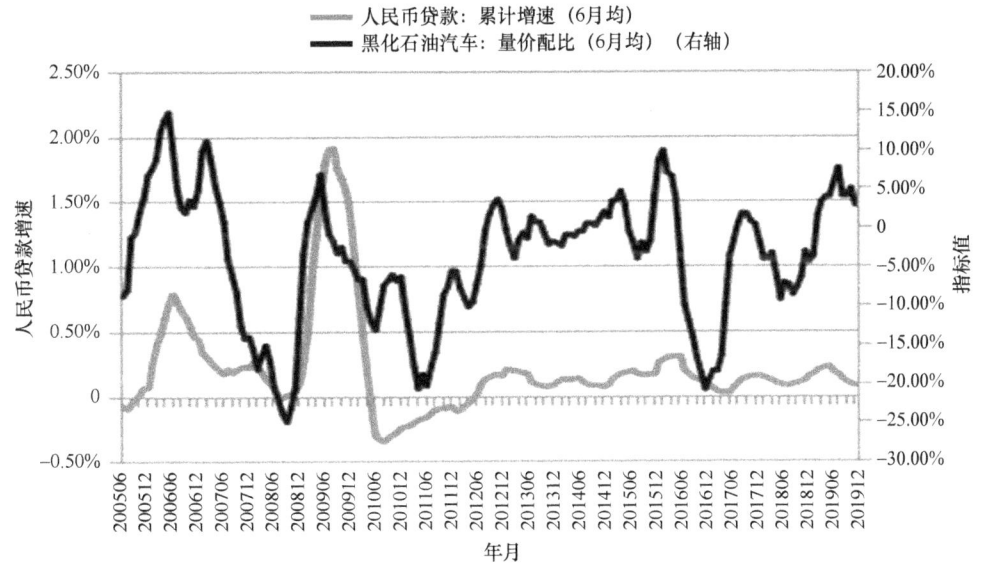

图 3-11 黑化石油汽车量价配比与人民币贷款增速走势对比

八、拟合指标:销售

销售是一个拟合指标,它是由主要原材料库存减去产成品库存拟合而成。销售拟合指标也是 PMI 体系中较为敏感的指标，仅次于利润趋势指标发生变化。它与企业的效益有直接的联系，并与企业能否正常运营息息相关。销售量反映的是对所有产品销售情况的综合评价，并不仅仅局限于某一类产品，如专用设备制造业，不仅包括矿山、冶金、建筑等专用设备，还包括纺织、电子、烟草等专用设备的销售情况。数据表明，销售拟合指标比利润趋势拟合指标滞后 2～5 个月，波动幅度略小，趋势则完全相同。

观察对比图 3-12 可以看出，PMI 利润趋势相对 PMI 销售领先 2～5 个月。例如，2006 年 5 月，利润趋势达到阶段性低点，与此同时，PMI 销售也在 2006 年 7 月达到阶段性低点。随后，利润趋势开始反弹，并在 2006 年 10 月达到阶段性高点，然后急剧下滑。同时，PMI 销售也在 2006 年 7 月开始反弹，并在 2006 年 11 月回升到高点，然后在波动中下滑。

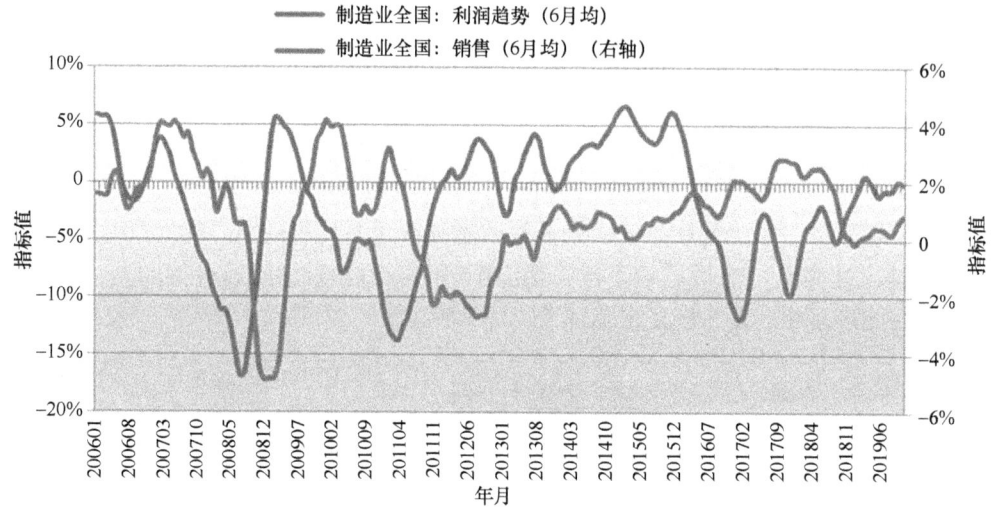

图 3-12 制造业全国销售与利润趋势指标走势对比

2015—2017 年，随着供给侧改革推进，制造业重化行业步入工业 3.0，企业对于库存的管理更为精准，产成品库存中枢不断下移，造成销售指标的波动幅度明显减小，而与利润趋势的走势产生了不一致。2018 年以后，随着制造业转型出清升级的过程逐渐完成，制造业登上新平台，这一数据背离也宣告结束。

图 3-13 为销售与主要原材料库存、产成品库存的对比，通过对 2006 年 1 月到 2019 年 7 月的比较可以发现销售领先主要原材料库存 0～3 个时间周期，销售领先产成品库存 0～1 个时间周期并呈现高度负相关，因为产成品库存在销售指标里是被减数。例如，2017 年 11 月，PMI 销售出现高位回落趋势并于 2019 年 1 月到达阶段性低位，而主要原材料库存的回落趋势出现在 2018 年 2 月，于 2019 年 1 月到达低位。再如，2015 年 3 月 PMI 销售开始波动回升趋势，至 2017 年 10 月到达阶段性高点，产成品库存在 2015 年 3 月开始波动回落趋势，并在 2017 年 11 月到达阶段性低位，期间二者拐点均呈对应态势，且各个拐点的销售均领先产成品库存 1 个时间周期左右。

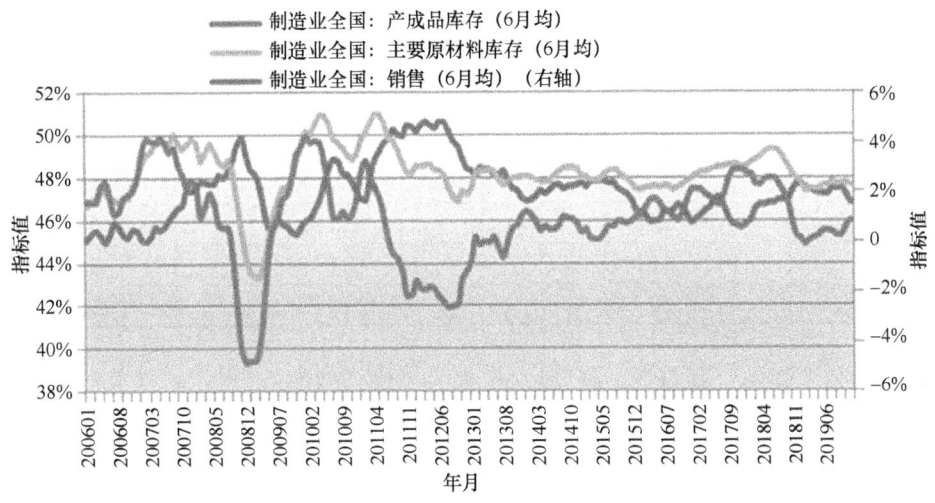

图 3-13 制造业全国产成品库存、主要原材料库存与销售指标走势对比

九、拟合指标：几个质量指标

2015 年我们发表文章认为，我国经济发展进入转型出清、结构优化的新周期，应由高速增长转向高质量发展，市场呼唤新投资。2017 年，中央提出要加强顶层设计，抓紧出台推动高质量发展的指标体系、统计体系、绩效评价、政绩考核办法。PMI 作为国际通用的重要经济监测指标体系，不仅能够反映经济发展态势，而且客观地反映了我国经济质量的提升，为监测高质量发展提供了新的指标体系。

我们分析近年来中国经济发展的轨迹认为，2012—2015 年，市场倒逼轻工业转型；从 2015 年年底开始，供给侧改革大力推进，占比高的重化工业经济结构优化和质量提升明显加快。PMI 指标体系中，我们设计了供需比、供给效率、供给调节能力、库存边际、新动能、新品投产、内需出口比例等指标，它们很好地反映了这种转折性变化，我们评价 2018 年是中国经济新的发展节点。通过分析 PMI 这些质量指标，表明提质增效取得明显效果，同时中国制造业登上新的平台，需要更新的增长动力。详见附录《经济发展的协调性不断增强》。

下面我们将对几个关注较多的质量指标进行分析。

① 供需比指标（生产量－新订单），表示供给与需求匹配状况，自 2012 年的 2.1% 降至 2017 年的 0.8%，中枢值持续下降；2018 年前两个月供需比指标一度降至 -0.3% 和 -0.2%，为多年所罕见，表明 3.0 生产方式逐渐形成，企业反应速度提高，供给的精准性改善（表 3-6）。

表3-6 生产量、新订单历年年度均值

日期	PMI新订单（12月均）	PMI生产量（12月均）	PMI供需比
201212	50.86%	52.95%	2.09%
201312	51.71%	52.82%	1.11%

续表

日期	PMI新订单（12月均）	PMI生产量（12月均）	PMI供需比
201412	51.64%	52.96%	1.32%
201512	50.16%	52.21%	2.05%
201612	51.12%	52.41%	1.29%
201712	53.12%	53.89%	0.77%
201812	52.02%	52.67%	0.65%
201912	50.39%	51.76%	1.37%

② 人员效率指标（新订单－雇员），也称为"供给效率"，表示单位人员实现的供给量，是表达劳动生产率的质量指标。由于中国目前正处于需要效率提升才能带来经济增量的阶段[①]，人员效率的走势与中国经济结构、经济增长、居民收入都密切相关，从而也越来越具有领先性。

中国该指标从2012年3月的1.25%提高到2018年3月的4.04%（表3-7），不断上升，表明中国制造由人力密集型向智能密集、科技带动的模式转变。

从2012年以来，制造业雇员指标长期呈50%以下的回落态势，但2018年上半年，雇员指标稳定回升，但两指标之差仍不断扩大，表明单位人员供给的效率仍在提升中。

表3-7 制造业供给效率指标不断上升

日期	PMI雇员（12月均）	PMI新订单（12月均）	PMI供给效率
201203	49.98%	51.23%	1.25%
201303	49.24%	50.65%	1.41%
201403	48.84%	51.54%	2.7%
201503	48.22%	51.54%	3.32%
201603	47.88%	50.04%	2.16%
201703	48.74%	51.93%	3.19%
201803	48.89%	52.93%	4.04%
201903	48.44%	51.59%	3.15%

③ 库存边际指标（新订单－产成品库存）是代表企业安全库存高低的质量指标。近年来，库存边际指标实现新平衡，订单支配库存，企业生产组织方式和供给模式加快创新。近7年来，企业去库存化、逐渐实现零库存管理，备用安全库存越来越少，在新订单稳定提高的同时，产成品库存指标反而逐年回落：企业用很少的备用库存就可以满足市场订单，接受订单任务后能快速投产。改变了以往先有大量产品备货等待需求的情况。当库存边际指标降低到不能再低时，说明企业安全库存已经降低到新的界限，没有再下降的空间了，制造业3.0模式完成。从数据看，该指标从2012年的1.40%逐年提高到2017年年底的6.88%，企业进入零库存管理，2018年以来为5.30%，升势趋缓，表明技术进步，新的低安全库存成为常态，供应链管理水平进入新阶段

---

① 于颖，《从PMI看中国经济质量提升》，2018年发表于中国证券网。

（图3-14和表3-8）。

同时，库存领先、支配订单的情况转变为订单领先、支配库存。

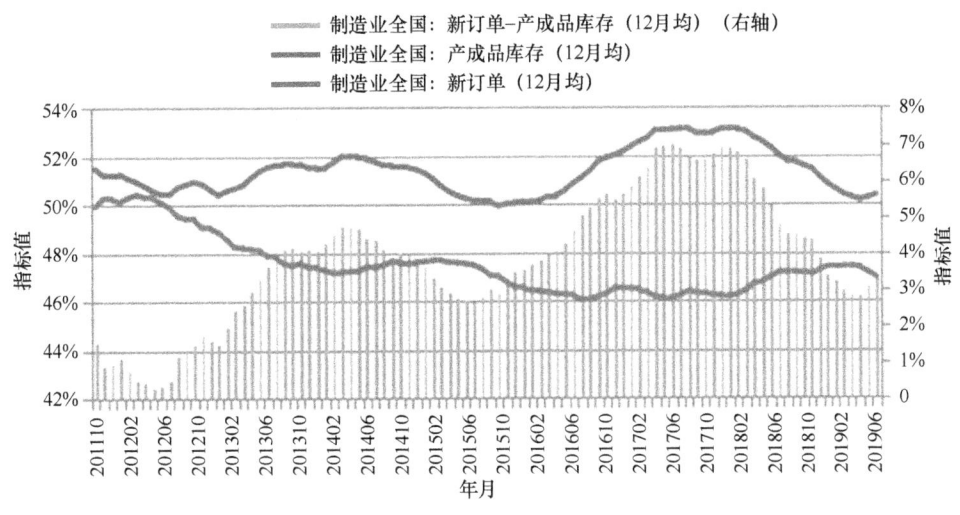

图3-14 制造业全国新订单和产成品库存走势对比

表3-8 制造业PMI新订单与产成品库存差值情况

日期	PMI新订单（12月均）	PMI产成品库存（12月均）	PMI库存边际
201212	50.86%	49.46%	1.40%
201312	51.71%	47.57%	4.14%
201412	51.64%	47.51%	4.13%
201512	50.16%	47.35%	2.81%
201612	51.12%	46.07%	5.05%
201712	53.12%	46.24%	6.88%
201812	52.02%	47.20%	4.82%
201912	50.39%	46.98%	3.41%

④ 内需出口比例指标是新订单与出口订单之差，反映内需在整个需求中的占比。该指标趋势反映，中国经济的内需占比稳步提升，对外依存度逐年下降（表3-9）。全国内需出口比例指标从2012年的1.57%逐渐提升到2019年的2.92%，表明内需在经济增长中占有更重要的地位。同时，出口结构优化，技术型出口提高。从数据对比来看，新兴产业EPMI出口订单指标明显高于传统的制造业和非制造业，制造业中高技术行业的出口增长迅速，从2012年50%左右增长到2018年的55%甚至60%以上，而原料类出口订单6年来几乎没有变化，如黑色金属冶炼及压延加工业出口订单仍然停留在44%，化学行业出口订单停留在50%左右。企业正在加快发展智能制造，依靠品牌和专利技术等培育竞争新优势。

表3-9　内需出口比例年度均值

日期	PMI出口订单（12月均）	PMI新订单（12月均）	PMI内需出口比例
201212	49.29%	50.86%	1.57%
201312	49.43%	51.71%	2.28%
201412	49.56%	51.64%	2.08%
201512	47.94%	50.16%	2.22%
201612	49.39%	51.12%	1.73%
201712	50.91%	53.12%	2.21%
201812	49.10%	52.02%	2.92%
201912	47.47%	50.39%	2.92%

十、雇员

雇员指标是指企业报告期末相对于上期主要生产经营人员的数量变化。该指标的别称有就业、生产经营人员、人员数量等。

从经济意义来讲，雇员指标是一个滞后指标。由于新订单增加导致生产需要提高产量，在短期内主要通过现有人员提高劳动强度来实现，在达到劳动强度极限或由于工会力量迫使资本方无法继续采用提高强度的方法时，在劳动力市场上雇佣新的劳动者增加企业劳动者数量就成为必然。由于需要控制成本，企业家往往是在经济形势变化之后才决定扩充企业从业人员，因此雇员指标是一项反映宏观经济的滞后指标。

通常来看，较高的PMI就业指标表明企业生产活动旺盛，反之则反映较低的生产动能。但随着我国经济结构转型，企业逐渐加快科研步伐，制造业正在由人力密集型向科技密集型发展，单个企业的雇佣员工数量不断减少，PMI雇员指标中枢值不断下移。这种中枢值不断下移，并不意味着企业在不断缩减其生产动能，而是更多地体现在企业保证生产能力基础上，从人力生产转向机器生产，以及制造业向服务业人员转移的过程。

十一、供应商配送时间

供应商配送时间指标是指报告期内企业主要原材料供应商发送货物速度快慢相对于上期的变化情况。该指标的别称有供应商配送速度、配送时间、配送速度、配送、物流速度等。该指标为反向指标，该指数在50%以下表示供应商配送速度变慢，经济活跃，形势好转；反之，在50%以上表示供应商配送加快、经济呈下降趋势。

从理论上可以这样理解：生产商的生产行为和采购行为直接影响供应商行为。当经济状况好转时，生产商会增加生产，对供应商的需求增加，而由于供应商在短期内往往会受到配送能力"瓶颈"的制约，从而对生产商的原材料供应配送时间会延长。反之，当经济状况不佳时，生产商对原材料需求并不旺盛，供应商有能力及时完成配送任务。

在理论上,由于原材料配送环节位于生产环节前端和新订单之后,所以供应商配送时间指数也是一个重要的先行指数。制造业粗放化经营发展时代,由于物流技术不发达、管理水平低,企业常常以较高的库存应对采购变化,供应商配送时间指标的关键性和及时性难以显现。因此在制造业2.0的生产模式下,供应商配送时间指标领先性及相关性并不稳定。只有配送技术和管理水平适应了生产能力,供应商配送时间长短才能够同步甚至领先反映生产的密集程度。在中国PMI历史序列中,随着制造业生产模式从2.0逐渐升级为4.0,供应商配送时间指标趋势所代表的经济意义也将随之发生变化。直到2019年,中国的供应商配送时间指标仍然是一个滞后指标,并且变化幅度很小,而在美国,配送指标是到20世纪80年代成为同步指标,2003年以后才显现出一定的领先性[①]。

十二、拟合指标:进出口差异

进出口差异是一个拟合指标,它是由出口订单减去进口拟合而成。该指标反映我国对外贸易进出口差值,可以作为衡量贸易顺差或逆差的参考。由于汇率波动对进出口的影响,该指标可以较为敏感地反映及预测汇率波动。从长期数据趋势看,各个行业进出口差异与汇率均存在较高程度的相关性及领先性,可作为判断汇率走势的重要观测指标之一。由图3-15可以看出,二者走势基本相同,相对于汇率,PMI纺织业进出口差异更为领先。

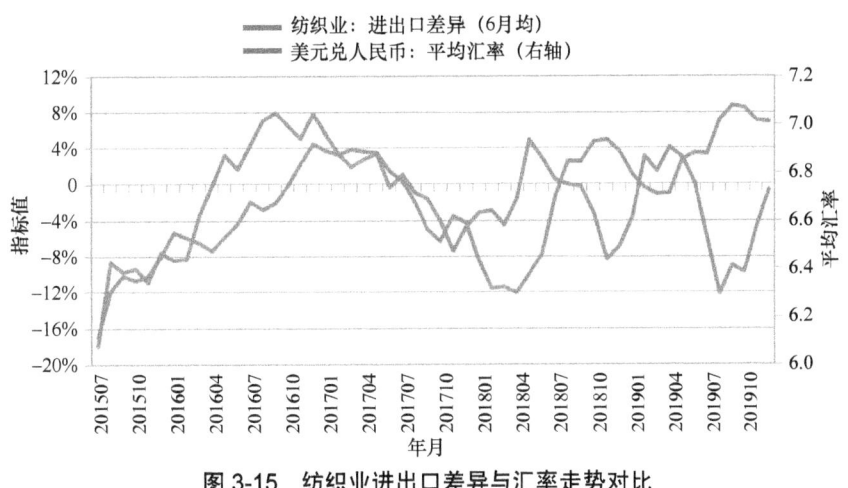

图3-15 纺织业进出口差异与汇率走势对比

十三、其他指标

① 出口订单:是指企业报告期内产品订货数量中用于出口的部分,该指标的别称有出口订货、新出口订单、新出口订货、国外需求、国(境)外新订单(业务需求)等。在领先性上与新订单一致,属于同步领先指标。

---

① 于颖. 夯实居民收入基础打开效率之门[M]// 2020年经济蓝皮书·春季号. 北京:社会科学文献出版社,2020.

② 现有订货：是指企业报告期末止累计结余的产品订货数量，该指标的别称有积压订单、在手订单等。较高的现有订货水平在逻辑上可以表明企业生产能力处于饱和状态或很快趋于饱和状态，反之则表明企业生产能力处于相对闲置状态。现有订货是滞后指标，主要用于观察本月产量的构成。

③ 采购量：是指企业报告期内购进价格的主要原材料（包括零部件）的实物数量。采购量指标是区别于美国的中国单独增加的指标，因其发生在生产活动之前，订单需求之后，因此具有一定领先性。

④ 进口：是指企业在报告期内进口的主要原材料（包括零部件）的实物数量。与采购量相对应，反映了进口方面的采购数量变化情况，属于同向领先指标之一。

⑤ 主要原材料库存：是指企业在报告期末止已经购进并登记入库但尚未使用的主要原材料的实物数量，企业可以在下一个报告期继续使用。该指标的别称有原材料库存、自有库存等。作为权重指标之一，主要原材料库存属于采购行为的体现，基本与综合指标同步，个别时候由于价格变化或备货要求，企业会提前或推后增减原材料库存。

⑥ 生产经营活动预期：是指企业报告期末止对下一个报告期的预期程度。该指标的别称有经营活动预期、经营预期、生产活动预期等。更高的预期反映企业未来生产经营信心增加、生产动能充足；反之，企业生产动能下降。

第三节　非制造业指标概况与内部相关关系

我国非制造业PMI调查指标的设定主要参考了美国做法，这样做的好处是能够与制造业PMI形成对应，使得我国的PMI能够形成一套较为完整的体系，也便于今后建立基于整体经济活动的PMI指数。另外，也吸收借鉴了NTC的做法，增加了未来经营活动预期指标和收费价格指标。中国非制造业PMI调查指标见第一章表1-10。

参照国际上大多数国家的做法，我国非制造业PMI指标只有扩散指数，不设合成指数。非制造业PMI指标与制造业PMI指标有很大不同，它不是像制造业PMI那样通过加权平均得出的合成指数，而只是用来衡量总的非制造业活动变化的一个指数，即经营活动状况指数。

在非制造业PMI体系中，除了我们上面说的10个分项指标，我们还构建了2个拟合指标。相对制造业，在非制造业体系当中没有PMI这样的综合指标，我们习惯用经营活动状况判断本月的景气程度，但实际应用中，收费价格指标与其他统计指标表现出了更好的相关性。在分项指标中，新订单、收费价格、中间投入价格是我们平时关注较多的指标。考虑到我国的国情，服务出口现阶段占比较小，所以对于新出口订单相对关注较少。拟合指标中，价格差由收费价格与中间投入价格拟合而成，对提前判断拐点很有帮助。因此，众多指标中，我们需要重点观测的指标并不多，后面我们会对关注较多的指标做详细的介绍。

表3-10是非制造业全国经营活动状况与其他各指标的领先相关情况,可以看出,收费价格和中间投入价格领先经营活动状况1期,价格差作为两个价格的拟合指标领先3期,其他指标基本上保持同步。

表3-10 非制造业体系内全国各指标的领先相关系数(截至2019年12月)

领先期数	0	1	2	3	4	5	6	7
全国-新订单	0.97	0.56	0.53	0.46	0.45	0.37	0.31	0.27
全国-收费价格	0.63	0.63	0.60	0.51	0.48	0.38	0.29	0.19
全国-中间投入价格	0.59	0.79	0.79	0.76	0.74	0.69	0.63	0.57
全国-生产经营人员	0.84	0.69	0.68	0.66	0.69	0.66	0.63	0.61
全国-国(境)外新订单	0.81	0.50	0.47	0.43	0.43	0.34	0.33	0.27
全国-经营活动预期	0.87	0.80	0.79	0.74	0.74	0.65	0.58	0.51
全国-供应商配送	0.73	0.06	0.08	0.08	0.12	0.07	0.06	0.05
全国-存货	0.67	0.55	0.56	0.57	0.62	0.63	0.63	0.61
全国-在手订单	0.60	0.24	0.21	0.19	0.21	0.15	0.10	0.06
全国-价格差	-0.48	-0.75	-0.77	-0.78	-0.76	-0.75	-0.72	-0.71

第四节 非制造业指标

一、收费价格

收费价格是指企业报告期内提供的主要商品(或服务)的销售(或收费)价格水平。该指标的别称有销售价格、出厂价格等。它也是PMI指标体系中较为敏感的指标,尤其是相对于其他数据系列中诸如CPI、PPI等指标对比时,显得比较领先。它反映的是企业营业收入,与国家统计局的销售收入指标也最为吻合。PMI体系中,收费价格不仅仅局限于企业订单的收费价格,如房地产行业,收费价格更多地体现了商品房的销售价格。在实际应用中,我们需要结合新订单、中间投入价格等指标来做具体分析。

收费价格是除经营活动状况外,我们关注较多的指标,它在整个非制造业体系中是一个非常重要的指标,收费价格上升代表企业的营业收入上升,但是价格偏高的时候,又会对企业的销售产生一定制约;反之,收费价格降低,企业营业收入减少,但企业销售会受价格降低影响开始反弹。此外,非制造业及其各行业的收费价格与CPI密切相关。

从图3-16可以看出,二者走势基本相同,相对于CPI,收费价格反映的是企业的销售价格,理论上领先CPI。通过图3-16还能清晰地看到,2009年3月,全国收费价格相较CPI领先8个月出现低点;2011年2月,全国收费价格领先CPI 9个月出现顶点。2012年后,全国收费价格较CPI领先期数有所减少,但在拐点处均有2～3个月的领先。

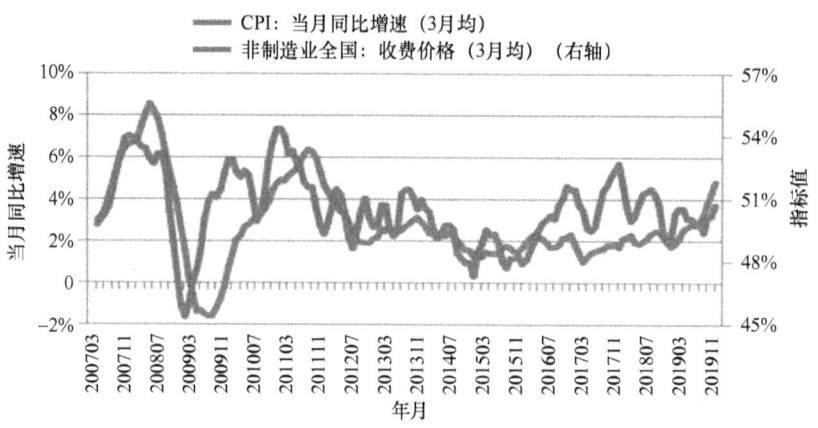

图 3-16 非制造业全国收费价格与 CPI 当月同比增速走势对比

通过图 3-17 我们可以看出,在不同的经济周期,收费价格与新订单谁为领先是由不同周期位置的特点来决定的。2008 年 1 月到 2010 年 5 月,新订单领先收费价格 1 个月左右。例如,2008 年 12 月,全国新订单出现上升趋势,而收费价格的上升趋势出现在 2009 年 1 月,正好比新订单滞后 1 个月。当时情境为受金融危机冲击后,经济触底复苏,此阶段更多表现为需求带动价格。而在 2013 年 1 月到 2015 年 1 月,经济处于库存积压、产能出清期间,价格成为服务业市场的主导因素(当时产成品库存是制造业的主导因素),此阶段新订单相较收费价格滞后 1 个月左右。

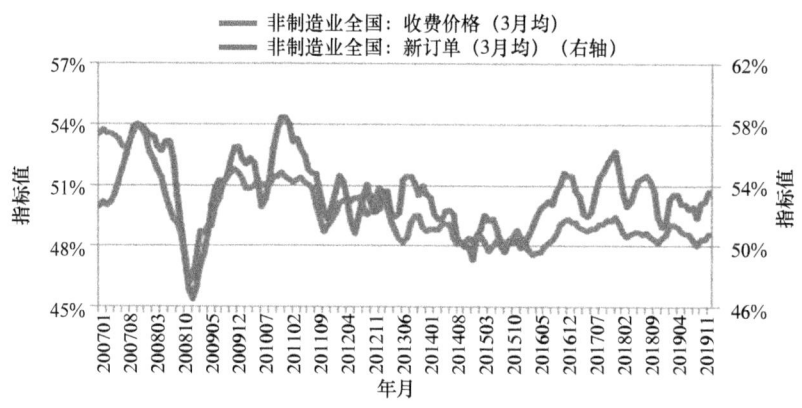

图 3-17 非制造业全国收费价格与新订单走势对比

二、经营活动状况

经营活动状况是指企业报告期内完成的业务活动的总量,是企业根据客户数、销售量、工程量或完成投资等实物量进行的综合评价,该指标的别称有商务活动、商业活动、经营状况等。在非制造业的指标体系中,没有制造业中 PMI 这样的综合指数,国际上多是通过经营活动状况来反映行业的景气程度,经营活动状况对应制造业的指标为生产量,体现的是企业的产能利用状况。

图 3-18 为制造业全国生产量与非制造业全国经营活动状况对比,比较可以发现二者的变化趋势基本相同。但是在拐点处,二者表现有所差异,制造端表现得更为敏感,这一点在第一章里已经阐述过,尤其是生产量并非制造业当中最敏感的指标,如果对比制造业其他领先指标,非制造业数据就更为滞后一些。

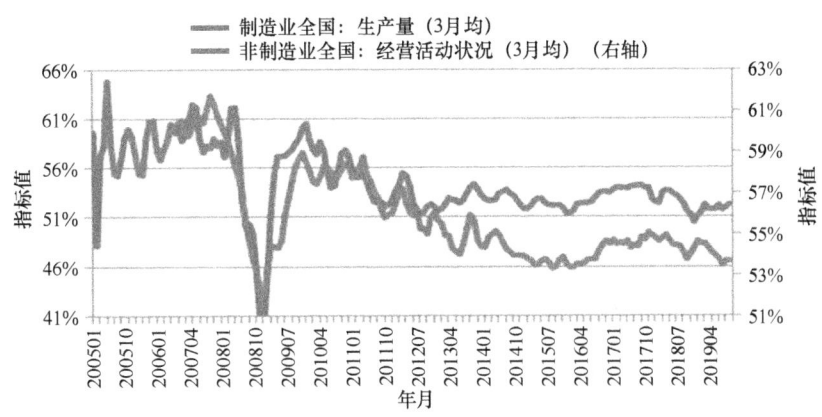

图 3-18 制造业全国生产量与非制造业全国经营活动状况走势对比

三、新订单

新订单是指企业报告期内签订的服务、生产订货合同或收到的其他形式的需求总量。该指标的别称有业务需求、订单等。按照企业的实际经营情况,没有新订单的企业,按照实际发生的业务量情况记录。非制造业的新订单因为涉及建筑业和服务业两个大类,所以在不同行业所代表的含义有所不同。在建筑业中,新订单表现为调研区间内企业新签订的建筑合同;在服务业中,信息服务、物流等生产服务行业,表现为调研区间内签订的服务合同,零售业、住宿餐饮等消费性行业,更多表现为调研区间内实际的业务总量。所以,不同行业新订单要做不同的理解,它们的领先滞后性质也非常不一致。

(一) 房屋建筑业新订单是非制造业中最具领先意味的指标

非制造业包含行业比较杂,而服务业数据相对稳定和滞后,所以全国的非制造业指标不能作为领先指标使用,但是部分行业的新订单却可以领先其他指标发生变化。特别是周期性较强的建筑业、房地产业的新订单。

非制造业中包含建筑业,尤其是包含建筑业中周期性较强的房屋建筑业和土木工程建筑业,从细分行业看,这两个行业的 PMI 指标具有良好的领先性。图 3-19 为黑色金属冶炼及压延加工业新订单与房屋建筑业、土木工程建筑业经营活动状况走势对比。黑色金属冶炼及压延加工业是整个制造业的上游行业,是投资需求的领先数据;房屋建筑业、土木工程建筑业作为建筑行业的主要分行业,与黑色金属冶炼及压延加工业的走势息息相关。从图 3-19 也可以看出,在过去的十几年中,三者共同经历了 3 个基钦周期,在高点处建筑业往往率先出现拐点;但在低点处,建筑业企业会抢先进行采购，从而使得下游供应行业——黑色金属冶炼及压延加工业往往领先出现回升。这与我们第二章中阐述的量价顺序是一致的。

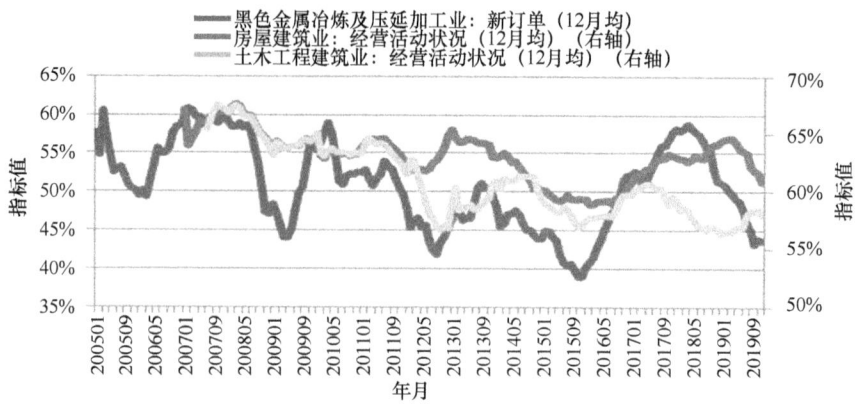

图3-19 建筑业经营活动状况与黑色金属冶炼及压延加工业新订单呈周期波动

（二）中国房地产业新订单受限于政策，领先表现并不稳定，收费价格和存货更吻合于PMI的周期趋势

图3-20为房地产业新订单与经营活动状况的对比，其中2013年以后的走势说明，房地产业的经营活动状况不存在前述制造业2015—2017年的高涨，其背后原因是政策的抑制，使得该行业的新订单和经营活动状况都失去了领先作用。

图3-20 房地产业新订单和经营活动状况指标走势对比

新订单和经营活动状况二者变化趋势基本同步，但新订单的当月数据略微领先于经营活动状况指标。例如，2008年12月新订单开始回升，到2010年1月达到顶点；而经营活动状况是在2009年1月出现回升趋势，到2010年1月达到顶点。再如，2012年2月，新订单出现新的一轮增长周期，直到2013年1月达到波峰结束；而经营活动状况的低谷回升时点也相对迟滞。

图3-21为房地产业新订单、收费价格和存货的对比，收费价格明显吻合2015—2017年制造业PMI的趋势。2007—2015年，三者呈现稳定的正相关，需求带动价格，

订单和价格的变化影响库存的走势。此期间，经济高速发展，房地产作为国民经济的支柱产业，周期性繁荣。虽然也有限制政策出台，但只是阶段性改变房地产的销售，无法改变楼市周期波动的趋势，房地产企业经营健旺，销售、价格、库存三者此消彼长。

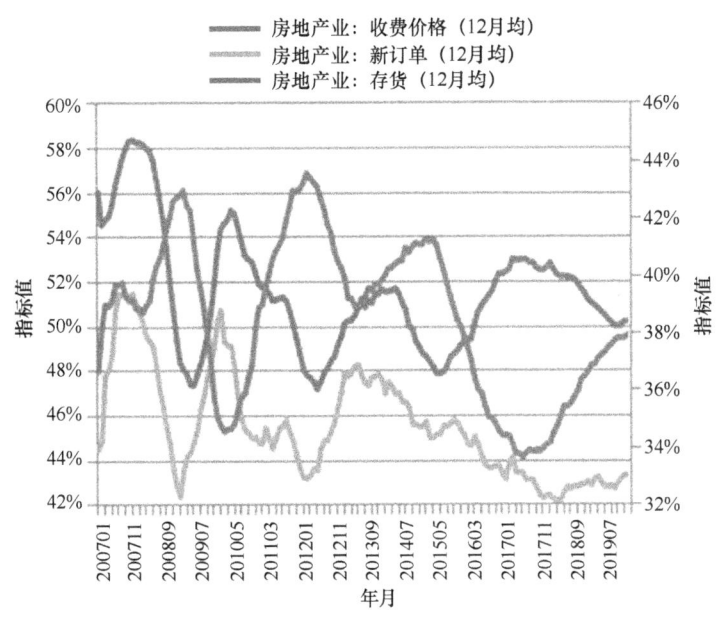

图 3-21　房地产业新订单、收费价格、存货指标走势对比

2015年后，三者的关系有所转变，国家针对房地产业出台了相关政策，"房住不炒"成为主基调，房地产业整体规模收缩，行业集中度提高，多数中小房企经营困难；但同时货币及其他行业的景气度成为房价波动的主要因素，新订单持续低弱的情况下，收费价格仍然随着经济周期波动。"高房价"加上国家出台更为严厉的抑制政策，楼市虽然有2015—2018年的价格回升、库存出清，但整体经营保持低速增长，2017年6月以后，存货开始回升，销售低弱。

四、中间投入价格

中间投入价格是指企业报告期内生产经营过程中的主要投入（包括外购原材料、燃料、动力、商品、工资、奖金、贷款利息、租金等）的价格水平。该指标的别称有投入价格、成本价格、主要投入价格等。PMI体系中，中间投入价格指标反映的是企业生产及服务过程中所付出成本的综合评价，并不仅仅局限于企业的采购价格，它反映的是企业经营成本，这与制造业中的购进价格指标很类似，但涉及行业间的差异性，我们在理解的时候更多地需要结合行业的特性来做具体分析。例如，餐饮行业中，中间投入价格不仅包括油、电、气、食品原材料及房租等生产投入，人员工资、企业宣传等投入都将计入中间投入价格，所以我们在分析时可以借鉴制造业中购进价格的分析方法，但具体理解需要视具体行业而定。我们在分析中间投入价格时，一般会与收费价格结合起来看，二者虽然趋势一致，但根据其变化幅度的不同就可以用来预测企业的未来利润。二者的拟合指标我们称为价格差，其领先作用比较显著。

作为企业经营的主要组成元素，中间投入价格与新订单的走势也息息相关，借鉴制造业中购进价格的分析，我们把中间投入价格分为需求拉动型和成本推动型。需求拉动型，在新订单回暖时，企业被动增加投入成本，此时中间投入价格表现较新订单相对有所滞后，波动走势与新订单基本相同；在市场需求低迷时期，企业更愿意主动投入成本，以带动销售增加，如企业宣传、研发投入等，此阶段为成本推动型，这时中间投入价格表现较新订单开始领先。因此，分析中间投入变动还要结合具体经济环境，进而判断未来价格向什么方向变动。

中间投入价格体现了企业投入的变化，收费价格更是可以影响企业收入的关键因素。如果从经营者的角度去看，二者相辅相成、互相作用。企业增加投入是为了赚取更多的利润，而相对于销售数据量的增加，销售价格上涨是更为直接的途径，营业利润增加，使企业经营更愿意加大在经营上的投入，二者互相促进。从图3-22可以看出，服务业中间投入价格与收费价格趋势基本一致，且一直保持了同升同降的走势。但相对于收费价格，中间投入价格的波动区间明显更大。

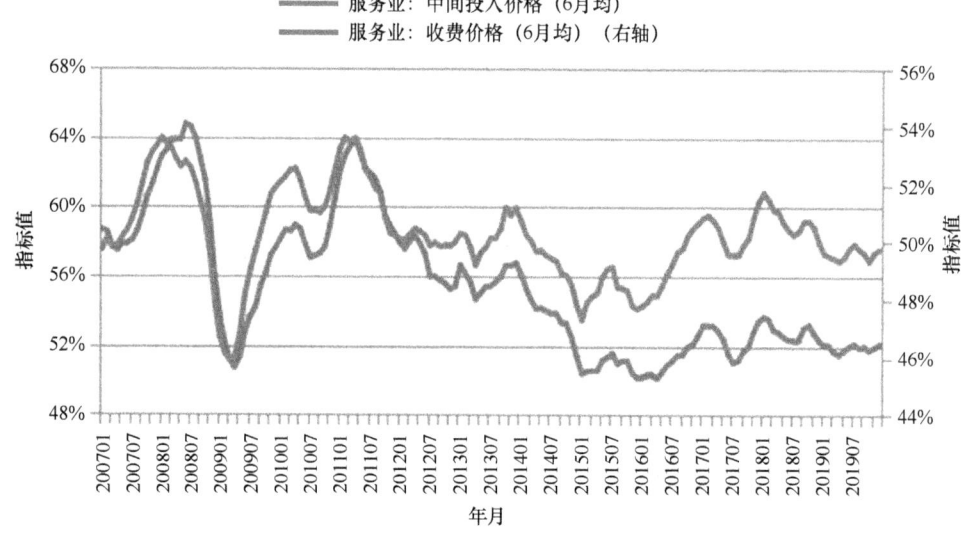

图3-22 服务业中间投入价格与收费价格走势对比

通过图3-23可以发现，2007—2015年此阶段表现需求拉动价格，在2009年1月，房地产业新订单提前出现拐点，开始回升，中间投入价格在2009年5月出现回升拐点，新订单较中间投入价格领先4个月时间，2010年7月、2012年3月表现与2009年类似，均是新订单率先出现拐点。但2015年后，二者的关系开始有所转变，中间投入价格更多地追随收费价格的走势，体现流动性和居民财富效应推高了房地产价格，但新订单持续低弱。

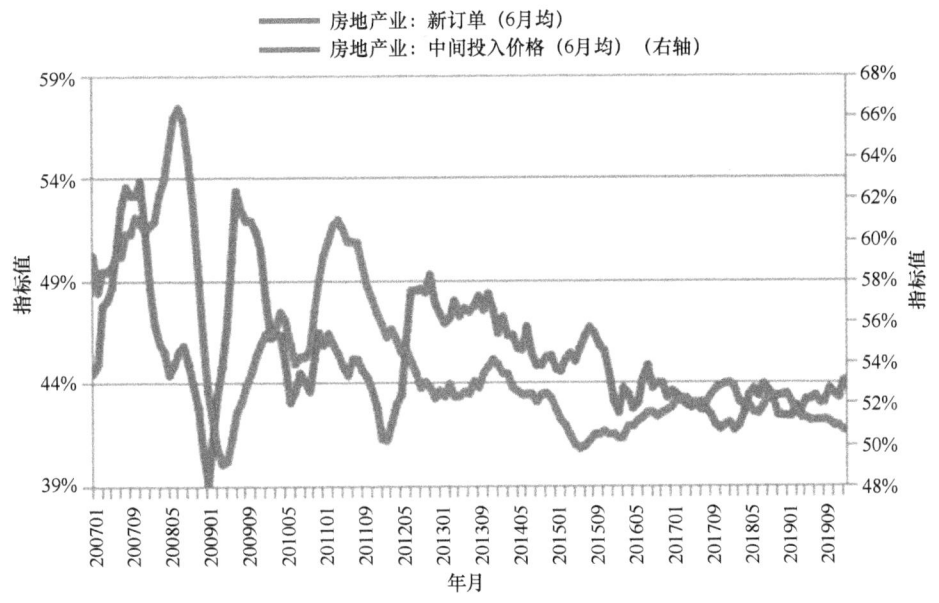

图 3-23 房地产业新订单与中间投入价格走势对比

五、拟合指标：价格差

价格差是一个拟合指标，它是由收费价格减去中间投入价格拟合而成，也是非制造业 PMI 体系中最为敏感的指标，相对的领先性也更强。它与公司的盈利有直接的联系，收费价格体现企业的营业收入，中间投入价格体现了企业的营业成本，二者的差值反映了企业在经营过程中的盈利空间。

价格指标在非制造业指标体系中一直是受到大家关注的指标，价格差在趋势预测中扮演了越来越重要的角色。

通过图 3-24 可以发现，收费价格与中间投入价格保持同步，这与企业的实际经营相吻合，成本与收入保持同步。通过计算二者的差值，企业的盈利空间变得更为明朗，领先性更强，其 2012 年以来逐渐走高，并在 2015 年以后高位维持，充分佐证了我国非制造业持续高速扩张、占比越来越大的情况。同时，价格差明显领先于两个价格指标。例如，2008 年 8 月，价格差出现触底拐点，然后迅速回升，但收费价格与中间投入价格在 2009 年 4 月出现拐点，较价格差滞后 8 个月时间。我们通过非制造业价格差的表现也能够看出，由于结构转型的原因，非制造业独立向上，目前反映经济周期的作用不强。

图 3-25 中 2015 年后收费价格与中间投入价格差值减小，变化区间缩窄，显示企业对经营投入产生控制得更为精准。在 2017—2019 年的 3 个小周期里面，价格差均是提前 4 个月出现拐点。

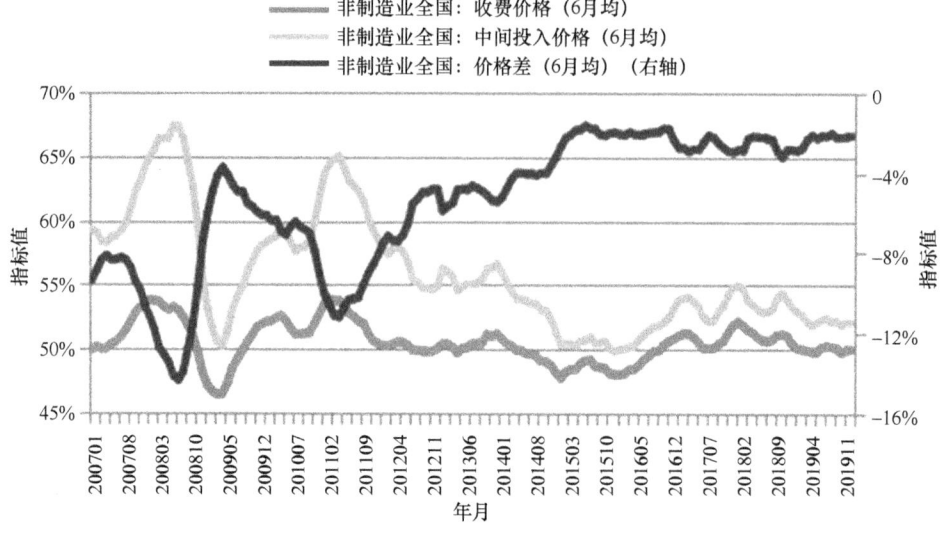

图 3-24　非制造业全国收费价格、中间投入价格及价格差走势对比

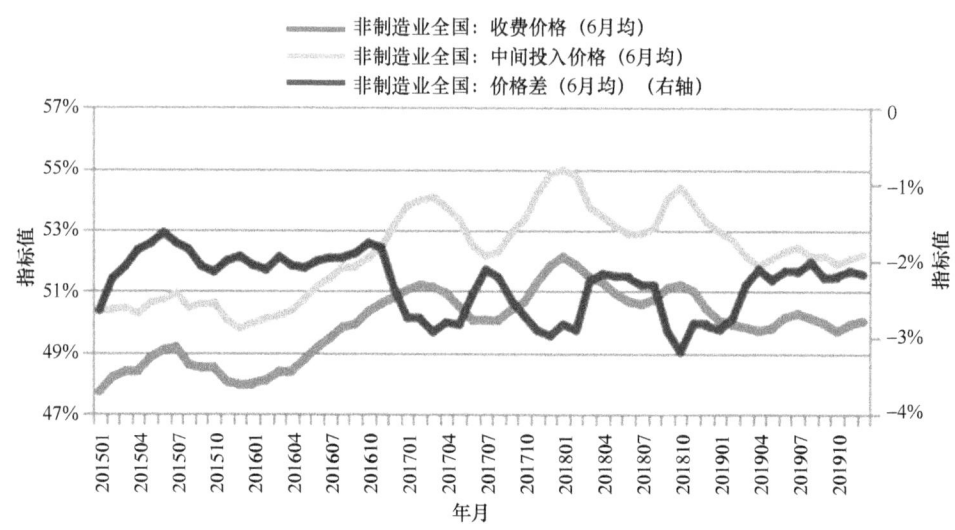

图 3-25　2015 年后非制造业全国收费价格、中间投入价格及价格差走势对比

六、生产经营人员

生产经营人员指标反映的是企业员工同上月相比增减变化情况,企业员工指企业报告期末在本企业工作并取得劳动报酬的实有人数,包括临时工和合同工。该指标的别称有就业、经营人员、员工数量等。生产经营人员指标回升反映企业由于新服务项目推出、业务扩展等因素而补充员工,企业经营活动改善;反之,企业经营活动趋弱。

同制造业雇员指标一致,非制造业就业指标(生产经营人员)同样经历着中枢值下移的情况,但究其根本,又区别于制造业就业指标发生变化的原因。观其历史,非制造业就业指标始终高于制造业,但同制造业一致,中枢值出现缓慢下移,因为近几年中国服务业的人力替代非常明显,单个企业的用工数量也趋于下降。这与制造业人员流入非制造业并不矛盾,服务业高速发展,整体用工数量增加而体现在新建企业增加而带动更多就业。服务业领域供给创新,更多新产业出现,如自媒体、网络商户、数据服务业等,都新增了大量企业(图3-26)。

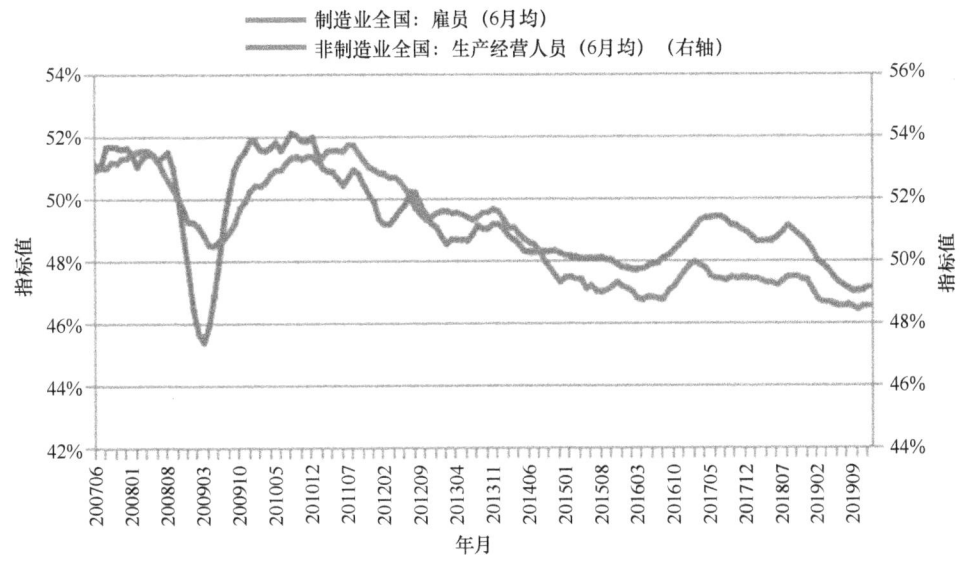

图3-26 非制造业全国生产经营人员与制造业全国雇员走势对比

七、其他指标

① 国(境)外新订单:指企业来自国(境)外新订单同上月相比增减变化情况,国(境)外新订单是指企业报告期内与国(境)外企业签订的服务、生产订货合同或收到的其他形式的需求总量。该指标的别称有国外需求、国外(新)订单、境外(新)订单等。同新订单类似,不同行业国(境)外新订单要做不同的理解,它们的领先滞后性质也非常不一致。

② 在手订单:指企业未完成订单(业务)同上月相比增减变化情况,未完成订单(业务)是指企业报告期末尚未完成的业务量。该指标的别称有积压订单、现有订货等。各行业可根据行业特点选取对应的指标反映未完成订单(业务)的变化情况。例如,建筑业参照工程进度计划完成情况;交通运输、仓储和邮政业参照业务预定完成情况;批发和零售业参照购货合同完成情况等。

③ 存货:指企业存货同上月相比增减变化情况,存货是指企业报告期末为销售、生产或耗用而储存的资产,包括商品、产成品、在产品、半成品、原材料和物料等。该指标的别称有自有库存、库存等。

④ 供应商配送：指企业供应商配送同上月相比快慢变化情况，供应商配送速度是指企业报告期内主要供应商交付商品（或服务）的速度。该指标的别称有供应商配送时间、供应商配送速度、配送等。

⑤ 经营活动预期：指企业对未来 6 个月内业务活动整体水平的预测同上月相比升降变化情况。该指标的别称有经营预期、业务活动预期、预期等。该指数反映了企业对未来的预期心理，对非制造业经济走势具有一定的先行作用。

第五节　其他重要指标

在我们建立 PMI 指标之初，更多地借鉴了美国 ISM 的 PMI 指标体系，结合我国国情形成现在的 PMI 指标体系。但随着时间的推移，科技在企业的实际经营中占据了越来越重要的地位。2010 年，国务院常务会议审议并原则通过《国务院关于加快培育和发展战略性新兴产业的决定》。2012 年，国家统计局会同科技部编制了《战略性新兴产业重点产品和服务指导目录（公开征求意见稿）》。科技越来越受到企业的重视，政策上对创新型、科技型产业的扶持，地方政府对政策的执行等因素，都使得企业经营重点有所改变。因此，在新兴产业 EPMI 调查中，我们增加了研发活动、新产品投产和贷款难度等指标。

一、研发活动和新产品投产

研发活动是指报告期内，企业在研究与试验发展活动、科技成果转化和应用活动、科技服务活动方面，形成资金和人力投入的活动。其中，研究和试验发展活动包括基础研究、应用研究和试验发展；科技成果转化与应用活动包括设计与试制、小批试制、工业性试验等；科技服务活动包括计量、标准、统计服务等。该指标的别称有科研投入、研发投入、市场研究投入等。

新产品投产是指报告期内，企业的创新型产品，以及在原有基础上改良产品的实际生产情况。其中，创新型产品是指产品用途及其原理有显著变化的产品，改进产品创新是指在技术原理没有重大变化的情况下，基于市场需要对现有产品所做的功能上的扩展和技术上的改进。该指标的别称有新服务项目推出、新品投产等。

随着时代的发展，需求端对于产品的功能要求愈发严格。产品研发和创新源于市场需求，通过技术创新活动，创造出适合需求的适销产品，可以增加企业的竞争力，扩大企业经营规模。但从现阶段我国的实际情况来看，企业更多地处于被动研发状态，经营状况良好，企业更愿意投入资金到科研中，而随着经营状况的下滑，研发活动随之下降。从图 3-27 中可以看出，新订单与研发活动指标走势基本相同，但相较研发活动，新订单领先 1～2 个月。

第三章 PMI 重点指标

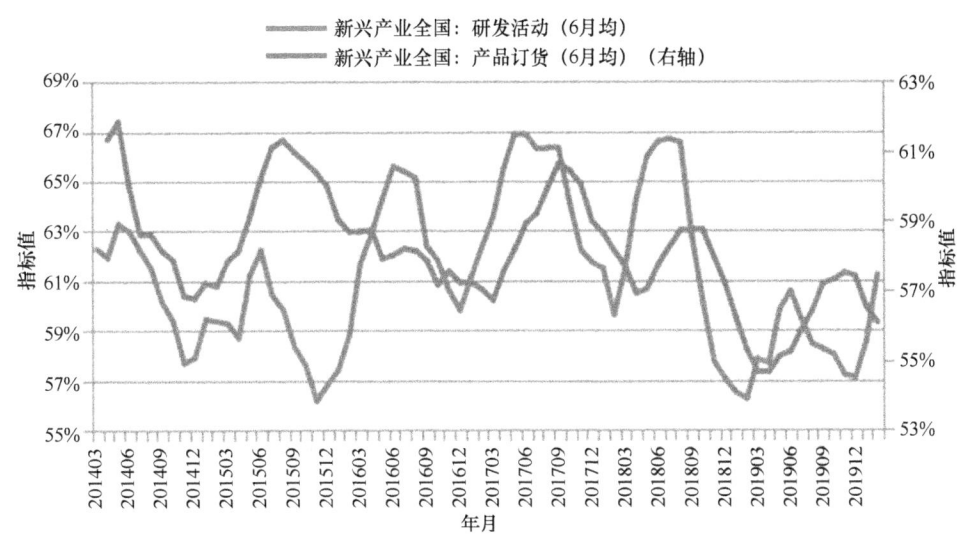

图 3-27 新兴产业全国研发活动和产品订货走势对比

图 3-28 为新材料产业研发活动和新产品投产的对比，从数值看，二者长期保持在 53% 以上的扩张水平，研发活动的绝对值略高于新产品投产，也体现了近几年企业对科技研发的重视。还可以看出，近 4 年二者走势基本一致，但研发活动较新产品投产有 1～2 个月的领先。

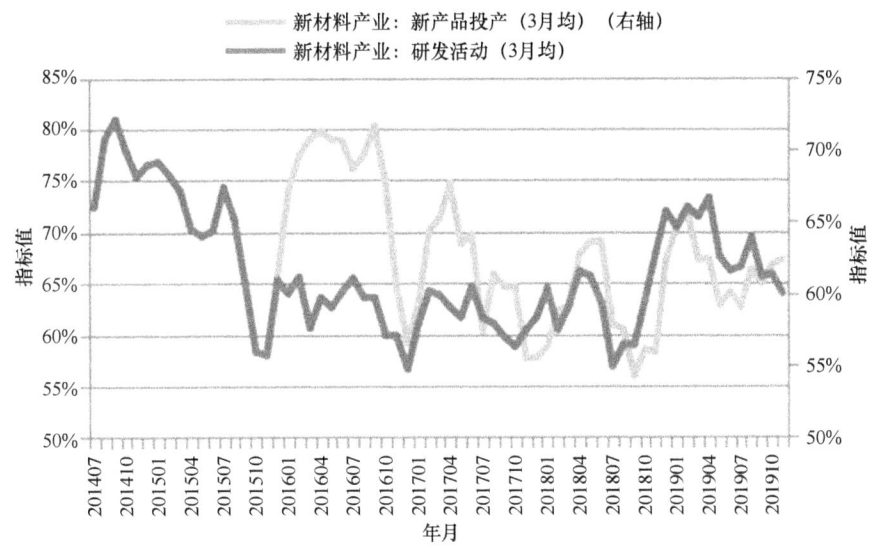

图 3-28 新材料产业研发活动和新产品投产走势对比

二、贷款难度

贷款难度是指报告期内，企业向银行或其他金融机构按照规定利率和期限借款的落实情况，体现企业融资的难易程度。我国民营企业经济迅速发展，已经成为社会主义市场经济的重要组成部分，是促进社会生产力发展的重要力量。近两年民营企业数量加速扩张、质量渐进提升、不断做大做强，融资难就是其中一个突出问题，无数次在政府工作报告中被提及。我们创建的"贷款难度"指标，既是融资难问题的量化表示，也能部分体现经济活动中的融资需求，反映经济热度。

通过图 3-29 可以发现，自 2016 年以后，M1 与 M2 增速差值不断拉大，主要因素是 M2 保持匀速增长，但 M1 在此期间是成回落趋势，2020 年 1 月的 M1 增速更是为 0，简而言之，货币依旧在继续发行，存款和 M1 增速却没赶上来，部分流动性沉没空转，转化为通胀压力和社会负债成本。M1 作为货币变量，更能反映社会可投资资金的规模和现实购买力，也部分反映企业的融资状况。

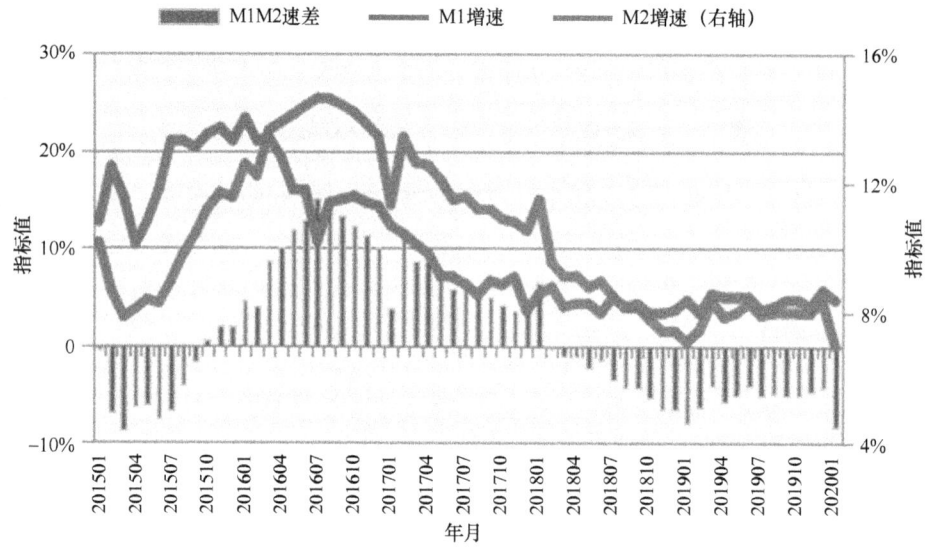

图 3-29　M1、M2 增速与 M1M2 速差走势对比

图 3-30 中两指标随着历史环境不同，有时正向相关，有时负向相关，分析历史情境可知，贷款难度指标更精确地体现了企业经营中的融资情况，而新增人民币贷款历史上更多地包含了房地产价格因素。

在 2017 年之前，贷款难度指标与新增人民币贷款的走势一致，反映了房地产市场主导经济期间，贷款凉热与贷款难度成正比。2018 年以后，企业贷款难度与新增人民币贷款两指标基本是反向运行，说明房地产业受抑后，贷款难度指标才真正反映了市场资金供求关系。

2016 年 8 月，新增人民币贷款与贷款难度同步开始回升，而 2016 年下半年到 2018 年年中，正是近年房价涨速最高的时期，新增贷款更多流向房地产行业，2017 年新增贷款基本流入房地产领域，企业贷款难度指标居高不下。2016 年 12 月 19 日，"房子是用来住的，不是用来炒的"这一论点提出，直到 2018 年各地史上最严调控陆续出台，此后不断有加码或维稳，贷款难度指标才高位回落。

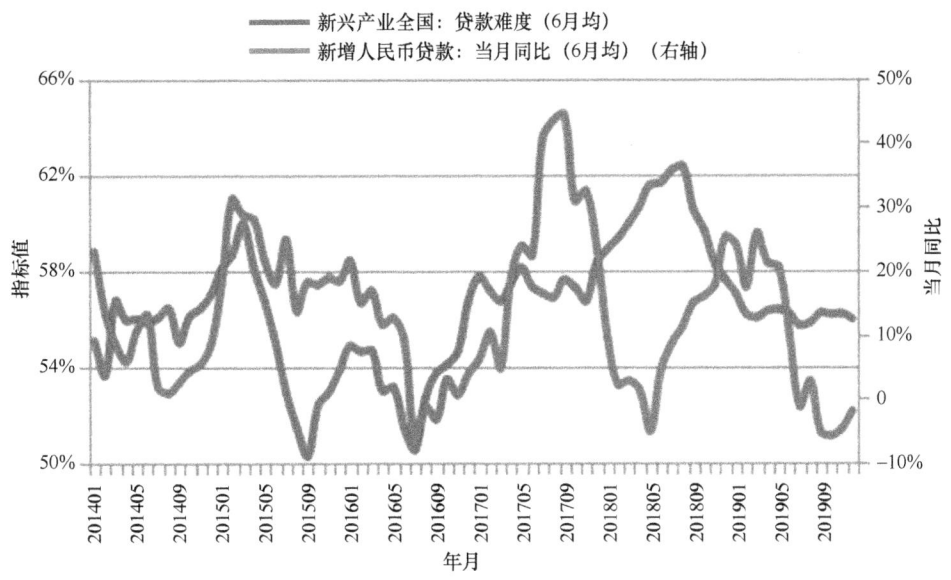

图 3-30　新兴产业全国贷款难度与新增人民币贷款走势对比

相比较于新增人民币贷款和EPMI贷款难度，图 3-31 中，EPMI贷款难度和M1M1速差呈现明显的相反走势。存款活期化，市场资金相对充裕，企业的贷款难度相应有所降低；存款定期化，市场资金吃紧，企业贷款难度增加。

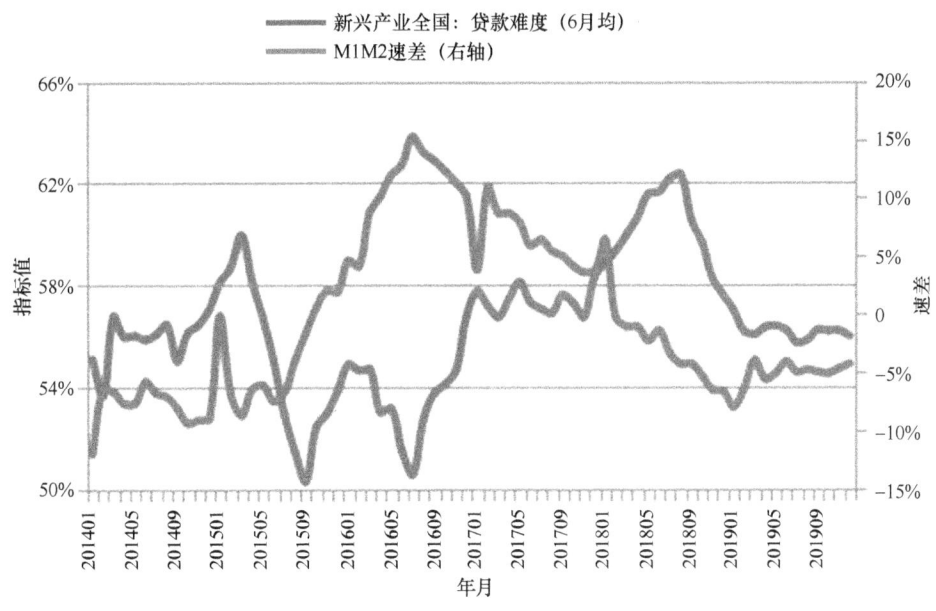

图 3-31　新兴产业全国贷款难度与M1M2速差走势对比

三、应收账款

应收账款，是指企业报告期末止，相对上一期因销售商品、产品、提供劳务等业务，应向购买单位收取的款项总额变化。应收账款增多表明企业资金运转能力下降；反之，企业自有资金充沛，运转能力加强。

这是我们2020年新设立的指标，并没有国际指标对比。这一指标的设立，是因为我国近年来企业负债率升降变化比较大，企业的支付、资金周转能力很大程度上影响了企业扩大再生产能力。应收账款指数，也许能够成为新订单、购进价格等指标变化的另一个源头。

第四章 用PMI预测其他经济指标

我们经常被问到的一个问题是：经济怎么样？市场怎么样？而实际这里隐含的问题有：经济指什么？是GDP，还是工业增加值、价格、PMI？市场指什么？是股市、期货，还是债市？也就是说，不同经济指标所显示的经济状态和趋势是不同的，而股票指数、期货价格指数、债券收益率本身也是经济指标。因此，本章试图阐述多种经济指标的含义，分析它们之间的关系，以找到更好的指标体系和领先指标，预测经济发展趋势。

PMI体系之所以备受关注，有6个原因：一是PMI指标被证实相对领先，尤其是我们制作的领先指标，10多年来在金融市场应用过程中显示非常有效。二是PMI指标覆盖非常全面，宏观研究所关注的统计指标，大部分在PMI体系都有相对应的指标。三是PMI体系更为全面，行业覆盖更为广泛，一些统计系统缺失的经济侧面和行业发展情况，都能在PMI体系中找到。四是PMI体系内部横向可比性更强，在用多个指标组合分析以展示经济全貌时，比其他经济指标体系更可靠。五是PMI体系国际横向可比性强，全球各个重要经济体都有PMI数据，各项指标横向可比。六是PMI体系历史纵向可比性更强，其体系诞生十几年来，分项数据没有改变过标准，没有时间断层，而国家统计局和中国人民银行的指标体系，都曾发生过多次统计范围和指标内涵方面的变更，这些断层在宏观历史对比研究中是非常遗憾的"不可用"。

本章重点探讨PMI体系与其他数据体系的对应关系，主要是不同的分项指标如何对比，行业名称如何对应。第三节讨论PMI对其他经济指标的领先相关和预测基础，即讨论上述PMI体系优势的第二条和第三条如何体现。

本章只讨论PMI与其他统计指标的关系，如何预测股指、期货、债市等我们放在第八章至第九章详细论述。

第一节 经济数据体系概况

各国经济统计指标体系庞杂而简单,在传统的宏观经济分析中,最常使用的指标包括GDP、价格(CPI和PPI)、投资、工业增加值、各种就业指标、融资规模、利率、货币供应量、PMI、股票指数、期货价格指数等。这些指标显示经济发展的不同侧面,共同显示经济状态。通过分析它们之间的相互作用,可以预测未来发展形态。

在发达国家,经常使用的经济指标是货币供应量、通胀、就业、利率、汇率、经济增长(主要是GDP和PMI,一般没有工业增加值)、银行资产负债表数据、投资数据(股指、债市收益率)几大类指标,其调查和统计数据并没有中国经济指标覆盖得那么全面。

如果按照时间序列延展方法来分类,上述经济指标可分为同比指标、环比指标、指数指标,而美国发布经济指标的常用衍生值,可按表4-1进行区分。

表4-1 美国按衍生值不同的数据分类

同比指标	指数指标	环比指标
GDP、价格(CPI和PPI)、投资、工业增加值、各种就业指标、融资规模、货币供应量	PMI、股票指数、期货价格指数	GDP、价格(CPI和PPI)、就业

环比数据一般比同比数据的拐点要早,但由于环比率数据不能消除季节性因素,而且需要不断调整,因此在分析中只作为参考之用,同比指标则更为常用。这些时间序列都可以再次进行多种计算,进行经济趋势的预测。

PMI虽然在调查中使用了"比上月"的提问方式,但由于合计计算时表达的是"企业范围"的概念,不涉及金额与数量,因此归根结底还是一个指数,不是一个严格的环比指标。它的领先性来自独特的指标,新订单是PMI体系独有的指标在经济环节上领先于其他企业行为;购进价格反映了特殊行业的采购价格趋势,比PPI拐点更早;产成品库存虽然是滞后指标,但在组合使用的时候,正好能够印证新订单和购进价格关于量的体现——如果说新订单是早端信号的话,产成品库存便是尾端信号。三者拟合的结果能够比较精确地指示经济周期的拐点。

按照指标性质,我国重要的经济指标主要有国家统计局的统计数据、中国人民银行的金融数据、海关总署的进出口数据,非官方的市场关注最多的主要是中国物流与采购联合会发布的PMI数据。

国家统计局及其与其他部委联用的统计数据,可以分为国内生产总值(GDP)、工业数据(包含工业增加值、工业企业财务指标两个体系)、消费数据(主要是社会商品零售总额)、价格数据(CPI、PPI等)、房地产数据、固定资产投资、居民收入、交通运输数据等几个统计大类。其他类别项下的,如科研发展、社会发展、人口等大类,因为与中期经济趋势相关度较低,引用和应用相对较少。

中国人民银行的金融数据，被关注最多的是利率、货币量、贷款增速、汇率等数据，其中，信贷收支表、资产负债表都可以按照中国人民银行和商业银行维度分为两个基本大类。

海关总署的进出口数据，除了总量数据外，可以从国别、产品等类别角度展现我国进出口贸易的发展状况，而国家统计局的出口交货值指标，含有按照国标行业划分的分项数据。

第二节　PMI对其他主要统计指标的阐释作用

PMI体系内，无论是分项指标还是行业分项都非常全面。从分项指标看，宏观研究所关注的统计指标，主要来源于国家统计局、海关总署和中国人民银行。但制造业PMI中的新订单、主要原材料库存、采购量、供应商配送时间等独有指标在工业统计中没有对标，非制造业中的服务业体系指标几乎没有对标。行业分项方面，在PMI体系中存在制造业、非制造业行业门类，涉及39个行业中类，与经济运行中的国标行业能够一一对应，但非制造业PMI中的一些行业，目前除了PMI没有其他统计数据；新兴产业EPMI目前仍然是国内唯一的战略性新兴产业数据库，没有对标。

本节列出PMI体系与其他经济指标、行业体系的对应，后面章节就直接列述PMI指标与它们的相关系数，不再一一说明指标和行业的类别由来，以便使表格变得简单易读，读者可以前后内容两相对照。

一、PMI体系分项指标与国家统计局统计指标的对应关系

宏观研究所关注的统计指标，由国家统计局公布的占绝大多数。

从指标含义的分类看，国家统计局首先以统计方法进行分类，由相应司局负责相应的统计类别，国家统计局的司局职能设置基本匹配各统计指标的采集渠道；地方统计局汇总地方数据，国家统计局各司局对地方统计局数据和行业分项指标的整理结果最终合成全国指标。例如，在工业大类中增加值自成体系，企业财务指标由规模以上企业报送，由工业司完成多种调查和统计。价格系列指标则由国家统计局通过调查总队直接汇总，包括工业生产者出厂价格指数、居民消费价格指数等，并按照产品类别给出分项数据，居民消费价格指数按照城市、农村给出分项数据。再如，固定资产投资与房地产、建筑业数据统计互相关联，在一个司局内完成；城镇的各项统计尤其是就业数据由城市司完成；贸易外经统计司和服务业司共同完成批发零售、服务业等行业的统计调查，目前还发布了服务业生产指数；涉及能源方面的调查统计由能源统计司完成；国民经济核算司核算全国及各省、自治区、直辖市国内生产总值……各司统计职能相互关联、有所交叉，但统计数据非常全面，虽然在诸如服务业统计方面仍有统计技术不能解决的问题，但指标分项数据相对比较整齐、权威，是分析和判断中国经济走势的传统数据来源。

PMI分项指标与国家统计局统计指标的对标情况如表4-2和表4-3所示。

表4-2 制造业PMI与国家统计局的统计指标对应关系

PMI制造业		国家统计局统计指标	
全国	生产量	国民经济核算	国内生产总值（季报）
		工业	工业增加值增长速度（月报）
		固定资产投资	第二产业固定资产投资额（月报）
	主要原材料库存	工业企业主要经济指标	工业企业主营业务收入（月报）
			利润总额（月报）
			工业企业存货（月报）
	产成品库存		工业企业产成品库存（月报）
	购进价格	工业生产者出厂价格指数	工业生产者出厂价格指数（月报）
		工业生产者购进价格	工业生产者购进价格（月报）
	进口	对外经济	进口总额（月报）
	出口订单	对外经济	出口交货值（月报）
	雇员	就业人员和工资	第二产业就业人员（年报）
		城镇调查失业率	全国城镇调查失业率（月报）
	现有订货、采购量、供应商配送时间、生产经营活动预期、销售价格	无对标指标	

表4-3 非制造业PMI与国家统计局的统计指标对应关系

PMI非制造业		国家统计局统计指标	
全国	收费价格、中间投入价格	居民消费价格指数	全国居民消费价格指数（月报）
	生产经营人员	就业人员和工资	第三产业就业人员（年报）
建筑业	商务活动、收费价格	建筑业	固定资产投资总额（季报）
	商务活动		建筑业总产值（季报）
	生产经营人员		建筑业企业人员数（季报）
服务业	商务活动、收费价格	服务业生产指数	服务业生产指数（月报）
物流业	商务活动、收费价格	交通运输	货物运输量（月报）
房地产	商务活动、收费价格	房地产	商品房销售面积（月报）
			商品房销售额（月报）
			商品住宅新开工施工面积（月报）
批发零售业	商务活动、收费价格	社会消费品零售总额	全国社会消费品零售总额（月报）
电信广播电视和卫星传输服务业	商务活动、收费价格	邮电通信	全国电信业务量（月报）
互联网及软件信息技术服务业	商务活动、收费价格	邮电通信	软件业务收入（月报）
邮政业	商务活动、收费价格	邮电通信	邮政业务量（月报）
非制造业其他指标	新订单、国（境）外新订单、在手订单、存货、供应商配送、经营活动预期	无对标指标	

二、EPMI与中国人民银行体系指标的对应关系

EPMI与中国人民银行体系指标的对应关系如表4-4所示。

表4-4　EPMI与中国人民银行体系指标的对应关系

EPMI新兴产业	中国人民银行体系指标
贷款难度	新增人民币贷款（月报）

三、PMI行业分类与其他行业体系分类的对应关系

与宏观经济指标相适应，中国在统计方面可以应用的行业指标体系曾经包括多个体系，目前逐渐统一到符合联合国产业分类目录的国标行业（GB/T 4754—2002）体系标准[①]上来。PMI制造业20个行业对应国标第二产业C制造业门类（序号13-40）大类的28个行业大类；PMI非制造业19个细分行业对应国标第二产业E建筑业门类（序号47-50）大类中的4个行业大类，以及第三产业（F-O）服务业门类（序号51-81）大类中的23个行业大类。PMI中不存在A-B大类数据，其他行业数据几乎都有分项，并且每个行业中包含十几个指标反映企业经营的多个侧面。

由于历史原因，中国统计事业经历了漫长的改进和更新过程，其间各种行业统计分类都曾使用过，各个部门的行业分类标准不尽相同，包括PMI在内。为了尽可能简化行业分类并符合国际标准，在参照国标的基础上，PMI行业分类对国民经济行业分类进行了删减和合并，形成了制造业20个行业、非制造业19个行业的格局。

当时各部门确定启用现行PMI行业分类标准是有原因的：①行业不能涵盖太多，因为抽样调查样本量的限制，行业太多，小行业就会因为样本量太少失去还原的基础。②不能失之偏颇，有些行业由于经济地位不显著，或者行业贡献率不大，或者在国民经济中所处历史周期不强，从而被合并。③部门条块分割的现实决定了各个部委在启用自有行业标准时无法事先沟通，只能从各自历史经验确定，造成行业分类多种标准并行。尤其是证监会曾经颁布的行业分类标准与各大证券公司计算指数时所使用的行业分类及国标行业分类存在较大差异，使得相互比较的工作增加了资本市场行业分析的困难性。

经济分析的准则要求我们按照实际情况自上而下进行研究，PMI行业分类符合国标行业分类，但金融投资行业还存在按照归属上市公司数量大致相同的标准来分组的行业分类，市场上广泛使用的包括中信行业分类和申万行业分类。但证监会目前推行的股票分类是按照国标行业体系划分的，每个季度将上市公司的行业所属更新公布一次。债市投资中涉及的企业债，可以很方便地查到企业所属行业。投资机构也正在慢慢形成以国标行业为体系的行业分组研究格局。

PMI行业分类与国家统计局行业分类的对应关系如表4-5和表4-6所示。

---

① 见附录1。

表4-5 制造业PMI与国家统计局行业分类的对应关系

PMI代码	PMI行业	证监会代码	国家统计局国标大类	细分行业
C13	农副食品加工业	C13	制造业	农副食品加工业
C14&15	食品及酒饮料精制茶制造业	C14	制造业	食品制造业
		C15	制造业	酒、饮料和精制茶制造业
C16	烟草制造业	C16	制造业	烟草制造业
C17	纺织业	C17	制造业	纺织业
C18&19	纺织服装服饰业	C18	制造业	纺织服装、服饰业
		C19	制造业	皮革、毛皮、羽毛及其制品和制鞋业
C20&21	木材加工及家具制造业	C20	制造业	木材加工及木、竹、藤、棕、草制品业
		C21	制造业	家具制造业
C22&23&24	造纸印刷及文教体美娱用品制造业	C22	制造业	造纸及纸制品业
		C23	制造业	印刷和记录媒介复制业
		C24	制造业	文教、工美、体育和娱乐用品制造业
C25	石油加工及炼焦业	C25	制造业	石油加工、炼焦及核燃料加工业
C26	化学原料及化学制品制造业	C26	制造业	化学原料及化学制品制造业
C27	医药制造业	C27	制造业	医药制造业
C28&29	化学纤维及橡胶塑料制品业	C28	制造业	化学纤维制造业
		C29	制造业	橡胶和塑料制品业
C30	非金属矿物制品业	C30	制造业	非金属矿物制品业
C31	黑色金属冶炼及压延加工业	C31	制造业	黑色金属冶炼及压延加工业
C32	有色金属冶炼及压延加工业	C32	制造业	有色金属冶炼及压延加工业
C33	金属制品业	C33	制造业	金属制品业
C34	通用设备制造业	C34	制造业	通用设备制造业
C35	专用设备制造业	C35	制造业	专用设备制造业
C36	汽车制造业	C36	制造业	汽车制造业
C37	铁路、船舶、航空航天和其他运输设备制造业	C37	制造业	铁路、船舶、航空航天和其他运输设备制造业
C38	电气机械及器材制造业	C38	制造业	电气机械及器材制造业
C39&40	计算机通信电子设备及仪器仪表制造业	C39	制造业	计算机、通信和其他电子设备制造业
		C40	制造业	仪器仪表制造业

表4-6 非制造业PMI与国家统计局行业分类的对应关系

PMI代码	PMI行业	证监会代码	国家统计局国标大类	细分行业
E47	房屋建筑业	E47	建筑业	房屋建筑业
E48	土木工程建筑业	E48		土木工程建筑业
E50	建筑安装装饰及其他建筑业	E50		建筑装饰和其他建筑业
F51	批发业	F51	批发和零售业	批发业
F52	零售业	F52		零售业
G53	铁路运输业	G53	交通运输、仓储和邮政业	铁路运输业
G54	道路运输业	G54		道路运输业
G55	水上运输业	G55		水上运输业
G56	航空运输业	G56		航空运输业
G58&59	装卸搬运及仓储业	G58		装卸搬运和其他运输代理业
		G59		仓储业
G60	邮政业	G60		邮政业
H61	住宿业	H61	住宿和餐饮业	住宿业
H62	餐饮业	H62		餐饮业
I63&64&65	电信广播电视和卫星传输服务业	I63	信息传输、软件和信息技术服务业	电信、广播电视和卫星传输服务业
I64&65	互联网及软件信息技术服务业	I64		互联网和相关服务业
		I65		软件和信息技术服务业
K70	房地产业	K70	房地产业	房地产业
L71&72	租赁及商务服务业	L71	租赁和商务服务业	租赁业
		L72		商务服务业
O79&80	居民服务及修理业	O79	居民服务、修理和其他服务业	居民服务业
		O80		机动车、电子产品和日用产品修理业
N77&78	生态保护环境治理及公共设施管理业	N77	水利、环境和公共设施管理业	生态保护和环境治理业
		N78		公共设施管理业

注：新兴产业EPMI由于数据的唯一性，无须对比。

所以，从现实使用看，PMI这种行业取舍没有影响行业分析的准确性。对于能够在资本市场中起领先作用和具有指导意义的大多数行业，PMI都能够给予领先提示。

四、PMI行业分类与海关总署的进出口产品对应关系

海关总署的国别数据，在PMI体系中并没有对应指标；但进出口的产品数据，在PMI体系中可以用行业分类对标，如表4-7所示。

表4-7 制造业PMI行业分类与海关总署进出口产品分类的对应关系

PMI制造业	海关总署进出口产品分类	PMI行业对应主要产品
农副食品加工业	第三类	动、植物油、脂及其分解产品,精制的食用油脂
	第四类	肉、鱼、甲壳动物、软体动物及其他水生无脊椎动物的制品,糖食,谷物、粮食粉、淀粉或乳的制品,糕饼点心,蔬菜、水果、坚果或植物其他部分的制品,杂项食品
食品及酒饮料精制茶制造业	第四类	糖
烟草制造业	第四类	烟草及烟草代用品的制品
化学原料及化学制品制造业	第六类	化学工业及其相关工业的产品
	第七类	塑料及其制品
化学纤维及橡胶塑料制品业	第七类	橡胶及其制品
	第十一类	化学纤维长丝,化学纤维短纤
纺织服装服饰业	第八类	生皮、皮革、毛皮及其制品,鞍具及挽具,旅行用品、手提包及类似品,动物肠线(蚕胶丝除外)制品
	第十一类	羊毛,动物细毛或粗毛,马毛纱线及其机织物,针织或钩编的服装及衣着附件,非针织或非钩编的服装及衣着附件
	第十二类	鞋靴、护腿和类似品及其零件,帽类及其零件,已加工羽毛、羽绒及其制品,人造花,人发制品
木材加工及家具制造业	第九类	木及木制品,木炭,软木及软木制品,稻草、秸秆、针茅或其他编结材料制品,篮筐及柳条编结品
	第十类	木浆及其他纤维状纤维素浆,纸及纸板的废碎品,纸及纸板,纸浆、纸或纸板制品
造纸印刷及文教体美娱用品制造业	第十类	书籍、报纸、印刷图画及其他印刷品,手稿、打字稿及设计图纸
	第十八类	乐器及其零件、附件
	第十九类	玩具、游戏品、运动用品及其零件、附件
纺织业	第十一类	其他植物纺织纤维,纸纱线及其机织物,蚕丝,棉花,特种纱线、线、绳、索、缆及其制品,地毯及纺织材料的其他铺地制品,特种机织物,簇绒织物,花边,装饰毯,装饰带,刺绣品,浸渍、涂布、包覆或层压的纺织物,工业用纺织制品,针织物及钩编织物
非金属矿物制品业	第十三类	石料、石膏、水泥、石棉、云母及类似材料的制品,陶瓷产品,玻璃及其制品
黑色金属冶炼及压延加工业	第十五类	钢铁,钢铁制品
有色金属冶炼及压延加工业	第十五类	铜及其制品,镍及其制品,铝及其制品,铅及其制品,锌及其制品,锡及其制品
电气机械及器材制造业	第十六类	电机、电气设备及其零件,录音机及放声机、电视图像、声音的录制和重放设备及其零件、附件
	第十八类	光学、照相、电影、计量、检验、医疗或外科用仪器及设备、精密仪器及设备,上述物品的零件、附件

续表

PMI制造业	海关总署进出口产品分类	PMI行业对应主要产品
铁路、船舶、航空航天和其他运输设备制造业	第十六类	核反应堆、锅炉、机械器具及零件
	第十七类	铁道及电车道机车、车辆及其零件,铁道及电车道轨道固定装置及其零件、附件,各种机械(包括电动机械)交通信号设备,航空器、航天器及其零件,船舶及浮动结构体
汽车制造业	第十七类	车辆及其零件、附件

五、PMI行业分类与金融市场各类指数的对应关系

市场资金流动形成的股票指数、期货价格指数,由于长期应用,在发达国家也被视为经济领先指标,同时也是投资趋势的表征。因此,我们也将其纳入与PMI对比分析的经济指标范围。

我们主要研究了PMI行业指数与A股中信行业股票指数、全球和中国一些商品期货价格指数的相关系数。

PMI行业分类与A股中信行业指数的对应关系如表4-8所示。

表4-8 PMI行业分类与A股中信行业指数的对应关系

PMI	PMI行业	A股中信行业
制造业	电气机械及器材制造业	白色家电Ⅱ(中信)
		黑色家电Ⅱ(中信)
		小家电Ⅱ(中信)
		照明设备及其他(中信)
	纺织服装服饰业	品牌服饰(中信)
	纺织业	纺织制造(中信)
	非金属矿物制品业	水泥Ⅱ(中信)
		玻璃Ⅱ(中信)
		其他建材(中信)
	黑色金属冶炼及压延加工业	普钢(中信)
		其他钢铁(中信)
	化学纤维及橡胶塑料制品业	合成纤维及树脂(中信)
	化学原料及化学制品制造业	农用化工(中信)
		化学原料(中信)
		化学制品(中信)
	计算机通信电子设备及仪器仪表制造业	半导体Ⅱ(中信)
		计算机硬件(中信)
		电子设备Ⅱ(中信)
		其他元器件Ⅱ(中信)
		通信设备制造(中信)

续表

PMI	PMI行业	A股中信行业
制造业	金属制品业	金属制品Ⅱ（中信）
	木材加工及家具制造业	林木及加工（中信）
	农副食品加工业	食品（中信）
	汽车制造业	汽车（中信）
		乘用车Ⅱ（中信）
		商用车（中信）
		汽车零部件Ⅱ（中信）
		摩托车及其他Ⅱ（中信）
	石油加工及炼焦业	石油化工（中信）
	通用设备制造业	工程机械Ⅱ（中信）
		通用设备（中信）
		仪器仪表Ⅱ（中信）
	医药制造业	医药（中信）
		中药生产（中信）
		生物医药Ⅱ（中信）
		化学制药（中信）
		其他医药医疗（中信）
	食品及酒饮料精制茶制造业	白酒Ⅱ（中信）
		其他饮料Ⅱ（中信）
	有色金属冶炼及压延加工业	贵金属（中信）
		工业金属（中信）
		稀有金属Ⅱ（中信）
	造纸印刷及文教体美娱用品制造业	造纸Ⅱ（中信）
	专用设备制造业	其他专用设备（中信）
		电站设备Ⅱ（中信）
		输变电设备（中信）
		新能源设备（中信）
非制造业	房屋建筑业	建筑施工Ⅱ（中信）
	建筑安装装饰及其他建筑业	建筑装修Ⅱ（中信）
	道路运输业	公交物流（中信）
	铁路运输业	公路铁路（中信）
	航空运输业	航空机场（中信）
	水上运输业	航运港口（中信）
	批发业	贸易Ⅱ（中信）
	零售业	零售（中信）
	电信广播电视和卫星传输服务业	传媒Ⅱ（中信）
		增值服务Ⅱ（中信）
		电信运营Ⅱ（中信）

续表

PMI	PMI行业	A股中信行业
非制造业	互联网及软件信息技术服务业	互联网（中信）
		IT服务（中信）
		计算机软件（中信）
	房地产业	房地产服务Ⅱ（中信）
		房地产开发管理（中信）
	餐饮业	餐饮（中信）
	住宿业	酒店（中信）
	生态保护环境治理及公共设施管理业	环保及公用事业（中信）
		景区（中信）

PMI行业分类与一些商品期货价格指标的对应关系如表4-9所示。

表4-9 PMI行业分类与期货价格的对应关系

PMI行业	PMI指标	交易所	期货价格
纺织业	购进价格	郑州交易所	棉花
非金属矿物制品业	购进价格	郑州交易所	玻璃
黑色金属冶炼及压延加工业	购进价格	大连交易所	铁矿石
	购进价格	上海交易所	螺纹钢
	购进价格	上海交易所	热轧卷板
化学纤维及橡胶塑料制品业	购进价格	大连交易所	橡胶
	购进价格	大连交易所	聚丙烯
	购进价格	郑州交易所	PTA
化学原料及化学制品制造业	购进价格	大连交易所	塑料
	购进价格	大连交易所	苯乙烯
石油加工及炼焦业	购进价格	上海交易所	燃油
	购进价格	上海交易所	石油沥青
	购进价格	上海交易所	焦煤
	购进价格	大连交易所	焦炭
食品及酒饮料精制茶制造业	购进价格	郑州交易所	白糖
农副食品加工业	购进价格	大连交易所	大豆
	购进价格	大连交易所	玉米
	购进价格	大连交易所	棕榈油
	购进价格	郑州交易所	菜籽油
有色金属冶炼及压延加工业	购进价格	上海交易所	铜
	购进价格	上海交易所	锌
	购进价格	上海交易所	镍
	购进价格	上海交易所	锡
	购进价格	上海交易所	铝
	购进价格	上海交易所	铅
造纸印刷及文教体美娱用品制造业	购进价格	上海交易所	木浆

中国现行的条块共管统计体系，很多行业统计和专类统计并不是由国家统计局完成的。国内各行业协会也发布了众多的行业数据，也是宏观经济趋势分析中的重要参考，但品类过多，不再进行逐一对比。

第三节 PMI 数据与其他经济指标相关关系的一些说明

PMI 数据的价值不仅因为其体系内的多个指标是数据链当中的领先指标，而且 PMI 全面反映基本面的各个侧面，依赖其本身就可以得见经济发展的全貌。同时，PMI 数据的分项数据可以良好预判其他相关的宏观经济指标，也因此使得 PMI 数据成为一个大数据体系。

基于中采 PMI 数据的研究分析可以看到，PMI 领先于工业增加值、利润总额增速、主营业务收入增速、海关、CPI、PPI 等序列数据，并对股指有相当的指示作用。在行业分析中，PMI 行业指标也领先于上述行业指标，并且与行业股指数据密切相关。领先相关系数在不同行业、不同指标和不同时间序列上有一定的强弱之分。正是由于 PMI 数据及其分项数据与经济指标的高度相关性，决定了其在预测经济指标表现上有着重要作用。

同时，相关性的计算只是一个数学上的计算，由于不同领先时滞的存在，原本相关性很好的两个序列，也没办法计算出很好的相关系数；反之，如果跟一个波动极小的时间序列去相比，大多数序列彼此都能够计算出很强的相关系数。因此，相关系数的结果只是一个参考，只决定预测准确的概率，对 PMI 和其他宏观经济指标的关系了解得越多，越有助于进行对比预测、彼此的回溯预测。我们在计算 PMI 数据与其他经济指标相关性的时候，考虑到畸高或畸低的情况，滤出的是符合经济含义的对比组，后文会分项加以说明。

此外，如前所述，基本面数据多数时候只占市场指标走势的 50% 权重，预测股指还需要对市场本身的其他影响因素有深刻理解。

以下对 PMI 用于其他经济指标的相关分析和预测方法做一些说明。

① PMI 购进价格与 PPI。

购进价格领先 PPI 的时滞，历史上并不统一，有时领先 6～7 个月，有时领先 1～2 个月，所以能计算出 70% 的相关系数已经是非常高了，尤其是应用全国指标的时候，各类原料的价格不会在同一时间点上涨或下跌，PMI 统计和 PPI 统计的覆盖面和机制上有所不同，所以全国 PMI 购进价格和全国 PPI 在拐点上，经常出现不同时滞的领先。

因为市场上应用的价格有很多种，除了 PPI 以外，还有原动力购进价格、期货价格、CPI 等。在与这些价格的相关分析中，最确定的一项是 PMI 分行业的购进价格与期货不同品种之间的相关性，它们几乎是同步的。但仔细分析期货的日线走势，各类商品价格的涨跌，都是发生在 PMI 分项数据流传之后，市场消化了 PMI 的信息，立刻会有反应，无一例外。把握最领先的数据，基本上滞后数据的趋势就可以把握了。因此，原材料行业的PMI购进价格是最值得关注的价格数据（图4-1）。

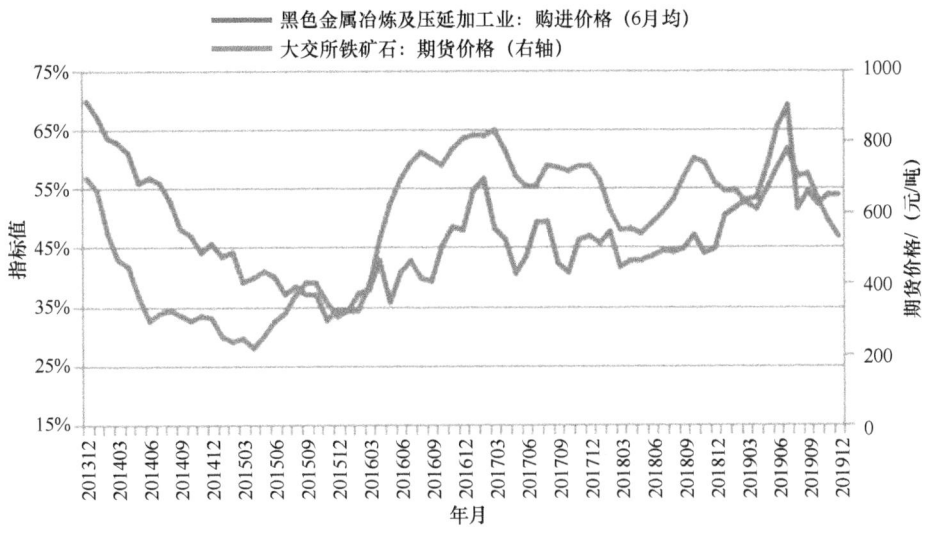

图4-1　黑色金属冶炼及压延加工业购进价格与铁矿石期货价格走势对比

② PMI与工业增加值。

在2010年以前，PMI与工业增加值的相关性非常好，同步和领先1个月的相关系数在0.85以上，但随着2012年中国经济转型的展开，宏观与微观数据之间出现了各种紊乱（见中采咨询之前的报告），不仅是PMI跟工业增加值，甚至是工业增加值内部，分行业的增加值与全国的增加值，相关系数也大幅下降，各个行业的增速也有天壤之别。正如前面所说，因为拐点的错位，相关系数逐年降低是可以理解的。尤其是2015—2016年，PMI率先企稳反弹，数据上了一个台阶，而工业增加值由于计算的是同比增速，其数值连年下降，我们采用了不同的衍生值，如将PMI换算成累计同比，将工业增加值换算成基期同比，再去做两两的比较，它们的相关系数明显得到了提升。

再换一个角度，从月度之间的波动去观察。2016年以后，PMI的环比波动与工业增加值同比增速的环比波动，其趋势是吻合的，大部分行业的PMI与工业增加值、工业增加值同比增速都是一致的，在计算相关系数的时候，2017—2018年，因为时间序列很短，相关系数的计算存在样本点不足的情况，所以我们没有重点强调（图4-2）。

③ PMI领先指标与股指。

PMI领先指标包括量价配比（产成品库存+新订单+购进价格）、利润趋势（新订单-购进价格）、销售（主要原材料库存-产成品库存）。几个领先行业的数据显示，大宗行业的量价指标比利润趋势更加精准。

由于投资方的重视，一方面PMI的领先指标逐渐变得时效缩短；另一方面宏观环境在发生不断的变化，所以PMI领先指标和股指拐点的错位没有发生，但总体趋势上的领先还是相当精准。

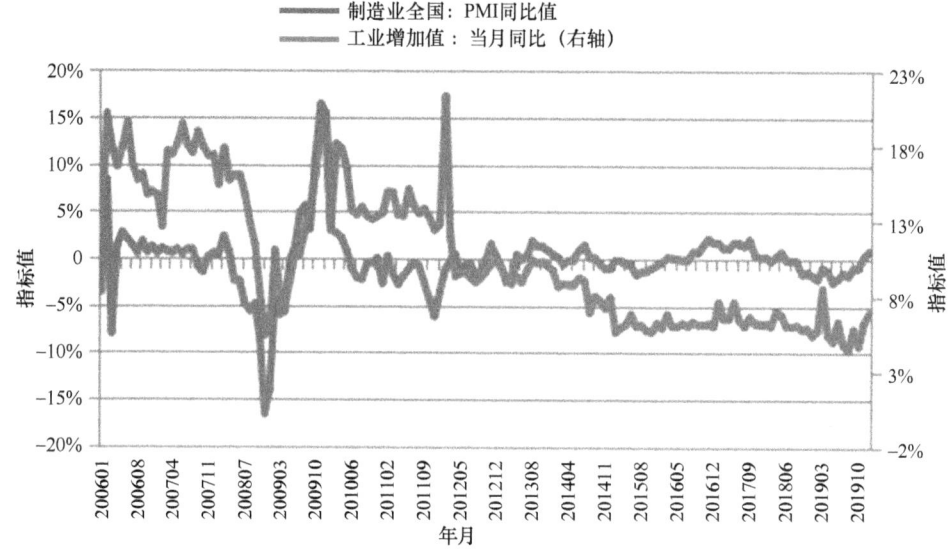

图 4-2　制造业全国 PMI 同比值与工业增加值当月同比增速走势对比

2007 年，我们首次提出利润趋势的应用时，PMI 利润趋势领先股指长达 9 个月，但到了 2014 年，这一时滞只有 3 个月，这在博弈理论当中属于正常现象。2018 年 11 月的数据显示领先指标的拐点出现了，股指随即在 2019 年 1 月开始响应，它们之间的时滞又缩短了，这与 PMI 的影响力是分不开的。

此外，利润趋势这种拟合指标在量纲的预测上不能使用，我们尝试过做更为精确的预测，甚至用利润趋势积累值，可以计算出 2015 年上证综指的高度是 5600 多点，但是这种预测是尝试性的。我们认为利润趋势的预测性更多地体现在拐点上，而且反映拐点非常明确，尤其是几个领先行业的拐点，在最近 10 年的 3 个周期里一直有效。

同时，利润趋势的阈值在拐点的确认上是第一位置的确认，从阈值拐点到 6 个月的移动均值的拐点确认需要 1～3 个月时间，因为利润趋势的领先时滞较长，更多的确认时长为我们更精确地把握拐点打出了提前量（图 4-3）。

④ 各类企业财务指标，如主营业务收入、主营业务成本、利润总额等，与 PMI 的关系和工业增加值相似。

不同的是企业财务指标可以获得绝对值，而不仅仅是同比增速。但是令人困惑的是，由于 2017—2018 年国家统计局调整口径，整理、整治统计乱象等原因，企业财务指标内部关系仍然紊乱，所以我们认为与其用 PMI 与其他指标进行对比，不如直接参考 PMI 的表现。

⑤ 汇率、利率等其他指标。

正如前面所说，一个波动的序列跟一条平滑的序列去做对比，相关系数当然很高，所以 PMI 指标与汇率、利率指标的相关系数高并不代表 PMI 左右了汇率、利率。我们进行的相关系数计算是例行的、程式化的。事实上，企业进出口情况与汇率、企业经

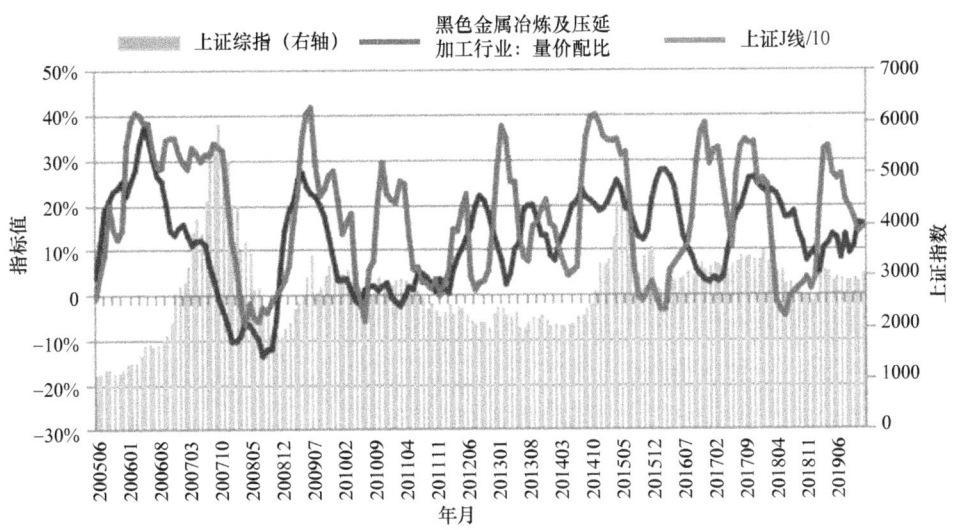

图 4-3　上证综指、黑色金属冶炼及压延加工业量价配比指标与上证 J 线 /10 走势对比

营情况与利率之间存在着必然联系,并且PMI的表现在相当程度上影响了货币政策。虽然关联是存在的,但由于前述数学上可能存在的高相关系数的假象,我们本着精益求精的态度,对于此类相关系数的计算计划做进一步的改进,正确的做法可能是进一步寻找PMI分项指标与货币指标之间的关系。

⑥ PMI与GDP。

目前的宏观环境,针对GDP的分析,更多着眼于经济增长是否失速,无论环比增速还是同比增速,其重要性早已下降。这一点我们在 2016 年提出转型新周期的时候就已经论述过,关注投资更应该关注成长性行业的扩张趋势,所以,只要PMI运行在平稳区间,就不必对GDP过分关注。

⑦ 为何PMI数据与诸多同比增速数据相关性很强?

PMI绝对值与国家统计局很多同比增速数据相关性很强,业界曾有很多疑问,甚至在 2014 年我们受邀在北大国家发展研究院进行讲座时,宋国青老师还将这个问题进行过"悬赏"。我们是这样分析的:

回答这个问题,从PMI数据特点分析,有两点值得注意。第一,PMI以百分比出现,其经济含义是指标本身扩张的范围,而不是比上月扩张的幅度(增长 100 万吨和增长 1 万吨,PMI也许都是 51%),不是严格的环比数据,在生成中枢值为 50% 的百分比指标时,过滤掉了环比的信息。如果一定需要给PMI一个单位的话,应该是"范围"。第二,PMI数据去除了自然增长干扰和基数效应,反映扩张程度,存在 50% 的中间值,存在阈值现象。由于季节因素的存在,可使用移动平均值进行相关分析。

再看环比率数据。环比数据去除了同比数据年度间的基数效应,反映且仅反映月度间的基数比较结果。中国环比数据有时并不公布,在可比价格前提下,自行转换问题较大,且需要经常调整历史数据。同时由于相关分析中对比的是环比率的波动,可能需要对数据做进一步调整。环比率数据,本身已经包含了月度波动信息,而且需要不断进行价格因素调整，进行皮尔森相关系数计算时，数据属性导致不同环比数据之间存在大量的拐点错位，相关系数就变得比较低，或者需要更多变形才能计算出较高的相关系数。各种环比率数据跟PMI数据之间的相关系数不高也是这个原因。

再看同比增速数据。同比增速数据去除了自然增长带来的年度之间无法比较问题，可以反映扩张程度，存在为0的中间值。由于经济发展中的刚性扩张（收缩）的存在，其实同比数据也存在阈值。计算相关性，实际对比的是月度间的波动，因此与PMI的扩张意义是吻合的。同比率数据存在基数效应，但综合数据其基数效应对趋势影响不大。

因此，计算这些数据序列的相关系数，同比数据与PMI数据的相关性较强，尤其是拐点关系很强，在数学和经济学意义上都是合理的（图4-4）。PMI数据领先绝对值数据的拐点3～6个月，领先同比数据拐点通常是3个月。

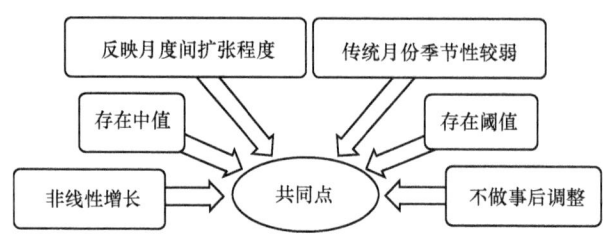

图4-4　PMI值与同比数据的共同点

第四节　PMI指标与其他经济指标的相关性

本节以表格形式集中列示了PMI指标与其他经济指标的相关性（表4-10至表4-21），其中相关系数皆为皮尔森相关系数。

表4-10　PMI全国指标与其他经济指标相关性（截至2019年12月）

指标名称	其他经济指标	相关系数	领先期数
制造业-PMI	工业增加值	0.87	3个月
制造业-PMI	企业利润总额	0.84	3个月
制造业-PMI	上证上市公司利润	0.86	3个月
制造业-PMI	上证综指	0.75	同步
制造业-利润趋势	上证综指技术指标	-0.76	3～6个月
制造业-PMI（年化）	GDP	0.92	同步
服务业-收费价格	CPI	0.8	5个月
制造业-购进价格	PPI	0.92	5个月
制造业-购进价格	原材料购进价格	0.92	5个月
制造业-出口订单	海关出口	0.79	6个月
制造业-出口订单	海关进出口	0.76	5个月
制造业-进口	海关进口	0.76	4个月

表4-11 PMI行业指标与其对应行业工业增加值增长速度的相关性（截至2019年12月）

领先期数	0	1	2	3	4	5
非金属-PMI	0.32	0.48	0.56	0.55	0.51	0.41
化学原料-PMI	−0.17	0.14	0.15	0.05	0.16	0.58
汽车制造-PMI	0.02	0.17	0.30	0.43	0.54	0.63
全国-PMI	0.77	0.82	0.85	0.87	0.87	0.85
金属制品-PMI	0.79	0.75	0.72	0.69	0.65	0.61
食品加工-PMI	0.09	0.15	0.23	0.33	0.45	0.60
计算机-PMI	0.25	0.45	0.63	0.75	0.82	0.85
通用设备-PMI	0.71	0.78	0.84	0.87	0.86	0.80
饮料制造-PMI	0.30	0.45	0.59	0.70	0.77	0.79
造纸印刷-PMI	0.36	0.44	0.52	0.56	0.57	0.60
专用设备-PMI	0.53	0.59	0.65	0.70	0.71	0.71
纺织业-PMI	0.82	0.85	0.85	0.85	0.84	0.80
黑色金属-PMI	0.18	0.32	0.46	0.59	0.72	0.81
化学纤维-PMI	0.65	0.60	0.50	0.37	0.22	0.04
石油炼焦-PMI	−0.65	−0.48	−0.25	0.03	0.32	0.59
医药制造-PMI	0.78	0.76	0.68	0.60	0.51	0.40
有色金属-PMI	0.11	0.20	0.29	0.40	0.50	0.62

表4-12 PMI行业总指标与其对应行业主营业务收入之间的相关性（截至2019年12月）

领先期数	0	1	2	3	4	5
纺织业-PMI	0.36	0.37	0.59	0.63	0.69	0.72
黑色金属-PMI	0.80	0.82	0.81	0.79	0.78	0.77
化学纤维-PMI	0.52	0.50	0.53	0.57	0.59	0.62
化学原料-PMI	0.82	0.83	0.86	0.88	0.90	0.92
全国-PMI	0.95	0.88	0.79	0.70	0.61	0.52
加工炼焦-PMI	0.72	0.73	0.74	0.75	0.75	0.73
食品加工-PMI	0.63	0.64	0.67	0.69	0.69	0.66
通用设备-PMI	0.23	0.22	0.24	0.30	0.36	0.56
医药制造-PMI	0.70	0.59	0.56	0.53	0.47	0.41
专用设备-PMI	0.45	0.49	0.55	0.61	0.66	0.68
计算机-PMI	0.72	0.76	0.77	0.74	0.73	0.69
金属制品-PMI	0.36	0.40	0.44	0.51	0.60	0.68
汽车制造-PMI	0.70	0.67	0.71	0.74	0.76	0.77
造纸印刷-PMI	0.70	0.70	0.70	0.66	0.62	0.55
电气机械-PMI	0.59	0.67	0.73	0.81	0.86	0.84

表4-13　PMI行业总指标与其对应行业利润总额之间的相关性（截至2019年12月）

领先期数	0	1	2	3	4	5	6
黑色金属-PMI	0.69	0.77	0.84	0.88	0.89	0.87	0.84
化学纤维-PMI	0.58	0.61	0.63	0.66	0.67	0.68	0.66
化学原料-PMI	0.69	0.75	0.79	0.80	0.80	0.80	0.76
汽车制造-PMI	0.11	0.25	0.39	0.52	0.62	0.72	0.74
全国-PMI	0.81	0.84	0.84	0.82	0.78	0.74	0.69
食品加工-PMI	0.65	0.71	0.80	0.86	0.90	0.89	0.83
造纸印刷-PMI	0.26	0.35	0.44	0.52	0.57	0.60	0.56
专用设备-PMI	0.10	0.30	0.48	0.63	0.72	0.80	0.81
电气机械-PMI	−0.43	−0.49	−0.52	−0.55	−0.59	−0.65	−0.70
纺织业-PMI	0.75	0.78	0.84	0.84	0.84	0.82	0.71
非金属-PMI	−0.23	−0.43	−0.59	−0.68	−0.71	−0.66	−0.49
金属制品-PMI	−0.53	−0.57	−0.60	−0.62	−0.63	−0.64	−0.63
计算机-PMI	0.80	0.85	0.87	0.87	0.82	0.75	0.67
木材加工-PMI	0.67	0.66	0.72	0.74	0.68	0.56	0.47
通用设备-PMI	−0.22	−0.10	0.05	0.20	0.38	0.58	0.75
医药制造-PMI	0.77	0.79	0.80	0.78	0.71	0.62	0.56

表4-14　PMI行业购进价格指标与对应工业生产者购进价格的相关性（截至2019年12月）

领先期数	0	1	2	3	4
纺织业-购进价格	0.49	0.59	0.68	0.75	0.80
黑色金属-购进价格	0.47	0.57	0.66	0.72	0.75
化学原料-购进价格	0.65	0.73	0.79	0.82	0.83
非金属-购进价格	0.60	0.65	0.69	0.71	0.72
木材加工-购进价格	0.49	0.59	0.68	0.75	0.80
食品加工-购进价格	0.53	0.60	0.66	0.70	0.72
全国-购进价格	0.77	0.84	0.88	0.91	0.92
有色金属-购进价格	0.66	0.72	0.77	0.80	0.83

表4-15　PMI非制造业行业经营状况指标与社零总额、房地产行业指标的相关性（截至2019年12月）

领先期数		0	1	2	3	4	5	6
批发零售业-商务活动	社零总额	0.63	0.72	0.75	0.70	0.61	0.57	0.63
房地产业-商务活动	商品房销售面积	−0.70	−0.73	−0.74	−0.75	−0.74	−0.74	−0.73

表4-16 PMI行业购进价格指标与分品种期货价格指数相关性（截至2019年12月）

领先期数		0	1	2	3	4	5	6	7
纺织业-购进价格	郑交所棉期价	0.85	0.84	0.82	0.76	0.70	0.62	0.56	0.49
非金属-购进价格	郑交所玻璃期价	0.88	0.85	0.83	0.80	0.77	0.73	0.69	0.67
黑色金属-购进价格	大交所铁矿石期价	0.55	0.55	0.57	0.58	0.60	0.61	0.61	0.58
汽车制造-购进价格	大交所橡胶期价	0.45	0.55	0.60	0.60	0.56	0.48	0.40	0.34
化学原料-购进价格	大交所塑料期价	0.75	0.70	0.69	0.7	0.72	0.704	0.67	0.61
化学纤维-购进价格	郑交所PTA期价	0.48	0.47	0.48	0.50	0.56	0.62	0.67	0.71
石油炼焦-购进价格	上交所燃油期价	0.71	0.74	0.76	0.78	0.81	0.81	0.77	0.69
石油炼焦-购进价格	上交所石油沥青期价	0.11	0.14	0.20	0.29	0.40	0.52	0.61	0.66
饮料制造-购进价格	郑交所白糖期价	0.57	0.60	0.64	0.66	0.70	0.73	0.76	0.78
食品加工-购进价格	大交所大豆期价	0.31	0.32	0.34	0.38	0.41	0.45	0.47	0.49
有色金属-购进价格	上交所铜期价	0.54	0.59	0.63	0.68	0.75	0.80	0.84	0.86
有色金属-购进价格	上交所锌期价	0.69	0.66	0.63	0.60	0.58	0.54	0.49	0.45

表4-17 PMI行业进口指标与国开行6月利率相关性（截至2019年12月）

领先期数		0	1	2	3	4	5	6	7
电气机械-进口	G6M	0.44	0.49	0.53	0.56	0.58	0.60	0.61	0.62
纺织业-进口	G6M	0.84	0.84	0.82	0.76	0.68	0.59	0.48	0.35
非金属-进口	G6M	0.28	0.41	0.54	0.64	0.73	0.79	0.82	0.83
黑色金属-进口	G6M	0.45	0.43	0.41	0.38	0.36	0.33	0.32	0.31
化学纤维-进口	G6M	−0.26	−0.33	−0.39	−0.46	−0.52	−0.57	−0.60	−0.61
化学原料-进口	G6M	0.58	0.52	0.42	0.27	0.08	−0.07	−0.23	−0.31
金属制品-进口	G6M	−0.02	−0.13	−0.24	−0.34	−0.43	−0.50	−0.55	−0.60
木材加工-进口	G6M	0.74	0.68	0.60	0.50	0.41	0.30	0.20	0.10
全国-进口	G6M	0.67	0.75	0.80	0.83	0.84	0.83	0.81	0.78
石油炼焦-进口	G6M	0.03	0.11	0.19	0.28	0.39	0.50	0.61	0.71
食品加工-进口	G6M	−0.66	−0.68	−0.68	−0.67	−0.65	−0.61	−0.56	−0.49
通用设备-进口	G6M	−0.28	−0.13	0.04	0.20	0.35	0.49	0.62	0.73
饮料制造-进口	G6M	0.26	0.19	0.12	0.04	−0.03	−0.08	−0.12	−0.16
有色金属-进口	G6M	0.58	0.67	0.74	0.77	0.77	0.74	0.68	0.61
专用设备-进口	G6M	0.07	0.18	0.29	0.39	0.48	0.55	0.61	0.65

表4-18 PMI行业出口订单指标与SHIBOR 6月利率相关性（截至2019年12月）

领先期数		0	1	2	3	4	5	6	7
电气机械-出口订单	S6M	0.76	0.78	0.78	0.76	0.75	0.74	0.74	0.73
纺织业-出口订单	S6M	0.73	0.75	0.76	0.77	0.75	0.74	0.70	0.65
非金属-出口订单	S6M	−0.35	−0.43	−0.49	−0.52	−0.52	−0.50	−0.48	−0.46

续表

领先期数		0	1	2	3	4	5	6	7
纺织服装-出口订单	S6M	0.78	0.72	0.66	0.61	0.58	0.57	0.58	0.60
化学纤维-出口订单	S6M	0.61	0.61	0.56	0.44	0.30	0.18	0.09	−0.03
化学原料-出口订单	S6M	0.58	0.65	0.70	0.72	0.72	0.70	0.67	0.66
汽车制造-出口订单	S6M	0.48	0.61	0.70	0.76	0.80	0.79	0.76	0.72
金属制品-出口订单	S6M	0.66	0.66	0.67	0.69	0.71	0.72	0.71	0.70
木材加工-出口订单	S6M	0.70	0.73	0.71	0.65	0.54	0.43	0.31	0.18
全国-出口订单	S6M	0.83	0.84	0.84	0.84	0.83	0.81	0.79	0.74
石油炼焦-出口订单	S6M	0.52	0.62	0.71	0.78	0.83	0.86	0.88	0.88
食品加工-出口订单	S6M	0.18	0.30	0.42	0.52	0.62	0.69	0.71	0.73
计算机-出口订单	S6M	0.77	0.84	0.89	0.90	0.88	0.84	0.81	0.77
通用设备-出口订单	S6M	0.64	0.73	0.81	0.87	0.90	0.88	0.82	0.74
饮料制造-出口订单	S6M	0.44	0.48	0.53	0.58	0.63	0.69	0.74	0.79
有色金属-出口订单	S6M	0.71	0.67	0.62	0.54	0.45	0.38	0.31	0.26
造纸印刷-出口订单	S6M	0.84	0.87	0.86	0.83	0.78	0.73	0.69	0.66
专用设备-出口订单	S6M	0.44	0.54	0.65	0.74	0.81	0.86	0.87	0.85

表4-19 PMI拟合指标进出口差异与汇率的相关性（截至2019年12月）

领先期数		0	1	2	3	4	5	6	7
电气机械-进出口差异	汇率	0.27	0.24	0.15	0.05	−0.08	−0.23	−0.38	−0.54
纺织业-进出口差异	汇率	0.49	0.49	0.53	0.60	0.67	0.75	0.78	0.75
非金属-进出口差异	汇率	−0.52	−0.50	−0.48	−0.43	−0.35	−0.24	−0.11	0.00
纺织服装-进出口差异	汇率	−0.42	−0.42	−0.40	−0.39	−0.39	−0.41	−0.46	−0.51
黑色金属-进出口差异	汇率	0.49	0.61	0.70	0.72	0.67	0.54	0.35	0.15
化学纤维-进出口差异	汇率	−0.36	−0.41	−0.49	−0.58	−0.66	−0.71	−0.73	−0.70
化学原料-进出口差异	汇率	0.55	0.51	0.45	0.34	0.21	0.09	−0.04	−0.17
金属制品-进出口差异	汇率	−0.59	−0.59	−0.59	−0.59	−0.60	−0.60	−0.60	−0.60
木材加工-进出口差异	汇率	−0.54	−0.56	−0.59	−0.61	−0.64	−0.66	−0.68	−0.70
全国-进出口差异	汇率	−0.73	−0.75	−0.78	−0.80	−0.81	−0.81	−0.80	−0.78
石油炼焦-进出口差异	汇率	−0.40	−0.45	−0.51	−0.58	−0.63	−0.68	−0.70	−0.70
食品加工-进出口差异	汇率	−0.24	−0.26	−0.30	−0.37	−0.46	−0.54	−0.61	−0.69
计算机-进出口差异	汇率	−0.51	−0.58	−0.65	−0.69	−0.66	−0.58	−0.47	−0.39
通用设备-进出口差异	汇率	−0.69	−0.75	−0.80	−0.82	−0.79	−0.70	−0.54	−0.33
医药制造-进出口差异	汇率	0.57	0.60	0.62	0.63	0.64	0.63	0.61	0.58
饮料制造-进出口差异	汇率	0.43	0.45	0.45	0.45	0.44	0.43	0.43	0.43
有色金属-进出口差异	汇率	−0.69	−0.65	−0.55	−0.40	−0.24	−0.06	0.11	0.23
造纸印刷-进出口差异	汇率	−0.16	−0.32	−0.47	−0.59	−0.67	−0.73	−0.78	−0.80
专用设备-进出口差异	汇率	−0.04	−0.26	−0.48	−0.65	−0.75	−0.81	−0.79	−0.71

表4-20　PMI行业指标与股指的相关性（截至2019年12月）

领先期数		0	1	2	3	4	5	6
电气机械-PMI	白色家电Ⅱ（中信）	0.33	0.45	0.53	0.62	0.69	0.77	0.82
纺织业-PMI	纺织制造（中信）	0.57	0.48	0.35	0.23	0.10	0.01	−0.19
非金属-PMI	玻璃Ⅱ（中信）	−0.15	0.00	0.17	0.33	0.43	0.50	0.52
黑色金属-PMI	普钢（中信）	0.68	0.69	0.65	0.65	0.63	0.60	0.58
化学原料-PMI	化学原料（中信）	0.51	0.46	0.41	0.35	0.28	0.19	0.08
计算机-PMI	电子设备Ⅱ（中信）	0.46	0.47	0.53	0.62	0.70	0.80	0.88
金属制品-PMI	金属制品Ⅱ（中信）	0.67	0.62	0.54	0.45	0.34	0.21	0.06
木材加工-PMI	林木及加工（中信）	−0.31	−0.39	−0.47	−0.55	−0.64	−0.69	−0.74
汽车制造-PMI	运输设备（中信）	0.66	0.57	0.47	0.35	0.27	0.24	0.25
石油炼焦-PMI	石油化工（中信）	0.01	0.01	0.13	0.38	0.53	0.54	0.56
通用设备-PMI	仪器仪表Ⅱ（中信）	0.32	0.23	0.05	−0.13	−0.29	−0.43	−0.55
饮料制造-PMI	白酒Ⅱ（中信）	−0.74	−0.77	−0.80	−0.76	−0.71	−0.67	−0.62
有色金属-PMI	工业金属（中信）	0.51	0.42	0.31	0.14	−0.06	−0.23	−0.36
专用设备-PMI	其他专用设备（中信）	0.52	0.43	0.34	0.22	0.11	−0.04	−0.20

表4-21　PMI行业利润趋势指标与股指KDJ的相关性（截至2019年12月）

领先期数		0	1	2	3	4	5	6
电气机械-利润趋势	中信电信设备-月线J	−0.35	−0.42	−0.46	−0.47	−0.46	−0.42	−0.35
纺织业-利润趋势	中信纺织服装-月线J	−0.36	−0.36	−0.35	−0.36	−0.40	−0.48	−0.60
非金属-利润趋势	中信建材-月线J	−0.06	0.13	0.35	0.57	0.77	0.89	0.94
纺织服装-利润趋势	中信纺织服装-月线J	0.55	0.57	0.58	0.59	0.58	0.56	0.53
黑色金属-利润趋势	中信钢铁-月线J	0.14	0.02	−0.09	−0.20	−0.32	−0.43	−0.54
化学原料-利润趋势	中信化工-月线J	−0.02	0.04	0.17	0.33	0.48	0.57	0.55
化学纤维-利润趋势	中信化纤-月线J	−0.28	−0.29	−0.19	0.03	0.27	0.44	0.46
汽车制造-利润趋势	中信汽车类-月线J	0.37	0.45	0.50	0.53	0.53	0.51	0.45
全国-利润趋势	上证综指-月线J	−0.56	−0.61	−0.55	−0.43	−0.32	−0.25	−0.22
石油炼焦-利润趋势	中信石油-月线J	−0.61	−0.61	−0.53	−0.44	−0.33	−0.17	−0.02
食品加工-利润趋势	中信食品饮料-月线J	0.50	0.49	0.39	0.24	0.03	−0.22	−0.44
计算机-利润趋势	中信通信设备-月线J	−0.17	−0.13	0.00	0.20	0.41	0.52	0.41
通用设备-利润趋势	中信通用机械-月线J	−0.26	−0.03	0.23	0.45	0.60	0.66	0.64
医药制造-利润趋势	中信医药-月线J	−0.23	−0.12	0.07	0.28	0.45	0.56	0.56
饮料制造-利润趋势	中信酿酒-月线J	0.53	0.53	0.47	0.35	0.16	−0.07	−0.33
有色金属-利润趋势	中信有色-月线J	−0.54	−0.63	−0.59	−0.47	−0.30	−0.15	−0.06
造纸印刷-利润趋势	中信造纸-月线J	−0.44	−0.43	−0.33	−0.21	−0.10	0.03	0.22
专用设备-利润趋势	中信工业机械-月线J	−0.35	−0.49	−0.56	−0.58	−0.55	−0.49	−0.42

PMI部分行业指标近年来显示与一些同比指标的表现同步或呈现负相关，与指标特点、近年发展环境有关。由于基数较低、滞后反映订单生产等情况，2017年同比增速数据比PMI滞后一年反映经济景气度上升，所以有些行业的PMI等与之负相关，部分行业PMI领先其同比增速数据一年，计算皮尔森相关系数时体现出来反而是同步关系。这种发生在2017年的特别情况，直接影响了二者的长期相关系数。如果剔除2017年的数据再计算二者的相关系数，PMI仍表现出领先相关。

第五节　PMI数据链的构成

一个经济周期的形成，可以用单个指标来表示，也可以用多个指标来表示。当用多个指标来表示的时候，我们就可以发现，在一个经济周期的拐点附近，不同经济指标不是同一时点发生变化，而是依次发生变化，并且从第一个指标的拐点到最后一个指标的拐点，历时可以达到18个月以上。这就是我们所说的数据链：在经济周期变化时，不同指标依次变化而形成的链条。

在长期数据挖掘中，我们发现一些拟合指标在数据链上位于更靠前的位置，从而超越全国指标PMI的意义，可以用来提前预测股指、期货这样的领先指标。

订单与价格之差——利润趋势，可以更早地反映拐点，在数据链上处于更领先的位置，因此，PMI数据的基本链条为：利润趋势（新订单－购进价格）—量价配比—销售—新订单—购进价格—生产量—产成品库存。

销售指标是我们创建的另一个拟合指标，其计算公式为"主要原材料库存－产成品库存"，在历史上，销售指标的表现不如利润趋势那样稳定，大部分时候，销售指标领先全国PMI两个月左右发生变化，但有些时候并不规律，其原因与制造业自身从2.0至3.0的演进有关。

因为中国工业30年的快速发展，直到目前还处在经济结构转型当中，在结构转型期间，尤其是工业2.0转入工业3.0期间，大部分行业发生了这样的历程：积压—出清—技术发展—库存管理水平提升—行业集中度提高，所以产成品库存在数据链上的位置有所漂移，直到制造业3.0完成，其位置才重新固定下来，因此，我们从2018年——中国制造业3.0元年——开始，将上述利润趋势指标编入库存指标后，形成更符合经济周期发展阶段的"量价配比"指标，用于数据分析。其链条顺序为：利润趋势（新订单－购进价格）—量价配比—新订单—购进价格—生产量—产成品库存。

第六节　PMI行业链的构成

行业链的产生基于两种因素：一是因为购销关系上下游的关系。一个行业的订单是下游行业的成品库存，上游行业数据处在行业链的前端。二是因为不同行业的波动性。大宗行业的波动性较强,对于周期的每一个变化都很敏感,往往构成波动起点;而消费类行业,虽然在一个成熟经济体中理论上是经济周期的起点,但由于供需较为平稳,往往只在经济周期后半段显示较大的可以被认为形成趋势或突出值的波动,尤其是中国之前和目前的经济发展阶段,原料和设备制造业仍然是制造业主体,上游制造业的波动引领着整个经济的发展,从而使得消费行业无法成为行业链的领先数据。

行业链结合数据链,可以构成更细致和复杂的链条,更为精确地分步确定经济周期的位置。观察领先行业的分项指标,可以更清晰、更提前地发现结构的变化。

PMI的应用价值除了体现在宏观经济走势的基本判断上,更重要的是指引行业配置。宏观经济的走势及其所处经济周期,基本决定了一段时间内资本的行业配置,但是更准确的行业分析更是投资成功的依据。

一、行业链中不同行业类型

从PMI数据来看,其最重要的应用价值还在于行业数据的利用,其原因有三:一是综合数据由于掩盖了比较多的细节,细微的领先变化不容易看出,行业数据研究是发现经济变动先兆的主要观测途径。二是只有观测、分析行业数据,才能对投资市场的操作产生细节上的指导意义。否则,"自上而下"的研究就只有"上"没有"下"了。三是中国经济处于不断发展的过程中,在行业数据分析方面,判断行业的竞争程度和未来利润的高低程度,就需要用到各种行业数据,因为PMI数据的领先性,可以从行业价值上进行领先判断,这就形成了PMI行业分析的基础。

各行业的特征不同,在产业链中的位置也不同,经济状况发生变动时,各行业也会呈现出明显不同的、可以预测的增长或衰退的格局。这些变动与国民经济总体的周期是有关系的,根据各行业与经济总体发展状况的关系,一般将行业分为以下几类。

(一)成长型行业

此类行业的发展状况与经济活动水平的周期及其振幅并不相关。这些行业收入增长的速率并不会总是随着经济周期的变动而出现同步变动,因为它们主要依靠技术的进步、新产品推出及其更优质的服务,从而使其经常呈现出增长状态,如生物医药、新能源等新兴行业。特别是这2年,我国科技产业和服务业高速发展,这些行业表现出超越其他行业的成长性。

中采咨询从2014年建立新兴产业EPMI调查,是国内现行的唯一科技产业分行业数据库。

(二)周期性行业

周期性行业的运动状态与经济周期密切相关,它们处于产业链条的最前端,其需求是下游多个行业推动的,当经济上行时,对这些行业相关产品的购买也相应增加。因此,当经济处于上行时期,这些行业会紧随其扩张;当经济衰退时,这些行业也会相应衰落。这些行业往往在经济周期中成为领先变动的行业,特别是建筑业、钢铁、有色金属、石油、汽车等行业。

分析周期性行业的变化是行业链研究的核心,也是宏观经济趋势研究的起点,因为这些行业的变化领先于整体经济变化。

（三）后周期性行业

这类行业运动状态的存在是因为行业的产品需求相对稳定，需求弹性比较小，经济周期处于扩张或衰退阶段对于这种行业的影响都比较小，甚至有些防守型行业在经济衰退时期还会有一定的实际增长，如医药、食品及公共事业类行业。

二、生产阶段的分析角度与经济周期

在PMI调查体系中，制造业在20多个细分行业的基础观测角度上，又增添了关于生产阶段的分析角度，即将整个产业分为原材料制造业（大宗商品制造业）、设备制造业、中间品制造业、生活消费品制造业几个类型，非制造业将整个产业区分为服务业、建筑业两大类型，服务业再区分为消费服务业、生产服务业两种子类型。这样为观测经济发展阶段提供了更简单直观的渠道。

在PMI体系中，新兴产业EPMI属于成长性产业，国家标准是以产品划分企业归属，但我们将新兴产业与传统制造业链条做了匹配，新能源、新材料接近于周期性行业，高端设备制造、新能源汽车、新一代信息技术、环保产业匹配设备制造业，生物产业接近于消费行业，新一代信息技术同时匹配非制造业中的信息服务业；制造业中的原材料制造业（大宗商品制造业）、设备制造业，非制造业中的建筑业、房地产业属于周期性行业；制造业中的消费制造业、非制造业的消费服务业，就属于后周期性行业。

其中，成长性行业和周期性行业的变化是目前中国宏观经济研究的核心，而设备制造业正在替代原材料制造业的领先性，这是2019年秋季数据中我们刚刚发现的迹象，从2020年以来，这种迹象变得越发明显，但一个长期趋势的定型需要至少24个月的验证，因此本书仍将其定义为第二阶梯的领先行业（图4-5）。

图4-5 制造业行业链条

不管是制造业的21个行业，还是非制造业的19个行业，归类去看都会让分析变得简单。任何宏观经济变化都是起源于结构的变化，从制造业行业链条去观测会事半功倍。

制造业行业链条相对简单，可以分成四大类——原材料制造业、设备制造业、中间品制造业和消费品制造业。前两个大类我们称为周期性行业，消费品制造业我们称为后周期性行业。这四大类行业在经济运行期间的传导是刚性的。当一个传统的起点来临，原材料制造业变化之后，后面的行业往往会跟着产生相同的变化。不管是大周期还是小周期，只有这种行业链传导完成，一个完整的经济周期才会形成。

但是在一个经济周期的不同位置中，四大类行业的顶底变化并不完全是同一顺序完成的。将链条表述如图4-5所示，出于两个原因：一是陈述方便，既可以满足分析需要，也方便记忆；二是分析线条可以简化，不用在高潮期和低谷期使用不同的行业作为领先指标。

关于第二个原因，还有一点需要说明的是，虽然在高潮期结束是消费品制造业首先达到顶峰，但因为它们距离原材料制造业的顶峰太远，有时会长达7～10个月，而中国制造业占比最大的行业集中于设备和原料行业，只有后者达到顶峰，中国整体经济才会真正走向回落和收缩，在消费品制造业顶峰和周期制造业顶峰的这一段时间里，还会发生无数政策面影响基本面的事件，会无端地加大提前预测的风险。所以，消费品制造业在经济高潮期的领先表现只能用作"备份观察点"。

非制造业行业链条相对复杂一点（图4-6），因为制造业里国家统计局只有一个大类C，非制造业则是从E开始，一直到Z。PMI涉及的行业都可以从链条角度去观察。但非制造业的行业链条比较复杂，彼此之间的传导关系往往不强，所以按照行业链的位置区分成三大类：第一类是在行业链条中能起到引领作用的周期服务业，领先性略弱于制造业的原材料和设备制造业，主要是房建板块、物流板块，具有一定领先性。第二类是中间板块，行业链位置相当于制造业中的消费品制造业，且目前还在较高速发展、占比增大的阶段，主要从它们的长期趋势观察中国经济结构的变化。第三类包括环境公用服务业、居民服务业，从数据拐点看周期性很弱，目前表现最为滞后。

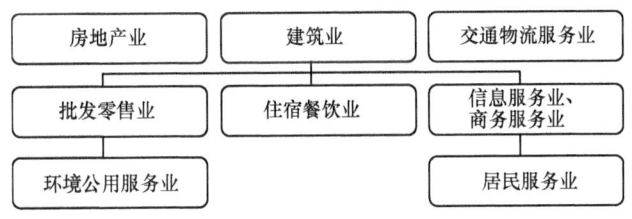

图4-6 非制造业行业链条

房地产业和建筑业在行业当中相对有领先作用，往往与制造业中的原材料行业同时发生变化，也是中国经济中能起到领先作用的行业，但因为受政策影响较大，所以领先性的历史表现不如原材料和设备制造业那么稳定。其中，建筑业包含两种：房屋建筑业主要与商用建筑、居民住宅建筑相关，土木工程建筑业主要是道路桥梁等基础设施建设。房地产业PMI和房屋建筑业PMI领先于房地产投资增速数据，而土木工程建筑业PMI领先于基础建设投资增速数据。

交通物流服务业，往往跟制造业生产和居民消费联动，生产及消费向好则物流紧张、运输繁忙，这一板块行业数据往往比批发零售环节的行业更早体现经济衰荣。有的运输形态跟居民消费物流相关，如邮政业；有的运输形态与大宗商品景气度相关，最相关的是道路运输业；有的运输形态与出口最有关，如水上运输业；航空运输业则与商务活动、居民旅行都相关；铁路运输业则与商务活动、居民旅行、大宗商品景气度都有关联。

信息服务业包括软件、互联网、通信、传媒等行业，现在的传媒、电影、电视、文化、软件、互联网服务等业态都属于信息服务业。信息服务既有为产业服务的部分，也有为居民服务的部分，理论上为产业服务的部分应该具有一定领先性。但从过往数据表现看，因为包含的两个主要行业这些年一直保持超高速增长，波动不大，表现不出领先性。因此，我们将其作为第二阶梯的板块。商务服务业目前在行业链上的位置也并不靠前,但具有理论上的领先性。目前则因为水平较低,存在较大发展空间,未来增速稳定后,才能显示出应有的领先性。所以这两个板块我们归类到非制造业的第二阶梯,但并不能作为短期景气程度的观察点,只能用于长期经济结构分析和自身景气观察。

批发零售业包括两个不同的领域,批发行业完全是生产服务业,虽然有一定比例是居民商品的二次批发业,但因为包含大宗商品批发,所以对原材料行业的流通热度很敏感,我们经常用它作为原材料制造业PMI的滞后指标来验证制造业趋势。零售行业相关的是居民消费中的衣食住行,二者是三大产业分类中并非一致的行业。但因为批发和零售都归类到国家统计局全国社会商品零售总额的数据里,所以批发零售我们往往会一起看,在链条上是非制造业的第二阶梯行业。

住宿餐饮跟批发零售的季节性不同,如春节百姓出行旅游增多,以及7月、8月的旅游业旺盛,零售业反而会稍微弱于住宿业。其他较短假期中,零售则会强于住宿餐饮业。但是如果从长期趋势看,住宿餐饮和批发零售这两者是趋同的,最终都反映这些年中国居民消费中高速增长的大趋势,也属于非制造业的第二阶梯行业。

最后是环境公用服务业和居民服务业,这两个行业虽然与经济景气度相关,但波动小、比较滞后,所以一般用于行业比较和长期趋势分析,我们归类到非制造业第三阶梯。居民服务业是位于商务活动最末端的纯服务行业,只有链条前面的行业启动了后面才能启动,可滞后印证经济周期的景气度。环境公用服务业一方面是环保事业;另一方面是旅游景点,更多时候与住宿业参照使用。

第七节　各种衍生值的数据链条

数学的好处是可以有好多角度说明不同的问题,像音乐有不同的风格和节奏,一个序列的多种衍生值,就是从多个角度表达数据的趋势含义。实际上在分析数据的未来趋势时,只看数据的绝对值表现多数情况没有意义,只有分析相对情况才能看到实质和趋势。在PMI数据中我们经常提到,绝对值是基本表现,但评价PMI数据的多空,重点一是看往年均值对比,二是看均值的环比和同比值,三是用偏离程度和动量变化进行横向比较,综合评价才能定性变化的多空,以及评价绝对值的好坏(图4-7)。

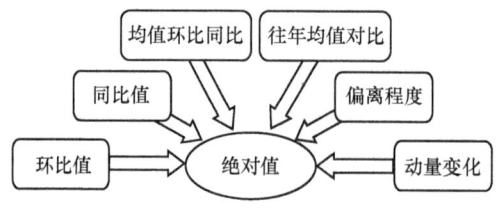

图4-7　PMI分析常用衍生值

实际上,数据的衍生值远远不止这几个,很多时候我们也会用到其他衍生值,它们之间也存在数据链条。

一、各种衍生值的定义和基本作用

环比值：本月数值与上月数值的差值。PMI作为月度数据，通过当月数据的绝对值，我们只能简单判断当月的状态是扩张还是收缩，但是这种判断只是建立在对当月数值的描述上，增量的变化并没有体现，所以我们在此基础上，通过计算环比值来具体体现本月较上月增量的变化，如春节后的春季旺季，3月相较于2月回升了多少个百分点，这个就是环比值。

环比增速（环比率）：计算公式与宏观指标计算增速的公式一致，用本月数值与上月数值的差值除以上月数据。环比值体现了变化量的多少，环比率是变化程度的描述，PMI作为扩散指数，本身已经是百分比数据，所以环比率在实际应用中较少。

移动平均值：一定时间区间内多个时间点数据的平均值。一般常用的有3月均、6月均、12月均。个别时点分析需要用到2个月移动平均值，如春节前后月份数据表现与往年相比时，由于春节假期时间分布在月中不同时点，导致年份之间的数据不太可比，就往往用相邻两个月的移动平均值做比较。一般地，3月均滞后当月值1个月，6月均滞后当月值1～3个月，12月均滞后2～6个月，但是在个别波动特别小的时间段，由于当月值看不出拐点，反而是9个月以上的移动平均值可能领先当月值的拐点。因此，12月均有时与6月均是同步的。

同比值：本月数值与去年当月数值的差值。PMI数据是针对企业的实际经营状况来做统计，最终的统计结果会随着企业经营的淡旺季变化而变化，所以季节性对于当月数值的影响是非常大的。以春节后的春季旺季为例，3月较2月回升，但整体情况是好于历史同期还是差于历史同期、去除季节因素后增长所带来的增量是多少，这时就需要我们进行同比值计算。当月值的同比值可以体现扩张或收缩程度与去年的比较，环比值的同比值可以体现增量的比较，移动平均值的同比值可以体现整个时间区间的比较。除了PMI数据外，我国统计体系中，产品产量、货币供应量、社融规模等绝对值数据可以使用同比值数据。

同比增速（同比率）：计算公式与环比率的计算公式基本一致，用本月数值与去年当月数值的差值除以去年当月数据，不改变当月数值本身的链条领先（滞后）位置。同比率与同比值用法相同，但PMI已经是百分比数据，所以PMI同比率波动较大，在实际应用中较少。我国其他统计数据基本是同比率数据。由于基数等原因，同比率数据往往滞后于环比（率、值）数据2～6个月，但因为较好地去除了季节性影响，因此应用较多。

阈值：某个行业某个指标历史上的最高值和最低值。在计算阈值时我们可以根据实际需求来选定具体的时间区间，当然最终计算的高低阈值也会有一定差异。在我们观察数据时，如果发现指标出现的高低阈值，这时我们就需要格外注意，此时往往伴随着经济周期的变化。当然我们不能只是简单判断一个指标的高低，就以此来判断经济周期的变化，需要更多地结合几个指标的综合表现，还需要看具体的行业，视具体情况而定，最终判断的是一个综合的过程。但数据出现高低阈值是一个非常值得关注的点。

分位数：当月值在某个时间区间内所处数据序列的位置，其值在0～1。在介绍分位数时，我们必须介入阈值的数据，分位数表示在固定时间序列中，当月值在高低阈值间的具体位置。我们在判断某个行业PMI指标在整个制造业行业中的表现时，如果借助分位数来查看，结果会一目了然。如图4-8所示，食品加工PMI当月数据为56.2%，如果单纯看绝对值，在15个行业中排名第三，但通过分位数来看的话，其排在行业第六的位置，而计算机则排在第三的位置，虽然计算机PMI当月数值低于食品加工，但是计算机在相同的时间序列下，波动区间更小，本月的数值更接近高阈值，所以数值虽然低于食品加工，但本月表现要好于食品加工。

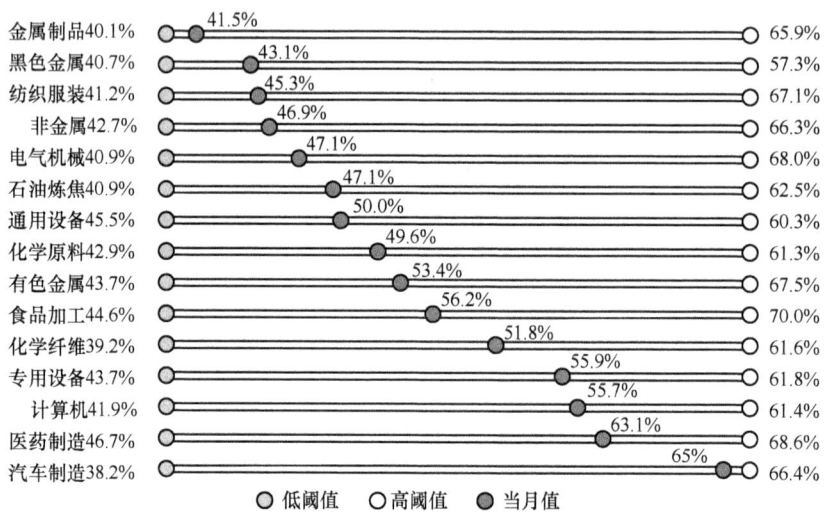

图4-8　2019年12月行业PMI当月值近4年分位图

往年均值：在某个时间区间内当月历史数据的平均值。一般使用前4年当月值的平均值。我们将前两年当月值的平均值称为"近年均值"，在计算往年均值时，不包含本年数值。在实际应用中，我们习惯用本年数值与其往年均值的差值，其结果更能够观测到本年数值的相对景气强度。

环比值的往年均值：在某个时间区间内当月环比值历史数据的平均值。在实际应用中，我们经常使用当月环比值减去往年相同月份环比值的均值，称为环比值的往年均值差，用来观测当月数据的波动幅度所代表的经济强度。例如，对春节后月份的分析方法，前述3月相对于2月回升程度的问题，如果用环比值再跟往年的环比值的均值进行比较，更能看出当年3月的景气程度。

由上述衍生值，我们还可以使用2～6个月均值的往年均值比较、2～3个月环比均值的往年均值比较，可以观察出某个数据中期（3个月以上）的景气强度。同样，12月均的往年比较，可以用作某个数据的长期景气依据。

长期历史均值：在某个时间区间内的数据序列的平均值。长期历史均值在我们做量化分析和经济周期分析时应用较多，通过计算月度数值与长期均值的差值，可以非常直观地看到在时间区间内数据的波动情况。

标准化序列（归一化序列）：在某个时间区间内的数值，按照其波动区间转换为

0~1的数值。在实际应用中，用以进行行业间的比较，如在判断行业间当月数值的表现，通过标准化之后的数值可以直观看出来；或者用于对历史上某段时间的比较，通过标准化之后，两个行业间或多个行业间可以直接进行对比。国际PMI的对比也常用到标准化。

偏离程度：计算公式为（本月数据－长期历史均值）/标准差。其中长期历史均值与标准差的时间区间保持一致。通过对数据的转换，能真实地反映当月值距离均值的相对标准距离，用以更好地判断本月数据的优劣。

动量变化：计算公式为环比值/标准差。动量变化与偏离程度的计算类似，但偏离程度是基于数据的波动计算，而动量变化是基于数据增量的计算，所以在具体应用时根据需求做相应选择。二者在量化分析时应用较多，也更符合投资模型对数据的要求。

二、各种衍生值的数据链

以PMI数据为例，我们尝试梳理各种衍生值之间的领先滞后关系。这种描述可以以全国PMI为中点来进行，凡是判定为领先的，其意义是领先于全国PMI的当月值。而全国PMI的3月均的拐点一般滞后于当月值1个月，6月均滞后于当月值2个月。12月均的情况比较复杂，由于去除了单月波动，反映了数据力量的累积情况，有时在当月值波动不是很强烈的情形下，反而是12月均的拐点会领先于1～6个月的均值（图4-9和图4-10）。

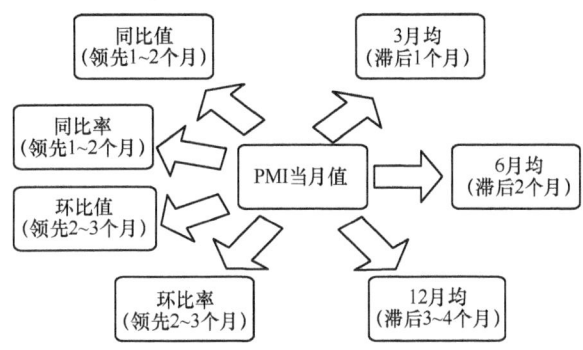

图4-9　衍生值的拐点顺序

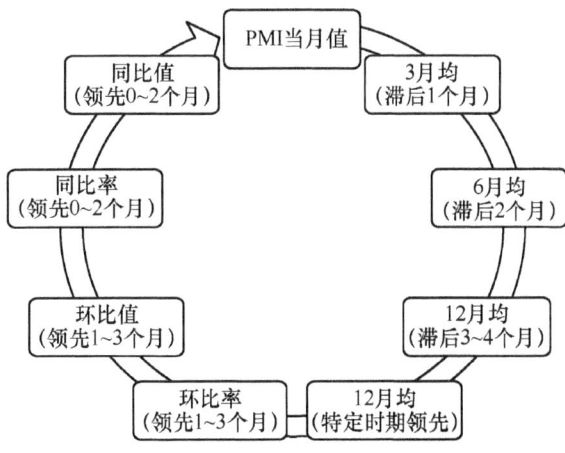

图4-10　衍生值的数据链传导示意

三、主要衍生值最具价值的功能

随着市场对于PMI的接受程度越来越高，PMI本身的领先效果如今已经逐渐淡化。因此在PMI数据的分析与应用过程中，为了突出其领先性，我们更多地使用PMI数据的衍生值来对宏观经济与各行业进行观测与分析。

衍生值如此众多，在日常分析中很难穷尽每一个指标的每一个衍生值，即使放入机器分析，过多的参数反而会形成噪声，并不会提高预测分析准确率。

我们在长期实践中，认为主要使用数据的衍生值及其作用如下。

（一）当月值看拐点

细分行业的PMI数据不经过季调，因此相对全国数据，细分行业的数据弹性会更强一些。再结合上游周期性行业的前瞻性与先导性，往往就可以更好地预判行业或整体经济的高点或低点。

例如，2018年下半年在观察基钦周期复苏过程中，领先指标，如利润趋势、新订单的当月值最先指示了底部，为其他指标的后续波动指引了方向。

（二）均值看趋势

在未经过季调的PMI细分行业数据中心，为了在数据分析过程中淡化季节性带来的异常波动，我们通常使用均值的形式降低数据的波动幅度，从而展示出数据在一定时间区间内的趋势。由于均值在时间上滞后于当月值，且均值反映出来的趋势往往更加稳定，因此我们常常使用PMI数据的长期均值（12月均）来观察经济周期的波动。

例如，2018年在观察基钦周期复苏过程中，在领先行业的当月值指示方向之后，通过进一步观察指标3月均、6月均、12月均的波动，使得基钦周期触及低点得到进一步确认。

（三）往年差看旺衰

由于PMI数据波动会不可避免地受到季节性的影响，因此通过观察本月当月值与往年同一时间数据的差值，便可知全国或细分行业在排除季节性影响之后景气度的旺衰。同时为排除往年同期数据异动造成干扰，我们一般使用历史五年同一时间的数据均值作为比较对象。

例如，在2019年3月PMI数据超出市场预期回升，虽然市场很多观点将这次回升看作季节性的体现。但从我们一贯的观点"春节的季节性因素，一定不能只看本年的，一定要结合往年和春节的月份"出发，通过把1—2月的环比值、2—3月的环比值做平均，发现3月的全国PMI、生产量、新订单，已经明显超出往年——一二月合起来的环比值，已经远超从2013年以来的两月环比均值。

第八节 中国经济数据链条

结合前述关于相关系数的分析及第五章经济周期表现的分析，中国当前经济环境中，与宏观经济趋势相关的主要经济指标，其数据链条如图4-11所示。

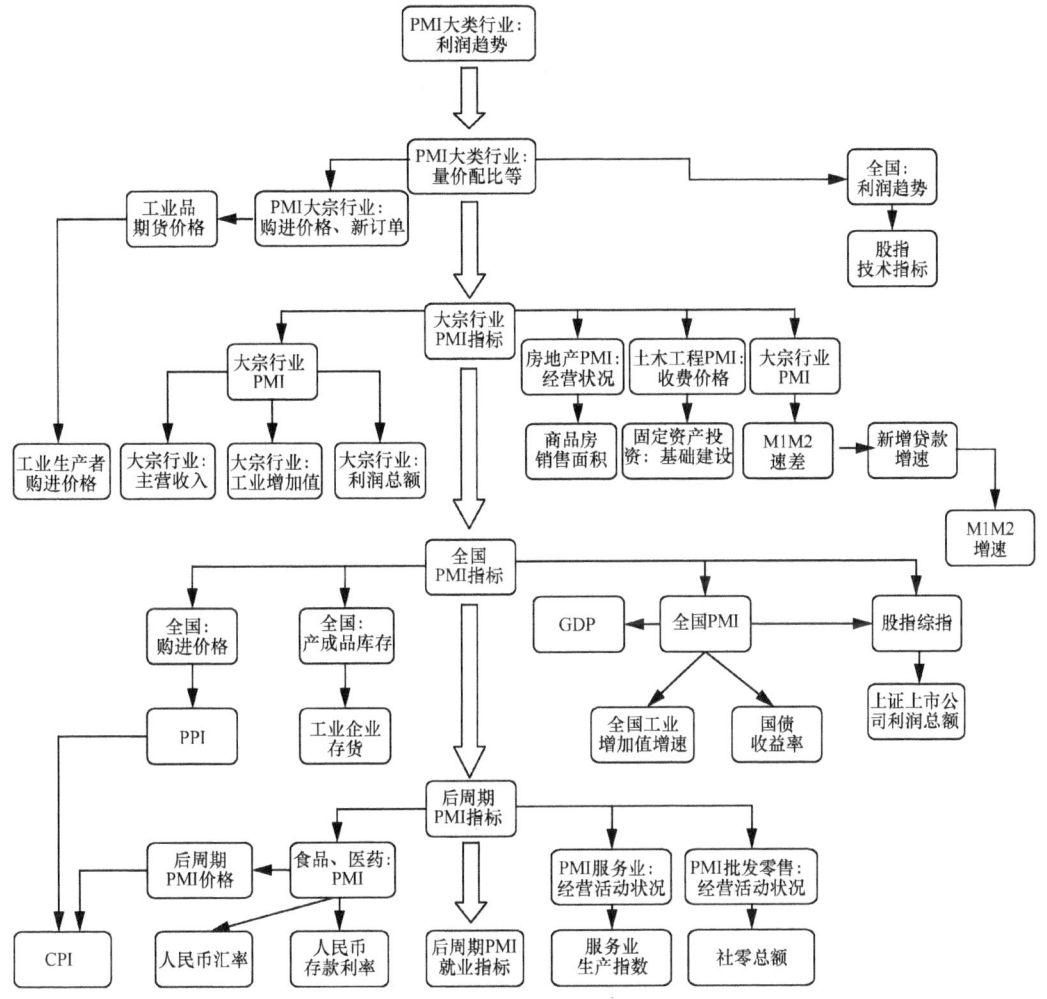

图4-11 主要宏观经济指标数据链

以中国制造业全国PMI指标作为中心位置评价领先性，数据链区位如下：

第一区位是大宗行业PMI利润趋势、量价配比和销售指标，领先2～7个月。

第二区位是大宗行业PMI其他分项指标，如新订单、购进价格和产成品库存，领先1～3个月，位于这一区位的还有工业品期货价格、股指技术指标。

第三区位是大宗行业PMI指标，如制造业中黑色、化学、石油等原材料大类行业的PMI指标，非制造业中房地产、房屋建筑、土木工程行业的经营活动状况指标，领先3～5个月，位于这一区间的还有工业分项主要统计指标，如大宗行业的工业增加值、主营收入、利润总额及工业生产者购进价格，固定资产投资分项中的基础建设，房地产分项中的商品房销售面积，中国人民银行公布的M1M2速差和新增贷款增速。

第四区位是全国PMI、购进价格、产成品库存指标，领先0～5个月，位于这一区间的还有GDP、PPI、工业企业存货和全国工业增加值增速，中国人民银行公布的M1M2增速及国债收益率，股市中综合指数和上证上市公司利润总额，其中GDP、上证综指与全国PMI同步。

第五区位是后周期性行业的PMI、购进价格、就业指标，如制造业中食品、医药等消费大类行业，非制造业中服务业及服务业分项下的批发零售等行业，领先2～5个月，位于这一区间的还有CPI、服务业生产指数及社零总额，中国人民银行公布的人民币汇率和人民币存款利率。

需要指出的是，当前中国经济环境（发展阶段、经济结构）与美国等发达国家不同，因此数据链上各种数据的位置与美国等并不完全相同。从制造业内部看，指标和行业关系完全一致。非制造业内部由于存在多种二级行业（国标字母开头的大类行业），行业领先关系并不相同。其他经济指标，由于中国市场经济不是完全成熟，各指标相对效用不同。

第五章　PMI 与经济周期的关系

第一节　基钦周期、朱格拉周期的含义

基钦周期也叫库存周期，是现代西方经济学关于经济周期性波动的一种理论，由美国经济学家约瑟夫·基钦于 1923 年提出。基钦通过统计英美两国 1890—1922 年的利率、物价、生产和就业等数据，主要分析商品生产的供需关系所引起的库存波动，认为存在 2～4 年的商品库存波动周期，即商品库存在 40 个月内存在着有规律的上下波动的运动周期。从时间长度上分类，基钦周期属于短周期。

朱格拉周期在 1862 年由法国医生、经济学家克里门特·朱格拉（C. Juglar）在《论法国、英国和美国的商业危机及发生周期》一书中首次提出。这个周期平均长度为 8～10 年，大约等于 3 个基钦周期。这种中等长度的经济周期一般被称为"朱格拉周期"，也称"朱格拉"中周期。它以设备更替和固定资产投资为主要驱动因素，而这两个因素受机械设备使用年限、技术进度和实体产能利用率、投资回报率等因素影响。设备更新换代导致资本开支的周期性变化，在设备更替与投资高峰期拉动经济快速增长，随着设备投资完成，经济陷入低迷，从而形成有规律的周期变化，即为朱格拉周期。朱格拉认为，存在着危机或恐慌并不是一种独立的现象，而是社会经济运动 3 个阶段中的一个，这 3 个阶段是繁荣、危机与萧条。3 个阶段的反复出现就形成了周期现象。他指出，危机好像疫病一样，是发达工商业中的一种社会现象，在某种程度内，这种周期波动是可以被预见或采取某种措施缓和的，但并非可以完全抑制的。他认为，政治、战争、农业歉收及气候恶化等因素并非周期波动的主要根源，它们只能加重经济恶化的趋势。周期波动是经济自动发生的现象，与人们的行为、储蓄习惯及对可利用资本与信用的运用方式有直接联系。

经济学家熊彼特认为 3 个基钦周期构成一个朱格拉周期，18 个基钦周期构成一个康德拉季耶夫周期。康德拉季耶夫周期（康波周期）是 1926 年俄国经济学家康德拉季耶夫提出的一种为期 50～60 年的经济周期。核心观点就是全世界的资源商品和金融市场会按照 50～60 年为周期进行波动，一个大波里面有 4 个小波：繁荣、衰

退、萧条、回升，也就是美林时钟的理论基础。另外一种分法是细分为9个小小波：复苏、扩张、过热、爆炸、见顶回落、反弹、回落、崩溃、打底。每一个康波周期是指一个相当长时期总的价格的上升或下降。对此，国内康波周期理论研究的开拓者周金涛先生曾说过："价格的长期波动不是自己产生的，而是资本主义经济体系本质的结果。"

PMI能非常精准地描述经济周期，就是因为PMI数据系列包含完整的企业经营信息，尤其是购进价格、新订单、产成品库存、生产量、雇员等指标，其实都是经济周期中至为关键的指标。而经济周期，说简单一些，无非是资本追逐利润所产生的市场结果，无非是量价配比的表现。量，在PMI里体现为新订单、生产量、产成品库存，价是购进价格。长期的量价配合结果，还可以用雇员参照描述，也可以用各项指标的12～60个月的均值来提示，使用长期均值就规避了PMI作为短周期数据系列存在的缺陷。

PMI数据由月度数据构成，其调研机制决定它是一个短周期数据系列，从历史表现看，与基钦周期关系最为密切，并且是数据链中最领先的指标。使用PMI数据系列里的产成品库存、购进价格和新订单数据，配合起来看周期的位置，可以直观高效地描述一个基钦周期的不同阶段，计算方法是新订单－购进价格＋产成品库存，而在行业分项中，描述周期波动最好的行业是黑色金属冶炼及压延加工业、石油加工及炼焦业、化学原料及化学制品制造业、非金属矿物制品业、有色金属冶炼及压延加工业、汽车制造业等大宗类行业，全国指标因为掩盖了波动，对周期的反映不甚明显。

朱格拉周期延续时间较长，就需要使用PMI中相对比较长期的数据，并且使用长期移动均值，后文我们详细叙述PMI如何能够描述9～10年经济周期。

第二节　PMI领先指标如何描述基钦周期

PMI精准描述经济周期，主要使用购进价格、新订单、产成品库存、生产量、就业等指标，涉及量价博弈，量在PMI里最重要的体现为新订单、生产量、采购量、产成品库存等，价则主要体现为购进价格。长期的量价配合结果，还可以用就业参照描述。

引入新订单、购进价格指标，与产成品库存指标数据一起来描述周期，与我们"一切经济现象都源于量价博弈"的观点有关，也是为了最大限度地简化分析工作。从经济理论分析也有几个理由：首先，企业根据商品销售情况增减库存，从逻辑上讲，新订单拐点比产成品库存拐点更早出现，所以产成品库存并不是引发周期的初始因素，而是结果，比较滞后。其次，产成品库存顶底拐点与新订单拐点不同，而企业利润其实来源于新订单，而收益时间点的确定对投资的影响更为关键。最后，购进价格往往是量积累的结果，引入购进价格指标能够更为精准地判断未来趋势。

从历史表现看，PMI系列中的上述指标不仅与基钦周期关系非常密切，并且与其他统计指标序列相比，是数据链中最领先的指标。使用PMI系列里的产成品库存、购进价格和新订单数据，配合起来看周期的位置，可以领先且高效地观察到一个基钦周期的不同阶段。我们拟合的"量价配比"指标，计算方法是"新订单－购进价格＋产成品库存"；而在行业分项中，描述周期波动最好的行业是黑色金属冶炼及压延加工业、石油加工及炼焦业、化学原料及化学制品制造业、非金属矿物制品业、有色金属冶炼及压延加工业、汽车制造业等大宗类行业；全国指标因为掩盖了波动，对经济周期的反映不甚明显。也就是说，观察基钦周期位置，使用PMI大宗行业的量价配比指标，对经济周期拐点的预测领先且准确。

结论：经济周期底部的时候，价在量先，购进价格最先出现低点而启动，新订单随后跟上，产成品库存下降是最后发生的。经济周期高点的时候，量在价先，产成品库存和新订单几乎同时出现高点，然后新订单滞涨，产成品库存回落，而购进价格在高点盘旋几个月后才会出现快速回落。这与传统的美林时钟所描述的指标先后顺序有所不同，至于为何如此，可能与美林时钟对通胀的定义采用PPI/CPI等滞后指标有关系。

图5-1是一个典型的基钦周期中不同阶段各个指标的表现。

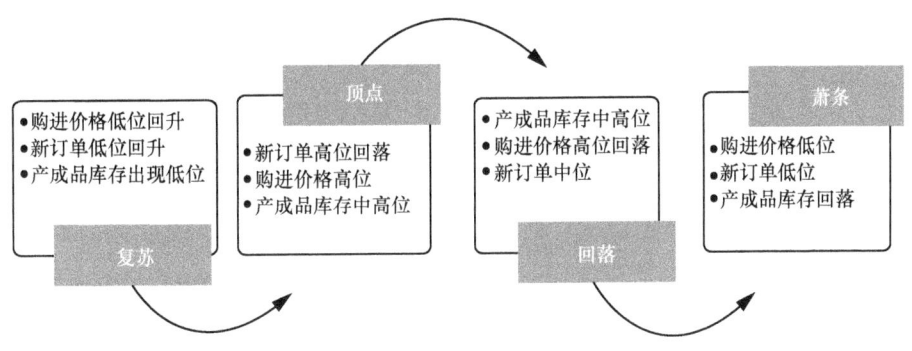

图5-1 经济周期中PMI 3个指标的配合

图5-1描述了购进价格、新订单、产成品库存3个指标在不同周期位置的表现，有的表现并不是同时发生，而是接续发生的，从而可以确认周期位置。我们一直建议使用大宗行业的量价配比指标（6个行业的新订单、购进价格、产成品库存组合）来确认基钦周期的位置。但是随着中国经济结构的变化，我们从2019年开始推荐使用化学原料及化学制品制造业、石油加工及炼焦业、汽车制造业的量价配比指标作为领先指标。

下面我们分别从单个指标、多个指标的发展链条来说明PMI如何做到领先基钦周期的。

一、用3个库存数据刻画基钦周期

一般说到产成品库存，研究者首先想到的是国家统计局的产品库存（产成品存货）

总量数据,这是规模以上工业企业财务指标项下的一个分项,我们首先分析该数据。因为工业行业持有的存货最多,且与制造业指标相适应,我们不考虑非制造业成品存货,也不考虑包括原材料的整体存货,一是因为整体存货中包含与产成品库存意义相反的主要原材料库存,而主要原材料库存的走势与新订单完全一致,纳入原材料存货的整体库存指标无法成为有意义的独立指标;二是整体存货指标可得年份始于2011年,对于周期分析而言时间序列过短。

我们先分析工业企业产成品存货变化数据,用以表现基钦周期,然后加入其他PMI数据,就容易发现在经济周期中,不同数据的拐点时间不一样,进而理解我们所说的依次变化、交替行进的数据链。

分析国家统计局发布的工业企业产成品存货累计同比数据,可以看到图5-2中,工业企业产成品存货存在以3~5年时间段为周期的上下变动循环。

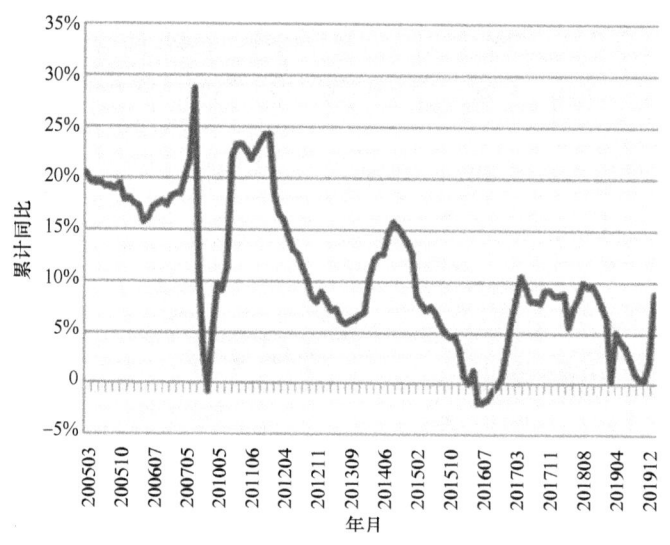

图5-2 工业企业产成品存货累计同比

根据工业企业产成品存货累计同比的数据,在2008年金融危机后,中国经历了3个基钦周期:第一基钦周期从2009年10月至2013年7月,共45个月;第二基钦周期从2013年8月至2016年8月,共36个月;第三基钦周期从2016年9月至2019年9月,已经过去27个月。考虑到每个基钦周期平均40个月,2016年8月该数据同比增长率为-1.6%,而2018年9月的同比增长率为9.4%,相差11个百分点,这个差值已经接近历史阈值,因此可以预测2008年以来中国的第三基钦周期将在未来13个月内逐渐触底并呈现回升趋势。从工业企业产成品存货累计同比数据的表现来看,本轮基钦周期大概率于2019年年末或2020年年初迎来尾声。

PMI产成品库存也体现了3个基钦周期,如图5-3所示。

然后,针对图5-2和图5-3,我们加入PMI主要原材料库存数据,一起刻画基钦周期。为了可比,做两个处理:①由于工业企业产成品存货增速没有每年1月的数值,在图 5-4 中我们删除了相应空缺月份的 PMI 数据。②将 PMI 数据处理为 12 月均的同比值，以便它们与工业企业产成品存货累计同比完全可比。

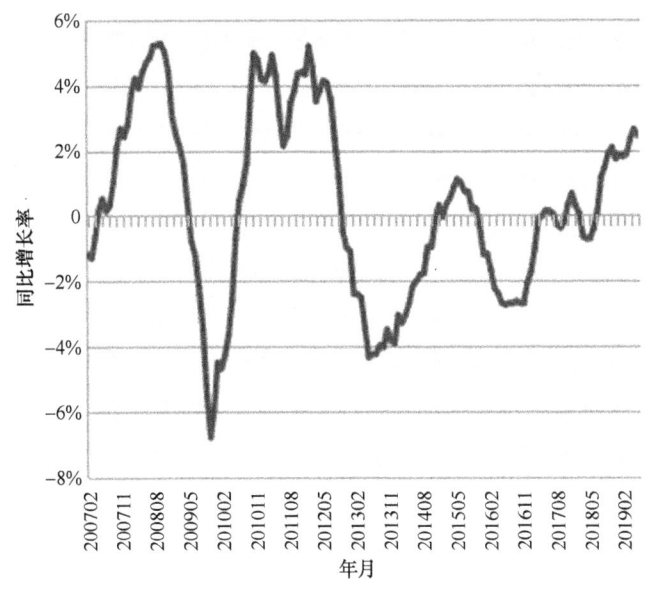

图 5-3　PMI 产成品库存 12 月均同比增长率

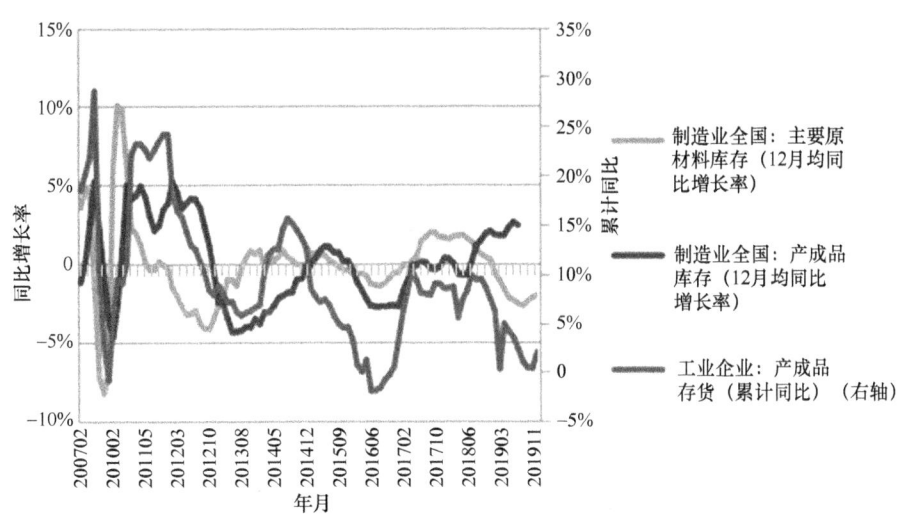

图 5-4　制造业全国库存指标 12 月均同比增长率与工业企业产成品存货累计同比

图 5-4 中可见，按照工业企业产成品存货指标的累计同比所刻画的经济波动，与 PMI 主要原材料库存、产成品库存指标的 12 月均同比增长率所刻画的周期都是一致的，与基钦周期也吻合。三者拐点依次相邻，其中 PMI 主要原材料库存最领先，工业企业产成品存货累计同比相对滞后 1～10 个月，PMI 产成品库存相对滞后 2～10 个月，三者存在 1～10 个月的时滞。由于代表新订单的缘故，PMI 主要原材料库存提前

描述了周期历程。

描述同样的基钦周期，还有比主要原材料库存更为领先的PMI数据。产成品库存这类数据在PMI数据链中处于第三位置，新订单（主要原材料库存）类数据在PMI体系中处于数据链条的第二位置，更靠前的第一位置的是大宗商品利润趋势、量价配比指标。

工业企业产成品存货指标的周期拐点落后于PMI指标拐点，库存周期滞后于PMI订单周期，都是符合第一节所言的理论含义的。

二、PMI分项指标与基钦周期的对应关系

前文我们使用PMI产成品库存、主要原材料库存的12月均同比增长率与工业企业产成品存货累计同比比对。当时使用同比增长率这个衍生值是为了与国家统计局工业企业产成品存货累计同比相对应，其实，12月均同比增长率衍生值与12月均原值相比，趋势和拐点时间几乎都是相同的。如本书第七章第二节所解释，由于12月均滞后原值2～6个月，6月均拐点滞后1～3个月，加上同比增长率的计算会使数据波动加大、拐点变得尖锐，但时滞的点只是偶尔有所提前，两者对冲后，可以认为PMI 12月均同比增长率数据与6月均数据的拐点同步（图5-5和图5-6）。

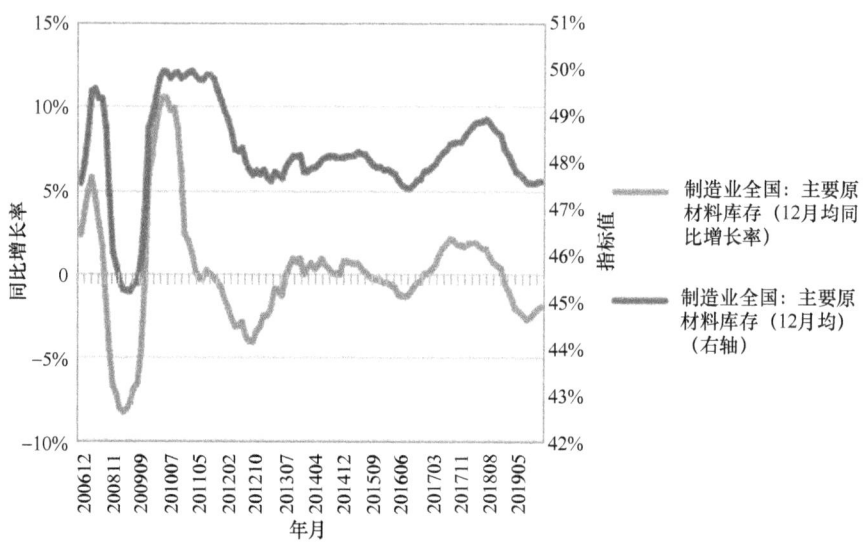

图5-5　制造业全国主要原材料库存12月均与12月均同比增长率数据趋势和拐点对比

如果再去将12月均同比增长率的链条转换为6月均的链条概念，事情反而复杂了。因此，我们可以仅仅对比各个PMI分项的拐点时间，就可以确定它们的领先程度，以及描述基钦周期的区间段，而不再计算其均值的同比增长率。

从图5-6可知，PMI同比增长率的波动幅度要大于PMI数据本身波动幅度，而在领先性上，PMI数据则展现出比PMI同比增长率更好的领先性。

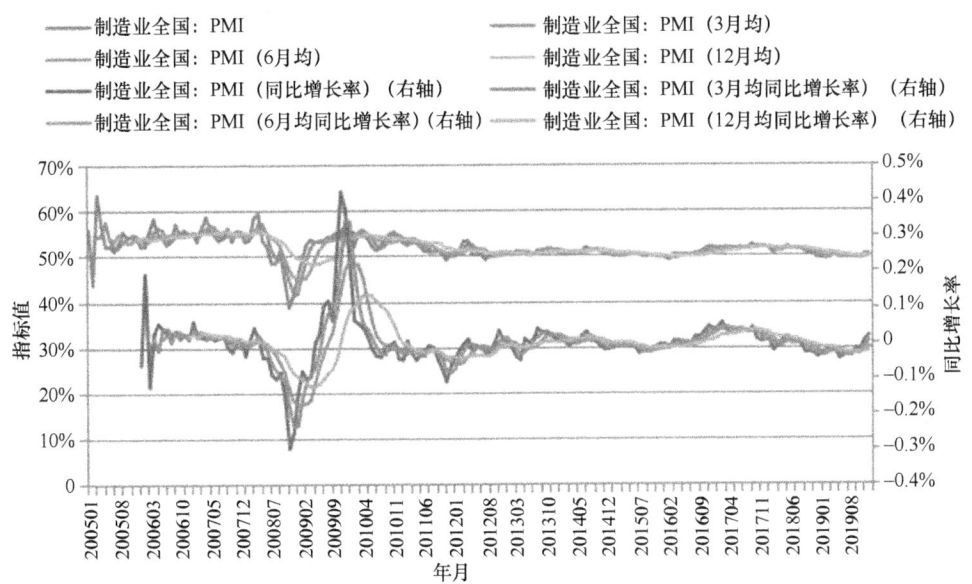

图 5-6 制造业全国 PMI 和 PMI 同比增长率的原值 3 月、6 月、12 月均同比增长率走势对比

（一）不同分项的 PMI 指标在周期数据链上位置不同

① 筛选更主要的指标。

将 PMI 制造业 8 个主要指标进行 12 月均处理，做出数据变化趋势如图 5-7 至图 5-9 所示。

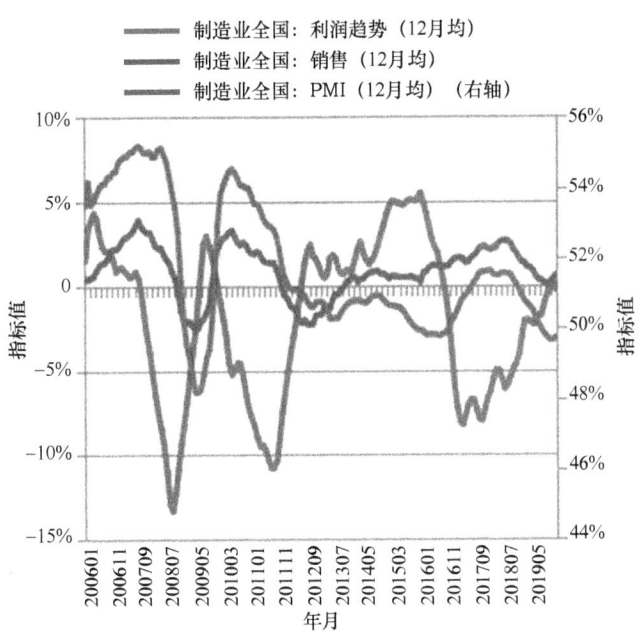

图 5-7 制造业全国 PMI 利润趋势、销售、PMI 波动走势对比

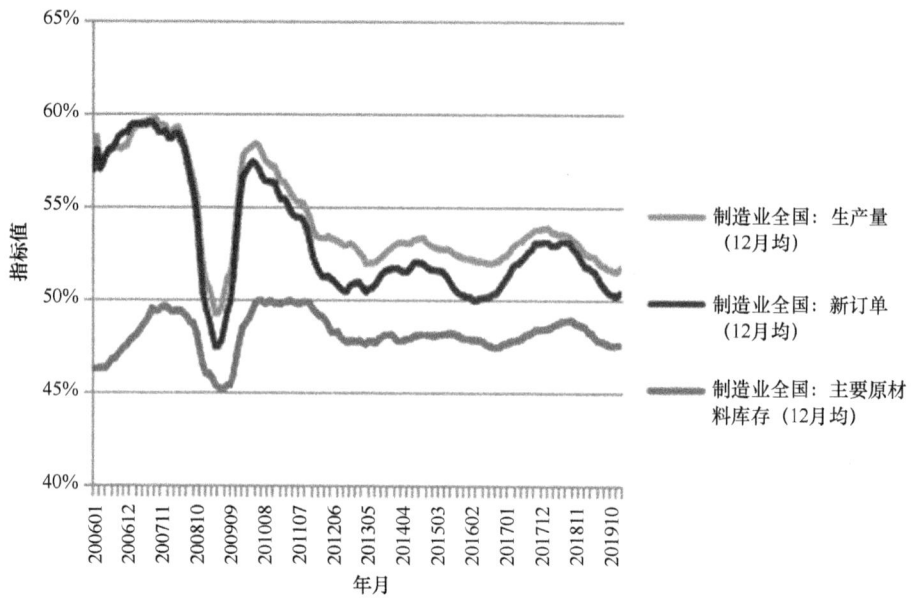

图 5-8　制造业全国 PMI 生产量、新订单、主要原材料库存走势对比

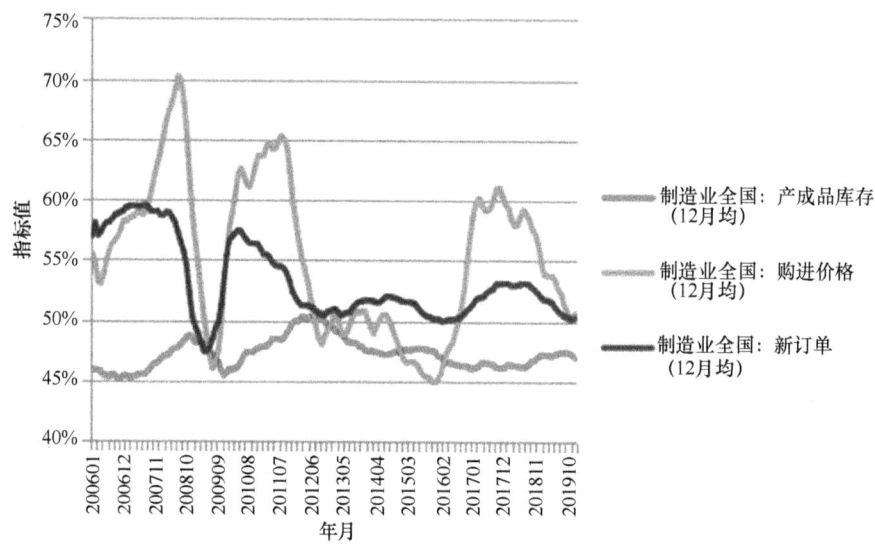

图 5-9　制造业全国 PMI 产成品库存、购进价格、新订单走势对比

由图可知，PMI 综合指标、生产量、新订单、主要原材料库存几个正向指标的走势与拐点几乎保持一致，且在时间上几乎同时出现变化。也就是说，基钦周期是客观存在的，可以用多种数据进行描述。由于性质趋同，PMI 体系当中我们选取波动最为明显的新订单作为标杆数据而重点关注。这时，用于对比的指标就从 8 个变成了 5 个。

相比之下，比较特殊的是购进价格和产成品库存，拐点位置在各个周期里不尽相同，有时领先，有时滞后。多数时候，周期的不同时段购进价格和产成品库存领先和滞后状态是不一样的;少数时候,偶发的环境和结构因素影响了购进价格和产成品库存的数据链位置。

从图 5-8、图 5-9 中可以直观看出,第一周期里,PMI 新订单于 2009 年 5 月出现向上的拐点,而 PMI 购进价格的拐点在 2009 年 7 月左右,PMI 产成品库存的拐点时间则大约出现在 2009 年 9 月。

第二周期里,PMI 利润趋势从 2012 年便显示出触底回升趋势,PMI 销售在 2012 年年底出现触底回升,而 PMI 新订单则在 2013 年 7 月左右才出现了同样的变化。

② PMI 购进价格的拐点位置有时提前,有时滞后。

这种现象的原因在于:其他几个指标理论意义是完全相关的,而购进价格包含的信息与其他指标并不一致。首先,从历史数据里可以得出的比较一致的信息是,在顶点的时候购进价格是滞后指标,经济过热阶段即便新订单已经收缩,购进价格也会在顶部持续一段时间;而新订单触底回升时,购进价格往往与新订单同时或稍早于新订单见到底部。其次,对于领先还是滞后的判定,与当时某个周期的结构特点,与购进价格、新订单、产成品库存的匹配情况有关。最后,购进价格本身的历史表现带有一定中国特色,最近十几年由于经济结构转型、政策干预等多种外部因素,购进价格形成存在多种成因,虽不是一事一论,也一定要综合分析。(见第二章第一节)

③ 5 个指标中与基钦周期关系最大的 PMI 产成品库存指标,在反映波动数据链中的表现是最滞后的。平均来说,PMI 产成品库存指标与 PMI 综合指标相比大概会滞后 5~10 个月时间,在判断市场波动趋势及拐点时,PMI 综合指标、生产量指标、新订单指标都会比产成品库存指标更为灵敏,可以更早地判断市场趋势。

在顶部和底部区间,产成品库存的数据链位置也不一样。如第二章第一节所述,如果从正向观测,在周期底部阶段是一个滞后指标;如果从反向观测,用 100% 减去本指标,在周期底部阶段这一变化后的指标也是领先指标。我们可以依据产成品库存作为经济发展反向指标的特点,通过指标之间关系的研究,避开其滞后性,反而让其为经济分析提供先期预警作用。

首先,产成品库存在顶部时的数据表现,领先、滞后都有先例。有时最先见顶,甚至早于新订单 3~5 个月见顶,消费行业的库存则更为领先见顶;但也有滞后见顶的时候——是领先还是滞后,与制造业发展水平、企业零库存状态有关。其次,顶部到底部的过程中,产成品库存会经历长时间的收缩,新订单、购进价格都触底回升后,产成品库存才会在新订单的带动下,逐步下降到低点,也就是说萧条—复苏期间,产成品库存的阶段性低点,是经济企稳的右侧信号。

此外,需要特别注意的是,2015—2018 年,随着供应链管理水平的不断提高,企业产成品库存总体处于不断下降的趋势中,进而影响 PMI 产成品库存指标的阈值、趋势变动,也影响该指标对周期的预测精度。一直到 2018 年第二季度,产成品库存的阶段性走低结束,提示我国制造业库存管理水平迈入新阶段,产成品库存重新建立波动。2018 年下半年,产成品库存的波动更多源于市场悲观预期,来自质量提升的因素权重减少;随着周期将近尾声,企业开始主动降低产成品库存以应对需求不足,但重新建立波动的产成品库存不会像 2015—2017 年那样长期低位运行，2019 年 6—8 月大宗行业出现了产成品库存底部表征，完成了确认周期复苏的任务。

实际上，除了市场本身的运行规律外，任何数据在任何时候都会被历史背景叠加影响，纯粹数学或周期因素是大部分因素但不是 100%，个别时候，背景因素甚至是大部分成因。在此背景下，用 PMI 产成品库存指标分析基钦周期时，2018 年以前需要剔除管理水平因素，不能作为验证周期"量"的指标，也是正常的。

④ 再行观察量价配比、利润趋势和销售指标，将它们与新订单进行对比，就可以看出它们的领先性。作为领先指标，这 3 个指标在每一个周期中都处在数据链的最前端，没有例外；顺序是利润趋势早于量价配比，早于销售指标。而其实利润趋势（新订单－购进价格）与销售（生产量－产成品库存）指标的衍生值加总，就是前文关于经济周期中衡量量价配合状态的结果指标（图 5-10）。

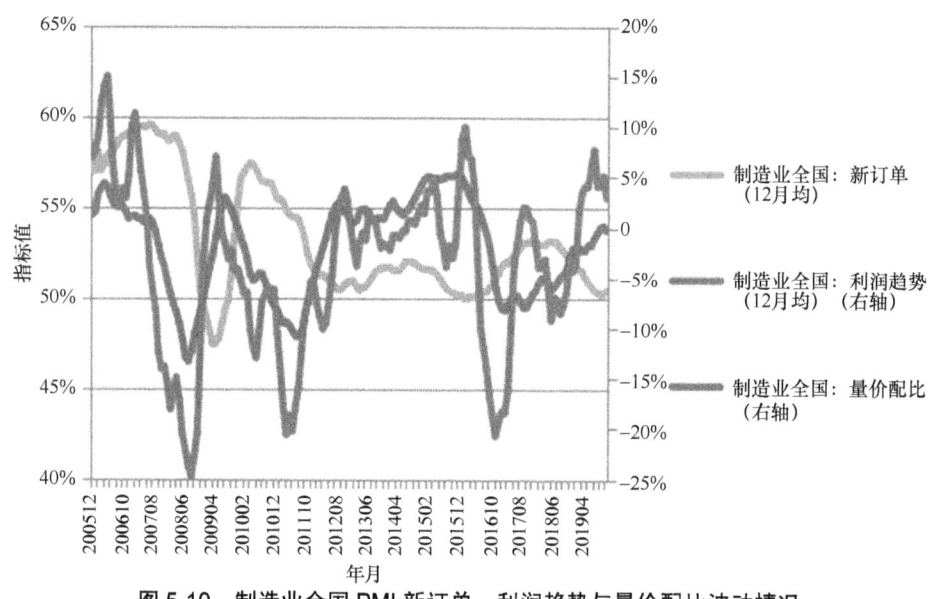

图 5-10　制造业全国 PMI 新订单、利润趋势与量价配比波动情况

⑤ 国家统计局产成品存货增速 2012 年开始与上证综指正向相关，值得注意。

最近七八年，由于制造业升级、库存管理水平变化、规模及以上企业成分扰动等因素，国家统计局的工业企业产成品存货累计同比数据与 PMI 产成品库存数据有所背离，尤其是 2012—2018 年我们所指的制造业升级期间，产成品库存与其他数据的关系也变得紊乱（图 5-11）。

如果与股指水平对比的话，则 PMI 大宗行业库存的波动与股指的反向关系更明显，持续时间更长。国家统计局工业企业产成品存货累计同比与上证综指之间的关系从 2012 年到目前都是正向相关，这与理论逻辑相反，与其他区间的表现也相反，我们认为是经济结构转型，以及企业样本数据多次出现断层，导致数量性数据的波动被打乱而失真。这一点我们在第四章中也有分析。

第五章　PMI与经济周期的关系

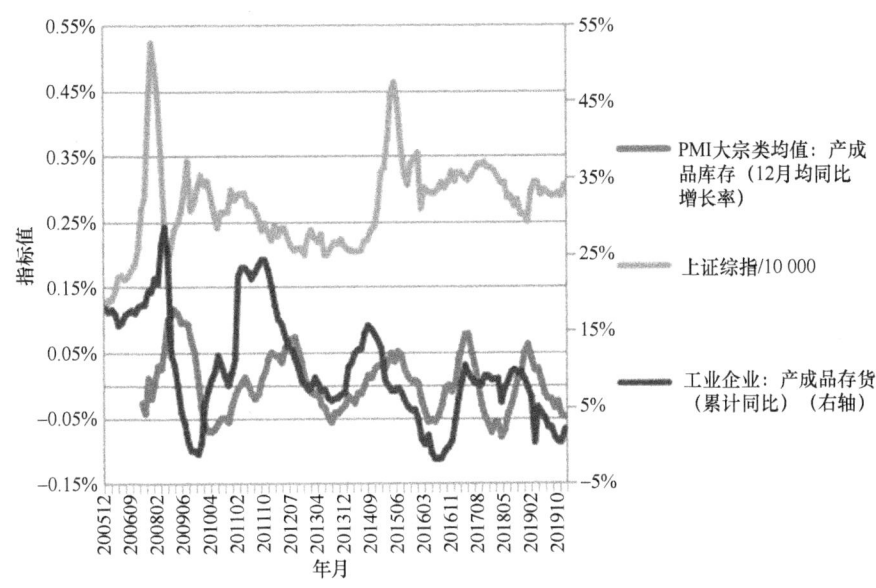

图 5-11　PMI 大宗产成品库存、工业企业产成品存货与上证综指波动情况

综上所述，PMI主要指标反映基钦周期拐点的先后顺序分别是：PMI利润趋势＞PMI量价配比＞PMI销售＞PMI新订单、PMI综合、PMI生产量、主要原材料库存＞PMI购进价格＞PMI产成品库存。PMI与基钦周期吻合，数据会在一定时间区间内呈现周期性变化，而且数据链上不同位置的指标会在每一个周期里依次变化。

由于PMI包含多个行业，所以我们可以从更多分行业数据中寻找更为领先的细分数据，进一步验证基钦周期内部数据链的构成。

（二）不同行业的PMI指标在周期数据链上位置不同

在底部和顶部位置，不同指标不同行业的领先性是有所区别的。如果以全国制造业PMI为数据链中点分析几次周期的底顶，可以看到如下特征（图5-12）。

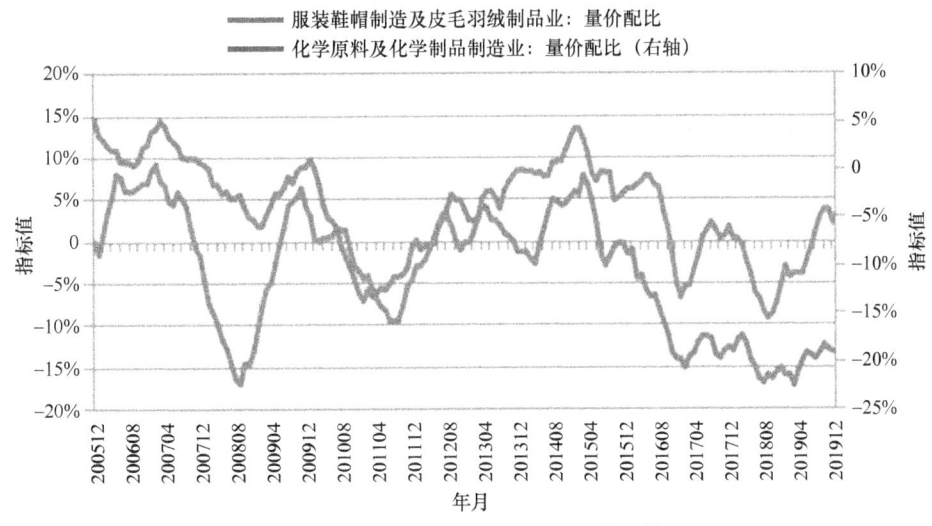

图 5-12　PMI 部分行业量价配比波动情况

— 115 —

① 底部向上的时候，周期行业（大宗和设备大类）的新订单、购进价格最敏感而且领先。

因为受市场萧条影响，周期行业体量大，是最后才压缩规模的，到达底部后只有最刚性的原料采购才能引发周期行业扩大经营，进而推高购进价格。待居民基础消费产生向上波动的时候，已经是制造业完成采购、扩大招工、生产、实现利润之后的事情了。此外，在经济周期底部，财政政策往往发力于投资领域，受益复苏最早的往往是原料、设备类行业；经济周期顶部，货币政策收缩，也是资金密集型行业最为敏感，所以当周期拐点处看到大宗行业的新订单、产成品库存或购进价格启动，可以确定触底回升。

② 在周期顶部，往往是消费行业先见顶，但是领先时滞比较长。

周期顶部时，企业利润由于经济过热、成本高企而收缩，除了体现为购进价格和产成品库存高企，在工人收入和居民消费上也能体现出来。这时，消费行业往往体量小、收缩快，对成本走高、新订单掉量更为敏感。

消费行业顶部领先时滞比较长、底部滞后时滞比较短的原因，有理论基础，也有现实原因。其中一个原因是消费相关制造业在中国整体经济中占比较小，对整体趋势的影响较弱。根据 2018 年国家统计局主营业务收入数据计算，消费制造业在整个制造业收入中的占比仅为 11%，而原料工业占比 30%，设备类工业占比 30%。因此，消费制造业的见顶变化（居民消费需求收缩），要传导到资源行业需要很长时间；但消费制造业得到大宗行业溢出订单时，响应相对较快。这个特征，与目前美国等发达经济体的特征虽然有所区别，但发达国家制造业门类不全，基本集中在设备制造业，所以也没有太多可比性。

受政策滞后影响，大宗和设备行业往往在周期顶部依旧保持一定的产量，以求扩大企业规模和市占率。大宗行业由于生产周期长、生产计划改变比较慢，反而在顶部回落时，新订单比消费制造业更晚见顶。但是，大宗和设备行业体量大，目前只有这些行业拐头，才能使得整体数据出现拐点。

因此，实际应用中，依然是将大宗行业作为领先行业比较恰当。大宗行业的领先特质比较稳定，在数据挖掘时也比较好用，虽然顶部和底部领先的时滞有所不同。

基于上述分析，我们可以得出结论，大宗行业的相关指标领先于全国的相应指标指示的基钦周期。

三、行业PMI的利润趋势、量价配比指标如何领先基钦周期

依据前述第一节和第二节的分析，将两个因素叠加，领先的行业结合领先的指标，可以得出结论，经济周期数据链中最领先的指标是大宗行业PMI的利润趋势、量价配比，其次是大宗行业的PMI销售指标，其后数据链上多种指标会依次变化。2006—2018 年，中国经济总计经历了 4 个基钦周期，用PMI数据可以清晰刻画周期的轨迹，其中领先数据刻画的时间点早于滞后数据。每一个周期都是如此：大宗行业（石油加工及炼焦业＋黑色金属冶炼及压延加工业＋非金属矿物制品业＋化学原料及化学制品制造业＋汽车制造业）的PMI利润趋势（新订单－购进价格）指标是最先发生变化的指

标。每一次，我们使用利润趋势、量价配比指标判断经济周期拐点，继而用滞后指标确认前述拐点是否形成右侧变化，中采咨询历史上发布的诸多分析报告都证明了这个方法的准确性。

在每次拐点出现的时候，我们的历史报告都说明了拐点前后的数据链变化。鉴于4个基钦周期顶底拐点有8个，我们仅摘取几个拐点说明其数据链条。

但是需要注意的是，随着中国经济的转型，大宗行业的领先性逐步下降，设备制造业的领先性逐渐增强；未来，消费制造业的领先性也会进一步体现，这在过去的数据中有一些蛛丝马迹，分析美国的经济结构、经济数据，也能够找到相关的演化逻辑。本节主要讨论过去的数据表现。

（一）2008年年底部拐点

首先，2008年7—9月，利润趋势产生异动，发生触底并形成上升拐点。同时先导性行业黑色金属冶炼及压延加工业产成品库存数据下降趋势率先形成，而全国PMI产成品库存当时还在上升。此后，2008年11月全国PMI指标全面下降趋势形成。

2008年7月我们预见到底部，是看到此时黑色金属冶炼及压延加工业等先导性行业数据的购进价格出现低点、产成品库存下降趋势形成，黑色金属冶炼及压延加工业PMI利润趋势在2008年7月出现低点回升，而全国PMI产成品库存指标那时还在上升，其后在2008年9月所有大宗行业的利润趋势上升拐点形成，新订单、生产量和产成品库存关系状态改变；石油加工及炼焦业销售指标在2008年10月形成底部。2008年11月全国PMI数据显示产成品库存下降趋势全面形成；上证于2008年11月出现1664点，如图5-13至图5-15所示。

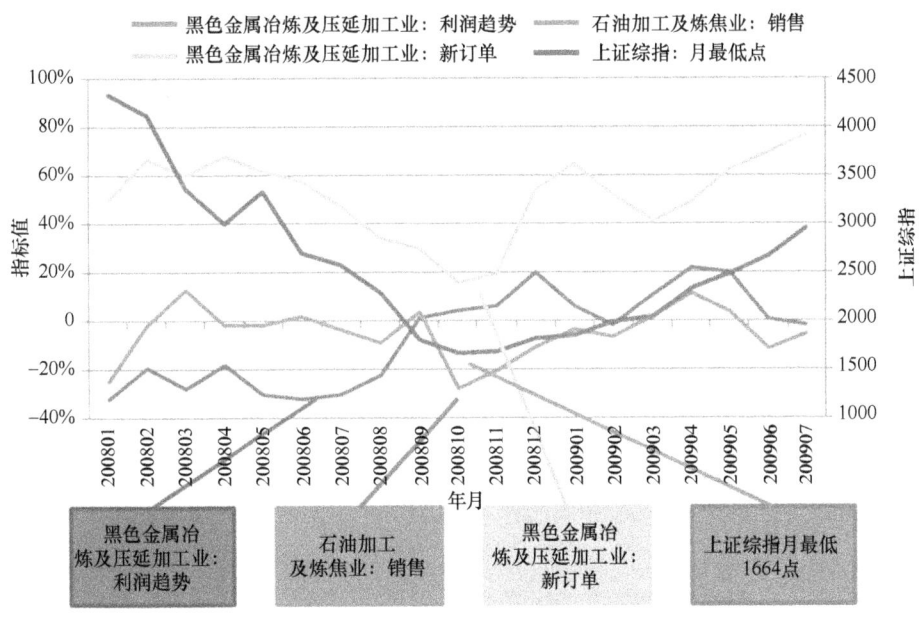

图5-13　2008年11月拐点前后领先行业波动

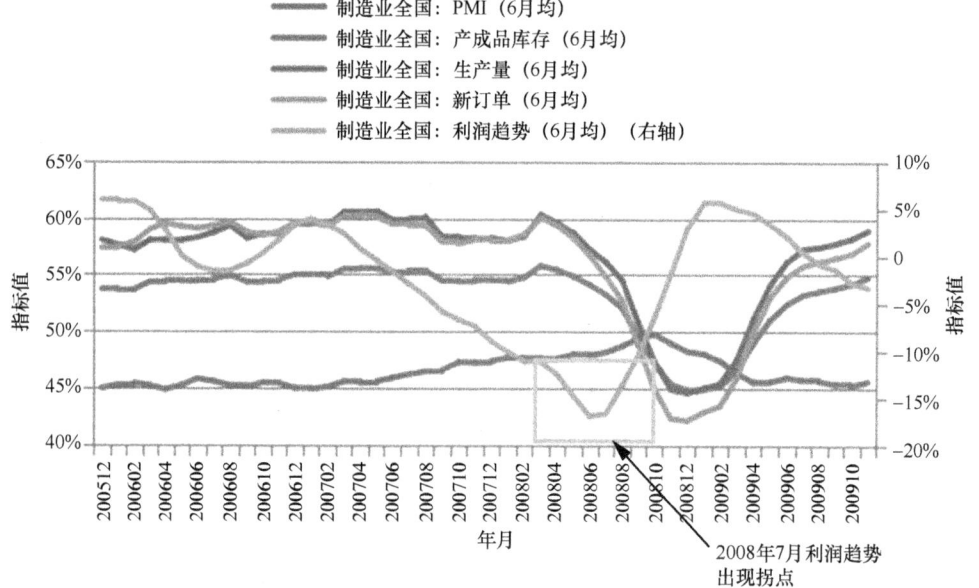

图 5-14 2008 年 7 月 PMI 领先指标确认上升拐点出现

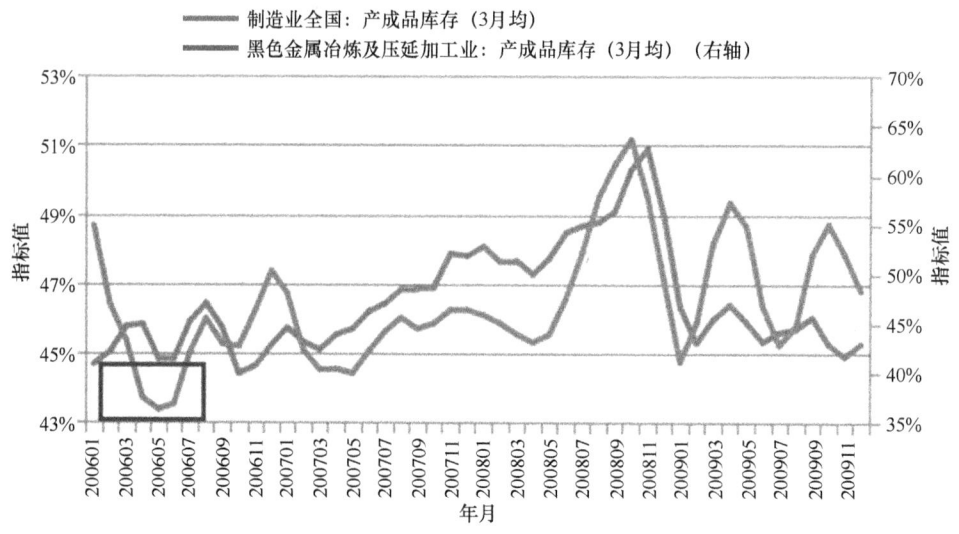

图 5-15 黑色金属冶炼及压延加工业产成品库存数据明显领先于全国数据出现拐点

在 2008 年 7—9 月 PMI 领先行业的领先指标确认底部之后，M1 与 M2 剪刀差 2009 年 1 月形成底部，工业增加值于 2009 年 4 月回升，GDP 当季同比在 2009 年 6 月回升，如图 5-16 所示。

第五章 PMI与经济周期的关系

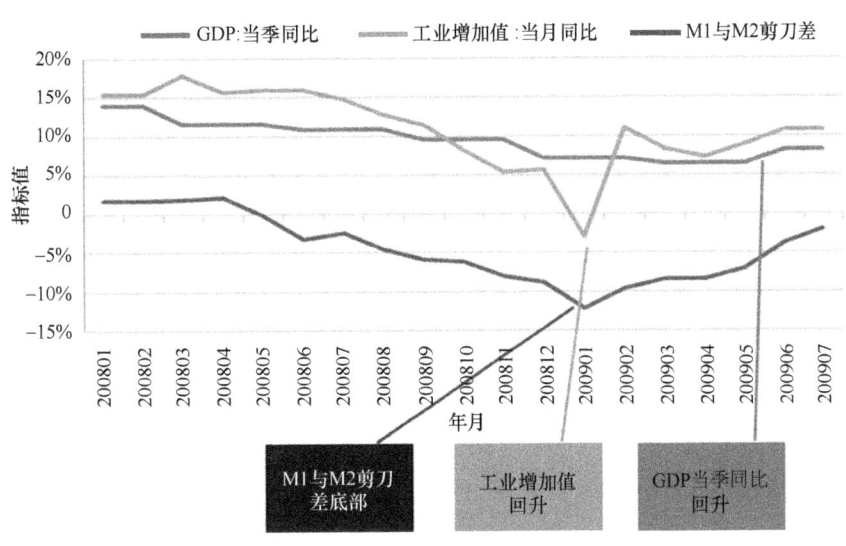

图 5-16　2008 年 11 月拐点前后其他宏观数据波动

（二）2012 年低点拐点

2012 年基钦周期的低点出现过程，与其他周期有些不同，因为 2009 年以来的生产放量，中国制造业开始艰难的产能出清过程。而这一过程，对于大宗行业更为困难，因为在传统生产模式下，重资产行业产能减少的代价很大，那代表着前期投资不能收回、企业效益下降，同时中国大宗行业多是国企，企业规模缩减、削减就业，也意味着 GDP 和就业任务难以完成。因此 2010—2014 年这个周期里，大宗行业产成品库存积压持续比较久，产能压缩滞后于消费行业。因此，观测 2011—2012 年的数据，大宗行业产成品库存数据的高点拐点反而落后于全国数据。这时，大宗行业的领先性更多地体现在新订单数据上，产成品库存数据的领先性反而更多地体现在消费行业。因此，从 PMI 数据来看，前文所述的领先指标在这个期间只在部分行业有效。

由于当时宏观环境面临严重产能过剩和出清压力[①]，因此产成品库存指标数据出现滞后，而新订单指标波动效果则相对较好。从数据均值观察，领先行业如大宗原材料类行业 PMI 新订单指标 6 月均在 2011 年 9—10 月率先到达底部，开启下游行业及全国数据先后触及阶段性低点的序幕，而全国新订单 6 月均数据则到 2012 年 2 月第一次触及低点（图 5-17）。

该过程同时叠加中国经济转型，这一个周期里大宗行业只有部分指标体现最好的领先性，在下一次经济周期波动到来的时候，设备制造业部分指标的领先性已经好于大宗制造业。

从图 5-17 的相对波动可以看出，2012 年这个周期里，大宗原材料仍是领先的，其新订单 6 月均领先全国新订单 6 月均数据 4～5 个月出现低点，并在数据触底回升之后，领先全国新订单 6 月均数据 2～3 个月确认顶部拐点，且从数据底部到顶部的波动幅度更大。因此，我们说历史上大宗原材料新订单不止数据弹性好于全国新订单数据，且领先性更胜一筹。

---

① 于颖，《供需关系改善，供给侧改革初见成效》，发表于《中国证券报》（2016 年）。

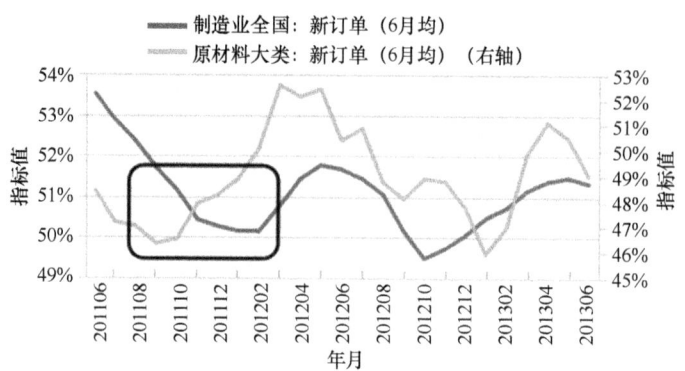

图 5-17 大宗原材料类与全国 PMI 新订单 6 月均波动趋势

(三) 2015 年年末的底部拐点过程

2015 年年初，原材料类行业购进价格开始触底回升，紧接着 7—8 月设备类行业新订单和购进价格回升。从这一轮经济周期波动开始，中国设备制造业已经显示出一些领先的痕迹。电气机械及器材制造业、通用设备制造业、专用设备制造业的购进价格均在当年 9 月形成低点（需求方的购进价格更领先），10 月黑色金属冶炼及压延加工业购进价格回落到 29.4%，临近历史最低阈值。

结合这些行业数据链表现，我们于 2015 年 10 月判断周期行业购进价格将触底反弹。如下图 5-18 所示。2015 年 11 月设备类行业出现旺于上一年的反季节小高峰，对原材料类行业产生更多拉动，周期上行开始。

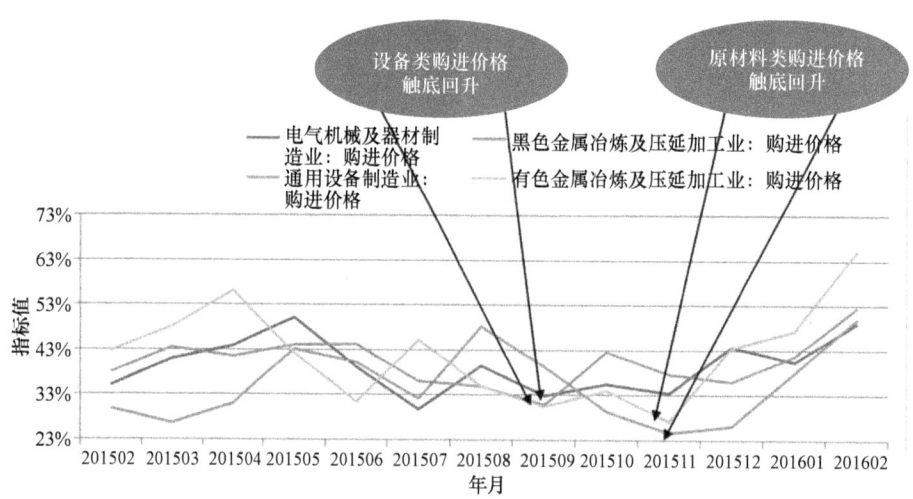

图 5-18 2015 年拐点前后 PMI 领先行业购进价格波动

2015 年 11 月，全国购进价格从 41.1% 的阶段性低位回升。2016 年 2 月，全国 PMI 形成阶段性低点。2015 年秋季，全国 PMI 与周期行业 PMI 趋势相反，只是数据滞后的表现。

(四) 2017 年高涨到萧条的链条

2017 年经济复苏到高潮后的萧条，是从上游行业产成品库存高位回落开始的。

数据显示，先是PMI上游行业的产成品库存出现高位积压，其次是其新订单高位，而购进价格上行到阶段高位后，进一步抑制新订单上行的力度。高潮回落的链条是需求不足、产成品库存积压、购进价格冲高再度抑制需求，形成高涨到萧条的形态。产成品库存开始积压时生产超过订单需求，购进价格高位无法持续，产成品库存持续攀升，最终导致新订单受限回落。

从大类行业指标看，原材料类、设备类行业产成品库存指标在2017年春季到达本轮周期高位，之后产成品库存下滑，新订单逐步回落，购进价格则在2018年6月再次冲顶后急剧回落。

从PMI全国指标看，全国的产成品库存和购进价格高点出现了两次。新订单最高点出现在2017年9月，之后逐步回落，但购进价格2018年8—9月再次冲高，也即前文所说的，高点处，量在价先。

这一个周期以重资产制造业的出清和重建为主要特征，图5-19至图5-21显示了3个指标依次波动的过程。3张图对比，反映经济周期最明显的，仍是大宗行业的数据。

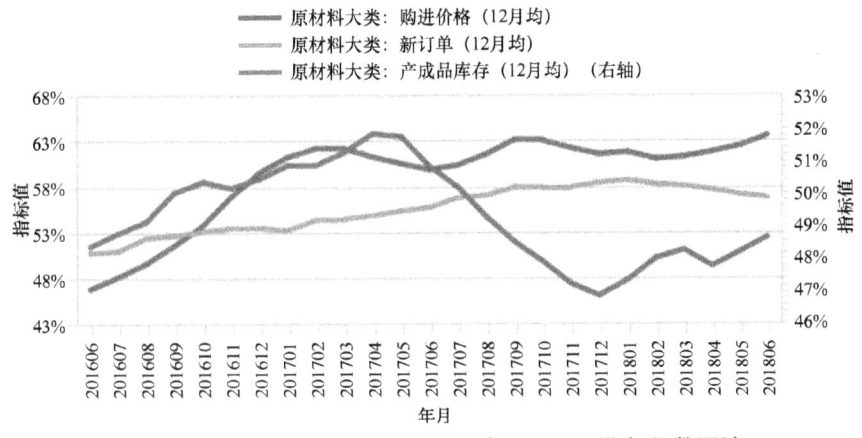

图 5-19 2016—2018 年原材料大类 PMI 分项指标的数据链

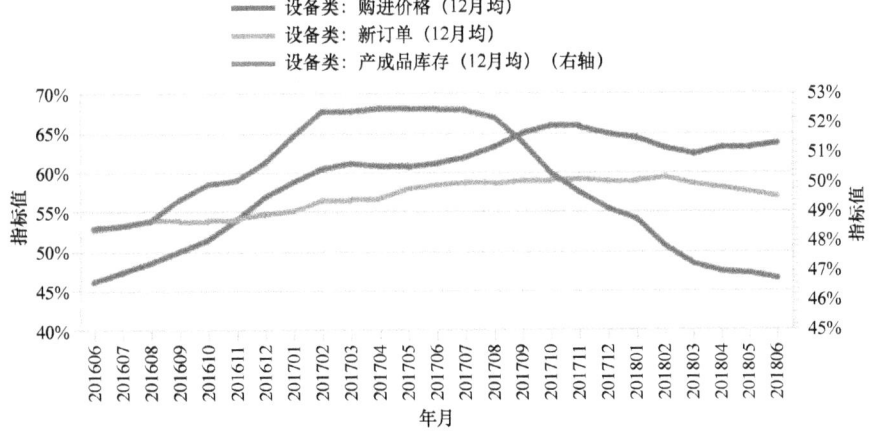

图 5-20 2016—2018 年设备大类 PMI 分项指标的数据链

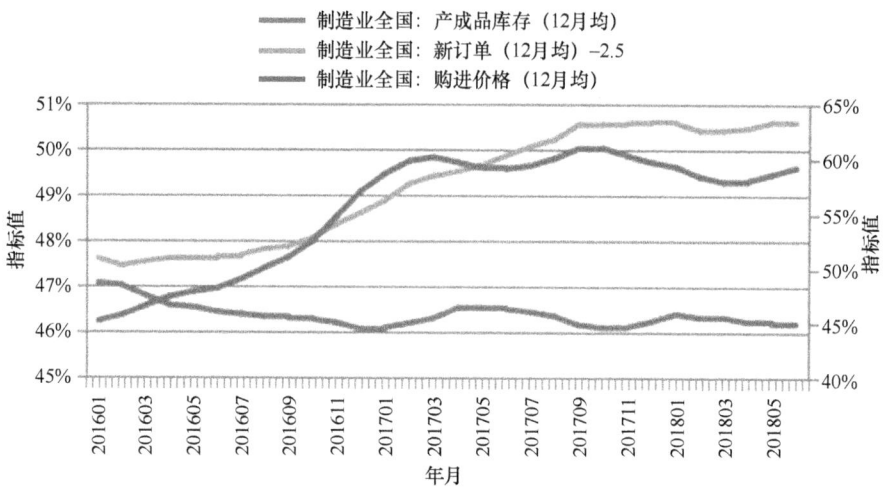

图 5-21　2016—2018 年全国 PMI 分项指标的数据链

（五）2018 年下半年以来的基钦周期触底复苏

2018 年 11 月，我们提出领先数据见底，也是依据当时的 PMI 量价配比和利润趋势指标做出判断：市场将有一波上行过程。但我们同时指出，由于大宗行业的产成品库存尚未见到历史低阈值，在 2019 年淡季，也就是夏季必将经历一个出清过程，在产成品库存见底后，基钦周期的复苏过程正式开始。（数据链的依次变动详见第七章第二节。）

首先 2018 年 6—9 月，黑色金属冶炼及压延加工业、化学原料及化学制品制造业、石油加工及炼焦业、汽车制造业的领先指标率先触底出现低阈值，值得关注。随后各领先行业领先指标均完成到达低阈值并回升形成拐点的过程。

随后的 2018 年 12 月，黑色金属冶炼及压延加工业、化学原料及化学制品制造业、有色金属冶炼及压延加工业的新订单有所回升。有色金属冶炼及压延加工业产成品库存 3 月均、石油加工及炼焦业/化学原料及化学制品制造业/黑色金属冶炼及压延加工业购进价格的 3 月均等数据确认底部。

最后于 2019 年 2 月全国 PMI 数据触底。此时完全确认中期回升趋势，同时可以看出 2019 年 3 月的上升将超过 2018 年年底数据预示的春季景气度。

表 5-1 至表 5-3 是摘自当时报告中的热力图，说明了数据链传导过程。这个周期开始，由于中国经济结构转型，设备类行业已经体现了更好的领先性，这在我们当时的很多报告里都有阐述。

表5-1　周期内行业利润趋势低点时间分布

2017—2019年	低点出现			
	当月值	3月均	6月均	12月均
全国	201809	201801	201801	201801
黑色金属	201809	201811	201811	201812
非金属	201803	201803	201805	201808

续表

2017—2019年	低点出现			
	当月值	3月均	6月均	12月均
石油炼焦	201803	201805	201803	201806
化学原料	201809	201801	201801	201808
有色金属	201807	201809	201810	201801
专用设备	201806	201808	201801	201807
汽车制造	201807	201808	201808	201808
通用设备	201803	201801	201801	201801
电气机械	201809	201801	201801	201806
计算机	201809	201810	201801	201806
化学纤维	201808	201804	201801	201808
木材加工	201808	201810	201810	201801
造纸印刷	201807	201805	201801	201807
金属制品	201801	201801	201801	201805
纺织业	201809	201810	201810	201812
食品加工	201810	201810	201811	201801
医药制造	201808	201808	201808	201808
纺织服装	201808	201809	201801	201808
饮料制造	201811	201811	201812	201812

表5-2 周期内行业新订单低点时间分布

2017—2019年	低点出现			
	当月值	3月均	6月均	12月均
全国	201901	201901	201902	201902
黑色金属	201811	201812	201902	201902
非金属	201803	201803	201806	201810
石油炼焦	201805	201806	201807	201805
化学原料	201902	201902	201902	201902
有色金属	201807	201808	201811	201902
专用设备	201803	201902	201902	201902
汽车制造	201807	201808	201808	201902
通用设备	201803	201809	201812	201902
电气机械	201901	201901	201902	201902
计算机	201902	201902	201902	201902
化学纤维	201808	201804	201808	201901
木材加工	201901	201902	201902	201902
造纸印刷	201901	201901	201902	201902
金属制品	201812	201901	201901	201901

续表

2017—2019年	低点出现			
	当月值	3月均	6月均	12月均
纺织业	201901	201901	201901	201902
食品加工	201804	201806	201808	201902
医药制造	201812	201806	201809	201902
纺织服装	201901	201810	201901	201901
饮料制造	201811	201811	201901	201902

表5-3 周期内行业购进价格低点时间分布

2017—2019年	低点出现			
	当月值	3月均	6月均	12月均
全国	201812	201901	201901	201901
黑色金属	201803	201804	201805	201808
非金属	201812	201901	201901	201801
石油炼焦	201812	201812	201901	201901
化学原料	201812	201901	201901	201901
有色金属	201811	201901	201901	201901
专用设备	201811	201901	201901	201901
汽车制造	201803	201901	201808	201901
通用设备	201811	201901	201901	201901
电气机械	201812	201901	201901	201901
计算机	201901	201901	201901	201901
化学纤维	201811	201901	201812	201901
木材加工	201901	201901	201901	201901
造纸印刷	201808	201901	201901	201901
金属制品	201812	201901	201901	201901
纺织业	201901	201901	201804	201803
食品加工	201802	201804	201807	201901
医药制造	201811	201901	201901	201901
纺织服装	201802	201812	201901	201812
饮料制造	201802	201804	201807	201810

第三节 PMI指标与朱格拉周期的关系

理论上，大约3个基钦周期等于1个朱格拉周期。因为中国PMI仅仅存在了15年，还不够2个朱格拉周期，所以我们首先从美国PMI观察其与朱格拉周期的关系，其次从中国PMI分项指标中枢值的位置大致观察朱格拉周期的形态,从中国PMI比较领先的序列看,上一个朱格拉周期大约是从2005年年底到2015年年底这个区间内。

一、美国PMI与朱格拉周期

理论上,每个朱格拉周期为10年左右,由于经济结构和经济政策的扰动,周期时间可以存在拖长和缩短。

由美国PMI 60月均趋势(图5-22)观察,可以非常明显看出这种10年左右的周期波动。在1949年、1961年、1972年、1986年、1994年、2002年、2009—2011年分别出现8~11年周期的低点。之间不管出现什么样的产业和宏观政策,美国这种成熟的工业经济体一直存在制造业的周期波动。2009年之后,尤其是2009—2012年低谷延续时间较长,也就是说目前的一轮朱格拉周期起始点相对难以确定。

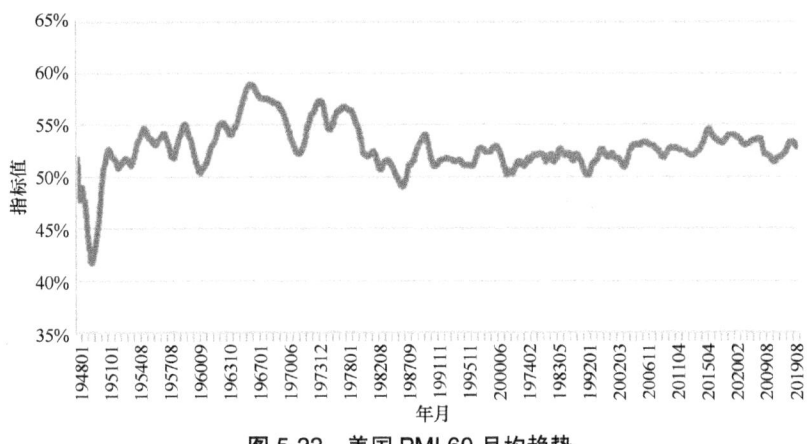

图 5-22　美国 PMI 60 月均趋势

但从美国PMI 24月均趋势(图5-23)观察,2009—2012年的波动得以清晰显示,同时按照每3个基钦周期合成1个朱格拉周期的波动特征也更为明显。如图5-23所示,按照60月均标注的朱格拉周期低点,但按24月均观察的话,划分周期的终止点推后,并且2020年周期低点的特征更为明显。

再进一步,从美国当月PMI观察最近一轮朱格拉周期的话,那么是从2009年1月显示新一轮回升复苏以来,至2018年8月出现5年高点61.3%。美国PMI波动较为明显地经历了3个较小幅度的周期性底顶波动,2019年10—12月不断创出6年新低。依据过去我们的国际产业链分析,中国PMI是全球经济的晴雨表,领先各国PMI,而美国PMI在过去十几年一直滞后于其他国家PMI[①]。

现在可以看到,中国PMI领先指标2018年年末触底回升,2019年数据链中部位置的全国制造业PMI出现低点(新冠肺炎疫情带来的临时冲击,不属于周期因素,应在数据处理时做2~10个月固定均值处理)。而滞后于中国的美国PMI数据,2018—

---
① 于颖,《中国PMI是全球经济晴雨表》,发表于《中国证券报》(2019年)。

2019年正处于一个10年大周期的顶部回落当中，预示着最近两年应该是最近一轮美国朱格拉周期的底部。

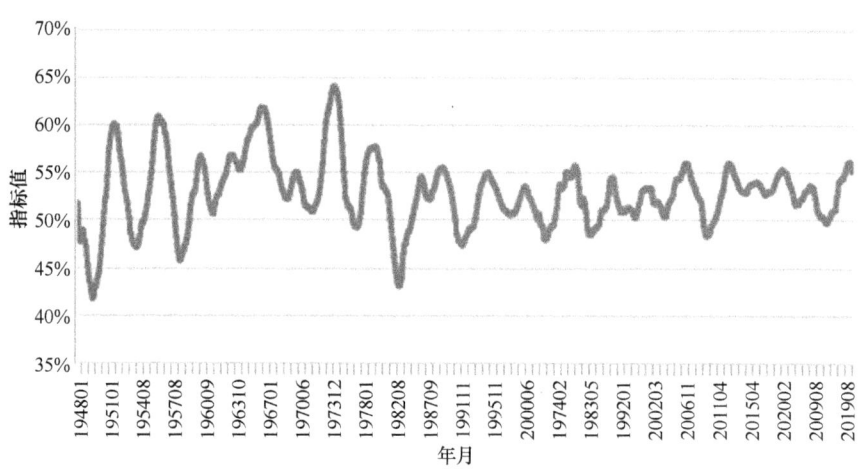

图 5-23　美国 PMI 24 月均趋势

二、主要经济体PMI反映的朱格拉周期

整理全球主要经济体的PMI，可以看到如图 5-24 所示结果。

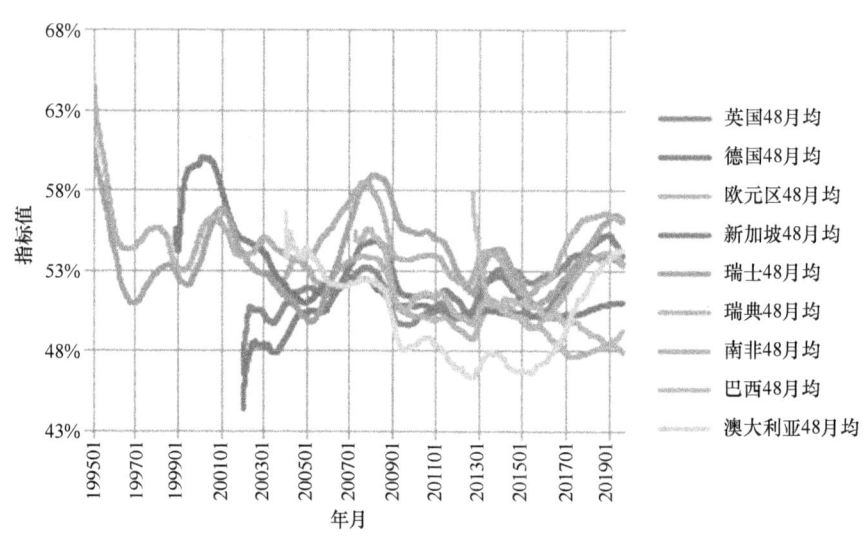

图 5-24　世界主要经济体 PMI 长期均值波动

长期均值虽然可以观察到长期趋势，但 36 月均拐点滞后 6～10 个月，48 月均拐点滞后 6～20 个月，所以图 5-24 至图 5-26 显示出 2019 年开始各国PMI高位回落的态势，需要结合当月PMI表现分析——其实当月PMI高点已经过去了 1 年多，全球主要经济体PMI显示目前已经是触底阶段。当然，我们用这种长期均值，为的是图中的长

期波动更清晰,表达全球各经济体"同此凉热",存在很明显的朱格拉周期。

2019年9—10月PMI显示,德国、美国PMI均已经出现10年低点,可以认为这一低点是本轮朱格拉周期的底部。从历史表现看,当月PMI出现10年低点,未来触底回升的概率可以达到90%,则新一轮朱格拉周期即将开始。

为了更利于比较,我们将各国PMI数据加以变形做了两种计算:一个是偏离程度,另一个是动量变化。它们显示的基钦周期较为明显,而显示朱格拉周期不甚明显。

但观察各国PMI的偏离程度,很明显,目前数值已经逼近2008年底部的情形,更说明目前朱格拉周期底部要么是已经来临,要么是即将来临,只不过是用什么数据标记的区别。

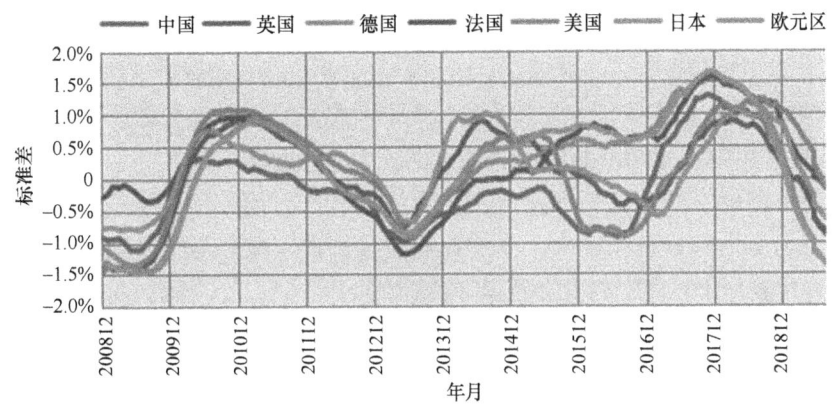

图 5-25 世界主要经济体 PMI 偏离程度(12月均和长期均值标准差)

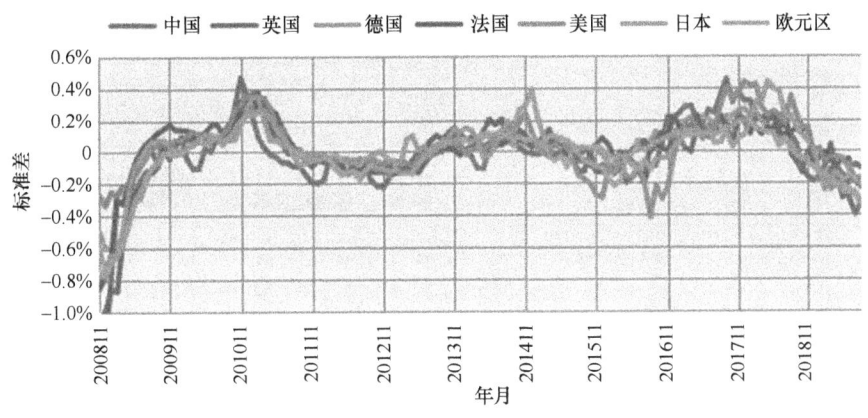

图 5-26 世界主要经济体动量变化(24月均和长期标准差)

三、中国PMI与朱格拉周期

由于中国PMI数据时间较短,只有15年时间,而朱格拉周期一个周期就是10年,所以用中国PMI数据来描述朱格拉周期似乎有些困难。而中国经济经历了30年高速发展，国家统计局数据经历了多次企业成分调整，中间存在多个断层，也难以寻找朱格拉周期变化的数据依据。但是有些行业PMI指标，描述3个基钦周期合成的朱格拉周期还是十分明显的。

由于3个基钦周期构成1个朱格拉周期，即固定资产投资周期；多数观察投资数据的人士认为本轮基钦周期预计在2020年结束。从长期趋势看，中国PMI指标自2005年运行以来，相关全国PMI指标已经趋势性下行了十几年，如果朱格拉周期存在的话，2016—2017年可以出现阶段性低点。但实际情况并不是如此。

其实，如果用不同指标来衡量，周期的起终点是不同的。中国PMI显示，无论是购进价格、黑色金属冶炼及压延加工业的新订单，还是带动中国经济周期的房地产、建筑业活动，从长期均值的阈值上看，都是2016—2017年出现了长周期的低点，即这几个行业的最近一轮朱格拉周期短期数据是2015—2016年出现低点，但其他几个周期行业则要等到2018年以后出现低点。也就是说，经历结构转型的中国经济，大方向上与美国相同，但由于结构变化，用不同行业观察朱格拉周期的起止时点，其结果是不同的。

（一）从投资相关行业PMI分项数据寻找本轮朱格拉周期低点

从引领投资的PMI分项数据观察，其主要构成有三方面：一是基建投资，二是制造业投资，三是房地产投资。其中，制造业投资过去多年来以黑色金属冶炼及压延加工业新订单为代表，可以逐一对比分析其顶底时间。

黑色金属冶炼及压延加工业是整个制造业的上游行业，是投资需求的领先数据。从图5-27可以看出，从2005年1月到2016年年初，黑色金属冶炼及压延加工业新订单数据处于一个持续回落的趋势当中。在经历了3轮周期性回升与回落之后，12月均于2015年12月触及低阈值，并在之后进入总体回升的趋势当中。从12月均看，黑色金属冶炼及压延加工业的新订单在触底回升之后的第一个波动周期于2019年年底结束。

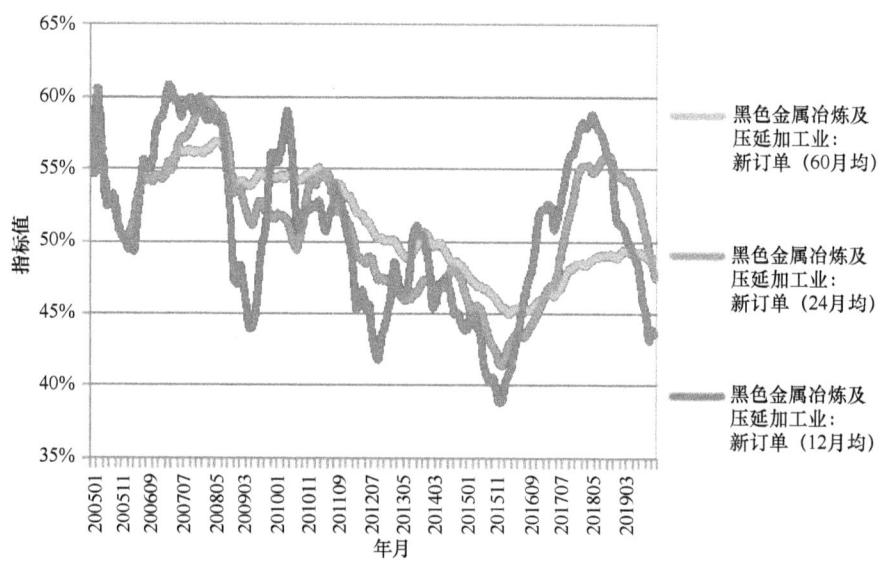

图5-27　黑色金属冶炼及压延加工业新订单12月均、24月均、60月均趋势

从图 5-28 可知，3 个房建类行业走势各异，只有土木工程建筑业因为与企业投资更相关，比较符合制造业行业 2018 年以来触底回升的趋势。

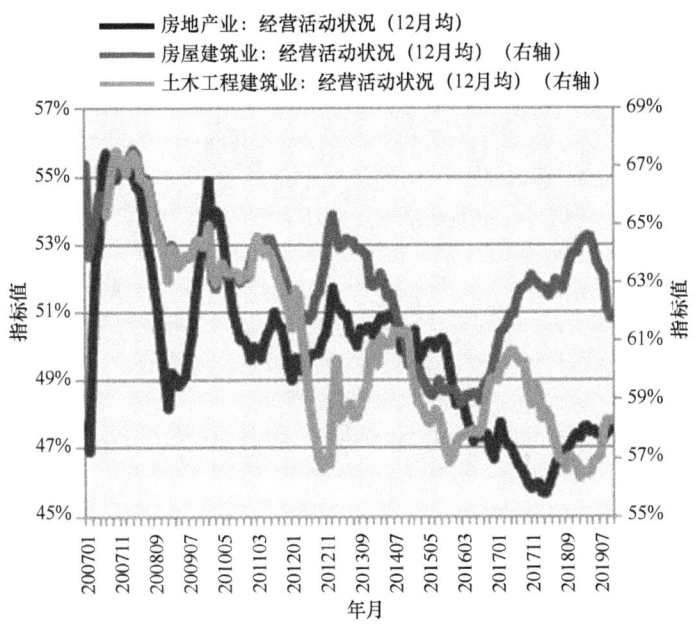

图 5-28　房地产业、房屋建筑业、土木工程建筑业经营活动状况 12 月均趋势

逐一分析历史环境可知：房地产业受控于调控政策加码，资金数年来处于紧张状态，很多企业退出地产经营，直到 2018 年年底房地产业经营活动状况才出现触底回升态势，但由于政策调控影响，房地产业经营活动状况的止跌回升力量并不是很强，绝对值数据与 2012 年以前的顶底相差很多，所以预计未来房地产投资增速仍将是一波三折的状态，可以视为朱格拉周期复苏开始的波动阶段。房屋建筑业 PMI 自 2007 年高位回落，2016 年出现 10 年低点，都与房地产业走势一致，但 2017 年因棚改工程放量而 PMI 强势上升，直至 2018 年年底反而回落，这种趋势与其上游行业黑色金属冶炼及压延加工业走势基本一致。

可见，作为政策强势的发展中国家，政策很大程度上改变了经济周期的波动。

用新订单指标观察，政策的扰动表现更清楚。如图 5-29 所示，汽车制造业和土木工程建筑业新订单保持了非常一致的趋势，2018—2019 年触底回升，另行计算的话，二者的错位相关系数达到了 0.86，而房屋建筑业的新订单却分别存在独立走势。如图 5-30 所示，黑色金属冶炼及压延加工业与房屋建筑业的走势非常一致，它们被相近的政策影响了趋势。这些变化已经不是经济周期所能解释的了，也正因为如此，从全国数据分析中国目前的经济周期，或许面临无解。

虽然房建类各行业此前波动表现并不一致，但这两年相继还是表现出低位上行的态势，那么前述本轮朱格拉周期向上，与建筑投资的带动共振，2019 年后，PMI 指标将会迎来一波小幅回升，带动其他统计数据中存量投资数据触底回升。

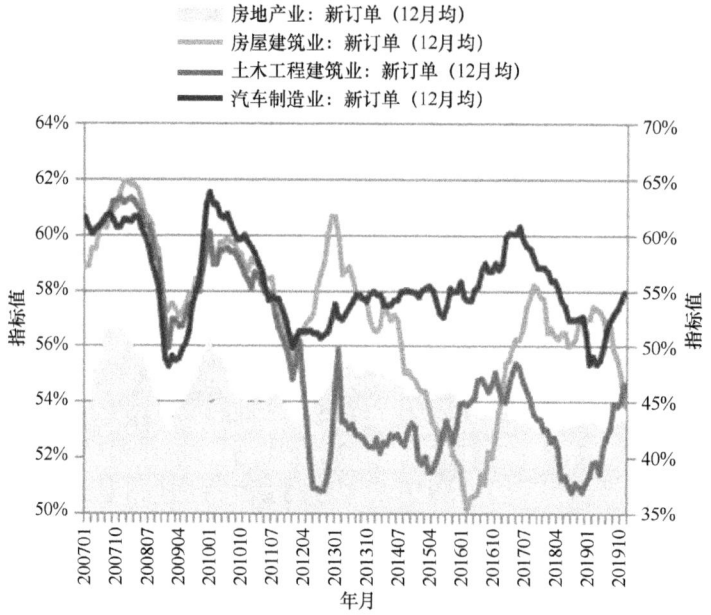

图 5-29 汽车制造业对比不同行业新订单波动（12 月均）

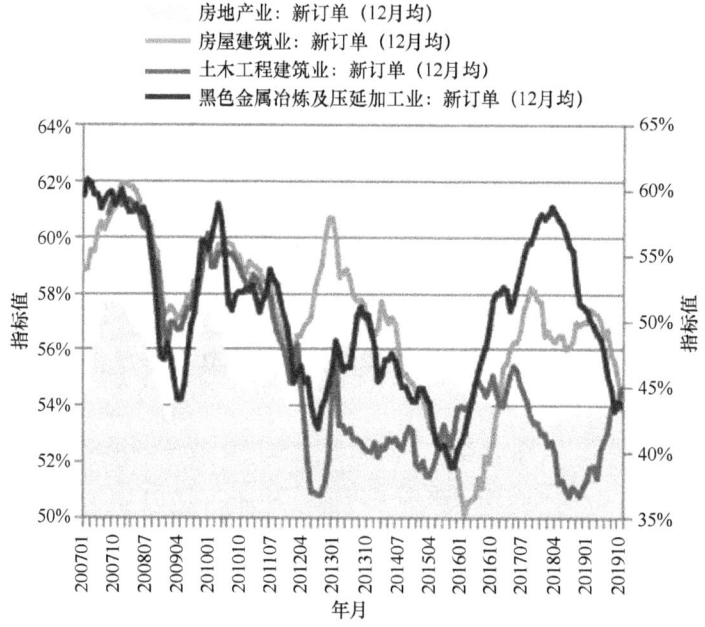

图 5-30 黑色金属冶炼及压延加工业对比不同行业新订单波动（12 月均）

在标准化后，将非制造业房地产业和房屋建筑业新订单合并，将汽车制造业和土木建筑业新订单合并，分别代表新生周期驱动力量和传统驱动力量，然后 5 个行业做均值，绘制在同一张图中（图 5-31），可以看出，它们显示的朱格拉周期趋势，即使合并中国经济结构变化，仍然会在 2019 年以后迎来新的上行趋势。

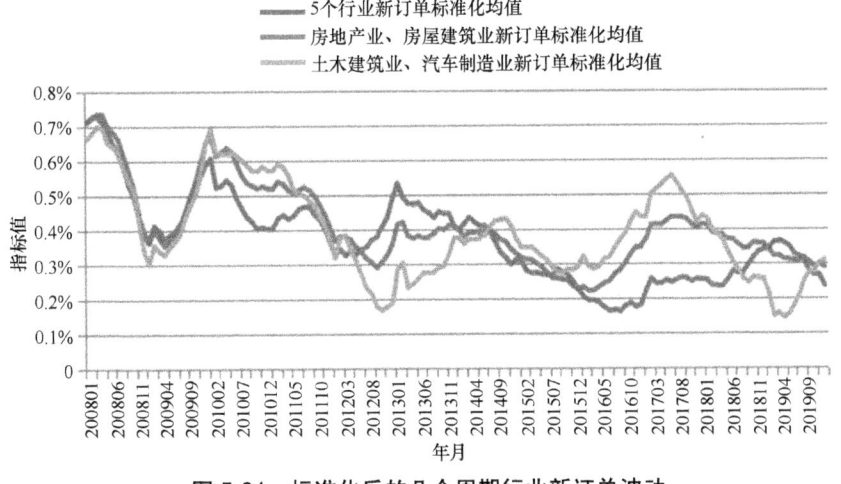

图 5-31　标准化后的几个周期行业新订单波动

因此如上分析，黑色金属冶炼及压延加工业显示朱格拉周期的趋势叠加了政策影响，与其他制造业周期行业显示的周期趋势拐点不同，因为黑色金属冶炼及压延加工业、房屋建筑业等行业近几年受政策影响更多，其他周期行业对制造业投资波动反映得更为稳健。同时，由于中国经济结构转型，黑色金属冶炼及压延加工业、房屋建筑业等行业代表的经济投资驱动正在向科技、劳动生产率转移，也直接影响了不同行业的波动顶底位置。中国这种非稳态经济体结构的数据变化，就不像美国 PMI 波动那样特别明显地反映朱格拉周期。如图 5-32 所示，化学原料及化学制品制造业、汽车制造业的 PMI，2015—2016 年的谷底都不是那么明显，所以针对朱格拉周期，我们可以认为，2008 年年底的底部与 2019 年的底部可以视作一个朱格拉周期轮回，而黑色金属冶炼及压延加工业等行业的 2016 年低谷来自经济结构转型、政策扰动而不是周期波动。但未来，随着投资驱动力的进一步转变，制造业投资结构会进一步发生变化，这一个朱格拉周期必定将有不同的特点，正如前一节所讲，每一个新的基钦周期都带有新的结构特征。

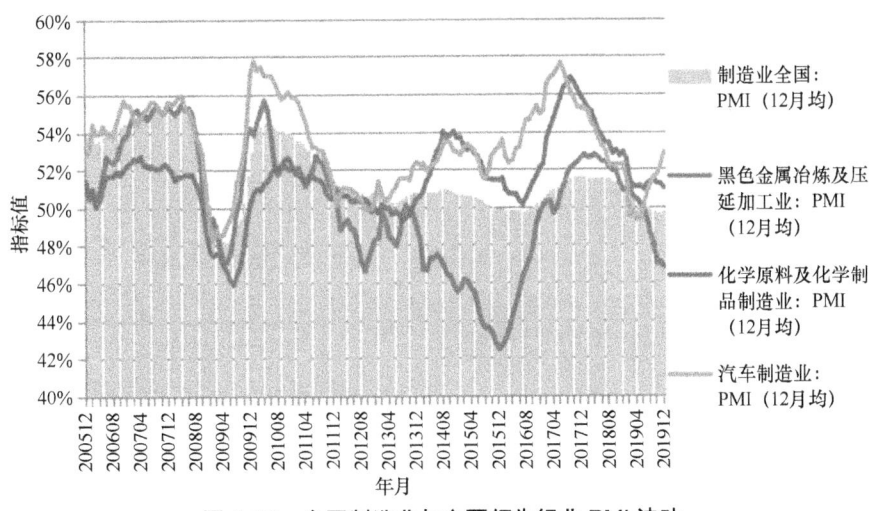

图 5-32　全国制造业与主要领先行业 PMI 波动

至于全国PMI与这些行业相比，一是波动更弱、可分析性较差；二是拐点滞后、提示性较差；三是2012年全国数据经过时间序列调整后，前后数据存在断层，做长期分析时需要进行反向序列调整，使用起来有些不便。

结合此前分析，根据领先行业PMI的波动趋势判断，2019年下半年朱格拉周期进入新一轮周期，2019年制造业PMI反映了一次基钦周期中萧条转向复苏的阶段，制造业投资由弱而上。

（二）从购进价格指标看朱格拉周期波动

再用量价的基本指导思想分析购进价格表现，也可以看到，虽然2005年以前数据不存在，但2016年大宗行业60月均的低点是客观存在的，反映了上一个朱格拉周期中中国经济的结构特征。无论是制造业全国、领先行业的购进价格，还是非制造业房地产业、建筑业的收费价格，都是在2016—2017年存在十年低点。由于周期较长，我们不再试图厘清这些60月均状态下，PMI哪些分项指标更为领先，因为它们之间的领先性强弱在短周期分析时已经确认。

PMI购进价格虽然拐点相对需求（新订单、PMI）而言比较滞后，但指标波动也比较大，也可以用来提示朱格拉周期的变化。由图5-33和图5-34可以看出，2006年年中可以看作上一个朱格拉周期的低点，最近一轮朱格拉周期的低点出现在2016年，从这种长期视角可以看到，2008年金融危机带来的经济收缩，可能并不是长期的历史低点，2015年的中国大宗价格收缩力度甚于金融危机期间。而从短周期（基钦周期）看，各种PMI购进价格2013年短暂回升之后又出现回落，并在2015年年末、2016年年初达到历史最低点，然后出现回升，其低点与黑色金属冶炼及压延加工业、房屋建筑业等行业十年周期的低点重合。

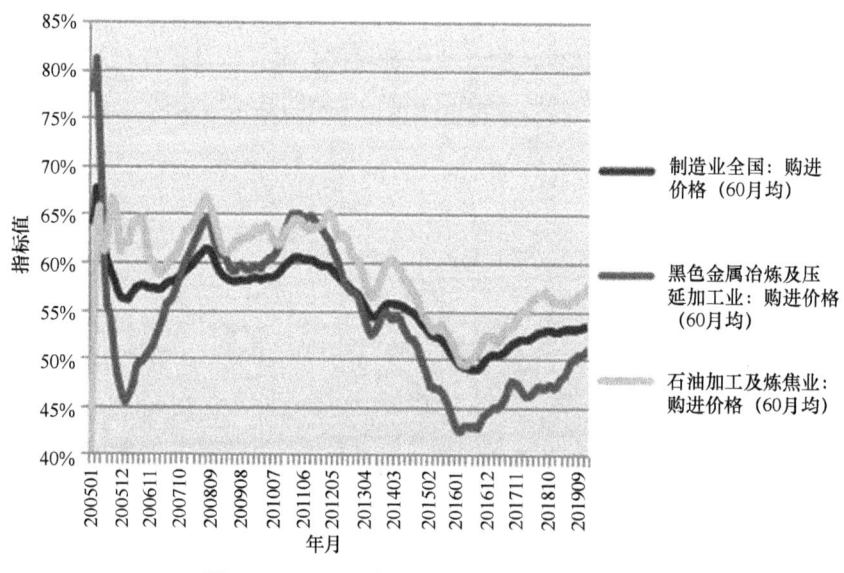

图5-33　PMI分行业购进价格60月均趋势

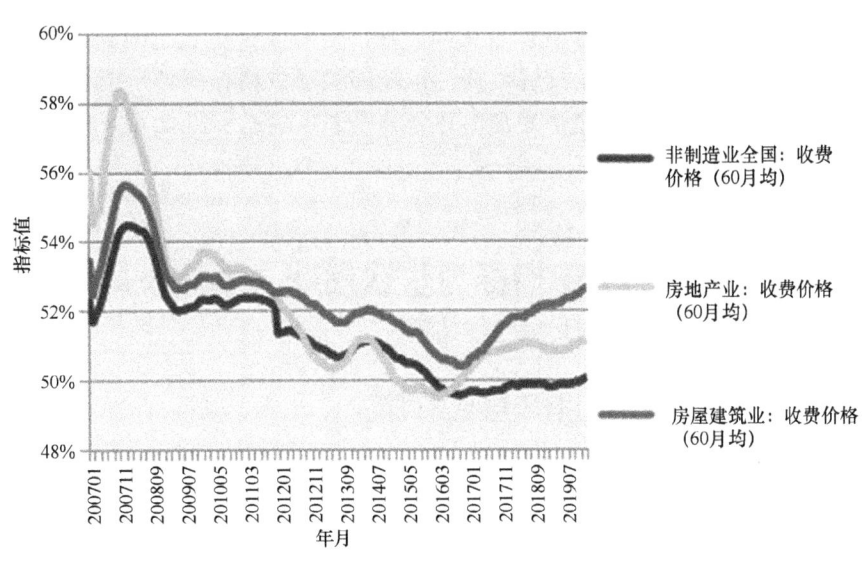

图 5-34 部分非制造业行业与全国收费价格 60 月均趋势

这一轮朱格拉周期若用 PPI 来衡量（图 5-35），与房地产业经营活动状况的走势较为接近，其 2016—2017 年的低点低于 2019 年的低点，2019—2020 年触底回升，触的"底"是一个基钦周期而不是朱格拉周期的低点。如果从 PMI 全国指标 60 月均来衡量的话，这一轮朱格拉周期以 2004 年年初为低点起点，2016 年为低点终点，2020 年处于新一轮朱格拉周期的第一次基钦周期低点。也就是说基钦周期与朱格拉周期正在共振，而 PMI 拐点时间比购进价格、投资数据提前了 1～3 年。

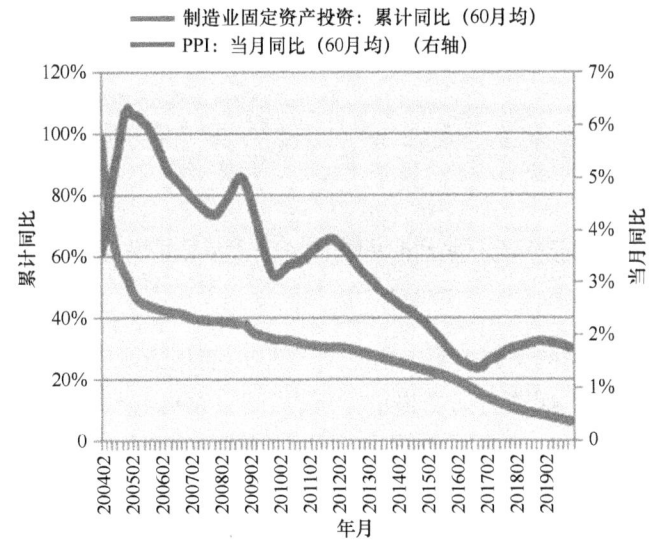

图 5-35 制造业固定资产投资累计同比与 PPI 当月同比 60 月均波动

这一节的分析能使我们明白的是，房地产业与土木工程建筑业、原材料类、设备类的 PMI 新订单和购进价格、固定资产投资的对比，可以判断朱格拉周期的运行位置。

相对基钦周期,朱格拉周期的分析视角更为宏观,需要未来更长时间的PMI数据来划分起止点。PMI数据整体上领先投资数据,也能够描述朱格拉周期,但其中掺杂了大量政策和结构扰动,结合中国经济发展阶段特点分析,各分行业数据反映的朱格拉周期起止点并不相同,详见第四节。

第四节 大类行业PMI指标与基钦周期、朱格拉周期的关系

一、制造业行业大类PMI指标与经济周期

以下将在原材料、设备、中间品、消费品4个大类行业的基础上,通过观察每个大类行业的PMI指标来分析PMI与经济周期的关系。同时,每个细分行业图中会添加PMI行业全国产成品库存数据变化趋势作为参照(图5-36),以更好地展示各个大类行业PMI拐点与基钦周期的关系。

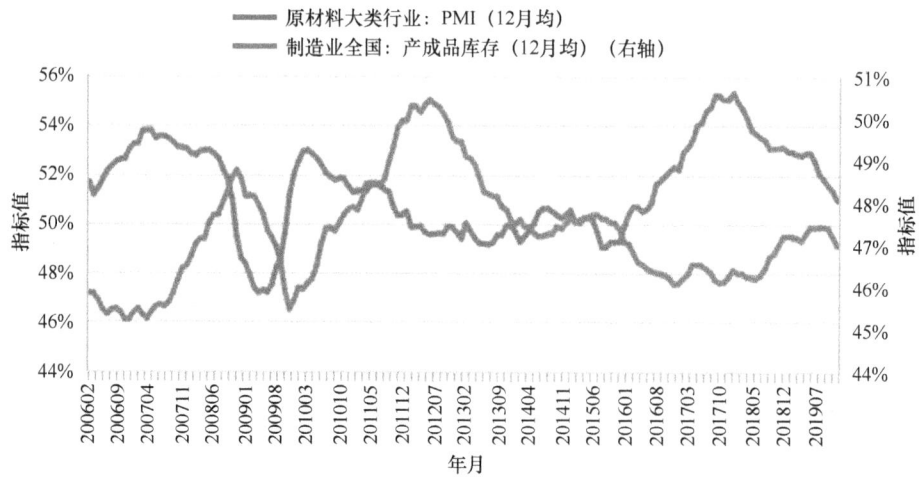

图5-36 原材料大类行业PMI与制造业全国产成品库存12月均对比

（一）原材料行业

原材料行业作为典型的周期行业,其行业周期性变化通常较为明显。由于PMI表现的周期效应会比库存周期在时间上提前,所以行业PMI也会比产成品库存指标更早地产生周期变化。由图5-37可以直观看出,黑色金属冶炼及压延加工业的周期性最为明显,行业拐点出现的时间点也最为靠前。虽然从2009年6月至今也同样展现了3个较为明显的基钦周期变化,但3个周期大概分布的起止时间点比其他数据更加提前。具体来说,黑色金属冶炼及压延加工业的周期分布在2009年6月至2012年10月、2012年10月至2016年2月、2016年2月至2019年9月3个时间段,本轮基钦周期2019年已经结束,将迎来新一波上行。

第五章 PMI与经济周期的关系

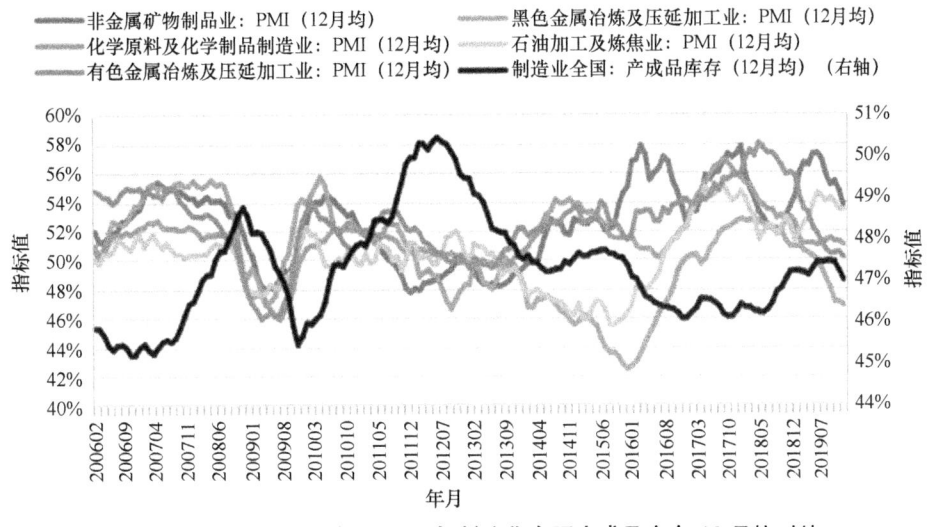

图 5-37　原材料细分行业 PMI 与制造业全国产成品库存 12 月均对比

在原材料大类行业细分行业对比中，化学原料及化学制品制造业、有色金属冶炼及压延加工业、非金属矿物制品业的3条线比较相近，都能呈现出明显且完整的周期性变化，但晚于黑色金属冶炼及压延加工业3个基钦周期5～6个月。其中，化学原料及化学制品制造业的走势与黑色金属冶炼及压延加工业周期时间段最为符合，其次是有色金属冶炼及压延加工业。非金属矿物制品业的升降波动相对较大，但也依然可以明显划分为3个周期。最后，石油加工及炼焦业在2015年10月之前则一直处于不稳定波动之中，周期性规律不如其他行业稳定，除了2015年10月至2019年9月可以看作一个完整的周期变化之外，在之前的时间段内，即2009年2月至2012年6月、2012年6月至2015年10月只可以勉强算作两个周期的波动。因为地缘政治影响了该行业的周期走向。

原材料大类的不同细分行业PMI指标变化趋势出现这种差异，一是各行业出清的进程不一致，二是受国际市场影响程度不同。例如，非金属矿物制品业就更多受到国内房地产和基建市场影响。我们在2016年评价供给侧改革时判断：2018年制造业进入新平台，数据重新建立波动。现在回看，2018年年初各行业已经陆续完成出清。具体数据表现为：大宗各行业从2018年年初开始，在移动趋势上开始趋同。预计之后随时间继续推移，原材料各行业虽然升降仍然会有差异，但总体趋势会逐渐走向一致，短时期内不会出现大幅离散波动的趋势。

从朱格拉周期角度分析，预计本次大宗行业PMI衡量的朱格拉周期至少在2026年才接近尾声。由于朱格拉周期通常可以被认为由固定资产投资驱动，同时由图5-36、图5-37可知5个原材料细分行业2017年度过基钦周期波峰，结合当前国家宏观经济政策——积极推动创新、刺激高附加值行业和新兴产业发展、转变经济结构和经济增长方式、逐渐淘汰落后产能等因素，目前原材料行业对于经济增长仍然有着不可替代的作用。2019年原材料继续保持小幅回落的趋势，行业企业的资本投资将会保持相同趋势，在2019年年末至2020年年初达到波谷之后会开始再次出现周期性回升。

（二）设备行业

从基钦周期分析，中国设备行业PMI也是形成了完整的4个基钦周期（图5-38）。与原材料大类相比，设备类各细分行业PMI的波动在趋势上要一致得多。图5-39中，以12月均观察，在2005年1月至2009年6月、2009年6月至2013年2月、2013年3月至2016年3月、2016年4月至2019年9月的几个基钦周期时间段内，电气机械及器材制造业、通用设备制造业、汽车制造业、计算机通信电子设备及仪器仪表制造业4个行业的PMI指标都表现出了一致的周期变化。只有专用设备制造业第二周期时间段表现稍有不同：其周期波动在2012年10月至2015年12月，2012年低点更为明显，2013年年末到2014年年中基本维持本周期的峰值，并且2015—2016年的拐点相对不明显，一直维持中位；起始与结束时间点较其他行业都提前了大约9个月。

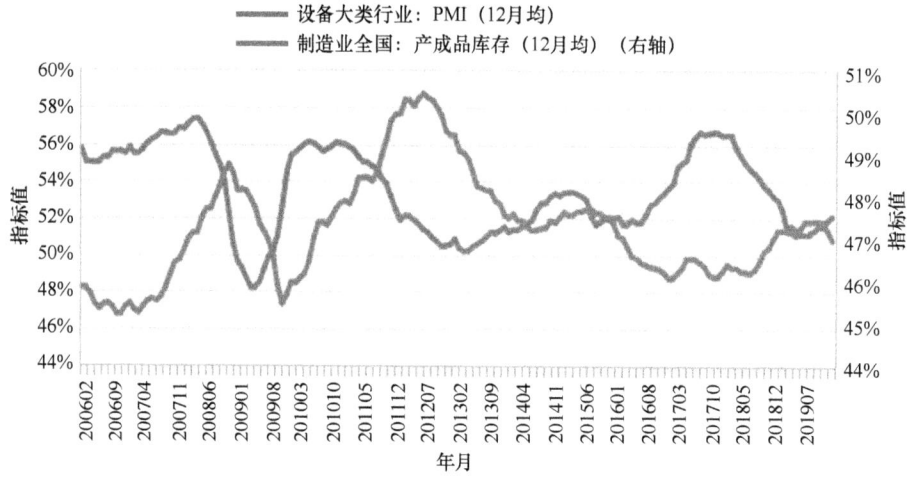

图5-38　设备大类行业PMI与制造业全国产成品库存12月均对比

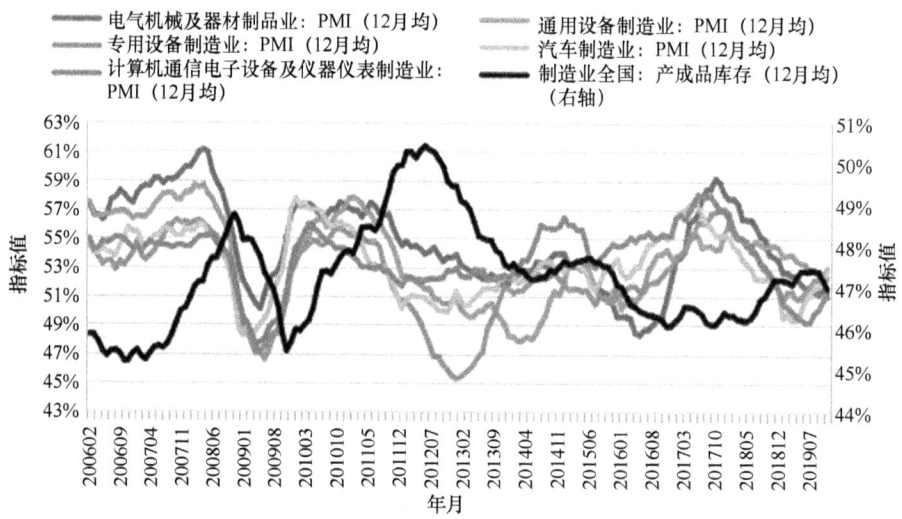

图5-39　设备细分行业PMI与制造业全国产成品库存12月均对比

本来专用设备制造业较其他设备行业周期型更强，2012—2013年出现明显低谷，是受景气周期影响，但其后的波动比较特别，影响因素有两个：一是房屋建筑业对专用设备制造业的拉动，二是环保设备的拉动。2013年房屋建筑业经营活动状况高企，专用设备需求除了与经济周期共振外，还叠加了房屋建筑业的设备需求，与前述图5-30中房屋建筑业新订单走势保持了某些一致。此外，2013年"蓝天行动"开始，2014年4月24日修订通过的《中华人民共和国环境保护法》，自2015年1月1日起施行。导致环保专用设备需求大增，专用设备制造业也加快了转型升级的步伐，2015—2016年其回落有限。因此这个周期内，专用设备制造业领先于其他设备行业出现了行业发展的波峰，波谷也只是中位横盘，没有明显的低点。

从朱格拉周期角度分析，结合上述5个设备细分行业8～10年的走势来看，15年来，设备类PMI的最低点仍然是2008年，如果去除2020年突发新冠肺炎疫情导致的数据不正常，设备类PMI的次低点出现在2019年年初。因此，以设备类PMI衡量的朱格拉周期，2019年将是新一轮的复苏开端。与前文房建周期反映的2016年年底为新周期复苏开端有所不同。

此外，设备类内部有一个特别有效的行业差值，对应设备投资的波动，对朱格拉周期有额外的启示，如图5-40所示。

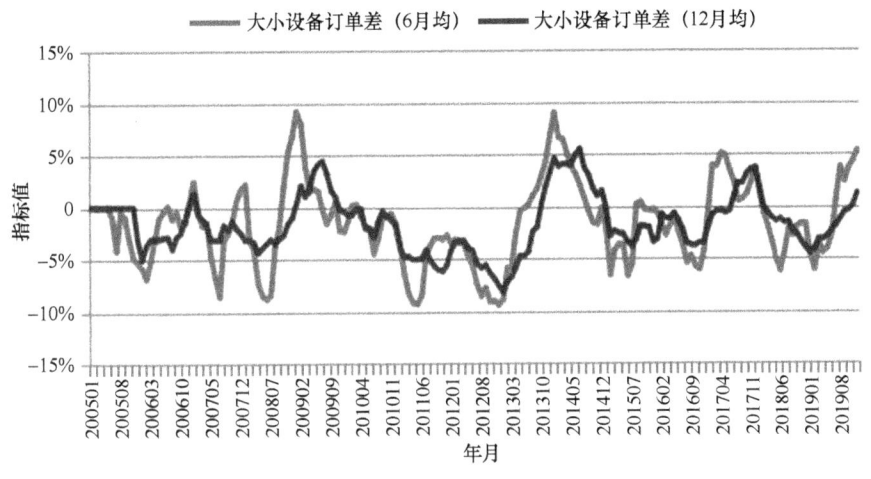

图5-40 大设备与小设备订单差值的周期波动

（三）中间品行业

相比于原材料行业，中间品大类行业PMI平均波动幅度较小，这是中间品行业对周期性变化不甚敏感的本来状态，但其制造业属性仍然存在，因此也存在周期变化。但用中国中间品制造业PMI对比基钦周期线条，15年来只能说"隐约"形成了3～4个基钦周期，这并不是中间品不受经济周期影响，而是有几个子行业受中国经济结构转型影响，改变了大类行业数据的形态。

2011—2015年第三个周期后半段，中间品行业整体数据的周期特征消失。当时，金融危机后出现"产能过剩""出清升级""行业集中度提升"现象，尤其是纺织业、造纸印刷及文教体美娱用品制造业、化学纤维及橡胶塑料制品业、金属制品业这几个行业民营资本占比高，企业体量较小，"升级出清"[①]的状态非常明显，并没有显示应有的周期波动，与宏观经济、股指相关程度变弱。只有木材加工及家具制造业消费属性、内需属性强，其出清过程并不剧烈。

这个现象其实也很好地解释了2013—2014年中小创股指的表现，因为上市公司都是行业中的龙头企业，在"出清"过程中是"剩者"（胜者），是存量，因此在出清中后期承接了更多订单和产能，"PMI利润数据回升，经济结构明显改善，是牛市展开的动力"[②]。

由于中间品行业内企业按规模划分多是中小型企业，因此与观测中小市值公司的中证500指数关系非常密切。由图5-41可以看出，3个行业对中证500指数均有一定的领先性，其中造纸印刷及文教体美娱用品制造业与化学纤维及橡胶塑料制品业的数据领先性效果更好。

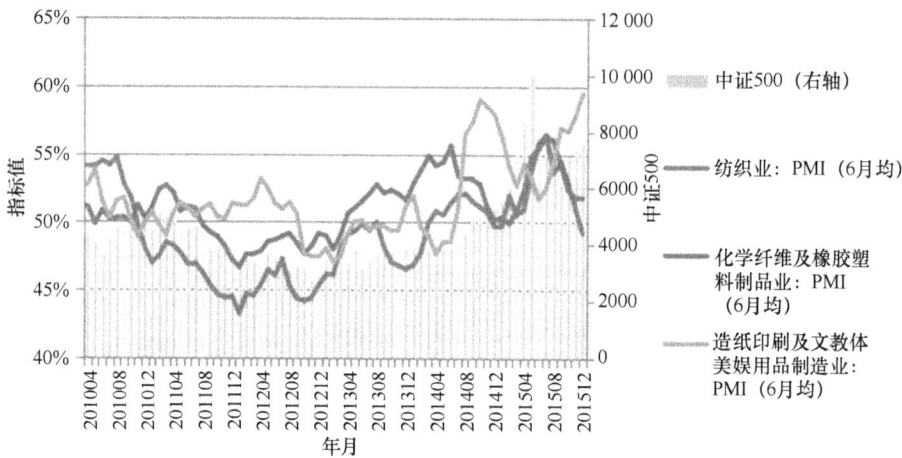

图 5-41　中间品细分行业PMI与中证500指数波动趋势

由图5-42和图5-43可以看出，造纸印刷及文教体美娱用品制造业在中间品行业内周期性最强，基钦周期划分相对明显，但拐点变化幅度弱于其他周期类行业。木材加工及家具制造业是房地产业滞后期行业，且当时出口依赖度较高，第三个周期内就显示出经济周期特点，但在第四个周期内，因2016—2017年房地产业受控低落，木材加工及家具制造业终于迎来"升级出清"，谷底峰顶都大幅滞后于其他行业的行业周期10个月左右。在其他3个基钦周期区间，即2005年1月至2009年5月、2009年6月至2012年10月、2016年4月至2019年12月的3个时间段中，中间品行业还是展现了相对明显的周期性变化，但我们预计未来仍有进一步"升级出清"的表现，从而影响它们本身及全国数据与基钦周期的关系。

---

① 《供给侧改革持续深化，周期行业有望年内出清》，发表于《中国证券报》（2017年）。
② 于颖，《PMI指标如何预报了牛市》，发表于《中国证券报》（2015年）。

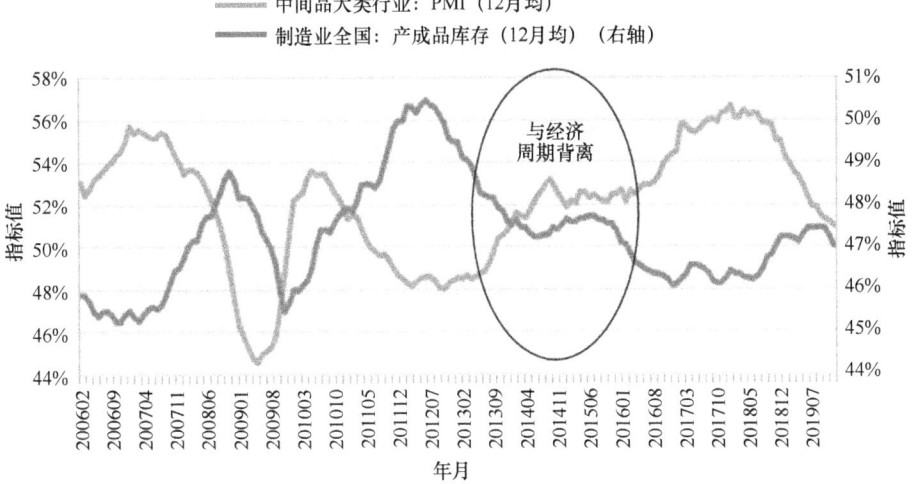

图 5-42　中间品大类行业 PMI 与制造业全国产成品库存 12 月均对比

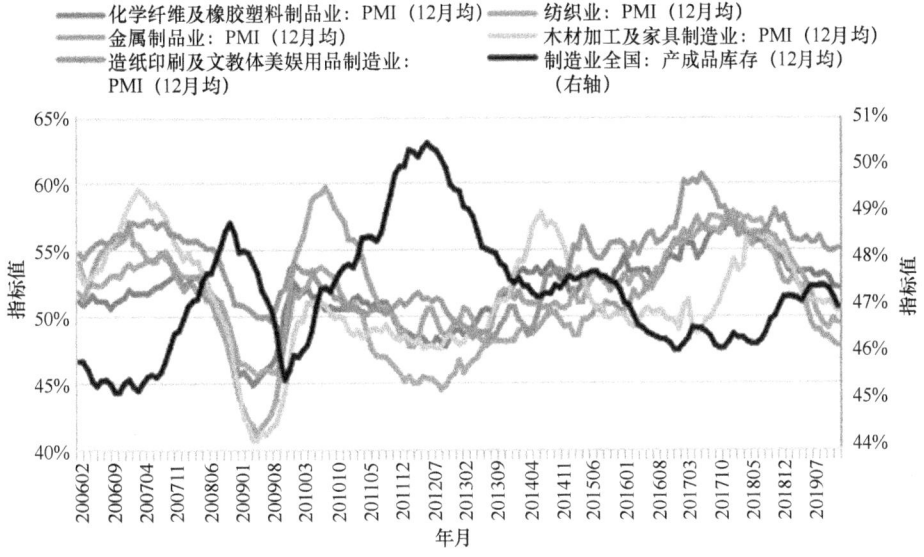

图 5-43　中间品细分行业 PMI 与制造业全国产成品库存 12 月均对比

纺织业情况最为特殊，因为它一是劳动密集型产业，二是体量小，三是污染严重，中国制造业升级将被剔除的成分一应俱全，此外民营股份占比大，2015 年之前竞争异常激烈。我们曾在多种报告和著述中提到过，纺织业的"转型出清升级"是制造业内最早完成，其他行业，包括周期行业后来都复制了这种过程。由于 2009 年后的出清极其剧烈，纺织业 PMI 2012 年 10 月再现 2008 年低点后，一直到 2014 年的状态是长期低位、失去波动、一路上行，失去了第三个基钦周期波动，但 2016 年 8 月开始却参与了第四个基钦周期。这表明经济结构转型的变化超越了周期对行业的影响。

在中美贸易摩擦严重影响中国产业链的过程中，纺织业再次首当其冲被冲击，

2018—2019年行业数据持续不景气、夏季旺季消失，直到2019年10月行业出清完毕，纺织业数据又第一个敏感地反映出贸易摩擦影响结束，我们当时评价为"产业链转移的过程结束，贸易摩擦最终影响已经相对固化"。所以，中国纺织业虽然也受经济周期影响，但其数据却不反映周期变化。

综上所述，目前使用中间品大类行业PMI指标来观察经济周期的变化是难度较大的。在2009年至今的时间段里，各细分行业的PMI波动不甚统一，总体来说波动幅度较小且不一致，不能像大宗行业那样反映朱格拉周期的形态，我们更多地使用其分析中国经济结构变化。判断在未来几年时间内，各中间品行业仍然会受到全球产业链格局变化、技术驱动升级、行业集中度进一步提升等因素影响，从而对经济周期的刻画程度有限。

（四）消费品行业

从基钦周期看，消费品大类行业与原材料大类行业相比，PMI周期性波动相对不是那么明显，因此通常被称为"非周期行业"。而我们按照数据链位置称其为"后周期行业"，因为消费制造业PMI的周期波动是存在的，只不过通常其拐点滞后于原材料、设备行业。在2005年3月至2009年5月、2009年6月至2013年2月、2013年3月至2016年3月、2016年4月至2019年9月的4个基钦周期内，4个行业都在相应的时间段内完成较为明显的周期性波动。比较图5-44与图5-36可以得知，因为消费品行业属于弱周期行业，图5-45中，纺织服装服饰业、农副食品加工业、医药制造业等行业的波动幅度小于强周期行业。

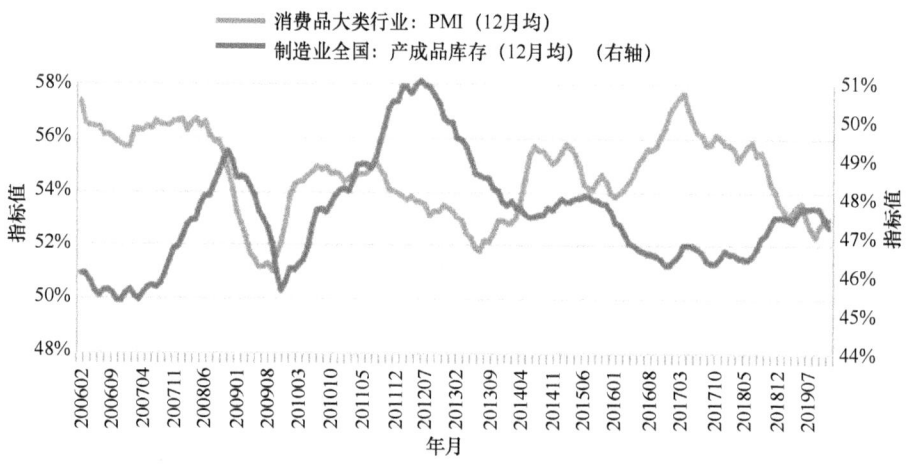

图5-44 消费品大类行业PMI与制造业全国产成品库存12月均对比

而且，从消费制造业的波动情势里，也可以看到宏观政策的重大影响。以纺织服装服饰业为例，随着中美经贸环境恶化、贸易摩擦升级，其行业PMI也随之一路走低，并持续稳定在低位。医药制造业由于国家在政策方面对其发展长期支持，外加中国市场医药产品的档次与科技水平逐年提升，因此医药制造业PMI在最近的10余年中总体为上升趋势（图5-45）。

从朱格拉周期角度分析，2009年6月至2019年9月消费品细分行业在这个相对较长的时间段内并未表现出非常明显的回升或回落趋势，而是在不断产生上下浮动。由于朱格拉周期的本质是设备更替和固定资产投资为主要驱动因素的周期，故消费品行业对朱格拉周期不会有非常直观的表达。相对来说，对于消费品细分行业，用基钦周期这类短周期来分析的效果会更好。

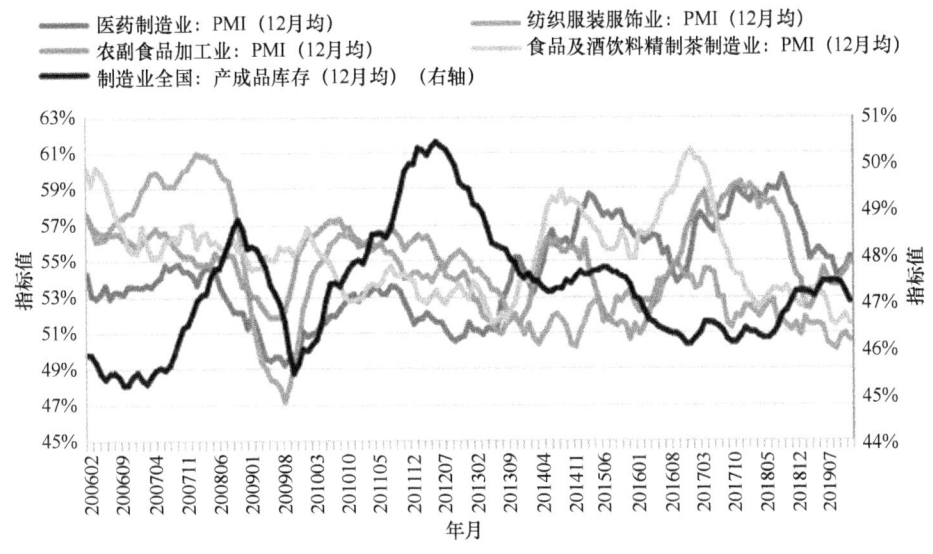

图5-45 消费品细分行业PMI与制造业全国产成品库存12月均对比

二、房地产业、建筑业PMI刻画基钦周期

房地产业、建筑业前文已经论述，其走势与周期波动关系密切，不再赘言。

若将大小设备PMI新订单差值图与房屋建筑业、土木工程建筑业新订单波动趋势图相比较，可发现两组数据所刻画的周期可以相互印证——在大小设备订单差值的最高点，土木工程建筑业、房屋建筑业新订单必然在高位或接近高位。背后的原因很简单，当地产、建筑周期开始时，大设备的市场需求必然提升，而小设备则暂时处于低位，因此导致大小设备订单差值周期性回升。

从建筑业及房地产业经营活动状况数据来看，房地产业与建筑业大类行业的周期变化从2016年8—9月进入第三基钦周期之后，波动趋势略有不同。建筑业大类行业出现小幅回升和回落之后，重新展现出回升趋势；房地产业则是先出现回落创出了2009年以来经营活动状况数据的新低，随后也展现出了明显的回升势头。未来短时期内，房地产投资、基建投资将带动固定资产投资，中国宏观经济继续稳中有升的态势将维持基钦周期上行的趋势。

值得注意的是，房地产业和建筑业不仅是大宗行业的相关上游，而且受政策影响较大，尤其是房地产业近3年来的低迷与房地产收费价格走势不一致，主要是限制政策对房地产开发企业的运营产生影响，致使其经营活动状况与房价和销售产生背离。

同样值得注意的是，房地产业数据近几年的异常波动，一般情况下社会整体消费水平决定了房地产业景气度的高低，但对比房地产业新订单与汽车制造业新订单可知：从2018年开始，房地产业新订单数据一直低位稳定，时有小幅回升；汽车制造业新订单却经历了一波大幅回落和触底反弹。两行业数据的背离说明国内房地产业在政策调控下有明显收缩，汽车制造业在"新消费时代"背景下，不仅反映了国家调控意志，也反映出居民新的收入、消费、资产结构[①]。

三、大类行业PMI反映经济周期的总结

综合四大类制造业行业和建筑业、房地产业的PMI数据分析可以看出：

原材料行业是反映经济周期最为明显和领先的行业，波动幅度大于行业链的中下游行业。设备类细分行业的周期性要弱于原材料行业，但仍可以表现出行业发展的周期性，且总体上各细分行业波动趋势较原材料行业呈现更强的一致性。因此我们在本章开始时已说明，分析经济周期需要运用领先行业（含6个行业）的量价配比指标。

中间品细分行业和消费品细分行业相对来说属于非周期行业，在朱格拉周期这样的长周期内并不能有很直观的体现，尤其是消费品细分行业，而在短周期内，消费品行业各自的回升、回落也更为相对独立。

非制造业中房屋建筑业和房地产业反映经济周期最为明显，土木工程建筑业作用其次。

全国PMI数据因为掺杂了非周期行业的变化，对经济周期的反映比较滞后。

第五节　经济周期分析对于投资的指导作用

PMI由于其领先性与前瞻性，已经被市场广泛接受，成为预测经济与市场走势的主要工具和指标之一。经济的周期波动在PMI及PMI分项指标中都有着非常明显的体现，并且PMI可以领先于其他宏观指数率先预示经济拐点。由于库存指标属于滞后指标，因此在预测市场趋势时，更多采用的是领先性更好的指标。

例如，2008年我们预见到周期底部，此时黑色金属冶炼及压延加工业等先导性行业的产成品库存指标下降趋势形成，而全国产成品库存指标却在上升。2008年12月1日的当年11月PMI数据显示产成品库存下降趋势全面形成。在我们当时的报告中，中采咨询宏观报告《低谷还未最终来临》（2008年7月）指出：利润趋势异动，领先行业的购进价格出现低点；中采咨询宏观报告《增速走稳 有望重建平衡》（2008年9月）指出：利润趋势上升，拐点形成，新订单、生产量和产成品库存关系状态改变；中采咨询宏观报告《拐点 遥遥于翌年初显》指出：工业增加值与GDP出现拐点，PMI注定回升。这些观点都准确预测了市场动向。

---

① 于颖，《创新供给体系，新消费时代来临》（2017年）。

这些PMI领先指标的作用详见第七章、第八章，其领先提示历经周期屡试不爽。

再如，2014年纺织业经历了三四年低迷后，逐渐显现由低迷转旺的趋势，我们开始考虑"新周期"的问题，同时在年中提出上证1800点绝对不会再破。之后又从其他消费行业旺季表现证明转型升级出清已经完成一部分，并从行业利润趋势等指标的表现认为股指的走势完全符合基本面，《中国证券报》后来也发表了有关文章《PMI预示了牛市》。

2016年我们论证的《供给侧改革初见成效》，其中提示大宗行业即将有转型升级出清、利润增收的未来，其实也是投资周期兴起的另一个数据佐证。从前面的分析图表可以看出，2014—2016年，不同数据在不同时间提示了朱格拉周期拐点，其指向的波动是一致的。

当然，随着时间变化，PMI领先指标的领先时滞也会有所变化。2007年我们首次提出利润趋势的应用时，PMI利润趋势领先股指长达9个月，但到了2014年，这一时滞变得只有3个月，这在博弈理论当中属于正常现象。2018年11月的PMI数据显示领先指标的拐点出现了，股指随即在2019年1月开始响应，它们之间的时滞又缩短了，这就涉及金融行为学——指标使用越来越多，其领先时滞就越来越短。我们在上一本PMI专著《解读PMI，走在市场之前》的第五章已经预测了这种情形的出现。

有一种声音认为，朱格拉周期与中国股市契合度很高。例如，有人认为2005年的998点是一个重要节点。从这个节点往前数9.5年刚好是1996年1月的512点。由于深证成指的最低点产生在该月，上证综指的最低点虽然产生于1994年7月，但仅仅是两个月的脉冲行情，真正的大牛市是从1996年1月开始的。所以，1996年1月也是个重要节点。两个节点跨越113个月，刚好是9年半的朱格拉周期。而从2005年往后9年，2014年下半年起的那一波大牛市，正好也是一个朱格拉周期。也因此，2021年可能迎来另一次牛市。不管这种说法是否是宿命论又或是否确切，朱格拉周期总需要一个数据序列去证明它的存在，并且最好有一个领先的数据序列。

本章结束的时候，我们证明PMI的特定行业反映中国股市，反映资本流动，反映基钦周期是准确的、领先的，而反映朱格拉周期需要另一个15年才能验证本章第三节的分析，至于经济周期与资本市场的关系，我们认为关键是找准每一个基钦周期或朱格拉周期的特点、驱动力量，才能找到合适的行业表达。

第六章 PMI数据如何发现优势行业

本章主要描述单纯利用PMI进行行业对比，找出同一时期的优势行业。不过，在不同经济周期位置，有些行业有特殊的优势地位。例如，在基钦周期起始，大宗行业相对优势，基钦周期迈过高点，消费行业相对优势；再如，更细小的阶段上，每年两次的春秋小周期，总是以原材料开始、设备其次、消费结尾，这是我国经济多年来的行业链传导模式。这两方面分别在第五章和第七章叙述。

第一节 PMI行业覆盖

根据《国民经济行业分类》（GB/T 4754—2002），剔除关系不大的、增加值比重较小的行业后，制造业PMI调查保留21个行业大类，以国标分类为准，在39个制造业行业中进行了剔除和合并。目前PMI体系中有15个行业与宏观经济走势更相关，其行业内的上市公司估值与行业发展的关系更紧密，所以在行业分析中我们仅选取15个行业进行分析。具体包括电气机械及器材制造业、纺织服装服饰业、纺织业、非金属矿物制品业、黑色金属冶炼及压延加工业、化学纤维及橡胶塑料制品业、化学原料及化学制品制造业、计算机通信电子设备及仪器仪表制造业、金属制品业、木材加工及家具制造业、农副食品加工业、汽车制造业、石油加工及炼焦业、铁路船舶航空航天运输设备制造业、通用设备制造业、烟草制造业、医药制造业、食品及酒饮料精制茶制造业、有色金属冶炼及压延加工业。

非制造业19个行业大类，可大致分为服务业、建筑业两大类，其中服务业又可细分多个中类行业。具体包括房地产业、土木工程建筑业、建筑安装装饰及其他建筑业、房屋建筑业、装卸搬运及仓储业、邮政业、铁路运输业、水上运输业、航空运输业、道路运输业、居民服务及修理业、批发业、零售业、生态保护环境治理及公共设施管理业、互联网及软件信息技术服务业、电信广播电视和卫星传输服务业、住宿业、餐饮业、租赁及商务服务业。

2014年新发布战略性新兴产业EPMI，包含七大产业类别。2016年1月新增健康医疗服务产业，共计八大产业类别。具体包括高端装备制造产业、节能环保产业、生物产业、新材料产业、新能源产业、新能源汽车产业、新一代信息技术产业、健康医疗服务产业。

第二节 选择优势行业的3种方法

行业的不同扩张程度是存在的，市场和PMI都确切地反映了这种分化。

不同行业的PMI指标存在自身的运行规律。与其他经济指标含有一定的季节规律一样，PMI本身是一个受季节性因素影响相对较大的数据，当月值会受到不同程度的季节性扰动，此外，各个行业的波动区间并不相同，各个行业PMI指标的波动规律，与该行业采购经理填写问卷的习惯有关，更与该行业的波动性有关，也与不同时期行业的发展趋势有关。如果简单地用PMI的当月绝对值判断经济景气程度，可能与实际的情况大相径庭，所以，我们需要结合一些特定的方法或衍生值来看，判断的结果也更为准确。

同时，单个行业的未来趋势，一定要在长期趋势的指导下进行预测，经济结构的转换方向对行业优劣的判断非常重要，长期趋势、各行业贡献度的结果往往通过年度中位数的比较而获得。这种分析方法，我们过去在分析中国经济结构的文章里曾经提到（见附录《PMI显示：供给体系创新 新消费时代来临》《经济发展的协调性不断增强》相关内容）。

在行业轮动策略中，仅介绍确定当月优选行业的几种方法，这也是金融机构采用比较多的方法。

一、使用PMI各行业主要指标均值的往年均值差

我们判断行业的景气度经常会采用对比往年均值的方式来消除季节性，增加各行业的可比性。

往年均值可以表示各个行业景气度的历史平均水平，用均值的往年均值差进行行业排序，可以有效地看出各个行业在当期处于其历史中的位置，用来判断优势行业，也就是用行业PMI的3月均对比往年的3月均的平均值，继而排序。往年均值的"往年"，最少采用4年历史数据，在经济剧烈波动的时期，需要采用更长历史数据的往年均值（表6-1）。

表6-1 2019年12月行业PMI 3月均的往年均值差

行业	PMI 3月均	过去5年的3月均平均值	PMI 3月均与往年均值差
汽车制造业	64.44%	59.68%	4.76%
专用设备制造业	55.95%	53.03%	2.92%

续表

行业	PMI 3月均	过去5年的3月均平均值	PMI 3月均与往年均值差
纺织服装服饰业	49.29%	47.65%	1.64%
计算机通信电子设备及仪器仪表制造业	56.17%	55.09%	1.08%
医药制造业	61.51%	61.07%	0.44%
农副食品加工业	55.92%	56.56%	−0.64%
通用设备制造业	52.20%	53.24%	−1.04%
石油加工及炼焦业	48.45%	49.64%	−1.19%
非金属矿物制品业	51.71%	53.76%	−2.05%
化学原料及化学制品制造业	51.14%	53.32%	−2.18%
电气机械及器材制造业	51.31%	53.82%	−2.51%
有色金属冶炼及压延加工业	53.46%	56.40%	−2.94%
化学纤维及橡胶塑料制品业	51.73%	54.88%	−3.15%
黑色金属冶炼及压延加工业	43.07%	46.73%	−3.66%
金属制品业	46.03%	50.99%	−4.96%

图 6-1 为 2019 年 12 月 3 月均与往年 3 月均的差值，可以很直观地看到行业发展趋势的优劣，其中汽车制造业、专用设备制造业、纺织服装服饰业、医药制造业是当月优势比较明显的行业。

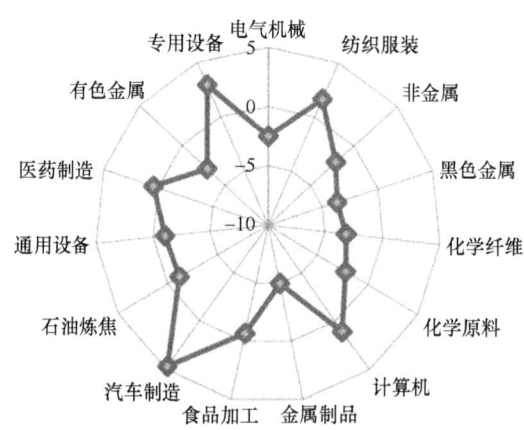

图 6-1　行业 PMI 3 月均与往年 3 月均的差值

二、使用PMI各行业主要指标的分位值

PMI 是一个波动的数据，而一个波动的数据是有高低阈值存在的。在 PMI 各个行

业中，每个行业都有其各自的波动区间，存在不同的高低阈值。观测各个行业当月值在各自阈值区间中的位置，再将位置进行排序，可以判断各个行业的短期优劣。阈值的确定区间，一般采用 5 年历史数据。

使用分位值判断景气度时，应该注意的有两点：一是历史阈值往往很难被突破，分位值越低，反而代表未来趋势将转好；分位值越高，反而是未来回落的概率加大。二是分位值在中间位置的时候，就需要结合行业发展的大环境进行未来走势判断；分位值是上下 1/3 位置的时候，除了结合行业大环境外，未来的季节性也很重要。所以，我们需要通过分位值来判断一个行业优劣的时候，更多应该结合这两种因素，才能对行业判断更为精准（图 6-2）。

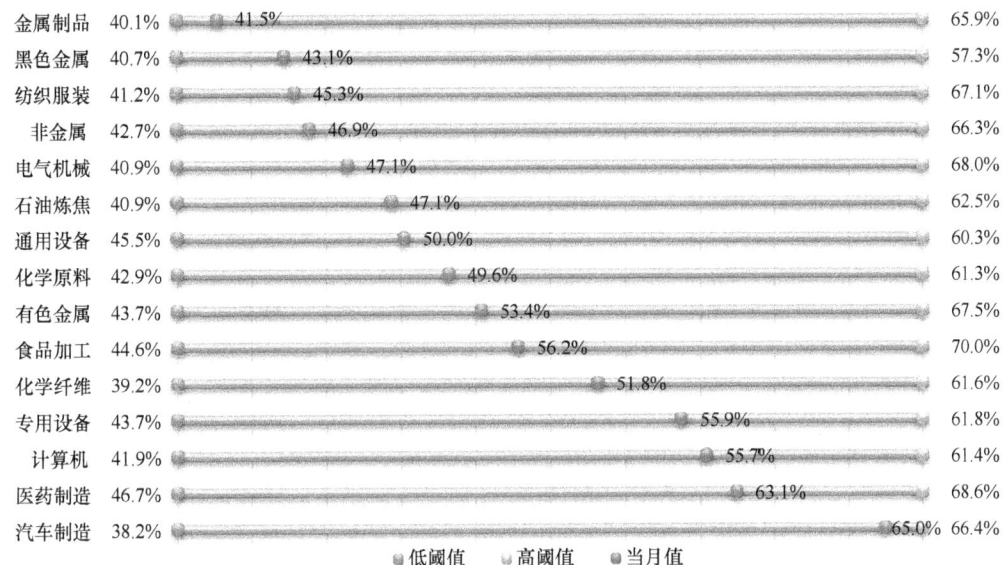

图 6-2 2019 年 12 月行业分位值

三、对各行业的几个主要指标进行打分汇总后排序

如前所述，不能简单用 PMI 的当月绝对值断定景气度，但可以将各个行业中的重要指标分别进行打分，将打分结果汇总后进行排序用来判断优势行业，各指标分数在合计分数中的权重可以是等权，也可以按照自己理解确定不同权重。因为 PMI 行业数据受季节性因素影响相对较大，也可以将各个指标做不同长度的均值处理后再打分，来判断短期、中期、长期的行业排名情况。表 6-2 中，短期盈利能力是用当月值打分排序的结果，长期盈利能力是用 6 月均打分排序的结果，其中各指标的计分权重是一样的。

用于确定优势行业的指标，推荐使用 PMI 综合、新订单、购进价格、利润趋势、产成品库存。市场机构也有选择其他指标打分进行排序的，但道理是一样的。

表6-2　2019年12月各行业主要指标打分排序

行业名称	短期盈利能力排序	行业名称	长期盈利能力排序
医药制造业	1	医药制造业	1
农副食品加工业	3	农副食品加工业	2
非金属矿物制品业	13	非金属矿物制品业	3
通用设备制造业	12	通用设备制造业	4
专用设备制造业	6	专用设备制造业	5
化学原料及化学制品制造业	8	化学原料及化学制品制造业	6
汽车制造业	2	汽车制造业	7
金属制品业	14	金属制品业	8
化学纤维及橡胶塑料制品业	4	化学纤维及橡胶塑料制品业	9
纺织服装服饰业	9	纺织服装服饰业	10
石油加工及炼焦业	11	石油加工及炼焦业	11
电气机械及器材制造业	10	电气机械及器材制造业	12
有色金属冶炼及压延加工业	5	有色金属冶炼及压延加工业	13
计算机通信电子设备及仪器仪表制造业	7	计算机通信电子设备及仪器仪表制造业	14
黑色金属冶炼及压延加工业	15	黑色金属冶炼及压延加工业	15

四、使用各行业PMI的偏离程度、动量变化进行排序

偏离程度和动量变化引入了标准差概念，也是为了分离各行业PMI数值中的个性波动，找到可对比的衍生值。

它们的计算公式是：

$$偏离程度 = （当月值 - 近年均值）/ 标准差， \quad (6-1)$$

$$动量变化 = 当月环比值 / 标准差。 \quad (6-2)$$

其中，长期均值和标准差的计算是可以自行确定年限的，最少4年；需要确定长期趋势时，可以采用10年历史数据（表6-3）。

表6-3　2019年12月各行业PMI偏离程度排序

行业	标准差	偏离程度	排名
汽车制造业	7.11	1.55	1
医药制造业	5.91	1.07	2
专用设备制造业	3.91	0.51	3
计算机通信电子设备及仪器仪表制造业	4.44	0.39	4

续表

行业	标准差	偏离程度	排名
农副食品加工业	5.98	-0.02	5
有色金属冶炼及压延加工业	4.68	-0.12	6
化学纤维及橡胶塑料制品业	3.78	-0.68	7
纺织服装服饰业	6.73	-0.99	8
化学原料及化学制品制造业	3.7	-1.02	9
通用设备制造业	3.47	-1.21	10
石油加工及炼焦业	5.13	-1.22	11
非金属矿物制品业	5.63	-1.36	12
电气机械及器材制造业	4.71	-1.56	13
金属制品业	5.97	-1.99	14
黑色金属冶炼及压延加工业	3.29	-2.16	15

第三节 PMI行业轮动的投资策略

PMI制造业与非制造业优选策略，基于PMI行业数据个别衍生指标与各行业股指存在着高度的相关性，用PMI指标优选行业后形成的股票价格指数，以及轮动策略组合均能达到超额收益。以2005年为基期，计算出的收益率可达6～20倍，其中使用不同的因子及策略收益率会有不同。尤其是2011年以后，随着行业分化的不断加剧，利用PMI数据优选行业进行投资所得到的回报率也大大提高。

基于第二章和第五章第二节所述，PMI对于经济趋势拐点的判断非常有效，其多个指标领先于股指，因此用PMI数据进行择时也是非常有效的。

PMI优选策略基于PMI成熟的数据体系，收益稳定。在当今行业分化日益明显的状态下，合理科学的行业优选符合经济环境特点，PMI优选策略顺势而生，稳定可喜的收益赢得了投资行业的极大关注，模型如下：

$$PMI优选策略模型 = 行业轮动策略 + 择时策略 = 价值投资风向标。 \quad (6-3)$$

其中，行业轮动表示在制造业PMI、非制造业PMI内对行业指标进行测算分析，生成有效指标进行行业优选，得出的中采优选基础指数收益达19倍（2005年6月至2015年12月），年均收益高于上证综指17%～18%，月均换手率低于30%；择时策略表示利用PMI体系有效指标生成仓位调整因子，得出的中采优选策略调仓指数收益达126倍（2005年6月至2015年12月），年均收益高于上证综指48%，月均换手率低于50%，月度最大回撤12%（图6-3）。

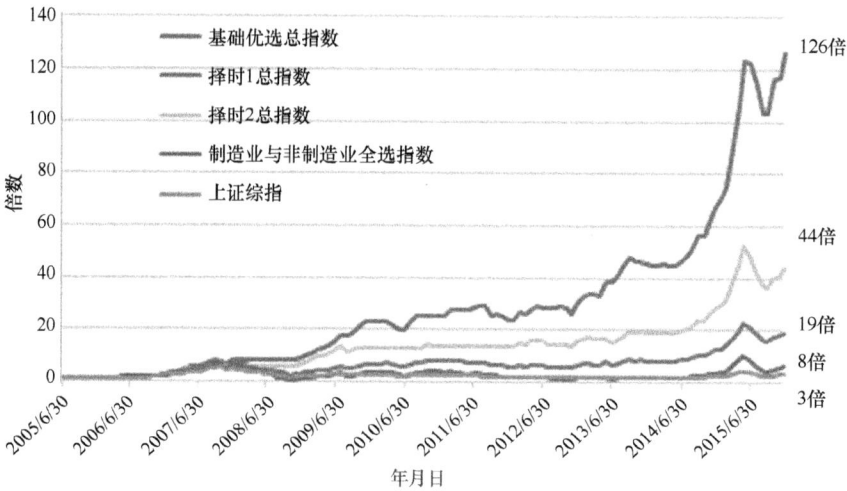

图 6-3 PMI 优选策略模型

第七章 PMI对股市整体趋势的反映

第一节 研究结论

制造业PMI综合指标与股指很多时候体现为领先关系,这种相关性在2007年以来表现得非常明显。随着股改逐步深入,很多大型国企完成了股份制改造,进入股指成分的计算,股指逐渐成为企业效益升降的晴雨表。而PMI是针对企业的实际经营情况作调研,从基础经营到产生经济效益本身就有一定的领先,所以PMI较股指表现出较好的领先性,二者相关性也自然较高。

中采咨询在很久以前提出四面一体的说法(当然市场还有三面一体、五面一体,甚至六面一体的说法)。四面包括基本面、政策面、资金面和技术面,其中基本面受政策面影响,政策面反作用基本面,二者是相互作用的过程,基本面和政策面的相互作用通过资金面来体现,技术面是对前三者通过技术分析的一种体现。PMI很好地契合经济和政策,所以对市场保持较高的领先性和相关性(详见第二章)。

第二节 具体表现

一、PMI与股票指数的关系

2012—2019年PMI与上证综指趋势如图7-1所示,多数时间趋势一致。在2014年7月之后到2016年年初的这段时间,两者出现背离,这种背离受上证综指成分股的影响比较大。通过图7-1中PMI与中证500指数两者的表现比较可以发现,二者在2015年走势非常相近。

在2016年1月至2018年12月PMI与上证综指走势基本一致,同期相关系数为0.72,领先1期相关系数为0.57。在2017年1月至2018年12月PMI与上证综指同期相关系数为0.79,领先1期相关系数为0.62。

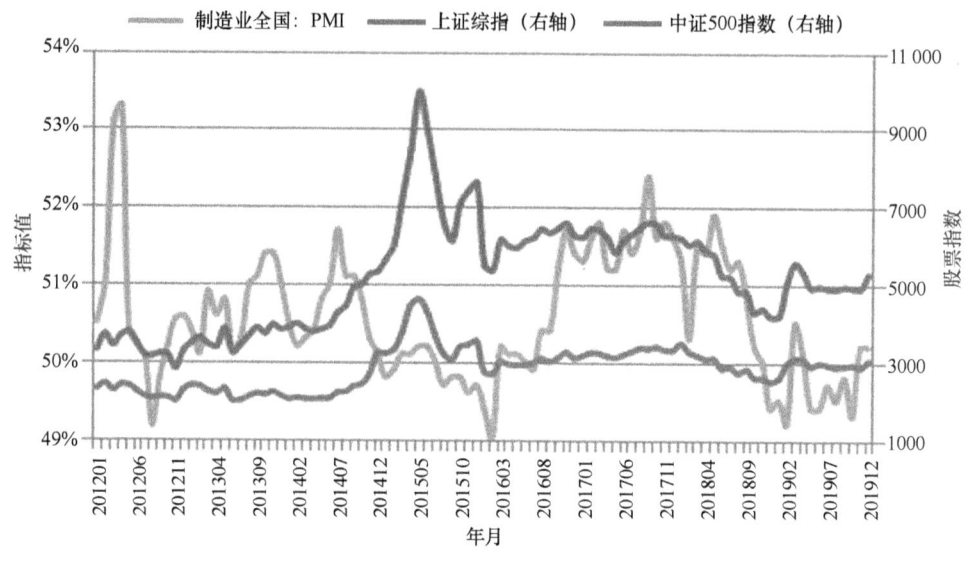

图 7-1　制造业全国 PMI 与上证综指、中证 500 指数走势对比

二、PMI拟合指标与股票指数的关系

与股指相关性最好的PMI拟合指标包括利润趋势、销售、量价配比（参见第三章）。历史上最常用的是利润趋势，量价配比是 2018 年才做的拟合指标。

2007 年，我们首次提出利润趋势的应用时，PMI利润趋势领先股指长达 9 个月，但随着该指标应用越来越广泛，2014 年以后，两个指标时滞减少到只有 3~6 个月，这在博弈理论当中属于正常现象，但这种时滞的改变影响了二者的长期相关，所以利润趋势用于中期预测比较好。

此外，利润趋势这种拟合指标，在量纲的预测上不尽准确。我们尝试过做更为精确的预测，甚至用利润趋势积累值，可以计算出 2015 年上证综指的高度是 5600 多点，但是这种预测是尝试性的。利润趋势的预测性，更多体现在拐点上，其阈值比对是非常明确的拐点指标，尤其是几个领先行业预示拐点，在最近 10 年的 3 个周期里一直有效。

由图 7-2 可以看出，PMI的拟合指标利润趋势相较KDJ具有很好的领先性，在 2015 年 9 月至 2018 年 12 月两者同期相关系数为 -0.72，领先 1 期相关系数为 -0.74。在 2016 年 3 月至 2018 年 12 月两者同期相关系数为 -0.79，领先 1 期相关系数为 -0.78。

量化配比指标是最近我们推出的新拟合指标，几个领先行业的数据显示，这个三重拟合指标比利润趋势更加精准，在 2018 年 7 月成功预测了数据拐点。一方面它比利润趋势的领先性稍弱，只领先 3 个月，所以更实用；另一方面引入产成品库存指标，对周期的反映也更明确。库存指标在 2018 年以前由于发展阶段的原因，不适合作为领先指标；2018 年以后，随着制造业定型和进入平台阶段，产成品库存变化趋于稳定，对经济趋势的影响趋于明晰，量价配比这个指标才显现出更好的预示作用（图 7-3）。

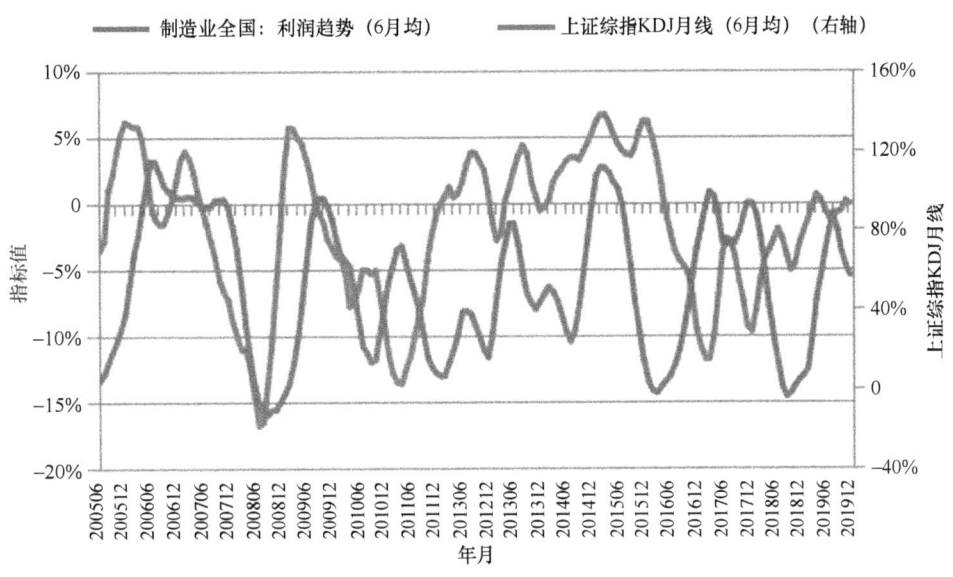

图 7-2　PMI 领先指标 6 月均与上证综指 KDJ 月线 6 月均走势对比

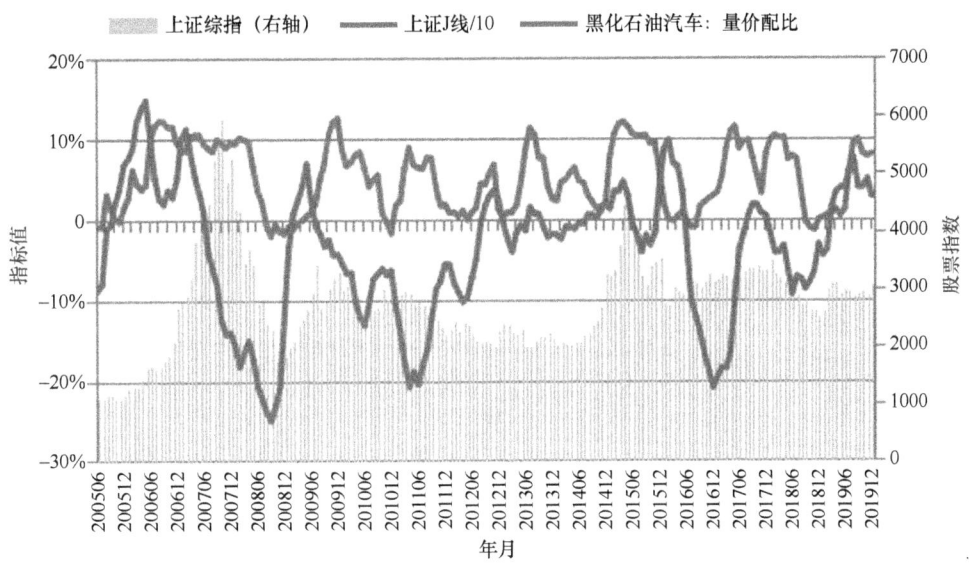

图 7-3　PMI 黑化石油汽车量价配比指标与上证综指、上证 J 线走势对比

三、历史上PMI指标预测股指的报告

历史上，综合应用PMI多个指标，可以准确地计算股指走势，这一点在中采咨询多年的研究实践中得以证明。2007 年以来，我们针对数据的点评，总是提前 1～3 个月领先做出有关中期和长期股市拐点的准确判断，如 2007 年高点、2008 年低点、2009 年中回落、2011 年行情、2012 年跨年度行情、2013 年结构转型等。历史上引人注目的是 2014 年 6 月"穷五绝六底七"历史大底的判断，以及 2015 年 6 月 5 日起连续多次

提醒调整不可避免。2016—2018年多次拐点预测也极为准确。每年年底对第二年的趋势计算都最终落实：2016年12月认为"3300点不是阻力位"，2017年市场兑现3300点以上。计算2018年3600点为阻力位、2019年上证中枢2800点均在第二年变成现实。第二章中提到的"四面一体"策略思维及基本面分析的领先性，是我们正确判断A股市场走势的基础，事实证明股市和PMI一样是经济的"晴雨表"。

自2008年以来，中采咨询关于A股指数的计算，无论长期、短期，还是时间、空间，准确率奇高。具体实例详见第二章。

第三节　量化应用

基于PMI行业数据个别衍生指标与各行业股指存在着高度的相关性，用PMI指标优选行业后形成的股票价格指数及指数基金均能达到超额收益，可取得数倍于A股大盘的累计收益率。尤其是2011年以后，随着行业分化的不断加剧，利用PMI数据优选行业模型进行投资所得到的回报率也大大提高（参见第六章）。

第八章　PMI 行业指标对股市趋势的提前反映

第一节　研究结论

由于PMI数据从多个侧面反映经济走势，既有多个分项指标，又有多个行业，而股市是资金判断经济基本面走势后聚合投资行为的体现，因此股市与特定PMI指标的表现一致，又有一些经过提炼的指标领先于股指表现，其中最具前瞻性与预见性的是细分行业PMI拟合指标。除了判断大盘走势外，PMI还可以预测股市中相关板块的走势。我们持续进行的相关分析表明，各行业PMI数据与同行业股票指数在以往的变化趋势中表现了良好的领先相关。

市场上很多投研机构对PMI与股指的关系进行分析研究。为寻找能够领先股指的指标，某头部机构将涉及行业的全部统计数据入库进行矩阵和列联分析，有效领先指标关键的几项要求为：序列60个以上，胜率70%以上，领先2～4期。结果显示，预测上证综指和每一个行业股指，都能够得到几个PMI有效领先指标；其他经济指标序列，有效的寥寥无几。

第二节　具体表现

一、行业PMI指标与行业股票指数的关系

在本书第四章第四节中，我们已经将行业PMI与中信行业股指相关性列表，其中PMI数据对中信行业股指领先相关系数普遍在0.5以上，也有部分行业是呈现负相关。通过图8-1至图8-4我们可以看到，在2005—2019年，行业PMI与行业股指的趋势基本能保持一致，但显然不是一个特别有效的指标。

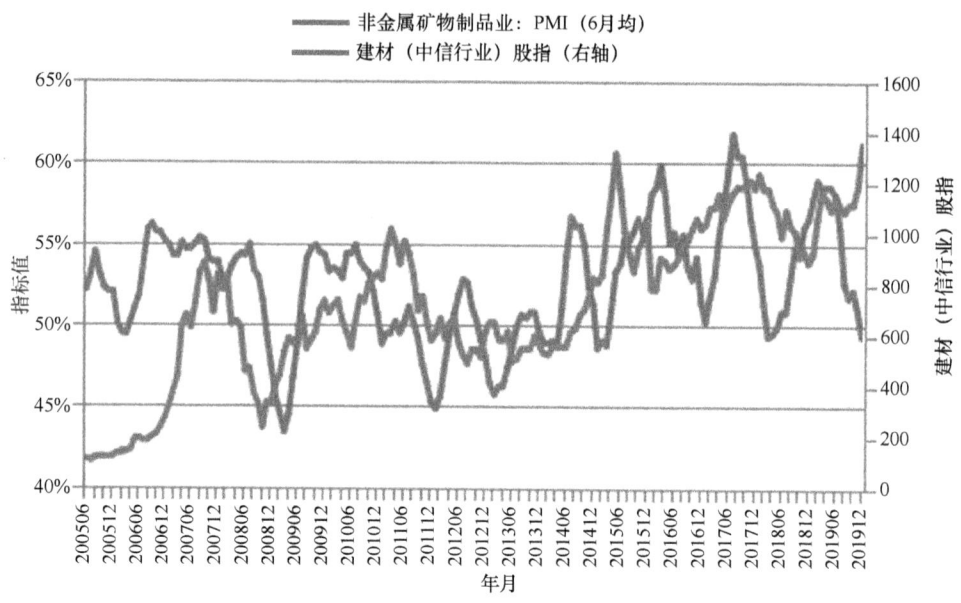

图 8-1 非金属矿物制品业 PMI 6 月均与建材（中信行业）股指走势对比

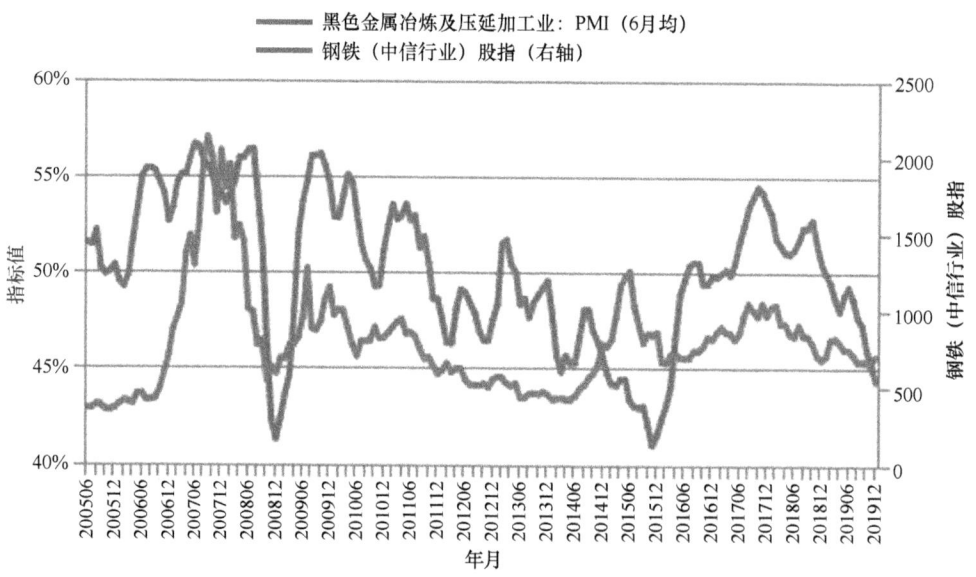

图 8-2 黑色金属冶炼及压延加工业 PMI 6 月均与钢铁（中信行业）股指走势对比

第八章 PMI 行业指标对股市趋势的提前反映

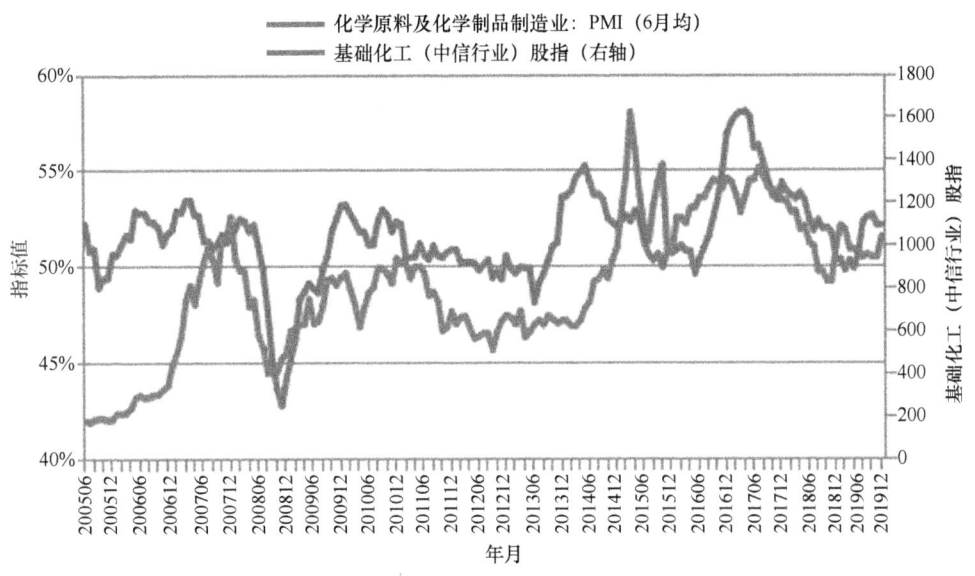

图 8-3 化学原料及化学制品制造业 PMI 6 月均与基础化工（中信行业）股指走势对比

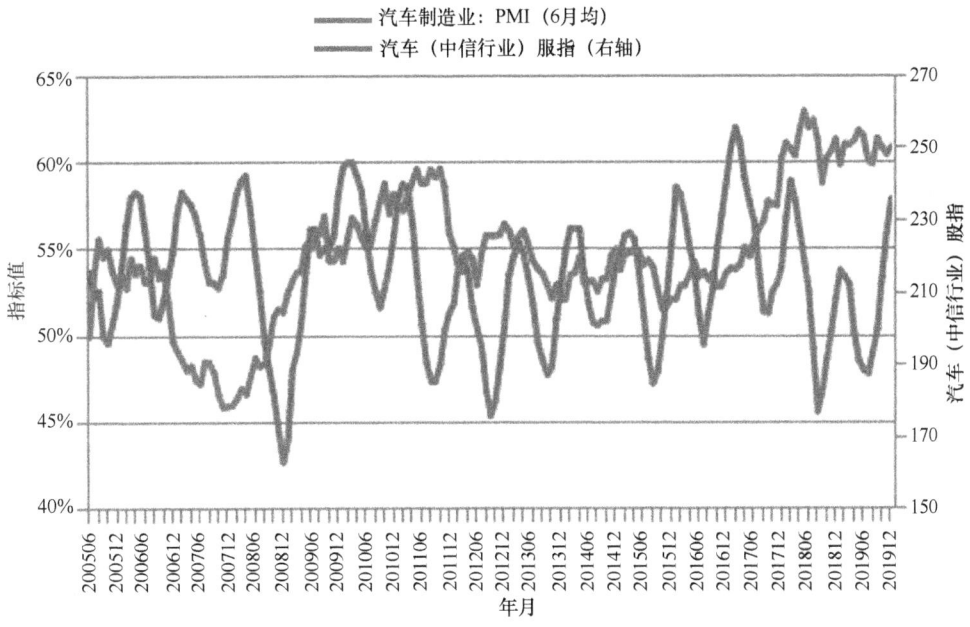

图 8-4 汽车制造业 PMI 6 月均与汽车（中信行业）股指走势对比

二、行业PMI拟合指标利润趋势与行业股票指数的关系

利润趋势作为拟合指标，我们在 2007 年就已经提出，在预测股指的过程中很好地体现了领先性，通过图 8-5 至图 8-9 可以看到，在 2005—2019 年，利润趋势均领先股指出现变化；通过领先行业的领先指标来判断拐点，一直是我们准确判断拐点的秘籍。

在本书第四章第四节中，我们已经将PMI行业利润趋势与中信行业相对应的KDJ/J月线的相关性列出，PMI利润趋势对中信行业股指KDJ/J月线相关系数普遍在0.5以上，尤其是非金属矿物制品业、化学原料及化学制品制造业、汽车制造业、黑色金属冶炼及压延加工业、有色金属冶炼及压延加工业等大宗商品行业，非金属矿物制品业相关系数更是达到了0.9以上。从图8-5至图8-9可以看出，PMI利润趋势与中信行业KDJ/J月线的走势基本相同，并且在拐点处均有不同时滞的领先。上述领先系数降低的情况，更多是由于各个拐点的领先期数不同而降低了二者相关系数，如果分期计算，各期领先系数依然能够达到0.7以上。

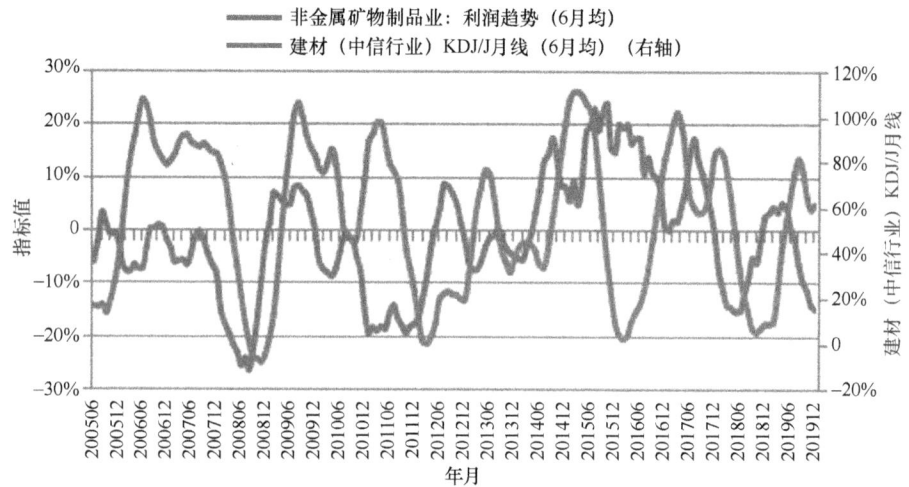

图8-5 非金属矿物制品业利润趋势与建材（中信行业）KDJ/J月线走势对比

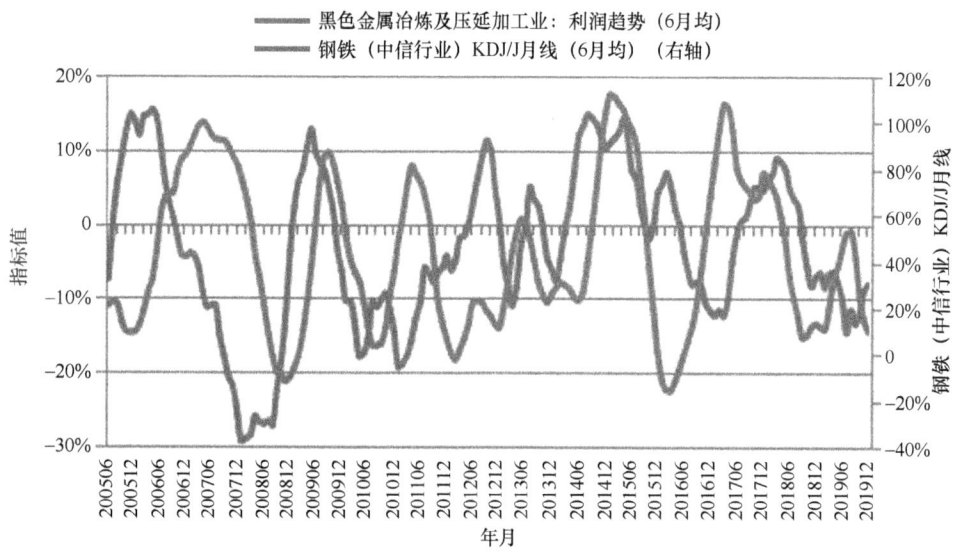

图8-6 黑色金属冶炼及压延加工业利润趋势与钢铁（中信行业）KDJ/J月线走势对比

第八章　PMI 行业指标对股市趋势的提前反映

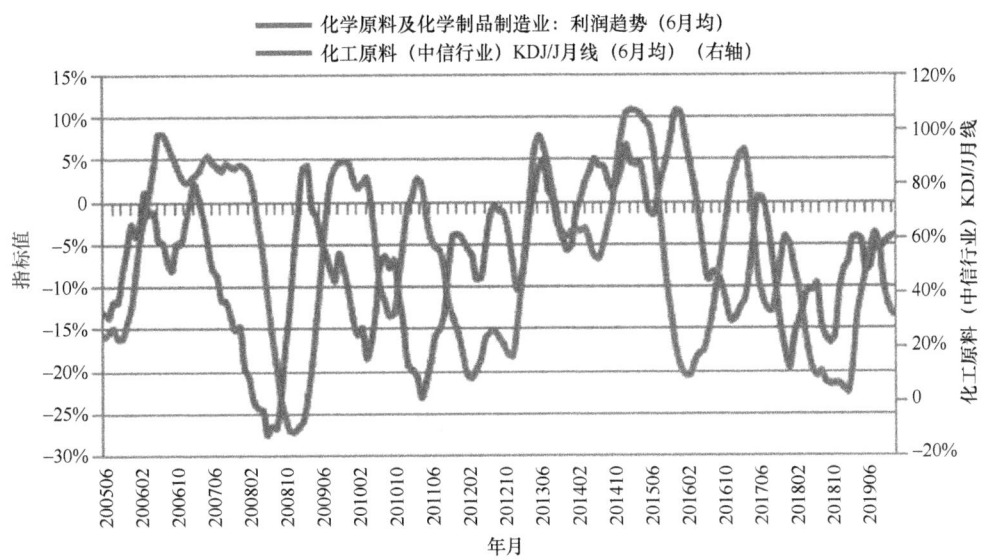

图 8-7　化学原料及化学制品制造业利润趋势与化工原料（中信行业）KDJ/J 月线走势对比

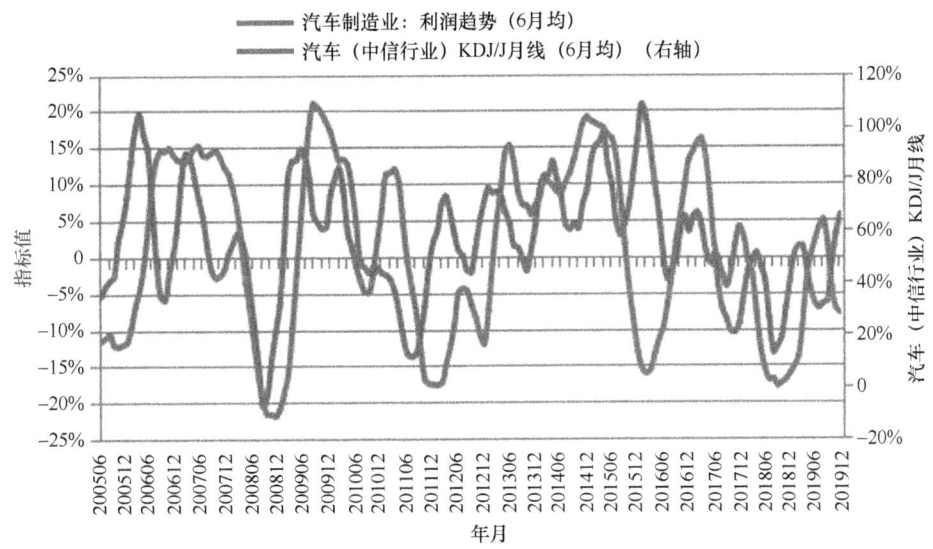

图 8-8　汽车制造业利润趋势与汽车（中信行业）KDJ/J 月线走势对比

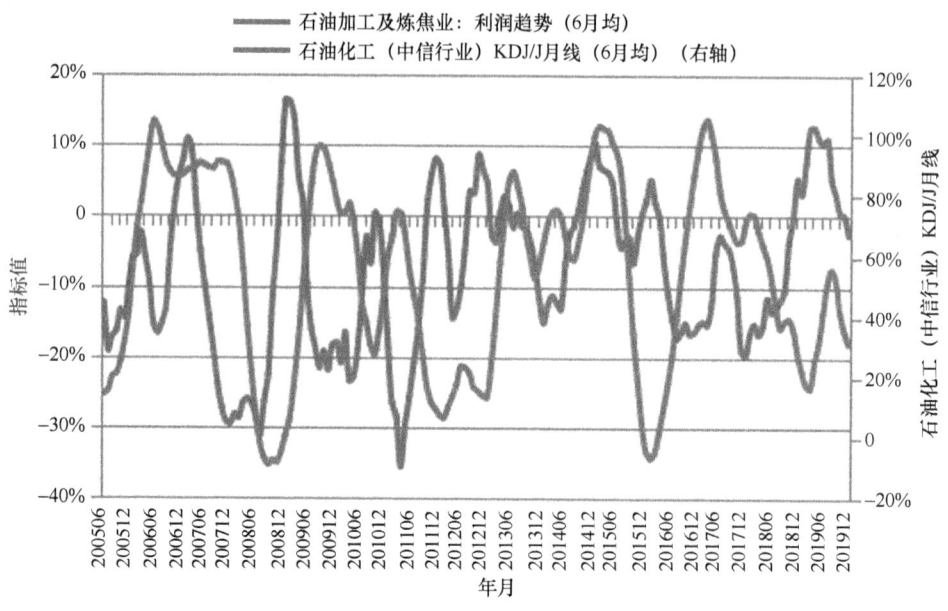

图 8-9 石油加工及炼焦业利润趋势与石油化工（中信行业）KDJ/J 月线走势对比

三、行业PMI拟合指标量价配比与行业股票指数的关系

随着 2018 年中国制造业进入 3.0，库存管理水平上升到新的平台，产成品库存指标的表现趋于稳定，企业对于产成品库存的管理显得更为精准，能够结合实际经营控制库存，产成品库存的变化与企业的经营变化更为相关，已经能够准确反映经济周期的变化。因此，我们在以往利润趋势的基础上加入产成品库存，形成新的量化配比指标。第五章中论证经济周期要素包含 3 个，而利润趋势包含的新订单与购进价格组合具有一定的局限性；加入产成品库存指标，对于企业的经营反映得更为全面；利润趋势领先 7～8 个月，有点过早，量价配比的领先时滞更短、实用性更强，也可以作为利润趋势的确认指标。

图 8-10 为 PMI 全国量价配比与上证综指走势对比，因为产成品库存在 2018 年以后才趋于稳定，所以我们只分析 2018 年以后的对比关系。可以看出，全国 PMI 量价配比指标在拐点处相对上证综指领先性不强，几乎是 2018 年 12 月同步出现拐点。这对于我们预测股指的走势具有一定影响，所以我们在第五章中确认，周期领先行业和体量较大行业的量价配比指标更具有实用性。

同时，由于中国制造业的结构持续变化，2018 年上升到新平台后，设备类制造业以高附加值和高科技的特征，更强地反映了中国制造业波动，体量也变得更大，所以对全国股指的影响也越来越大。因此，我们以敏感原料行业和重要设备行业的量价指标加总，得到了领先全国 PMI 和上证综指的领先指标。

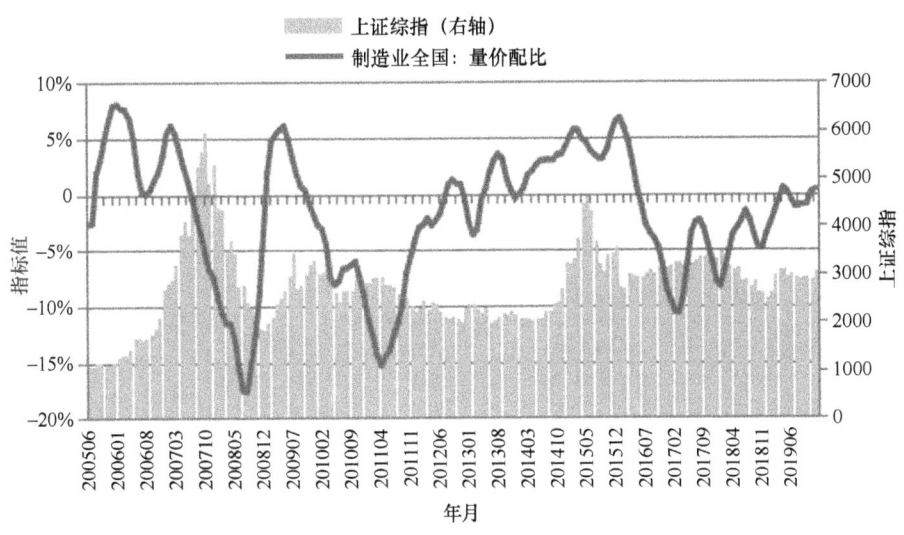

图 8-10 制造业全国量价配比与上证综指走势对比

图 8-11 为 PMI 化学原料及化学制品制造业、石油加工及炼焦业加总的量价配比指标与上证综指、上证 J 线走势对比。相对于全国的量价配比指标，由 2 个领先行业拟合成的量价配比指标在拐点处体现得更为明显，领先性更强。化学原料及化学制品制造业和石油加工及炼焦业作为上游行业，本身具有一定的领先，而 PMI 领先行业的领先指标则更具有先导性。

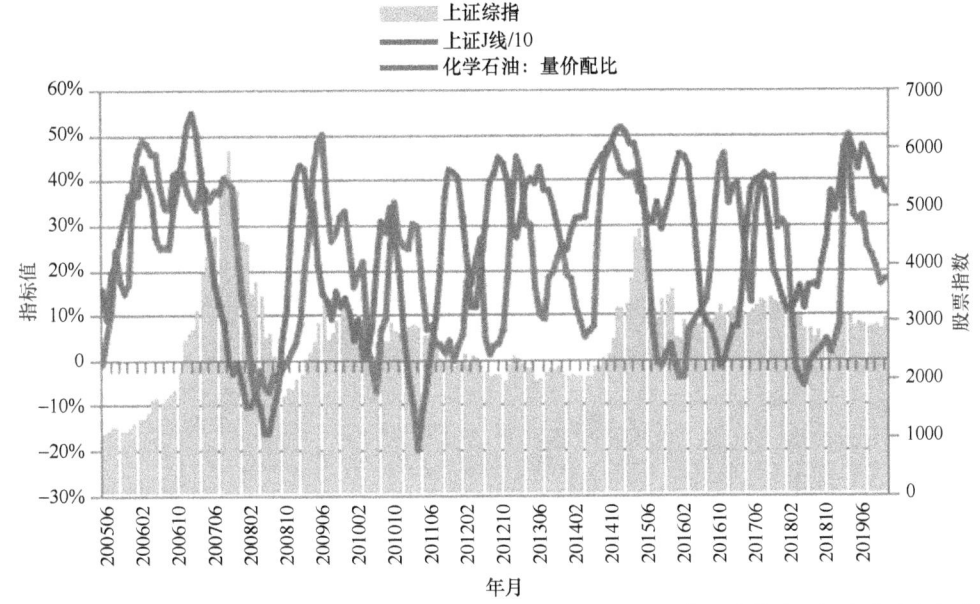

注：化学石油是取化学原料及化学制品制造业、石油加工及炼焦业的简称，指代这两个行业。

图 8-11 化学石油量价配比与上证综指、上证 J 线走势对比

观察历史趋势，原材料大类行业作为行业链中处于上游的行业，汽车制造业等设备行业作为体量较大的行业,对于全国股指和行业股指均有较好的领先性;而消费行业量价指标表现了领先行业股指高点及与长期趋势相关的特点。下面分别与其对应的中信行业股指进行趋势对比。不过诚如上文所言,由于产成品库存在 2018 年以前的双向性,我们在此时间之后观察该指标的表现。

从图 8-12 至图 8-14 可以看出,在拐点处,原材料类量价配比均领先行业股指出现拐点,其中 2018 年石油加工及炼焦业更是领先行业股指 7 个月出现阶段性低点。

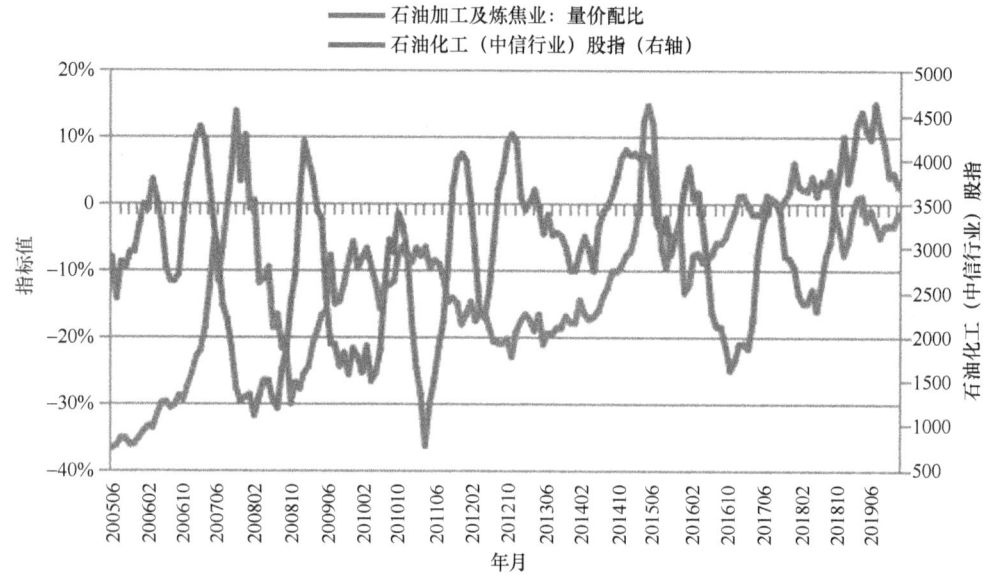

图 8-12 石油加工及炼焦业量价配比与石油化工(中信行业)股指走势对比

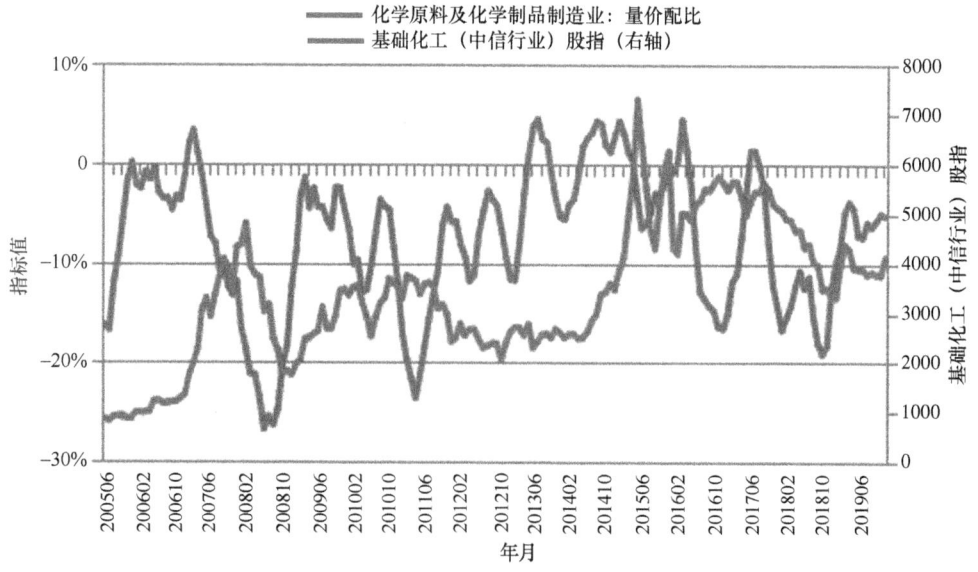

图 8-13 化学原料及化学制品制造业量价配比与基础化工(中信行业)股指走势对比

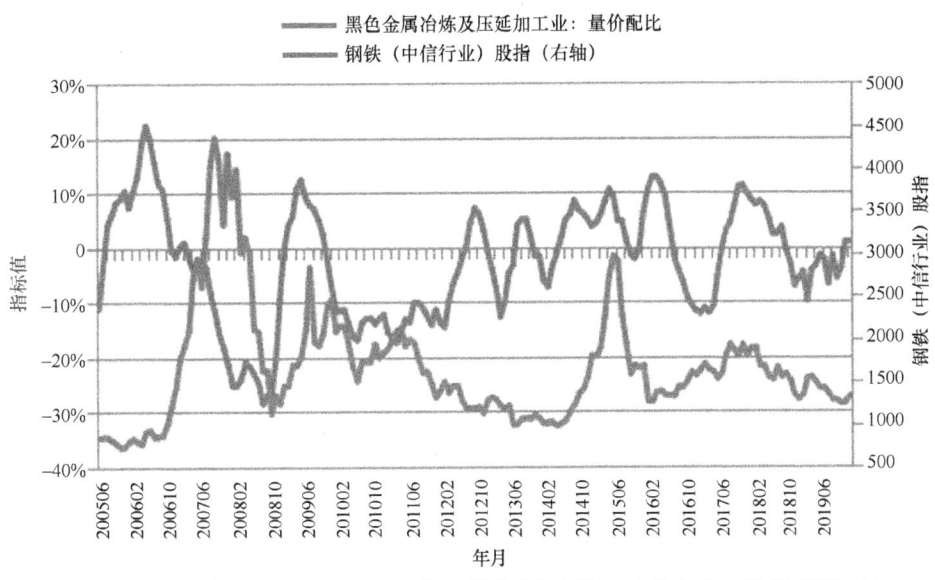

图 8-14 黑色金属冶炼及压延加工业量价配比与钢铁（中信行业）股指走势对比

设备行业作为行业链的中游行业，在中国经济中的占比正逐年走高，我们从 2019 年秋季就开始指出，中国制造业向高端发展的结果之一是设备行业替代原材料行业成为领先行业，这一判断 2020 年再次被验证。通过与股指的走势对比（图 8-15 至图 8-17）也可以发现，早年从顶点向下的拐点处，设备行业对于股指的领先并不明显，但由波谷向上的时点，设备行业表现出明显的领先性。这与设备行业在行业链所处位置有关，其影响原材料大类行业需求，并且更接近终端消费，导致设备行业见顶稍有滞后；中国经济转型，早年投资驱动的经济发展模式导致设备需求在周期高潮后仍然高涨了一段时间。近年来中国工业创新、自动化、智能化趋势已成，设备行业体现了更多领先，未来更会早于原材料大类行业出现拐点。2018 年专用设备周期性拐点领先 9 个月出现低点。

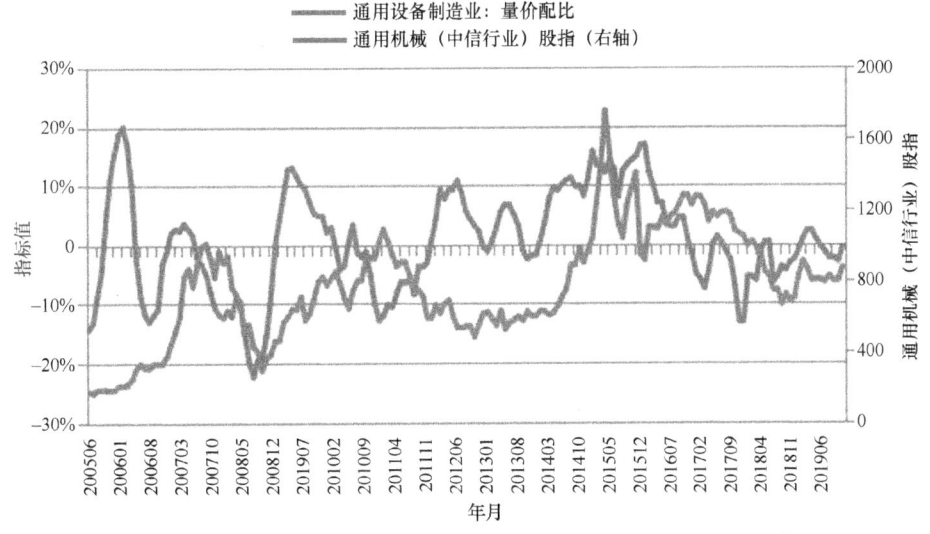

图 8-15 通用设备制造业量价配比与通用机械（中信行业）股指走势对比

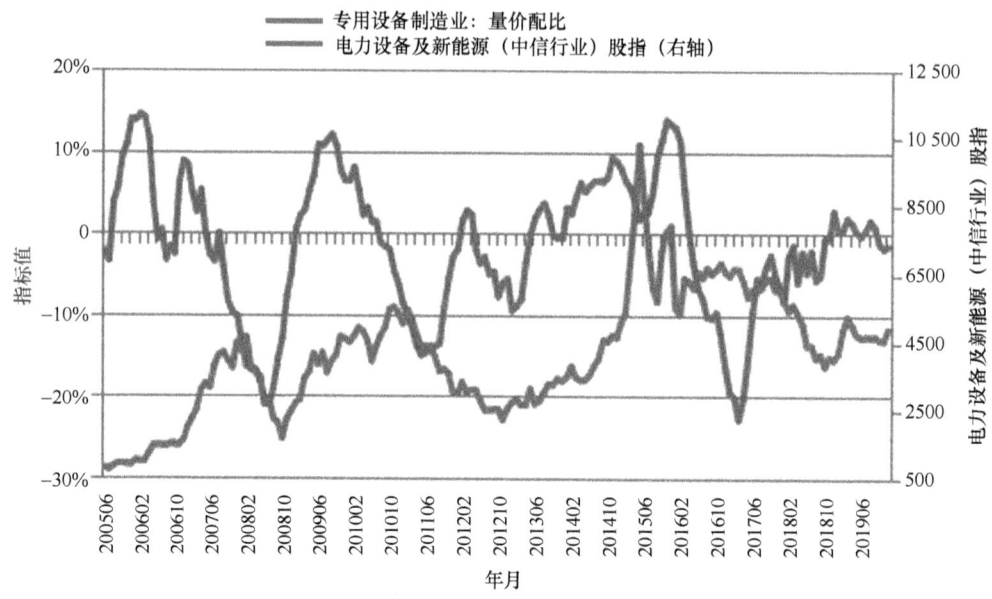

图 8-16　专用设备制造业量价配比与电力设备及新能源（中信行业）股指走势对比

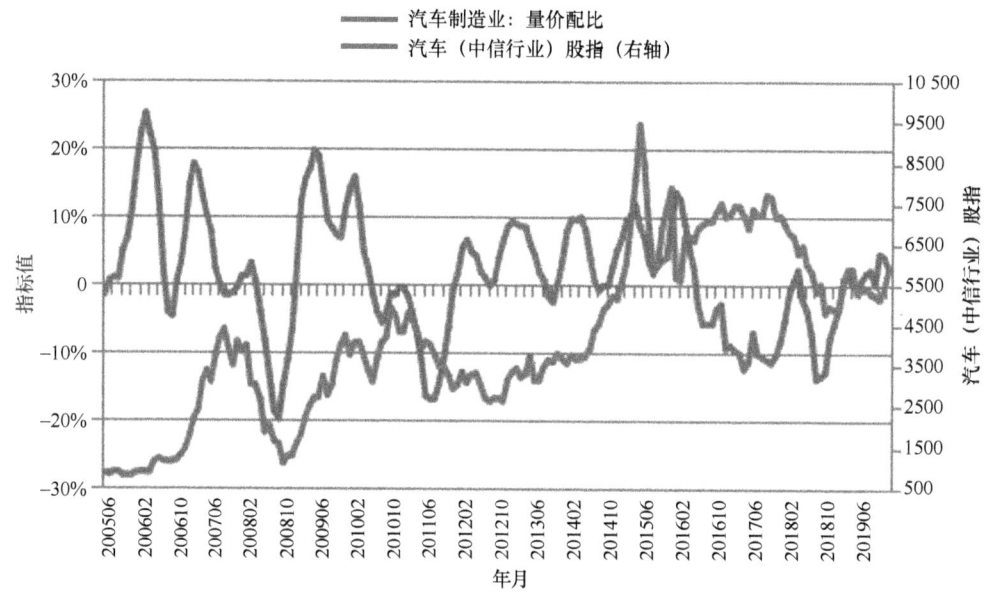

图 8-17　汽车制造业量价配比与汽车（中信行业）股指走势对比

消费行业处于行业链下游，随着消费占全国经济的比重越来越高，消费行业数据的作用不可忽视。消费行业量价配比表现出的领先性与设备行业正好相反，在经济向下的拐点处更为明显。因为中国经济复苏往往靠政策带动，更多体现为投资，因此经济复苏上行时，早年是原材料行业最先受益，近年是设备行业最先受益；但高点下行时，消费行业更接近需求，对于经济下行更为敏感（图 8-18 和图 8-19）。

第八章　PMI 行业指标对股市趋势的提前反映

注：农副食品+饮料是取农副食品加工业、食品及酒饮料精制茶制造业的简称，指代这两个行业。

图 8-18　农副食品+饮料量价配比与食品饮料（中信行业）股指走势对比

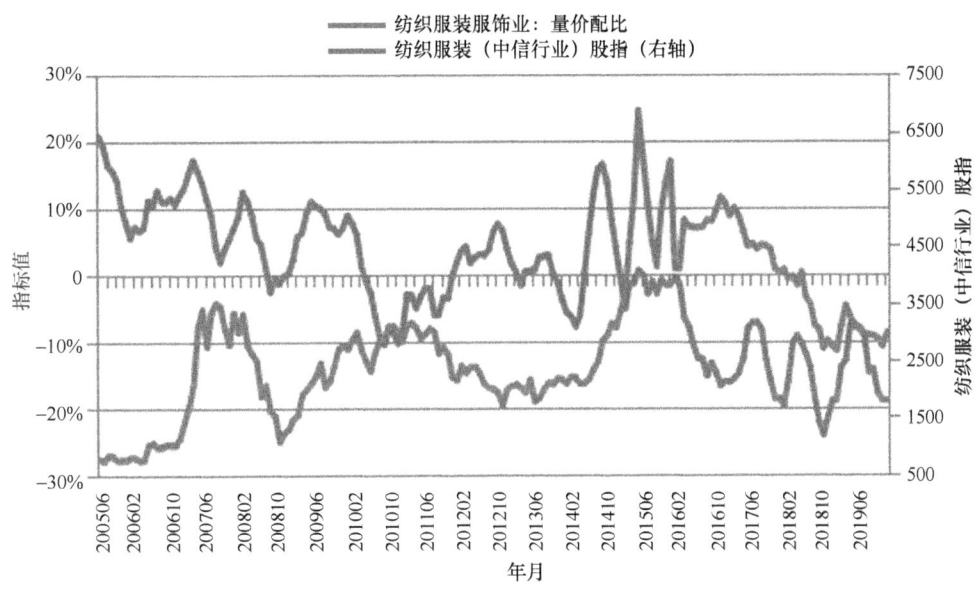

图 8-19　纺织服装服饰业量价配比与纺织服装（中信行业）股指走势对比

四、行业PMI拟合指标销售与行业股票指数的关系

销售作为较早出现的拟合指标，也是PMI体系中较为敏感的指标，仅次于利润趋势指标发生变化。利润趋势是结合新订单和购进价格的趋势，更多反映外部变化对企业的影响，而销售是由主要原材料库存与产成品库存拟合而成，更多反映了企业内部

的变化。销售滞后利润趋势，更多与企业的经营状态有关。但从销售指标与股指的关系来看，销售仍处于领先位置。

在实际应用中，PMI指标因为季节性因素影响，波动比较明显，做中长期趋势判断时，一般会做移动均值的处理，但这种数据处理的方式会导致拐点滞后。利润趋势因为领先性更强，与股指原值做比较仍能领先；但销售指标的领先性相对较弱，所以下文对PMI销售指标和股指同时做移动均值处理。

图 8-20 为全国销售指标与上证综指及中证 500 走势对比，可以看出，销售指标与上证综指多数时间趋势一致，但在 2014 年 12 月到 2016 年年初的这段时间，两者出现背离。这种背离一是因为有关PMI的领先指标都在 2013 年好转，创业板和中证 500 随之上行，但上证综指因为其他因素直到 2014 年年底才爆发，滞后PMI指标较多；二是因为 2015 年流动性推高 M2 与代表企业占有资金的 M1 本身就是背离的，再加上股灾冲击，股指与基本面出现一定背离。此后，2016 年下半年至 2019 年，销售指标与各类股指保持了一致走势。

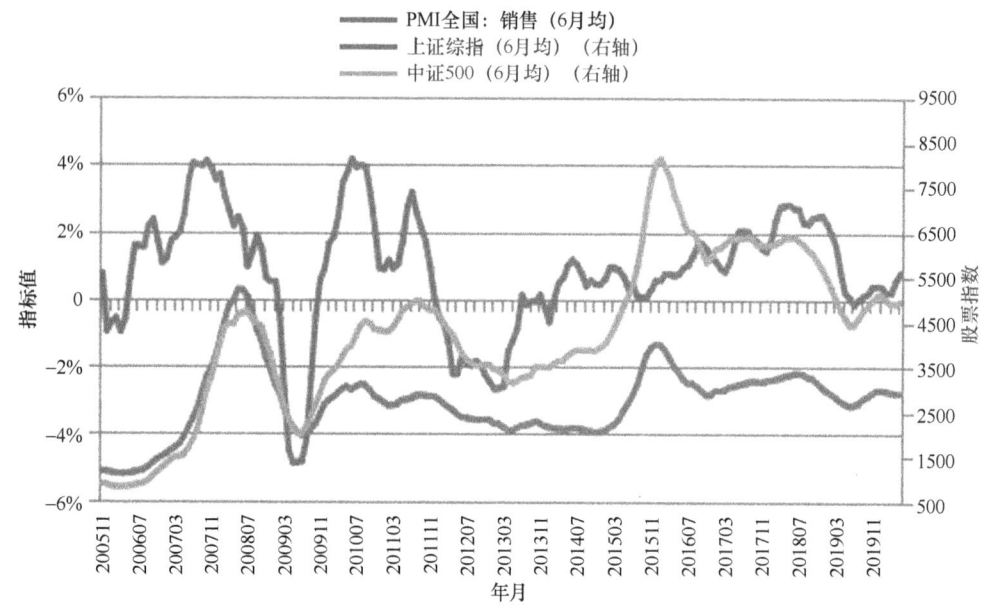

图 8-20　全国 PMI 销售与上证综指、中证 500 走势对比

图 8-21 至图 8-24 为PMI领先行业与对应中信行业股指走势对比，其中原材料大类行业与中信行业股指的走势基本相同，且均有不同时滞的领先。

其中，汽车制造业销售指标与汽车（中信行业）股指有所差异。在 2017 年之前，汽车制造业销售指标整体是下降趋势，与汽车（中信行业）股指走势有所背离。汽车制造业作为季节性非常明显的行业，备库存行为明显，因为预估销售增长，但政策抑制较多，企业产成品库存相应增加；同时企业采购管理精进，主要原材料库存仅保持了相对幅度较小的增长,这个背景导致二者出现背离。2017年后,工业逐渐步入3.0,对于产成品库存的把控更为精准,二者趋势开始一致,2018年销售指标领先4个月出现向上拐点。

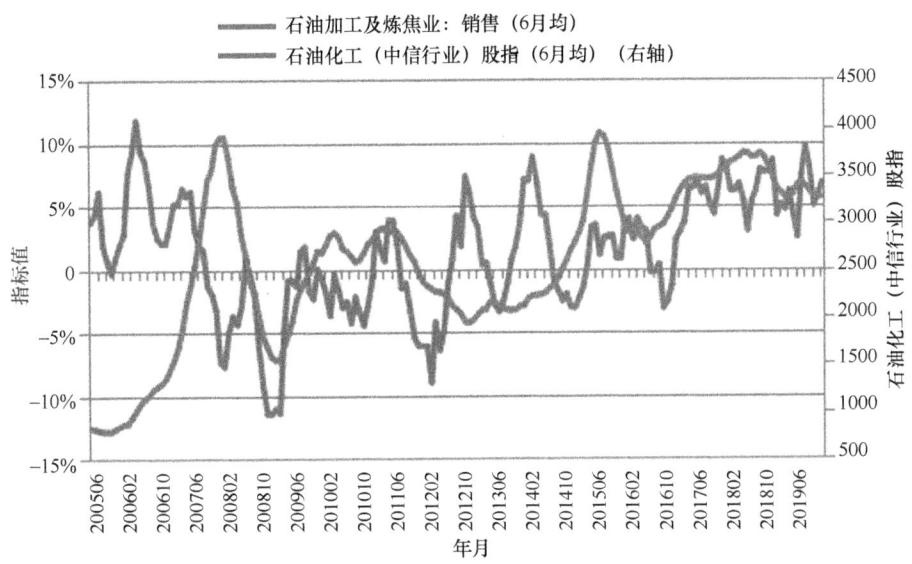

图8-21 石油加工及炼焦业销售与石油化工(中信行业)股指走势对比

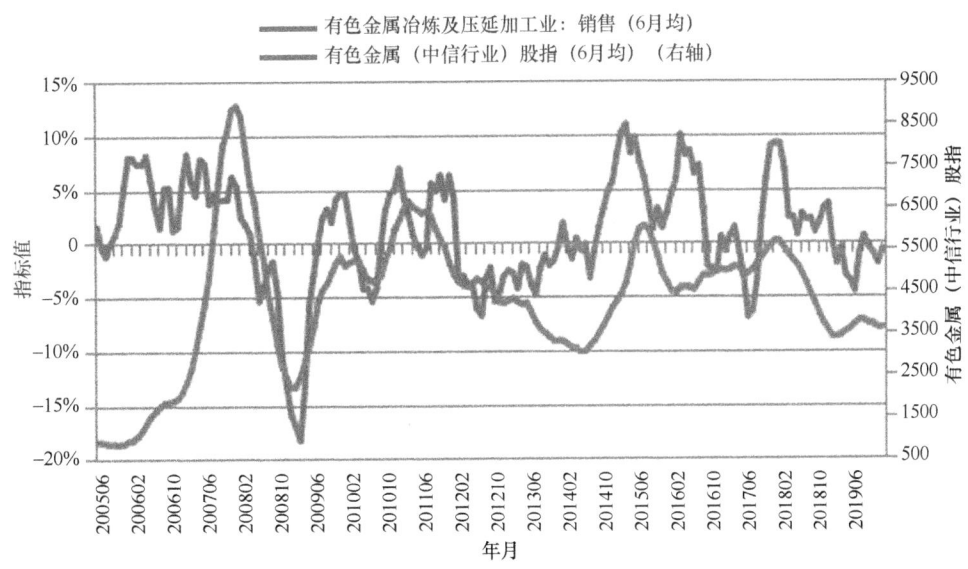

图8-22 有色金属冶炼及压延加工业销售与有色金属(中信行业)股指走势对比

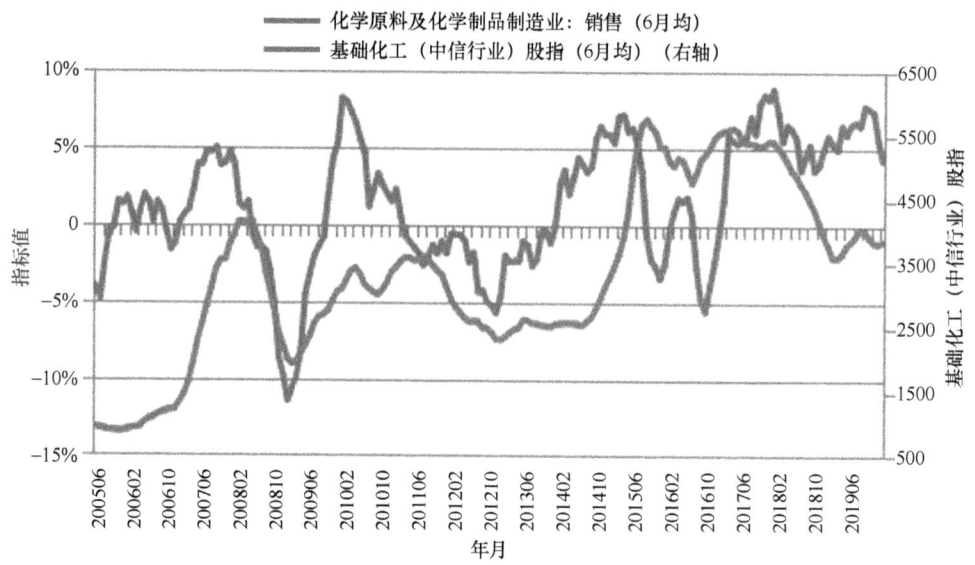

图 8-23 化学原料及化学制品制造业销售与基础化工（中信行业）股指走势对比

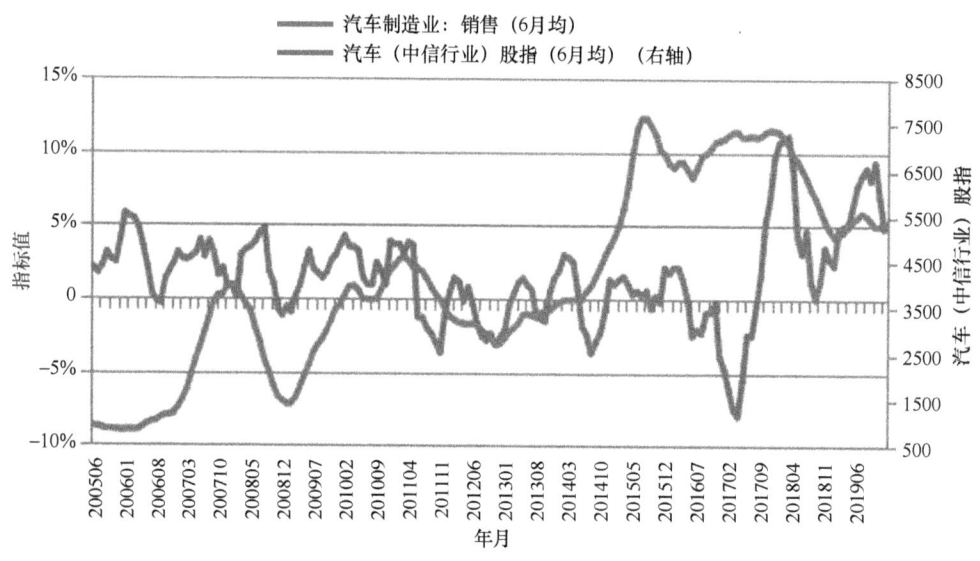

图 8-24 汽车制造业销售与汽车（中信行业）股指走势对比

五、领先创业板的EPMI指标

创业板又称二板市场（Second-board Market）即第二股票交易市场，企业类型主要包括创业型企业、中小企业和高科技产业企业等，大多从事高科技业务，具有较高的成长性。因此，EPMI体系的多个分项指标与创业板指数相关明显。

新兴产业作为近些年才提出的概念，包含制造业中科技含量相对较高的产品，横跨制造业多个细分行业，与制造业存在交集；随着新兴产业的快速扩张，其在制造业中的占比也在不断提升。因此，制造业 PMI 数据与创业板呈现一定相关，但是，EPMI 体系的多个分项指标与创业板指数走势相关性更明显。

图 8-25 为制造业 PMI 和创业板股指走势对比，可以看出，在 2019 年之前，制造业 PMI 相对创业板具有很好的领先性，其中，2014 年 7 月制造业 PMI 领先创业板股指 9 个月出现高点，而到了 2017 年 9 月只领先了 6 个月。领先性随着时间推移呈现下降趋势。至 2019 年年初，二者同时出现向上拐点。这种领先性的时滞差异，我们认为主要因素是与调研范围有关——制造业与创业板的企业覆盖范围存在差异，制造业 PMI 采用 PPS 分层抽样，保证行业占比、区域分布更全面，但传统制造业行业占比更高，相对以电子信息和生物创新为重要板块的创业板自然有所滞后。随着我国近几年科技产业的发展，这种滞后也越来越明显，制造业 PMI 的领先性下降。此外，2012 年开始制造业 PMI 与创业板股指背离，也是因为成分不同，我们在前面其与上证综指的分析时，已经做了相关解释。

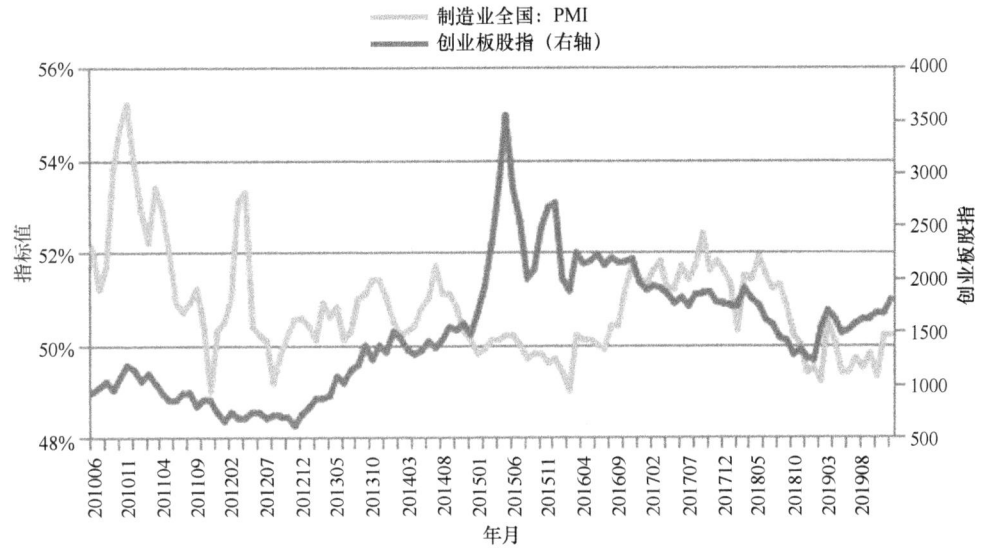

图 8-25　制造业全国 PMI 与创业板股指走势对比

作为制造业 PMI 中领先性最好的利润趋势指标，因为指示了市场交易强弱，其相对于创业板 KDJ/J 月线领先性依然存在。从图 8-26 可以看出，2011 年 5 月 PMI 制造业利润趋势领先创业板 KDJ/J 月线 4 个月出现低点，2017 年 2 月领先 6 个月出现低点，2019 年前后 PMI 制造业利润趋势领先性有所减弱，在 2018 年 10 月领先创业板 KDJ/J 月线 2 个月出现拐点。

相对于制造业 PMI，新兴产业 PMI 与创业板股指的走势明显更为相关，但新兴产业全国 PMI（全国 EPMI）与创业板只能做到同步趋势相关，从图 8-27 可以看出，二者的长期走势基本相同。这种稳定性与新兴产业的调研样本有关，新兴产业覆盖国务院厘定的七大战略性新兴产业，调研样本与创业板股指成分公司更为接近。

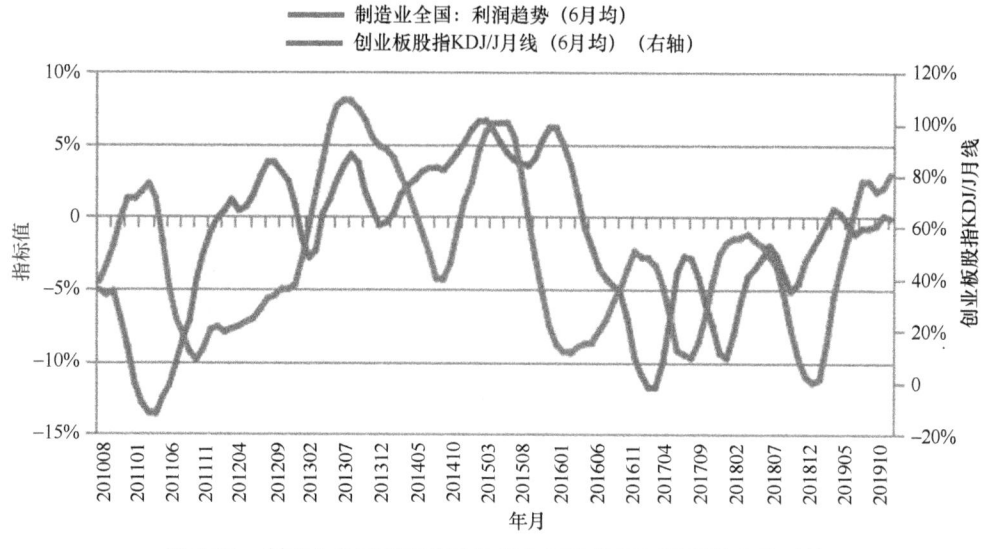

图 8-26 制造业全国利润趋势与创业板股指 KDJ/J 月线走势对比

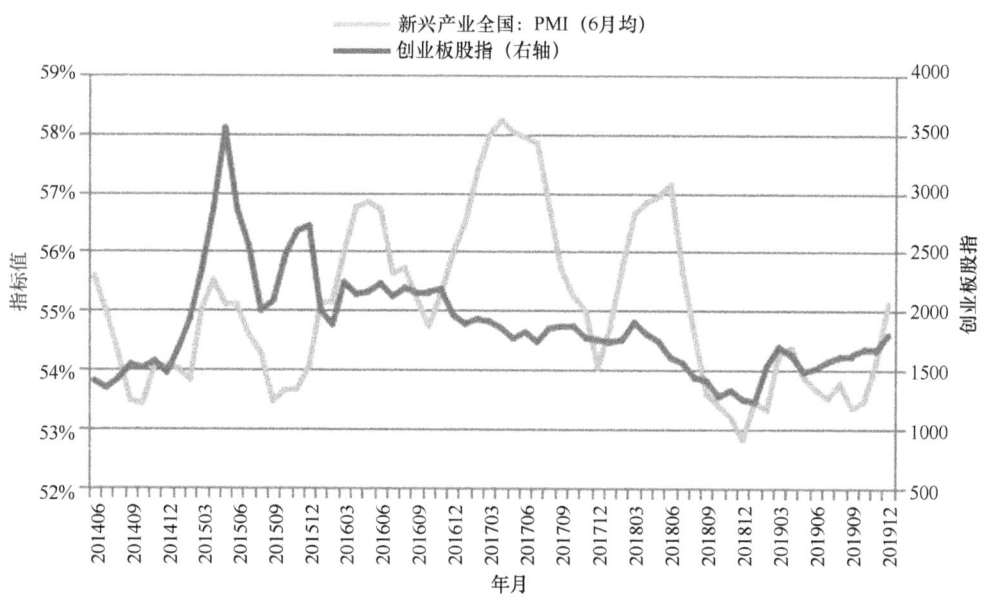

图 8-27 新兴产业全国 PMI 与创业板股指走势对比

由于全国 EPMI 未经权重计算,而是多个产业的均值,因此在某种程度上不能精确反映中国新兴产业的发展和占比变化;同时,创业板时间不是很长,其指数对新兴产业的覆盖也不与贡献度成比例,其成分权重与全国 EPMI 的各产业权重并不相同,因此全国 EPMI 与创业板趋势并不十分一致。但从细分行业指标看,那些正在成为中国制造中坚力量的行业,增速更快、占比更高,更多引领了创业板走势。

2018—2020 年,为应对中美贸易摩擦,增强疫后救助能力,调控政策都从创新供给体系的角度出发,新兴产业中的高端装备制造产业、新一代信息技术产业、新能源汽车产业增速更为明显,从图8-28可以得到印证。

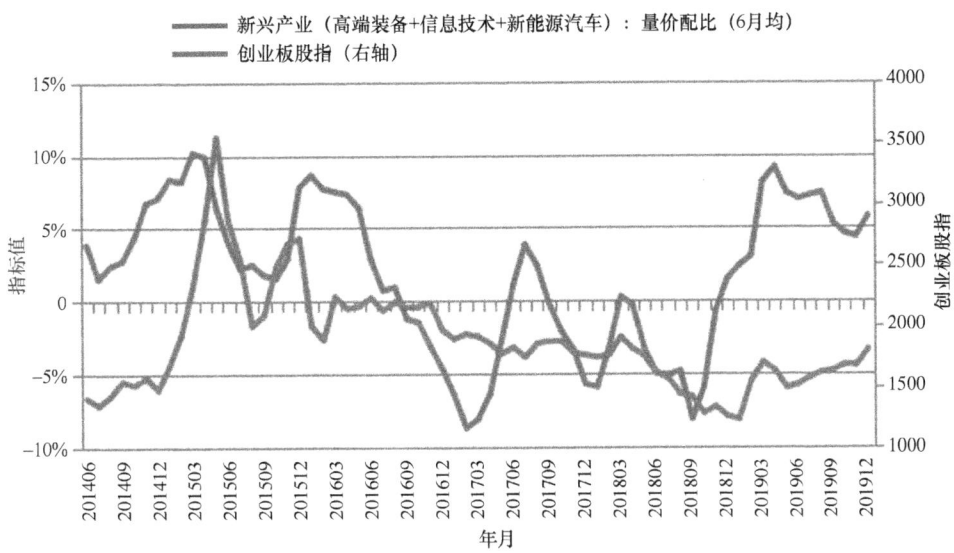

注:高端装备+信息技术+新能源汽车是取高端装备制造产业、新一代信息技术产业、新能源汽车产业的简称。图中趋势线取3个行业量价配比的均值。

图 8-28 新兴产业 3 个领先行业量价配比与创业板股指走势对比

利润趋势作为制造业中稳定的领先指标,在新兴产业中同样适用。通过图8-29可以看出,二者走势基本相同,且在拐点处均领先创业板发生变化。2014年10月,EPMI发布之初,利润趋势领先创业板KDJ/J月线3个月出现向下拐点,2017年2月领先6个月出现低点,2019年前后,EPMI利润趋势领先性有所减弱,在2018年10月领先创业板KDJ/J月线4个月出现低点。

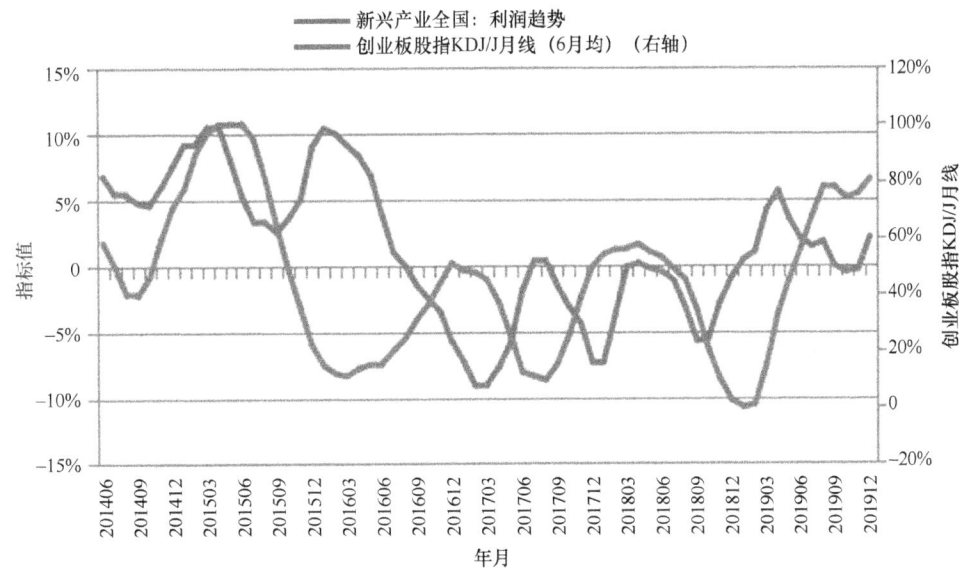

图 8-29 新兴产业全国利润趋势与创业板股指 KDJ/J 月线走势对比

第九章 PMI 行业购进价格指标与期货价格的关系

第一节 PMI 购进价格领先其他价格指标

PMI 中的领先指标购进价格领先于生产者物价指数（PPI）和消费者物价指数（CPI），它们都反映企业生产市场现货价格，而 PMI 的采集原理决定了 PMI 购进价格领先于这些价格指标。它们之间的相关系数情况详见第四章，对其他价格指标的领先侧面证明 PMI 与期货价格的关系。

CPI 又名居民消费价格指数，是反映居民家庭所购买的消费品和服务一揽子项目价格水平变动情况的宏观经济指标。它是在特定时段内度量一组代表性消费商品及服务价格水平随时间而变动的相对数，用来反映居民家庭购买消费商品及服务价格水平的变动情况，是一个月内商品和服务零售价变动系数。居民消费价格统计调查的是社会产品和服务项目的最终价格，一方面同人民群众的生活密切相关；另一方面在整个国民经济价格体系中也具有重要的地位，是进行经济分析和决策、价格总水平监测和调控，以及国民经济核算的重要指标，其变动率在一定程度上反映了通货膨胀或紧缩的程度。

收费价格作为非制造业特有的分项指标，体现了企业最终商品及服务的销售价格。服务业作为非制造业行业大类，是除建筑业之外的行业汇总，包括了批发业、零售业、居民服务业等行业，是与居民消费最为相关的行业，所以我们选择 PMI 服务业收费价格作为 CPI 的对标指标。图 9-1 为二者的趋势对比，可以看出二者走势基本一致，但收费价格作为 PMI 数据体系中的指标，继承了 PMI 季节性波动的特性。通过对二者进行相关性计算，PMI 服务业收费价格领先 CPI 5 期的相关系数为 0.8。

PPI 是衡量工业企业产品出厂价格变动趋势和变动程度的指标，是反映某一时期生产领域价格变动情况的重要经济指标，也是制定有关经济政策和国民经济核算的重要依据。PPI 与 CPI 不同，主要的目的是衡量企业购买的一揽子物品和劳务的总费用。由于企业最终要把它们的费用以更高的消费价格的形式转移给消费者，所以通常认为 PPI 的变动对预测 CPI 的变动是有用的。

第九章 PMI 行业购进价格指标与期货价格的关系

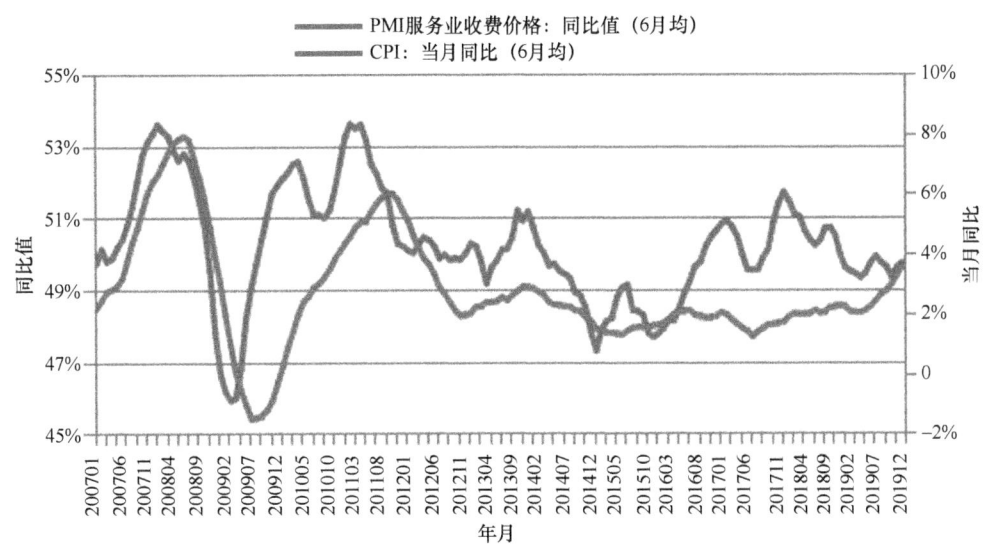

图 9-1　PMI 服务业收费价格与 CPI 走势对比

PPI 也是国家统计局公布的一个价格指标，但市场关注度不高。我们通过 PMI 细分行业购进价格与原材料、能源购进价格指标的相关性分析可以看出，PMI 购进价格处于相对领先的位置，并且领先 4 期的相关系数均在 0.7 以上，从图 9-2 可以看出领先性非常明显。具体相关系数详见第四章。

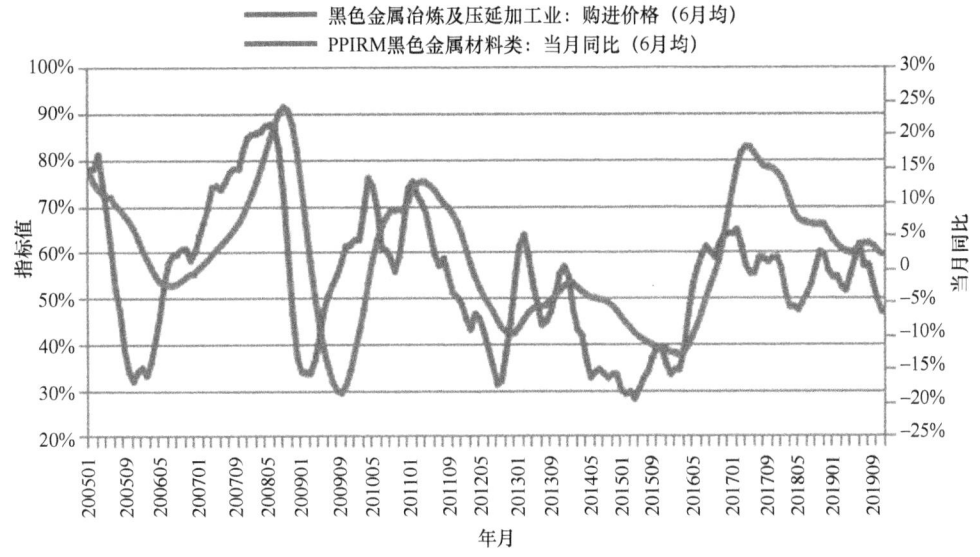

图 9-2　黑色金属冶炼及压延加工业购进价格与 PPIRM 黑色金属材料价格指标走势对比

PMI 购进价格作为企业原材料的买入价格，与最终产品的出厂价格息息相关，通过图 9-3 可以看出 PMI 购进价格与 PPI 的走势，中国 PMI 购进价格相对 PPI 有 1～4 个月的领先，这与企业从原材料买入到生产成品的时间基本吻合，通过计算两者的相关系数可以发现，PMI 购进价格领先 PPI 1 期的相关系数为 0.92。

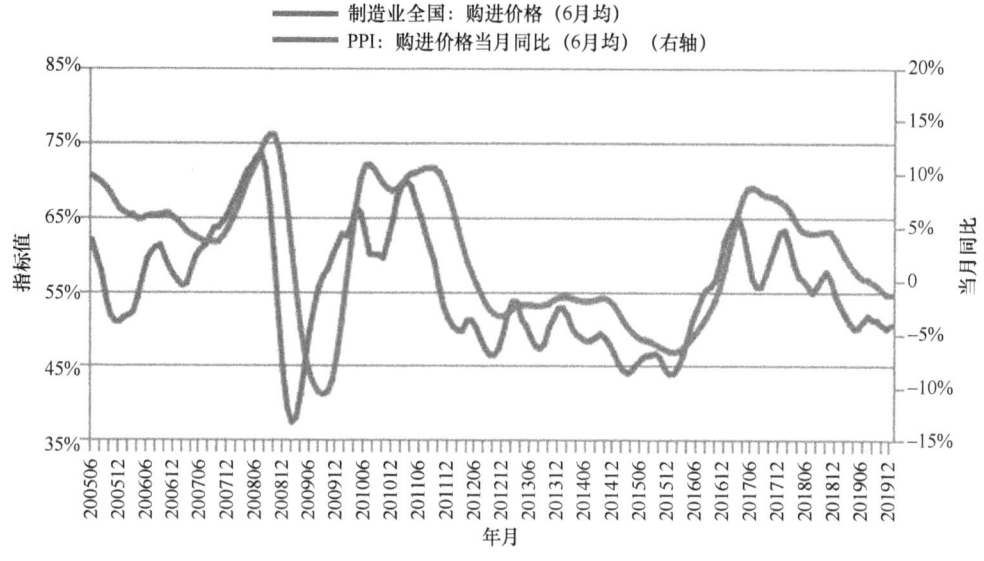

图 9-3 制造业全国购进价格与工业生产者购进价格走势对比

商品期货价格走势已成为重要的观测指标或决策依据，尤其是机构投资者，期货价格被认为是比 CPI、PPI 更有效更领先的价格指标。价格由供求决定，但商品期货价格更多反映了市场对未来商品供需缺口的预期，市场对物价走势的预期变换时，商品价格往往成为关键推手。因此在很多时候，商品期货价格又成为观测实体经济需求和经济景气预期的指标。商品期货价格走势又可能引起通胀走势和通胀预期的变化，进而可能影响宏观政策的制定。

PMI 购进价格数据来源更独特些。一方面 PMI 调查来源于一线采购经理的认知，反映企业原材料的采购价格，而这种认知是市场价格的先导性预期；另一方面由于 PMI 被广泛应用于金融投资，期货套保或投资者的决定往往跟随 PMI 的表现做出。因此在拐点发生时，一般情况下 PMI 购进价格会最先出现拐点，而期货价格则会随之出现相同波动。历史上，PMI 发布日当天或次日，期货价格当即会出现与 PMI 趋势相同的变动，对 PMI 相当敏感。由于 PMI 发布日是当月末日，而期货价格是实时的，因此在长期经济分析时，我们看到的是 PMI 购进价格领先期货价格。

由于联系紧密、同步变动，两者在相当长的时间区间都表现出了明显的高相关性，分行业的 PMI 购进价格与分品种的期货价格保持高度相关，相关系数保持在 0.6 以上。同时，期货价格一般先于股指发生波动，而 PMI 领先或同步期货价格，它们在数据链上的位置几乎相同。同时应该注意的是，期货是金融产品，带有明显的金融属性，受市场资金影响，而 PMI 购进价格主要体现现货市场供求关系变化。当需求成为价格变化主因的时候，PMI 购进价格明显领先于期货价格，而由于政策、资金原因影响价格时，PMI 购进价格就会与期货价格产生背离，但将时间拉长，最终价格表现仍然会回归到市场供求变化上来。

在PMI与期货价格指数趋势关系的研究上，我们更注重分品种分行业的价格指数相关研究。国内期货价格较通行的综合指数为南华期货商品指数，但该指数与中国PMI全国购进价格的走势相关度不如分品种的指数相关度。原因有几个：一是南华指数包含的品种与中国PMI包含的行业有很大差异，南华指数不包括在中国制造业占据主要地位的设备制造业原材料，还不包括原油合约，也不能涵盖医药制造业、食品及酒饮料精制茶制造业、纺织服装服饰业等行业的商品价格，并且南华指数按照各个商品的年消费金额和年消费增长金额分配权重，中国PMI则是按照行业增加值总量分配权重，这样，二者的综合表现就形成了差异。二是考虑期货交易性质，南华综合指数选择了商品期货所有上市合约中持仓量最大的合约，不同品种的主力合约是否近月和远月并不相同，因此该综合指数对制造业价格的趋势反映不如分品种的期货价格指数更为清晰。如果一定要对二者进行对比分析，则中国PMI的原材料大类行业购进价格与南华指数当中的工业品指数较为相近。

第二节　各行业PMI购进价格指标与期货价格的关系

在本书第四章第四节中，我们已经将PMI行业购进价格与期货价格的相关性列出，其中原材料大类行业和汽车制造业具有上游属性并且在国民经济中占比较大，其数据在行业链和数据链上一般具有一定的前瞻性。这一点通过计算行业的购进价格与期货价格的相关性也可以得到验证：石油加工及炼焦业、有色金属冶炼及压延加工业、黑色金属冶炼及压延加工业、汽车制造业等行业的购进价格相对期货价格均表现了很好的领先性，领先期数为0期至7期；另外，消费行业PMI的购进价格亦会先于对应的原材料期货出现变动，如食品及酒饮料精制茶制造业、农副食品加工业的PMI购进价格均会领先所对应的白糖、大豆期货价格7期左右。中间品大类行业，作为行业链的中游，期货价格受上游原材料期货价格等因素的影响，市场需求对价格的影响有所减弱，通过计算行业购进价格与期货价格的相关性来看，二者同步。而部分原材料期货由于本身波动非常频繁，如玻璃、塑料等，因此非金属矿物制品业、化学原料及化学制品制造业的购进价格与此类期货价格的相关性也基本保持同步。（参见第四章第四节表4-16"PMI行业购进价格指标与分品种期货价格指数相关性"）

一、非金属矿物制品业购进价格与郑交所玻璃期货价格的相关性

如图9-4所示，可以看到两条线基本吻合，非金属矿物制品业购进价格6月均与玻璃期货价格的相关系数为0.88。

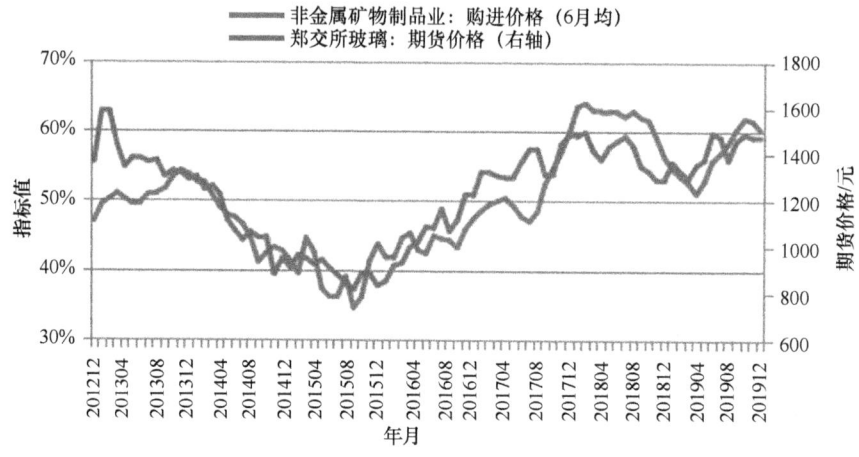

图 9-4 非金属矿物制品业购进价格与郑交所玻璃期货价格走势对比

二、纺织业购进价格与郑交所棉花期货价格的相关性

如图 9-5 所示，纺织业购进价格 3 月均与棉花期货价格同步，相关系数为 0.85。其中在 2016 年 6 月至 2017 年 6 月期间，PMI 纺织业购进价格领先棉花期货价格出现拐点，但由于跌转升之后涨幅不同，所以二者略有差异，其主要原因是 PMI 购进价格指标相对波动较大，但从趋势来看，二者是一致的。2019 年纺织业购进价格也先于棉花期货价格出现回落。

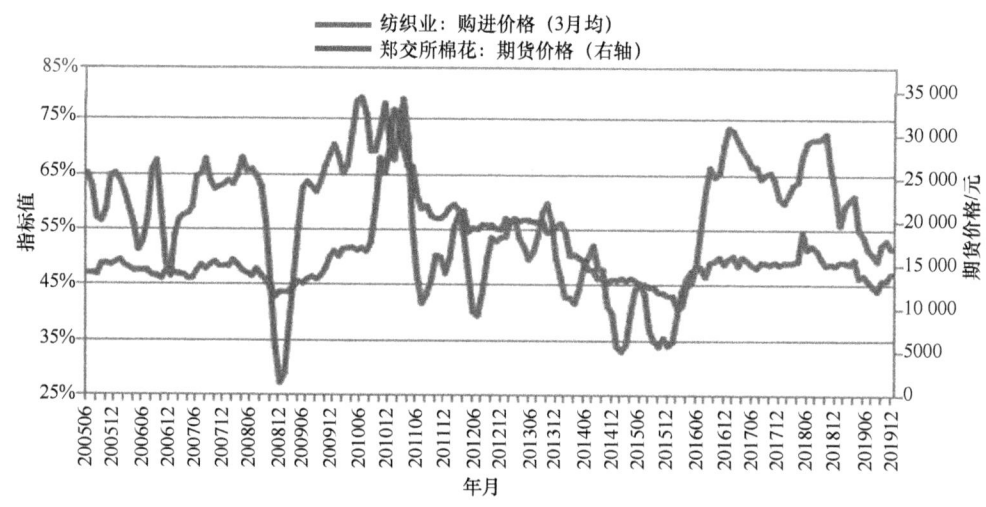

图 9-5 纺织业购进价格与郑交所棉花期货价格走势对比

三、黑色金属冶炼及压延加工业购进价格与大交所铁矿石期货价格的相关性

黑色金属冶炼及压延加工业购进价格 6 月均，领先铁矿石期货价格 5 期的相关系

数为 0.61。从图 9-6 可以看出，黑色金属冶炼及压延加工业购进价格较铁矿石期货价格的波动幅度略大一些，但二者明显趋势相同。

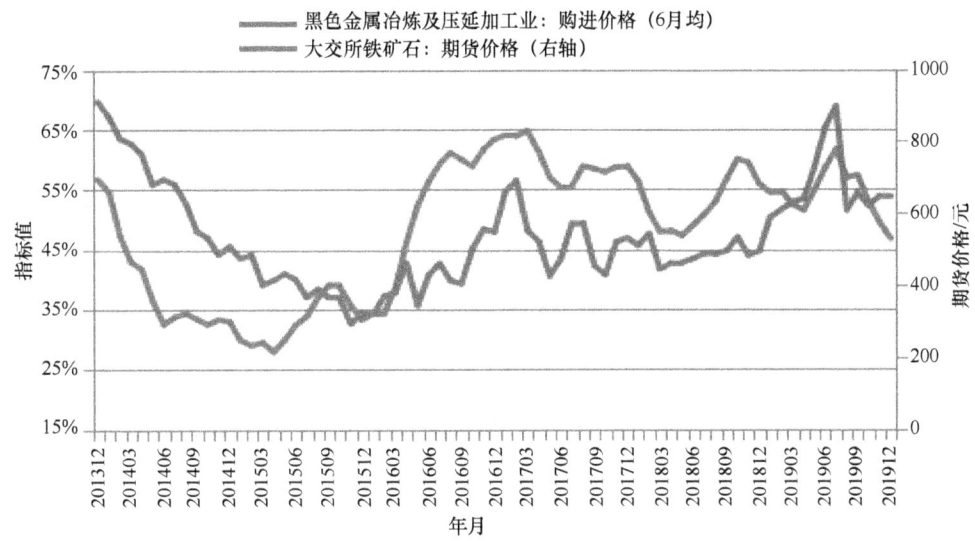

图 9-6　黑色金属冶炼及压延加工业购进价格与大交所铁矿石期货价格走势对比

四、化学纤维及橡胶塑料制品业购进价格与郑交所PTA期货价格的相关性

如图 9-7 所示，化学纤维及橡胶塑料制品业购进价格 6 月均领先 PTA 期货价格 7 期，相关系数为 0.71。在 2016 年 2 月至 2018 年 7 月期间，二者走势不相吻合，主要是由于国内供给侧改革使得供应质量提升、供需缺口加大，购进价格不断回升，但 PTA 只是化纤工业原材料中的一种，期货价格未跟随其他产品在 2016 年以后涨价。

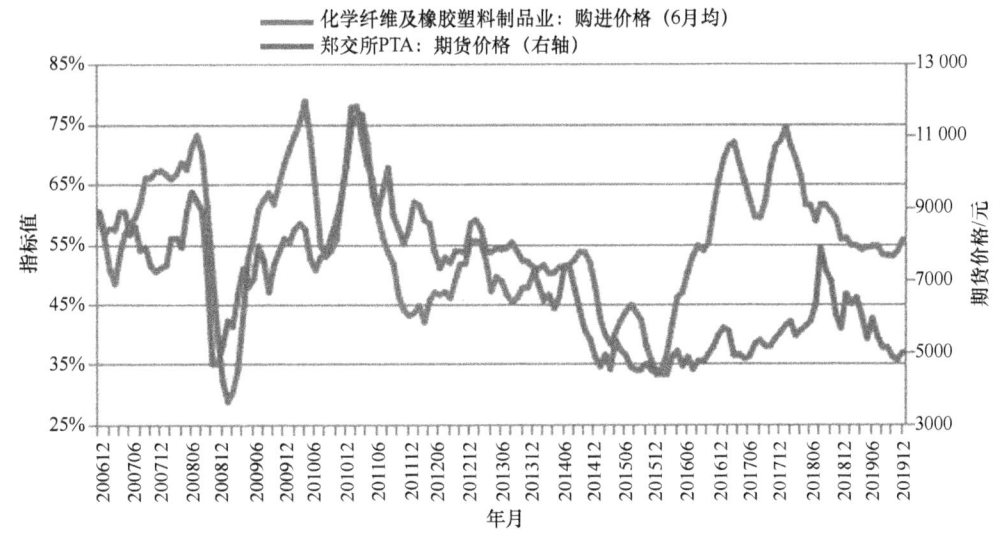

图 9-7　化学纤维及橡胶塑料制品业购进价格与郑交所 PTA 期货价格走势对比

五、化学原料及化学制品制造业购进价格与大交所塑料期货价格的相关性

如图 9-8 所示，化学原料及化学制品制造业购进价格 6 月均与塑料期货价格同步，相关系数为 0.75。二者有差异的区间是 2016 年 4 月至 2018 年 10 月，当时国际期货价格小幅波动，基本持平前期；国内正值"十三五"期间，提出实施大气、水、土壤污染防治三大行动计划，受政策面影响，化学原料及化学制品制造业购进价格上涨明显，开始高位波动；PMI 购进价格反映的现货价格涨幅高于期货价格，但二者趋势还是一致的。

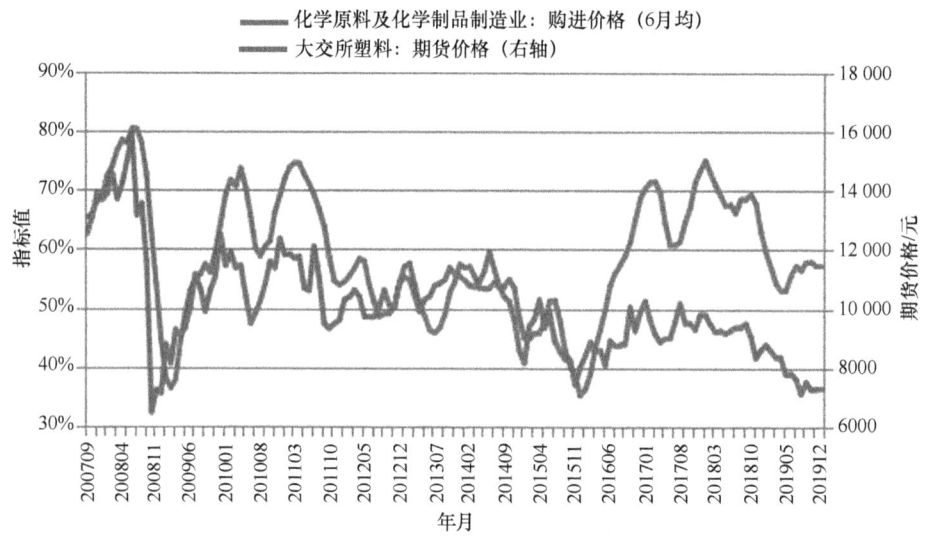

图 9-8　化学原料及化学制品制造业购进价格与大交所塑料期货价格走势对比

六、汽车制造业购进价格与大交所橡胶期货价格的相关性

如图 9-9 所示，汽车制造业购进价格 6 月均领先橡胶期货价格 3 期，相关系数为 0.60。汽车工业作为天然橡胶最大的消费行业（约占天然橡胶消费总量的 65%），其发展带动了轮胎制造业的进步。因此，汽车工业及相关轮胎行业的发展情况将会影响天然橡胶的价格。在 2005—2006 年，传统橡胶生产国减产，导致市场价格上升，而汽车采购原料中许多产品已经做到利用合成橡胶替代天然橡胶，汽车制造业购进价格下降，二者短期背离。2016—2018 年橡胶期货价格出现下滑，而汽车制造业购进价格因包含钢铁等其他原材料价格上涨，所以二者出现短期背离，相关性有所下降。

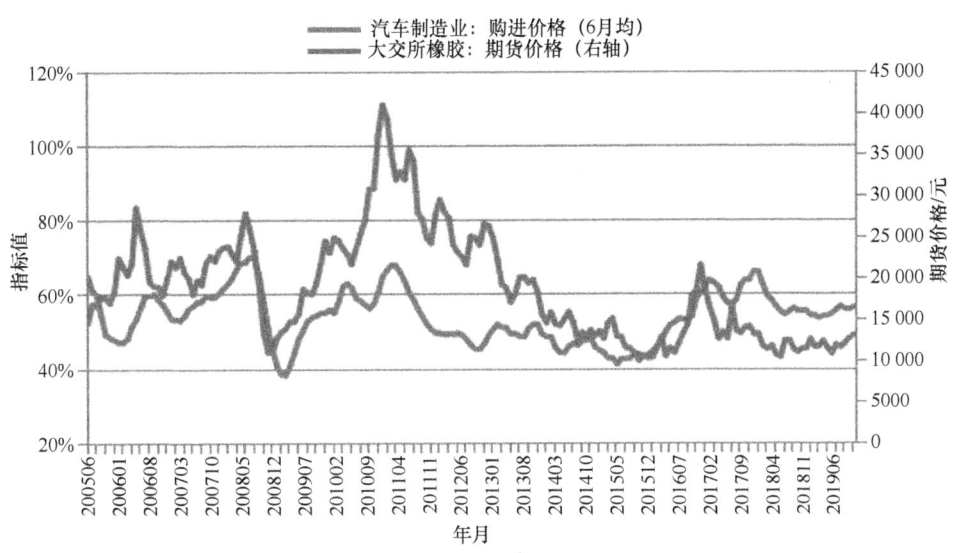

图 9-9　汽车制造业购进价格与大交所橡胶期货价格走势对比

七、石油加工及炼焦业购进价格与上交所石油沥青期货价格的相关性

石油加工及炼焦业购进价格 6 月均领先石油沥青期货价格 7 期的相关系数为 0.66。从图 9-10 可以看出，2018 年后二者走势不尽相同，主要是因为国内实体领域采购原油有各种限价因素，导致石油加工及炼焦业购进价格与石油沥青期货价格不能同步变化。

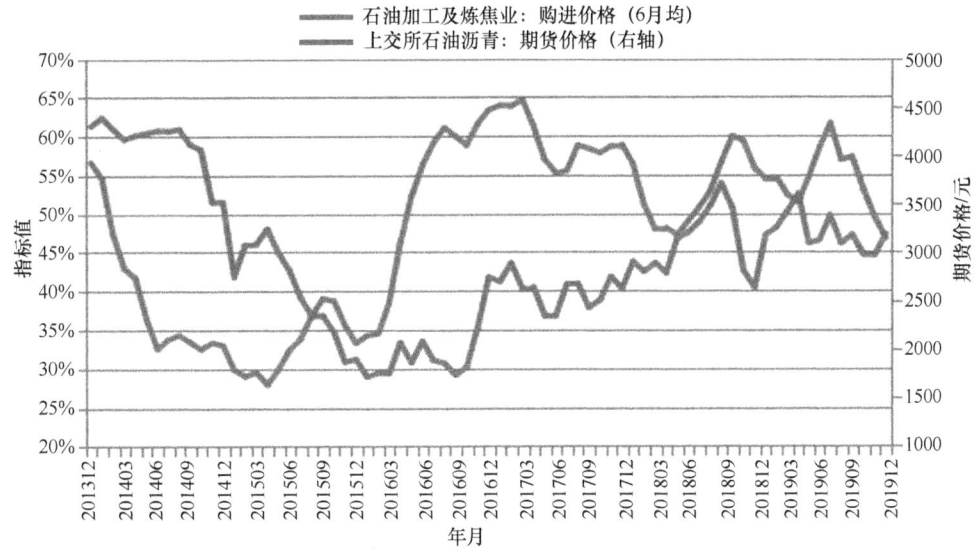

图 9-10　石油加工及炼焦业购进价格与上交所石油沥青期货价格走势对比

八、石油加工及炼焦业购进价格与上交所燃油期货价格的相关性

石油加工及炼焦业购进价格 6 月均领先燃油期货价格 4 期的相关系数为 0.81。从图 9-11 可以看出二者的走势基本相同,在 2014 年 10 月和 2019 年 6 月两个时点上,石油加工及炼焦业购进价格较燃油期货价格领先 6 个月出现拐点。燃油期货价格更贴近于国内市场,因此石油加工及炼焦业购进价格与燃油期货价格的相关性明显好于和石油沥青期货价格的关系。

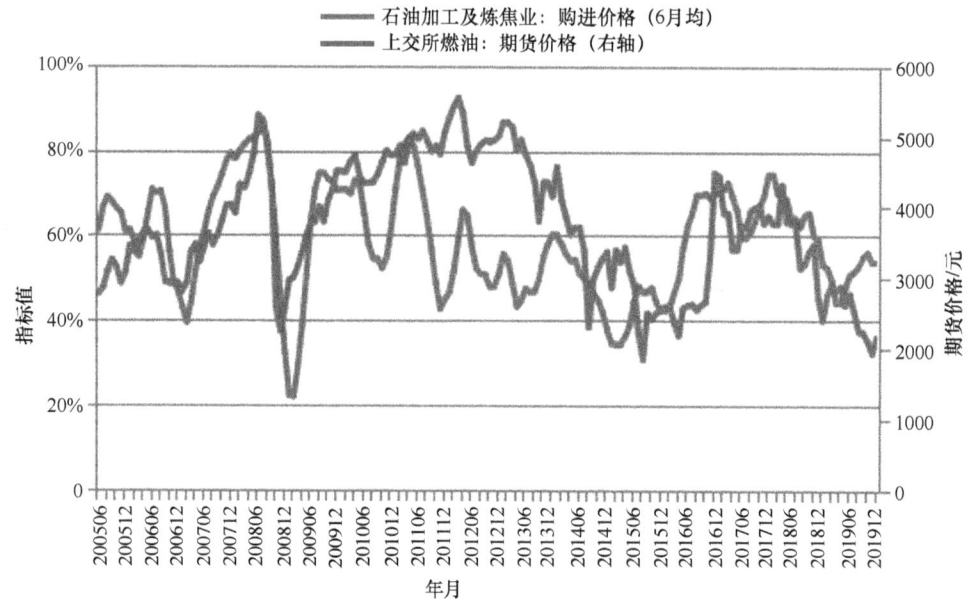

图 9-11 石油加工及炼焦业购进价格与上交所燃油期货价格走势对比

九、食品及酒饮料精制茶制造业购进价格与郑交所白糖期货价格的相关性

食品及酒饮料精制茶制造业购进价格 6 月均领先白糖期货价格 7 期的相关系数为 0.78。由图 9-12 可见,二者走势基本一致。二者在几个区间走势短期背离。2006 年 1—7 月,白糖期货上市之初,期货价格冲高回落,持续 6 个月的下跌体现了很强的金融属性,而食品及酒饮料精制茶制造业购进价格基本持平,是制造业真实需求的表达。2007 年 7 月至 2009 年 1 月,白糖期货价格处于历史低位,小幅波动;2008 年遭遇金融危机,饮料行业大面积减产甚至倒闭,购进价格经历了断崖式下跌,而白糖更多用于必选消费,因此波动幅度小于饮料行业购进价格。2019 年之后,饮料行业遭遇贸易摩擦冲击,竞争加剧导致市场采购价格走低,而白糖在必需消费刚性和国际产量不增的背景下持续走强,二者出现分化。

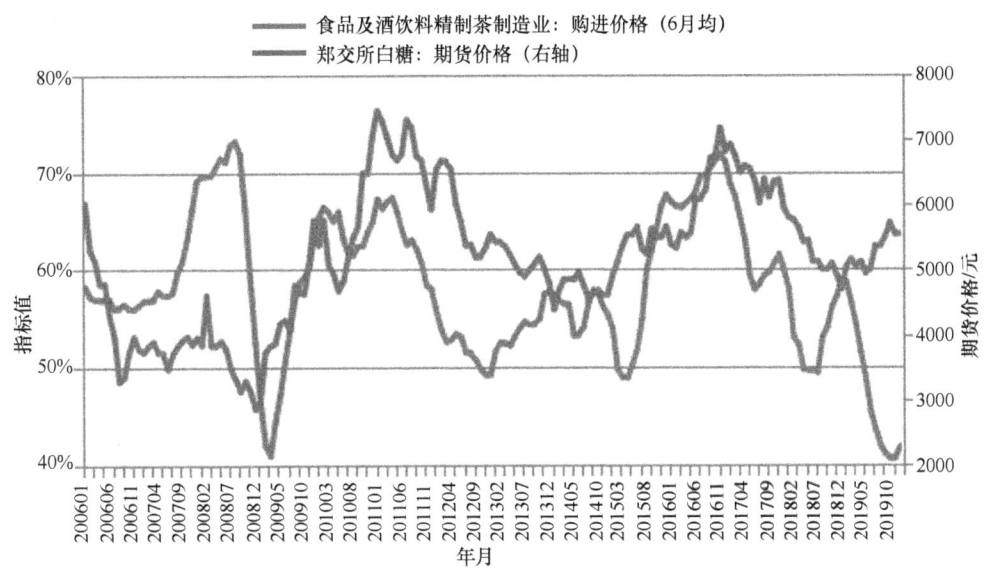

图 9-12 食品及酒饮料精制茶制造业购进价格与郑交所白糖期货价格走势对比

十、农副食品加工业购进价格与郑交所大豆期货价格的相关性

农副食品加工业购进价格 6 月均领先大豆期货价格 7 期的相关系数为 0.49。大豆作为食品原材料的一种，其走势不能完全代表食品原材料期货价格走势。从图 9-13 来看，二者走势基本相同，但在个别时点有所差异，导致相关系数有所降低，但农副食品加工业购进价格在拐点处领先大豆期货价格还是非常明显。

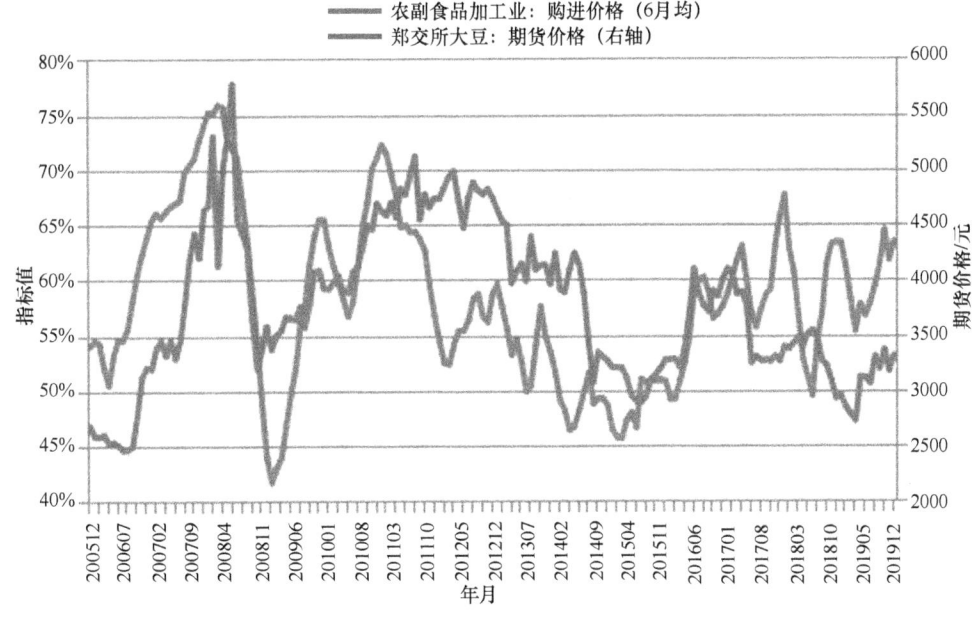

图 9-13 农副食品加工业购进价格与郑交所大豆期货价格走势对比

在历史上，多数区间农副食品加工业购进价格领先，从图 9-13 可以看出，2005—2008 年、2011—2017 年，农副食品加工业购进价格都领先大豆期货价格，但 2009 年它是滞后的，这是由于国内农副食品加工业金融危机后恢复缓慢，价格回升比较滞后，这样就导致全程历史数据的相关系数不高。

但分段计算，二者相关系数仍然很高。例如，2010 年 8 月至 2017 年 8 月，二者相关系数为 0.77。2017—2018 年，农副食品加工业购进价格波动很大，反映了供给侧改革行业向上和贸易摩擦冲击行业向下的结果，而大豆期货价格走势受到国际供应和国内收储放储政策的共同影响，二者呈现负相关，相关系数为 −0.62，即领先相关。2017 年 5 月至 2018 年 10 月，全球大豆种植面积增加，大豆供应充足，2017 年 6 月大豆期货价格跌幅达到 16%，并开始缓慢回升；2017 年中储粮启动轮储收购，带动国内大豆价格上涨。2018 年 6 月，受中美贸易摩擦的影响，中国对大豆征收 25% 进口关税，7 月期货价格开始回落，与此同时，国家增加对大豆的补贴，农副食品加工业购进价格开始回升，二者出现相反走势。

十一、有色金属冶炼及压延加工业购进价格与上交所铜期货价格的相关性

有色金属冶炼及压延加工业购进价格 6 月均领先铜期货价格 7 期的相关系数为 0.86，二者关系非常强。从图 9-14 可以看出，有色金属冶炼及压延加工业购进价格略微领先铜期货价格，而图中有色金属冶炼及压延加工业购进价格是 6 月均，拐点比当月值滞后 2~3 个月，因此实际上有色金属冶炼及压延加工业价格一直是领先期货价格的。铜是有色金属冶炼及压延加工业中产量最大的品种，二者的明显相关表明市场对 PMI 数据非常敏感。

图 9-14　有色金属冶炼及压延加工业购进价格与上交所铜期货价格走势对比

十二、有色金属冶炼及压延加工业购进价格与上交所锌期货价格的相关性

有色金属冶炼及压延加工业包含种类很多，大金属铜、铅、锌的走势尚且不一致，小金属的走势更是差异良多，我们仅就有色金属冶炼及压延加工业购进价格与锌期货价格做一对比。

如图 9-15 所示，有色金属冶炼及压延加工业购进价格 6 月均领先锌期货价格 5 期的相关系数为 0.86。二者背离时点主要是 2007—2009 年年初，锌产品下游所属行业的短期特征决定了这一差异。2007 年，国内经济过热，有色金属冶炼及压延加工业的高价格持续到 2008 年秋季，但锌期货价格的炒作早于其他金属，高点出现也较早，下跌从 2007 年年初开始持续到 2008 年年底，二者出现背离。在止跌回升过程中，锌期货价格与PMI领先指标表现得更为一致，于 2008 年 8 月出现向上拐点，有色金属冶炼及压延加工业购进价格 6 月均的拐点晚了 3 个月是因为做了移动平均所致，当月表现与锌期货价格实际是一致的。

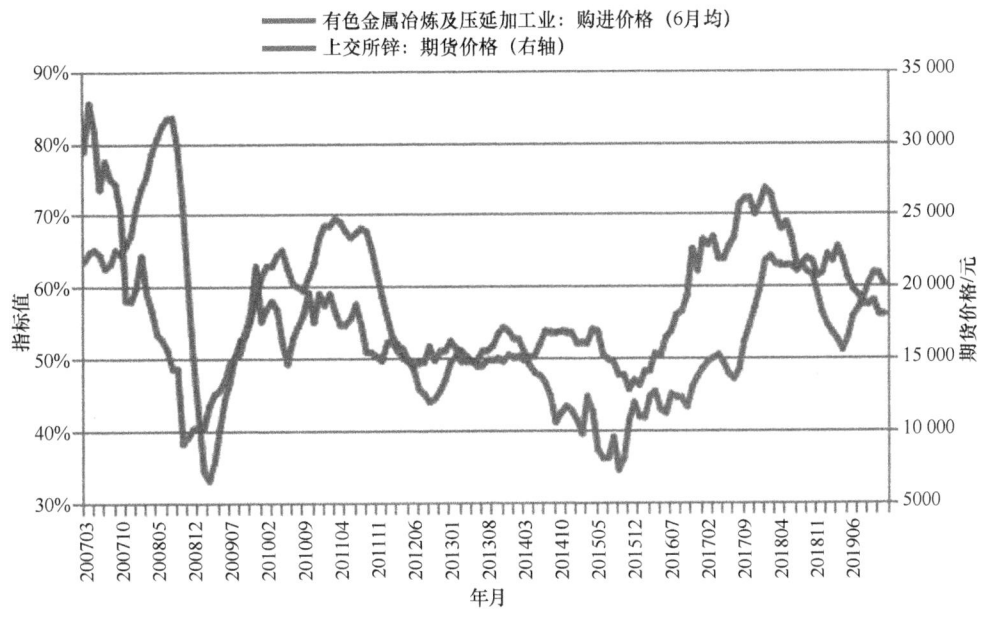

图 9-15 有色金属冶炼及压延加工业购进价格与上交所锌期货价格走势对比

附录：PMI 分析经济质量与结构转型的公开文献

附录 1 由 PMI 供需比看当前中国经济增长质量

摘要：我国经济正在从重速度向重质量的方向转变，政府更加重视经济结构的转型，而当前我国经济面临的突出问题是产能过剩，如何解决这一问题关系到我国经济未来的可持续发展。通过研究我们发现，PMI 供需比指标是可以用来观察企业经济增长质量和产能利用情况的指标，本文试图通过这一指标的实例分析，证实中国经济增长质量是否在提高。

2013 年第一季度国家统计局经济数据发布后，GDP 同比增速仅为 7.7%，工业增加值、固定资产投资及社会消费品零售总额均同比呈现下降，从各项数据的表现来看，当前中国经济增长显得动力不足，市场普遍对经济增长持比较悲观的看法。这与中国目前经济环境有关，我们正在从追求经济扩张转到追求经济增长质量，尤其是去除过剩产能成为重中之重。通过对 PMI 这一领先经济指标的分析，我们发现当前中国经济的增长可以通过生产量和新订单的对比厘定产能利用效率高低，新订单等于或大于生产量，则产能利用充足，去产能正在进行；如生产量大于新订单，则产能过剩则有继续恶化的可能。因为 PMI 通常表现一定的季节性，且月份之间的波动会干扰长期趋势的观测，因此我们可以采用 3 月或 6 月，或者累积移动平均来观察该拟合指标的变化，以便进一步确定产能情况。我们认为，鉴于产业结构转型与前周期的重化制造业去产能密切相关，则在以后相当长的一段时期，前周期制造业的该拟合指标在数据分析中具有相当重要的地位。

通过细分数据的比较，自 2012 年下半年以来，PMI 供需比指标（新订单－生产量）领先于全国 PMI 综合指标发生变化，同时显示中国经济增长质量正在呈现转好的迹象。这里我们以某些细分数据的表现来进行说明。

一是利用全国指标来进行观察，数据显示全国供需比指标正在逐渐转好；二是利用个别行业的细分数据来进行观察，数据显示前周期行业的供需比状况也在逐渐转好。

一、观察全国PMI和全国供需比状况

2011年12月全国供需比指标达到-3.6%的低位，之后开始逐渐回升的态势。而全国供需比（3月均）指标则是在2012年1月达到-3.3%的低位，之后开始回升，在2012年7月曾回落至-2.89%，随后继续回升。如附图1-1和附图1-2所示，全国供需比（3月均）更为清楚地表示出制造业经济质量的实际变化，全国供需比（3月均）较全国供需比的回升时点略为滞后，并且在回升的过程中也有所起伏。

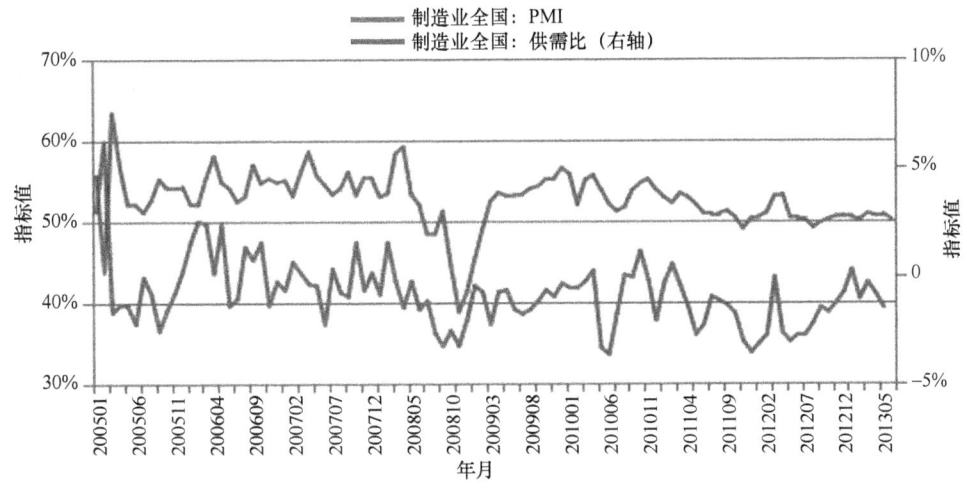

附图1-1　制造业全国供需比指标达到-3.6%的低位之后开始逐渐回升态势

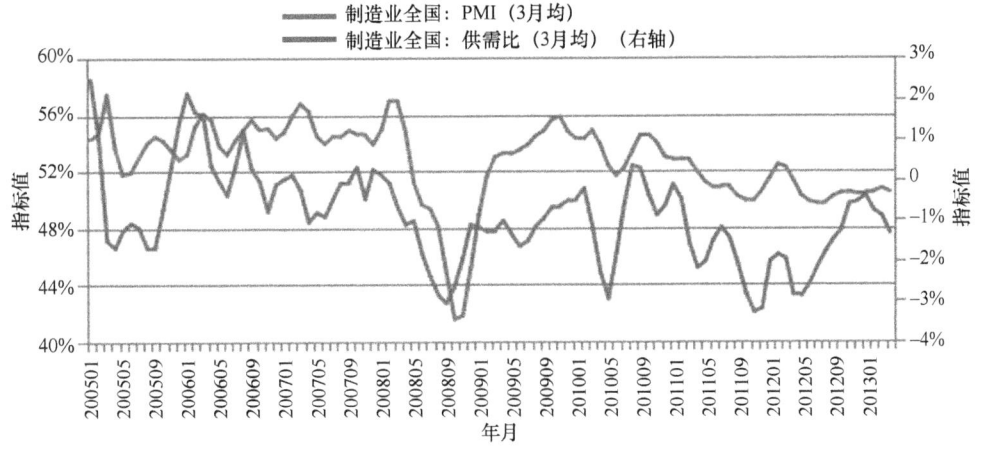

附图1-2　制造业全国供需比（3月均）达到-3.3%的低位之后开始回升态势

二、观察细分行业的综合PMI和供需比状况

例如，电气机械及器材制造业，其供需比在2011年11月达到-8.9%的低位后开

始回升，在 2012 年 10 月曾回落至-8.07%，之后又重新上升。其供需比（3 月均）在 2012 年 1 月达到-7.53%的低位后开始回升，并一直保持升势。电气机械及器材制造业作为我国装备制造业的代表，其供需比的走势非常具有参考意义。

又如，非金属矿物制品业，其供需比在 2011 年 10 月达到-12%的低位后开始回升，在 2012 年 8 月曾回落至-6.54%，之后又重新上升。其供需比（3 月均）在 2011 年 12 月达到-8.06%的低位后开始回升，在 2012 年 9 月曾回落至-4.7%，之后重拾升势。非金属矿物制品业作为上游原材料行业，其供需比的走势也具有比较强的指示作用。

如附图 1-3 和附图 1-4 所示，2011 年 11 月电气机械及器材制造业供需对比指标达到-8.9%的低位，之后开始逐渐回升态势。2012 年 1 月，电气机械及器材制造业供需比（3 月均）达到-7.53%的低位，之后开始回升态势。

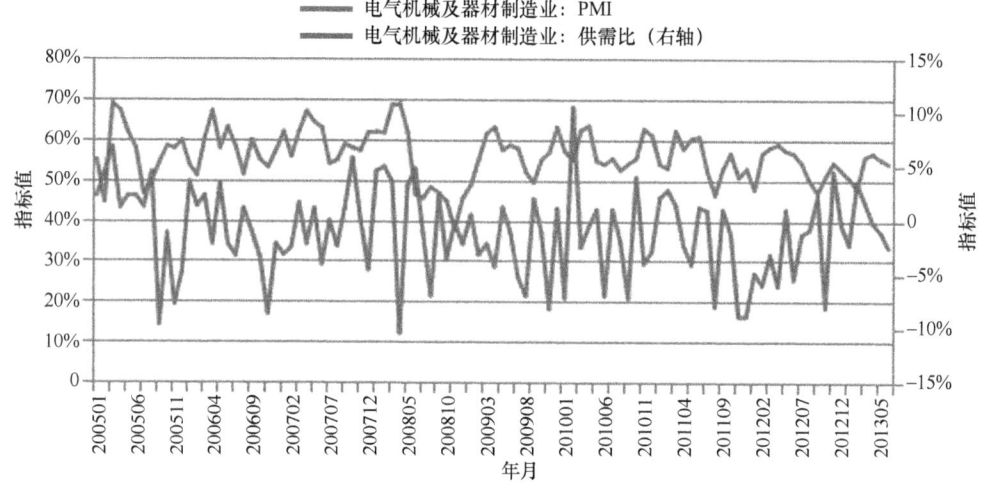

附图 1-3　电气机械及器材制造业供需比指标趋势

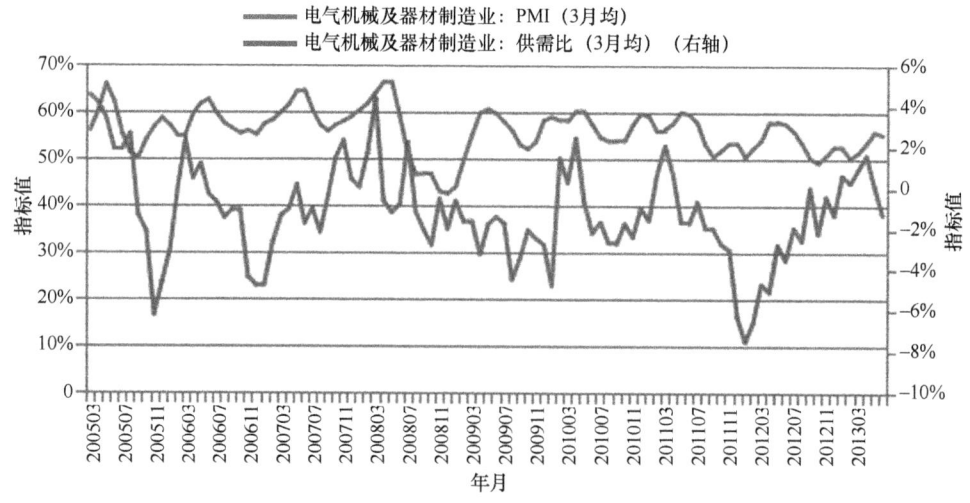

附图 1-4　电气机械及器材制造业供需比（3 月均）指标趋势

如附图 1-5 和附图 1-6 所示，2011 年 10 月非金属矿物制品业供需比指标达到 -12% 的低位，之后开始逐渐回升态势。2011 年 12 月，非金属矿物制品业供需比（3 月均）达到 -8.06% 的低位，之后开始回升态势。

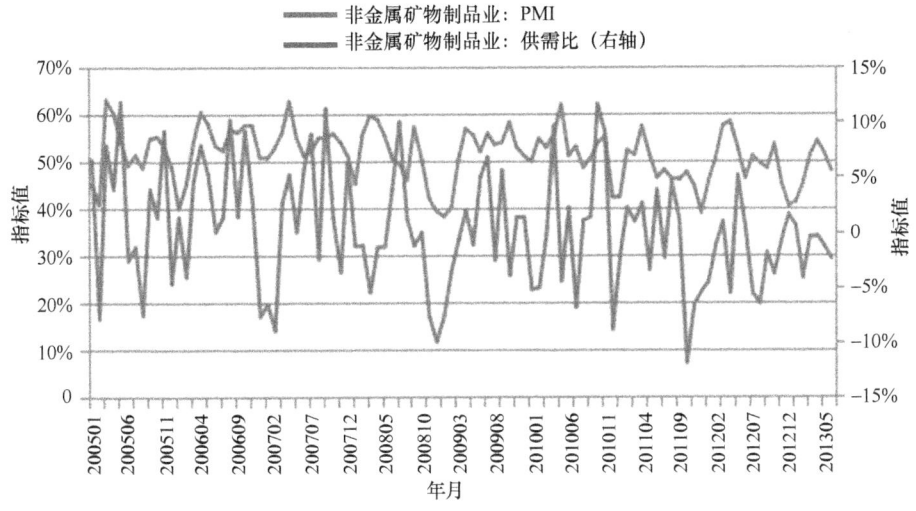

附图 1-5　非金属矿物制品业供需比指标趋势

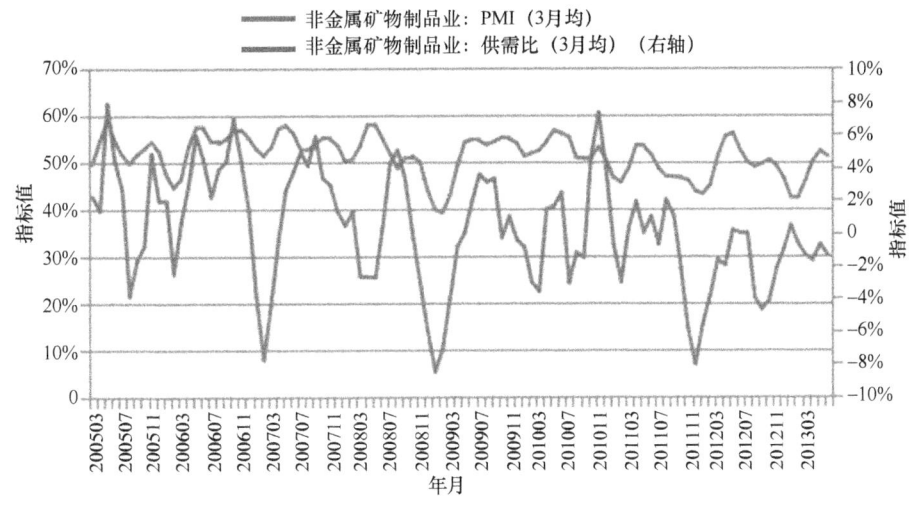

附图 1-6　非金属矿物制品业供需比（3 月均）指标趋势

其他行业，如计算机通信电子设备及仪器仪表制造业、纺织业等供需比及其 3 月均指标趋势均呈现 2012 年年底有所回升的态势。

通过以上分析可以看出，全国供需比指标和行业供需比指标一般在 2011 年年底至 2012 年年初达到低位并开始回升，全国供需比（3 月均）和行业供需比（3 月均）回升的时间滞后 1~2 个月，同时在回升的过程中可能出现起伏，如短时间内有所回落。

供需对比状况领先于全国综合 PMI 指标，而且 2012 年下半年以来，供需对比的状况正在逐渐爬升，并接近2006年的最低水平。由此可以得出推论，我国经济增长质量正表现出趋好的迹象，但在去产能的过程中，经济增长质量的真正转好仍有待观察，我们希望供需对比状况能够恢复到较佳的水平，经济质量效益可以得到持续提升。

我国经济正在从重速度向重质量的方向转变，政府更加重视经济结构的转型，而当前我国经济面临的突出问题是产能过剩，如何解决这一问题关系到我国经济未来的可持续发展。通过研究我们发现，PMI供需比指标是可以用来观察企业经济增长质量和产能利用情况的指标，除了该指标之外，积压订单等指标也可表明去产能的状况，我们留在其他文章中分析。

数据来源

本文可用文献有限，论证过程为作者独力研究成果，文中图表、分析数据除特别注明外，均来源于中采咨询研究部（CLII），原始数据分别来源于国家统计局、中国海关、中国物流与采购联合会、中国物流信息中心。

参考文献

[1] 于颖. 中国PMI（采购经理指数）调查体系的适用性以及可行性分析[J]. 社科纵横，2008（3）：1-3，11-12.

[2] 于颖，蔡进. 中国PMI（采购经理指数）与外部数据相关性研究（一）[J]. 社科纵横，2009（12）：68-70.

[3] 蔡进，于颖. 解读PMI走在市场之前[M]. 北京：化学工业出版社，2009：200-220.

作者

于颖，中采咨询总经理。

刘云龙，中国人寿养老保险有限公司资产管理部总经理。

（2013年9月发表于《社科纵横》）

附录 2　PMI 指标如何预报了牛市

牛市来临，但经济数据中仿佛不存在牛市的基础，学界多有观点指出这是流动性推动的盛宴。但观察数据可知，PMI 数据在 2012 年第二季度已经发出企业效益转好、股指即将上行的明显信号，2013 年 7 月又再次确认。

在 PMI 数据长期跟踪和研究中，我们发现指标之间的对比更能够提前反映产业活动趋势，其中利润趋势，即新订单减购进价格，在预测经济和股市时表现最好，2007 年以来其提示股市和经济拐点的能力被一再证实。2012 年以来，由于经济环境变化，经济数据大多窄幅波动，该指标反映经济及股指波动的能力似乎减弱了。

但最近研究发现，2012 年以来二者关系变弱实际上是表象，只是领先时滞改变了。实证研究表明，利润趋势指标出色地预报了股票市场的走势，其领先股指 4～5 个月的相关系数达到 0.69；进一步深入到行业研究，发现部分行业的利润趋势指标预测能力超过综合指标，领先相关系数可达 0.81。这一研究发现对于股票投资中的行业选择、金融工程参数选择等将提供富有价值的新参考。

在上述分析基础上，研究利润趋势表现可知，在过去 2 年中利润趋势指标已经提前预示了部分行业的盈利改善及行业股指的回升。而且，研究利润趋势的未来表现，我们认为该指标在未来 1～2 年会持续表现为正值区间，尤其是设备类、新兴产业等相关行业；同时可以预判股市将有 1～2 年走牛的过程，其中伴随着某些行业超过全国平均水平的估值提升。

一、PMI 利润趋势指标与股指关系观察

利润趋势能够提前反映股市趋势是有理由的。从我国现有经济指标体系看，供需关系的对比只有在 PMI 体系中的表现比较确切，其他经济指标因为不可比、不系统等原因还不能显示这种强相关。从经济周期的变化来看，利润趋势指标实质上表达了供需关系对比，因而提前反映了企业盈利状况的变化，发生在需求和价格变化之间；而股市变化也领先于经济增速数据变化，但会发生在购进价格变化之后。附图 2-1 表达了一个典型的经济周期中，PMI 利润趋势指标、股指与其他一些经济数据变化所处的位置。

2005—2010 年，PMI 利润趋势显著地提前反映了股指的峰谷变化。PMI 利润趋势从 2005 年 11 月的 10.1% 下降到 2008 年 7 月的 -25.1%，相应地，股指从 2007 年 10 月的 5954.77 点下降到 2008 年 10 月的 1728.78 点；利润趋势指标从 2008 年 7 月的 -25.1% 上升到 2008 年 10 月的 9.4%，股指从 2008 年 10 月的 1728.78 点上升到 2009 年 7 月的 3412 点。利润趋势精准地提前描述了上一个牛市的进程。我们一系列依据 PMI 指标做出的预测引起了市场及学术界的广泛关注。

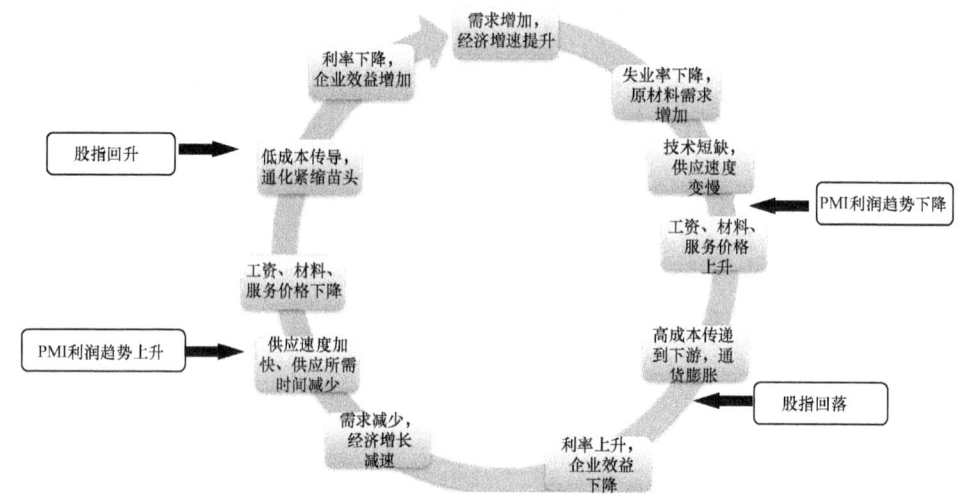

附图 2-1 典型的经济周期与 PMI 利润趋势指标、股指等的位置关系

通过多次实验，发现用股指随机震荡指标 KDJ 指代上证综指时，二者的优异相关被挖掘了。PMI 利润趋势领先股指 4～5 个月的相关系数达到 0.69，部分行业的利润趋势指标预测能力超过综合指标，最高的领先相关系数达到 0.81。其实这种关系一直存在，只不过我们以前并未发现而已。

从技术指标的特质来考虑二者经济逻辑上的关系，其实质为，PMI 利润趋势的上下波动体现的是经济偏离供需平衡中枢的程度，描述经济变化趋势，而股指的 KDJ 指标上下波动反映的是股价围绕中枢变动的范围，描述股市变化趋势。

二、PMI 利润趋势指标与股指相关性

2005 年 7 月至 2014 年 12 月近 10 年内，PMI 利润趋势、PMI 利润趋势 6 月均与上证指数 KDJ 月线的走势相当吻合，如附图 2-2 和附图 2-3 所示。

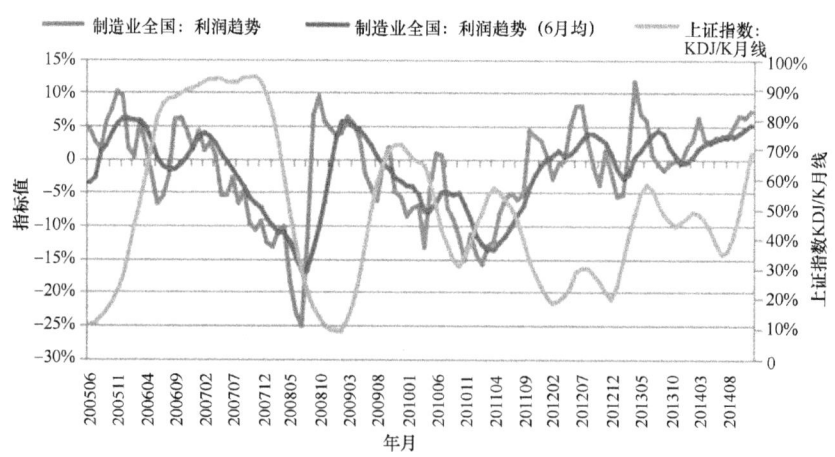

附图 2-2 制造业全国利润趋势指标与上证指数 KDJ/K 月线走势

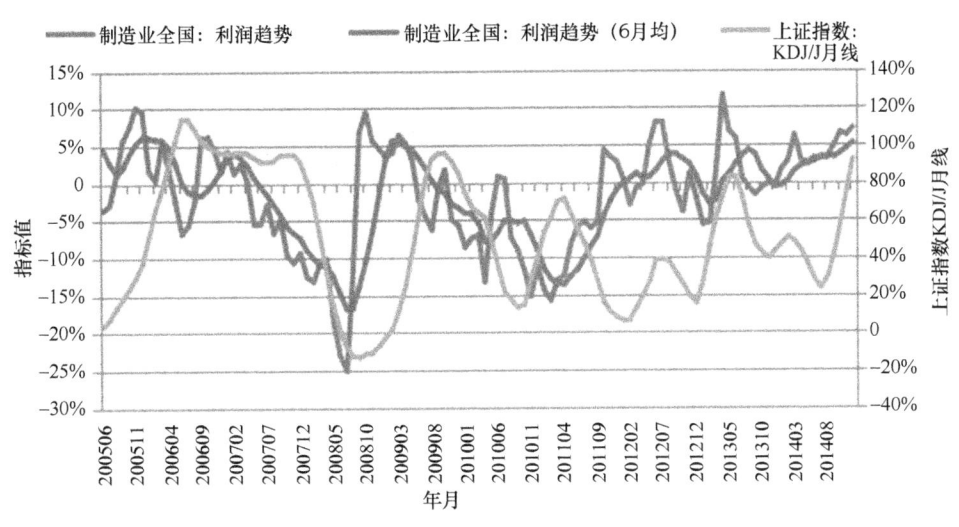

附图 2-3 制造业全国利润趋势指标与上证指数 KDJ/J 月线走势

可见,在长达 10 年的时间序列里,PMI 利润趋势指标与上证指数 KDJ 月线在多个峰谷区段一直保持了非常好的拟合性,起落相随。更为难得的是,每段峰谷持续区间波长各异,短则四五个月,长则十几个月,并非均匀周期,但两个序列保持了共同波动的节奏。

计算几组序列之间的相关系数,结果如附表 2-1 所示。

附表2-1 PMI利润趋势指标对上证指数KDJ月线的领先相关性(时间:2005年7月至2014年12月)

	领先期数		3	4	5	6	7	8
相关系数	PMI利润趋势(6月均)	上证指数KDJ/K月线	0.543	0.629	0.679	**0.685**	0.655	0.601
	PMI利润趋势(6月均)	上证指数KDJ/J月线	0.674	0.708	0.694	**0.632**	0.536	0.424
相关系数	PMI利润趋势	上证指数KDJ/K月线	0.201	0.301	0.417	**0.520**	0.590	0.611
	PMI利润趋势	上证指数KDJ/J月线	0.366	0.452	0.552	**0.626**	0.650	0.606

注:上述相关系数计算已通过显著性检验。

研究发现,部分行业 PMI 利润趋势指标的预测能力要好于综合指标,附表 2-2 给出了 2012 年 7 月至 2014 年 11 月全国 PMI 及 11 个制造业行业 PMI 利润趋势指标与上证指数 KDJ/J 月线的相关性系数,行业 PMI 利润趋势通常领先上证指数 KDJ/J 月线 5 个月发生变化。其中通用设备制造业等行业的指标表现最佳,其领先上证指数 KDJ/J 月线的相关系数达到 0.82。此外,电气机械及器材制造业、非金属矿物制品业、食品及酒饮料精制茶制造业、黑色金属冶炼及压延加工业等行业 PMI 利润趋势 5 个月的领先相关系数也达到 0.7 以上的高度相关。

附表2-2　PMI利润趋势与行业股指系列领先相关系数（时段：2012年7月至2014年11月）

领先期数		3	4	5	6	7
电气机械及器材制造业-利润趋势	上证行业KDJ/J月线	0.144	0.450	**0.700**	0.643	0.533
纺织业-利润趋势	上证行业KDJ/J月线	0.375	0.602	0.782	**0.813**	0.715
非金属矿物制品业-利润趋势	上证行业KDJ/J月线	0.454	0.566	**0.689**	0.659	0.442
黑色金属冶炼及压延加工业-利润趋势	上证行业KDJ/J月线	0.521	0.710	0.755	**0.775**	0.579
化学原料及化学制品制造业-利润趋势	上证行业KDJ/J月线	0.244	0.459	**0.613**	0.522	0.541
全国-利润趋势	上证行业KDJ/J月线	0.254	0.484	0.584	0.602	0.478
木材加工及家具制造业-利润趋势	上证行业KDJ/J月线	0.619	0.585	**0.591**	0.287	−0.150
农副食品加工业-利润趋势	上证行业KDJ/J月线	0.054	0.208	0.377	0.520	0.645
计算机通信电子设备及仪器仪表制造业-利润趋势	上证行业KDJ/J月线	0.516	0.498	0.458	0.330	0.400
通用设备制造业-利润趋势	上证行业KDJ/J月线	0.494	0.606	0.804	**0.824**	0.770
食品及酒饮料精制茶制造业-利润趋势	上证行业KDJ/J月线	0.446	0.639	0.735	**0.751**	0.692
有色金属冶炼及压延加工业-利润趋势	上证行业KDJ/J月线	0.126	0.285	0.391	**0.561**	0.327

附图2-4为电气机械及器材制造业PMI利润趋势与上证行业KDJ/J月线走势，能够看出PMI利润趋势领先股指的情形相当明显。

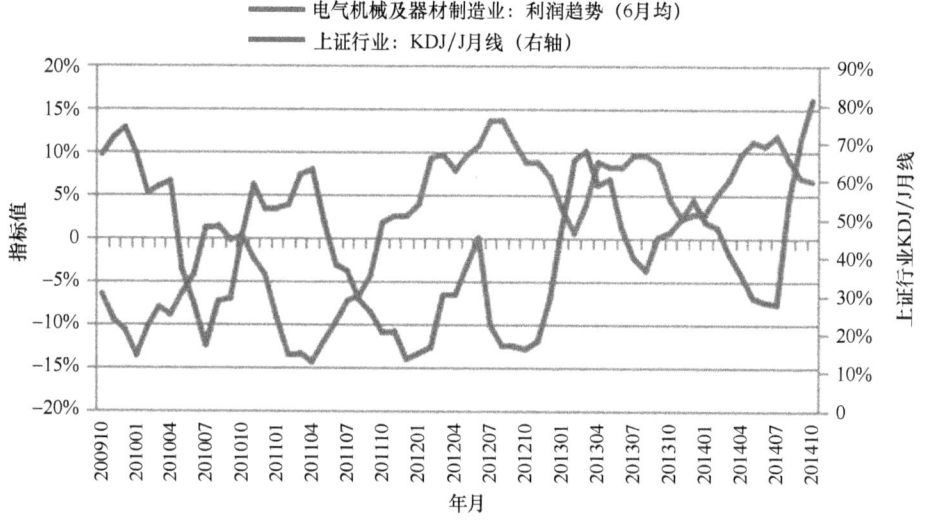

附图2-4　电气机械及器材制造业利润趋势与上证行业KDJ/J月线走势

三、利润趋势及股指走势预判

（一）牛市的经济支撑

2012年以后，PMI利润趋势数据已经开始回升，其回升态势一直延续至今，并且在2015年有继续高位的可能。但股指在2012年以后处于低位徘徊，二者相关关系变弱。但根据我们对两组数据的长期跟踪和研究，认为其中存在着某种关联，因此一直认为股指将迎来新一轮牛市，更认为由于利润趋势在过去两年一直为正值，历史数据表明，其在正值的区间越长引领的牛市时间也会越长。

回观本轮经济恢复中，至2015年1月，新订单的增长还未完全展开，购进价格的均值低位至少要持续到2015年3—4月，由此主要行业的利润趋势的移动均值由持续正值转变为持续负值，至少会到2015年8月才会发生，由此预计牛市历程将持续至2016年以后。

由于各种原因，其间短时间的波动会发生，但如果能经由移动均值观察中长期趋势，经由中周期或后周期行业观察趋势形成程度，则观测短时波动引起的预测误差可以避免。

同时，PMI数据的分项数据显示，过去两年中，我国经济结构明显改善，经济质量不断提升，这也是牛市展开的动力，其中经济结构的改善体现在过剩产能行业的收缩及利润缩减，而含有新技术动能、出清较完整的产业其扩张明显好于传统过剩产业，同时带来牛市中的投资结构问题。

（二）牛市中的结构性行情

尽管PMI综合指标显示利润趋势转好已经两年左右，但由于经济结构调整，各行业的利润趋势表现不同，则可以预判不同行业在市场走牛过程中其力度也或将不同。

从制造业各行业利润趋势近两年走势看，目前，计算机通信电子设备及仪器仪表制造业、黑色金属冶炼及压延加工业、农副食品加工业等行业的利润趋势12月均高于制造业全国水平。较差的行业有纺织服装服饰业、木材加工及家具制造业等，其行业的利润趋势12月均低于制造业全国水平。

新兴产业包括七大产业，其PMI值相对较高，利润趋势指标表现更为优异，新能源产业、新能源汽车产业等5个行业好于制造业全国水平。

（2015年1月发表于《中国证券报》）

附录3　有质量的增长正在路上

总体数据中包含了不同趋势的部门数据，同样是7%的增速所包含的行业成分，2014年以来与2012年之前已然绝不相同，仅仅关注增速，难以把握经济发展状态、捕捉投资机会。

虽然经济形势出现了总体增速不佳的状况，但通过PMI细分行业数据观察可见，整体数据下滑的事实并不是经济体系所有行业相伴相随的萧条，而是出现了各行业间非常明显的结构分化。尤其是2014年以来，经济成分中较优表现集中于消费升级、技术创新、服务兴起等领域，在制造业、非制造业都有分布。新的平衡点终究会到来，新投资带来的增量终将替代旧投资的收缩量。有质量的增长，正在路上。

评价2015年第三季度GDP增速6.9%，可以借用2014年5月的报告标题——"同门异户　此7非彼7"，其意为总体数据中包含了不同趋势的部门数据，同样是"7"的增速所包含的行业成分，2014年以来与2012年之前已然绝不相同，仅仅关注增速，难以把握经济发展状态、捕捉投资机会。本文着重分析经济结构转型中所出现的积极变化。

结构调整的结果，得益于政策支持，更来源于市场内生的转型动力。2012年以来，我国经济增长模式从外向型转为内需型，内需动力也从投资驱动转变为消费驱动。未来，增速中枢将不断下移，最终将停留于与人口增长、可支配收入增长匹配的位置。因为PMI调查良好的行业和地域分布，可以清楚地体现产业领域的转型进程，各行业数据经历了同升同降、差别上升、反差加剧等变化。2015年以来，景气度与周期性成反比的态势形成，新投资代表的领域景气度仍然居高，消费升级、产业升级成为趋势，过剩行业持续低迷，但个别领域出现出清完毕信号。

远观未来，消费贡献绝大部分增量、GDP同比增速下移至5%左右将达到新的平衡点。但目前由于旧投资体量仍然庞大，过快收缩有可能导致债务链条断裂、城镇隐性失业显性化等极端问题，因此在当前调整期内，给予积极财政政策、灵活货币政策支持，大力推动消费升级、产业升级与创新活动，用时间换取空间是较佳选择。

一、"危"：经济增速中枢不断下移的历史趋势

我国已经成为仅次于美国的世界第二大经济体，根据国外发展的经验，以我国当前的经济规模而言，潜在经济增速的下滑将难以避免。现实的统计数据也显示，我国正处于由过去的高速增长转向中速增长转变的阶段，也就是经济新常态时期。

通过2005年至今的GDP同比增速可以看到，较为明显的增速攀升有两个阶段：其一是2005—2007年，我国GDP从11%的同比增速攀升到14.3%，持续时间为3年；其二是2008年全球经济危机我国GDP的同比增速在触及6.2%的低位后反弹，升至2010年的12.2%，持续两年。其余时间段内我国GDP增长保持增速回落态势，而最近这段

回落从 2010 年 3 月持续到现在，长逾 5 年，形成增速曲线的两个波形。

与此相对应的是 PMI 制造业 12 月均与 GDP 的走势呈现了完全随动的趋势，增长的两个阶段：一是从 2005 年的 53.8%升至 2007 年的 55.0%；二是从 2008 年的 50.2%升至 2010 年的 53.8%。其余年限我国 PMI 同样为下滑趋势，近期这段是从 2010 年持续下滑至现在的 50.1%。

之所以出现 GDP 增速持续下滑的现象，一方面是由于当前我国经济面临产能过剩这个突出问题。随着对该问题的逐步治理，代表过剩产能的重化工业陆续出清，其对 GDP 增长的贡献减少，必然导致 GDP 中枢不断下移，并且未来仍有中枢下移的趋势。另一方面由于中国社会结构的人口老龄化，劳动力人口数量下降，人口红利带来的增长减弱，也必然体现为经济增速中枢不断下移。由于过去制造业的粗放发展方式不可持续，结构必须转型，GDP 增速中枢的下移符合目标，不能以"危"视为缺憾，而应以"机"看到发展。

二、"机"：结构分化与新投资兴起的全新格局

通过 PMI 细分行业数据观察可见，整体数据下滑的事实并不是经济体系所有行业相伴相随的萧条，而是出现了各行业间非常明显的结构分化，同时，在任何一个子领域内部也都是收缩与扩张同时并存。尤其是 2014 年以来，经济成分中的较优表现集中于消费升级、技术创新、服务兴起等领域，在制造业、非制造业都有分布。这种情况已经无法再以产业或行业归纳，为此我们以"新投资"称之。这种结构分化的实质从三个层次、两个升级和一个格局来加以诠释，可以更好地概括我国经济质量的提升。

（一）结构分化的三个层次

1. 第一层次：从总量构成看，经济内生动力从外向型转为内需型

由于全球金融危机的影响，各国制造业回归浪潮不断兴起，最近几年大幅减少了对中国产品的需求，间接带动了中国制造业的转型。在我国经济总量构成中，出口贡献率不断下降，PMI 出口订单低于新订单的情况长期存续。从长远看，出口固然可以提振工业，但严重依赖外需的局面不为改观，则经济增长的基础不能稳固，这方面，内需的稳健性显然更胜一筹。

2. 第二层次：从产业构成看，投资型经济转化为消费型经济，第三产业超越第一、第二产业

2009 年开始的大规模投资实为"救命"之举，但其透支了多年基建需求，进一步恶化了经济结构。在过量投资引发效益低下、债务率居高难下的困境中，政府推动的促民生举措及市场内生的转型动力，将消费型经济推上历史台前。制造业与非制造业此消彼长，2008—2014 年，二者在总量中的份额完成了对调。

3. 第三层次：从行业分化看，景气度与周期性成反比

PMI 各行业数据经历了同升同降、差别上升、反差加剧等变化，2015 年以来，景气度与周期性成反比的势态形成，基本形成消费驱动的良好格局。我们将制造业 PMI 行业按生产阶段分为 4 个大类，2015 年一直持续的景气度排序为：生活消费品制造

业—中间品制造业—生产用制成品制造业—原材料与能源制造业。这种排序，在2013年和2014年，还仅有两个月出现，2015年已经持续6个月之久，周期越强、景气越弱。长此以往，消费相关行业目前的小体量有望在持续扩张中占据更大份额，最终引领总量走势。由于反差巨大，投资中的行业取舍变得尤为关键，据我们模型计算，一个良好的行业配置模型，在过去8年里可以取得超越上证综指数倍的超额收益，这种情形估计在未来将持续存在。

（二）结构分化的两个升级：产业升级、消费升级

1. 产业升级：生产方式转变，不同行业不同升级阶段

由于重化工业等过剩产能体量庞大，企业负债往往连接着地方政府负债和银行资产，快速出清有可能引发局部链条断裂，导致局部债务危机，因此，各级政府和企业都投鼠忌器，不同程度地维持过剩。其实，在过剩产能调整的过程中，出清是主要路径，升级也是企业和市场自救之途。市场已经发生了这样的变化。

一方面，生产方式升级基本成型。制造业发展，一般要经历4个阶段：工厂化生产、批量化生产（2.0）、精益化生产（3.0）、柔性化生产（4.0），发达国家多数进入精益化生产，少数已经升级到柔性化生产，而我国制造业正在实现从批量化（2.0）向精益化（3.0）的转变，生产方式的转变有利于企业降低成本、提高产品质量，从而实现利润提升。

零库存管理、按需生产是精益化生产超越批量化生产方式最突出的特征。从数据看，PMI体系中，产成品库存的变化很好地表达了这一转变进程。2009年下半年开始，由于大规模投资，PMI数据显示了产成品库存领先于新订单的现象，其领先新订单2个月的相关系数从2008年的0.46突升到2009年6月的0.81，由此，我们提出去库存概念。2012年12月，这一数据表现达到峰值，产成品库存领先新订单的相关系数达到0.95，库存状况成为全社会生产的重要指引。度过这一顶峰后，库存数据的重要性重新下降，到2013年年中该相关系数逐渐回落到0.65左右，2015年回到0.45左右。其中缘由一是库存本身收缩到了底部，但结合企业调查的开放性问题回复我们认为，更重要的因素是工业化进程从制造业2.0逐步走入3.0，零库存管理成为主流。

另一方面，效益升级成为主流。此前，规模效益是扩大投资的广告语，求大不求好是地方政府的通病。随着过剩问题的凸显，倒逼企业与管理部门转向效益经营。在各行业的分化中，效益高低与行业扩张速度成正比。国家统计局利润增速数据中，制造业41个行业中有31个行业增速为正，10个为负，待出清行业体量较大是整体利润数据不佳的直接因素。PMI体系中，（新订单－生产量）是供需比指标，反映供求关系的对比和企业效益趋势，近年来，该指标领先于全国PMI综合指标发生变化。自2013年以来，供需比的中枢位置波动中缓慢爬升，接近2006年的低水平。可以看到，我国经济增长的效益和质量正表现出趋好的迹象，虽仍有反复，但我们希望在市场、政策双驱动下，供需对比状况能够恢复到较佳的水平，经济质量效益可以得到持续地提升。

此外，过剩产能主动升级，开拓新兴产业市场也成为企业的选择。从行业数据看，比较突出的是化学原料及化学制品制造业、有色金属冶炼及压延加工业等领域。在调

查中发现，这些领域的企业在面临市场不景气、需求弱的情况下，主动转产，由于贴近新材料产业，转型相对容易。2013年以来，化学原料及化学制品制造业行业的PMI值告别50%以下，提升到50%附近，2014年第二季度以来，更是从50%附近提升到52%左右的中枢位置，成为原材料大类最先转好的行业。有色金属冶炼及压延加工业也是这样，2014年以来相对2011—2013年景气度明显回升。

在产业升级方面比较困难的是黑色金属冶炼及压延加工业、石油加工及炼焦业等原材料行业，尤其是钢铁行业，由于产能收缩牵涉到设备报废、就业问题突出等困难，目前难以看到缓解的迹象，相对乐观的是某些底部特征已经出现，包括：其一，生产用制成品所涉及的行业，2015年以来持续下滑，更为接近出清状态。其二，国际原材料价格处于筑底过程中。以原油为例，纽约原油期货40美元，近日跌破2009年低点后短线上扬，下行空间极为有限。其三，国内原材料购进价格底部呈平底式徘徊，很难继续下跌。其四，过剩产能中最早进行出清的纺织业，5年来首次随服装出现季节回升，行业效益数据也见好转，提示出清完毕的信号。

2. 消费升级：从低端到中高端，从基础型到质量型、健康型

由于人均收入的增长，居民消费状态与5年前表现已经大不相同，体现了从低端到中高端消费、从基础型到质量型消费的转变。从数据看，2014年以来变化尤其明显，在国家提高社保待遇、扶持文化健康产业政策的背景下，相关产业数据明显改善。从PMI数据来观察，在消费制造业和中间品制造业中部分行业的数据体现了我国经济中出现的消费升级趋势，比较典型的有食品及酒饮料精制茶制造业、造纸印刷及文教体美娱用品制造业等。在国民收入低下的发展阶段，中低收入人群对于基础消费的边际贡献比较高，但国民收入提高到温饱需求解决后，消费升级已经成为普遍需求。

2014年后期，造纸印刷及文教体美娱用品制造业的PMI指标异军突起，达到60%以上的高位，并且打破了原有的季节性规律，指数连续高企，提示居民对体育、教育的需求已经触发。食品及酒饮料精制茶制造业PMI在2012—2014年，一般保持居中位置，只有个别旺季月份会有突出表现，但2014年年底至2015年年中，呈现淡季不淡的特征。调查中，受调企业反映，市场对饮料的需求逐渐呈现健康、绿色特征，产品更新迭代加快，传统饮料市场收缩，而新型饮料份额渐次扩大。医药制造业PMI更是从2013年年底以来连续23个月排名前列。非制造业中，餐饮业、住宿业、零售业、生态保护环境治理及公共设施管理业（旅游景点相关管理）的经营活动状况表现均比较稳健。

（三）结构分化的一个格局：新兴旺起，研发活跃程度与扩张速度成正比

大力发展新兴产业是国家针对经济结构调整而制定的重要发展战略，自2010年发布七大新兴产业发展规划后，新兴产业的发展得到了政府和社会的高度关注。在经济数量数据尚未形成的背景下，新兴产业景气度调查于2014年年初开展，观测社会和企业创新活动的成效。

数据显示，新兴产业保持高速扩张增长态势，从2014年数据情况看，新兴产业的数据均值为54.8%，高于制造业的50.7%，也高于非制造业中服务业53.1%的均值。

PMI 显示，服务业经营活动状况指标年平均高于制造业 PMI 3 个百分点，这 7 年的均值为 54.6%。对应年度增速数据比例为 3.62：1。因为服务业价格因素与新兴产业价格因素不尽相同，因此采用不扣除价格因素的对比计算，并且为了能够通过有效对比估算未来总量收入数据，也应排除价格影响。据此测算，新兴产业在 2014 年很可能保持了超过 15% 的增速（按照制造业系数则该预估增速为 12.6%）。进入 2015 年以来，新兴产业景气度相对 2014 年有所回落，但指数仍然保持了 54% 以上的均值，提示新兴产业的扩张程度继续超越第三产业。同时，2015 年，七大新兴产业逐渐表现出不甚相同的扩张速度，值得关注。

科技创新是创新的核心，新兴产业的企业普遍非常重视研发活动的投入。调查中发现，相当数量的企业即使是在生产的淡季也会增加研发方面的投入，以确保企业的技术优势和产品竞争力。从数据看，企业研发活动水平明显高于新订单、生产量等指标，研发活动的年均值为 61.71%，新订单和生产量的年均值为 56.76% 和 57.42%。对比制造业同类指标，新兴产业研发及新品上线活动明显活跃于制造业，新兴产业的扩张程度高与研发活动更活跃正向相关。

鉴于新兴产业的快速发展态势，中央提出的到 2020 年新兴产业达到全国工业增加值 15% 的目标，应该说是完全有把握实现的。

三、"危""机"的未来：消费升级，迎接5%～6%增速的优质GDP

旧投资部分下拉的增量，等待新投资领域的扩张补足，而且需要比较漫长的时间，但如果目标可以实现，就应保持定力看增速。所以在忽略GDP的同时，我们关注新领域的投资，关注它们发展的速度与规模，关注它们取代旧投资地位的时间表，并可由此来决定"删除"旧投资的速度。过去用于国民收入计算的三大需求，在创新格局下正在此消彼长，出于对平稳过渡的"刚需"，计算消费替代投资的时间表就显得极为必要。

为了能更直观地估计转型进程的时间表，我们可以按照历史表现，估算消费需求升级所带来的增量，何时能够替代投资需求的贡献率——这里以劳动力人口逐年下降影响GDP为前提。1999—2006 年，第二产业与第三产业增加值总量之比一直稳定保持在 1.1：1 左右变化不大，2008 年开始，这一比例逐渐变化。至 2013 年第三季度，第三产业在整体经济中所占比重已经与制造业持平，2014 年第一季度则超过了制造业比重。7 年中，第三产业增加值复合增速为 15.07%（扣除价格因素后复合增速为 8.76%）；第二产业增加值复合增速为 11% 左右，近年每年递减 1% 左右。其间，非制造业经营活动指标每月高于制造业 PMI 2 个以上百分点；服务业经营活动指标年平均高于制造业 PMI 3 个百分点，这 7 年的均值为 54.6%。非制造业的扩张速度高于制造业，与增加值数据表现一致，可估算出增速比。

而消费驱动类产业的综合PMI近年继续保持 53% 以上的中枢值，即其增速能够保持在 10% ～ 11% 的区间；投资驱动类行业PMI均值 50% 左右，递减趋势变弱。由此按照较差情况估算，可设计投资增速每年以 1% 的速度递减，而消费保持在 10% 左右。若照此匀速发展，转型的未来可能是：未来 6 ～ 8 年，GDP增速回落至 5% 上下，消费需求对总量的贡献率达到90%以上。如果投资增速设计为递减速度递减并最终保持在8%，则增速在5.5%～6%，消费驱动占比85%以上。直接和间接的消费需求成为主驱动，则我国经济转型成功：经济总量不断扩大，5%～6%的增速已经是一个数倍于发达国家的数字；在劳动力人口不断减少的背景下，5%～6%可以容纳足够的就业。

按照以上理想估算，既然过剩的出清随投资回落、市场转移等可以借由解决，那么观察政策，从需求侧稳增长、稳消费而非稳投资将成为主流。既然消费超过投资是大趋势，既然大势所趋，政策亦将顺势而发，以积极的针对性财政政策鼓励相应领域发展。既然需要鼓励需求，宏观调控的着力点，也应进一步积极解决收入分配机制问题。若产业升级、服务升级、产品迭代加快，高收入阶层的消费升级可以有大幅增量；中低收入人群边际贡献高、总量较大，且同样有消费升级需求，消费时代可以开启。届时，一个以消费需求为主构成的GDP，其潜含的效益能形成良性的经济循环。

保增长也好、稳增长也罢，唯一原因是三期叠加状态下，债务链条与就业形势存在一定隐忧。在不引发大规模连锁债务危机的前提下，过剩产能尽快出清，是构成良性经济循环的选择。新的平衡点终究会到来，新投资带来的增量终将替代旧投资的收缩量。有质量的增长，正在路上。

（2015年10月发表于《上海证券报》，国务院中国政府网转载）

附录4 PMI显示：供需关系改善 供给侧改革初见成效

分析PMI及其他工业数据，多个特征指向2015年以来过剩行业数据发生了不同以往的变化，而这种变化并非直接来自需求，而是来自强烈行政色彩的供给侧改革——过剩行业出现了库存大幅回落、产业集中度提高、固定资产投资增速快速下行、业内兼并重组提升质量等现象。改革初见成效的链条为：供给收缩，库存水平中枢值下移、行业结构改变，购进价格回升，工业企业利润回升。供给侧改革对需求质量也有所调整，并对需求提供一定支撑。

由于去掉了自然增长干扰和基数效应，PMI数据在预测拐点和趋势上的应用都比较好，尤其是观察拐点，领先于工业统计数据。同时由于行业链的存在，在一个经济周期中，各个行业拐点发生的时点是有先有后的，而全国数据拐点往往发生在各个行业数据拐点的中央。分析行业数据，才可以发现经济环境转变的成因并预测未来。本文分析主要涉及PMI数据及国家统计局产成品存货数据。

一、PMI产成品库存2016年的拐点

分析产成品库存数据可以发现，中国制造业在2012年以来逐步向精益化生产（3.0）升级，2015年年底以来的供给侧改革有效约束了过剩产能，减少了供给，改善了供需关系。这在数据上体现为，全国产成品库存数据2012年以来中枢值不断下移，但由于过剩行业的干扰，新订单还不足以决定产成品库存水平；随着黑色金属冶炼及压延加工业等过剩行业库存2016年的大幅回落，新订单对产成品库存水平的支配作用正显著增强。

（一）全国PMI产成品库存的分析

从PMI全国数据看，产成品库存2016年出现了以下几个特点：

第一，全国产成品库存的年度中枢值表现为逐年下移。其年度均值从2011年的49.95%逐步回落为49.5%、47.6%、47.5%、47.3%，直至2016年以来的46.15%。这种数据变化一方面表明制造业库存管理水平提升带来整体产成品库存下降；另一方面体现了2011年"4万亿"效果逐渐消失后，制造业去产能、库存消减的过程。

第二，4年没有下限值后，2016年产成品库存出现2012年以来的历史新低。从PMI全国产成品库存指标的历史数据可以看到，其历史波动下限为44%，但2012年以后就没有出现45%以下的极值，也没有出现过50%以上的数值。2009年以后，随着4万亿政策效应的释放，产能持续扩张、产成品库存回升，但随着后期政策效应消失、需求愈加不足，结果形成了2012年以来多个行业以不同速度去产能去库存、企业谋求转型、产成品库存缓步回落低位的格局，但由于个别行业影响，4年未出现下限值。同样受个别行业影响，2015年12月全国产成品库存发生较大回落后，2016年1月出现44.6%的极值，是80个月以来的最低值。

第三，2016年产成品库存、新订单相关关系改变，历史首次体现新订单领先产成

品库存的高度相关,即新订单开始决定产成品库存。为了观察产成品库存对需求的影响,我们在 2009 年下半年推出了产成品库存与新订单关系的分析,因为观测到产成品库存领先新订单 2 个月的相关系数在 2009 年 5 月达到了 -0.85 的高度相关,我们认为,后期新订单将随着产成品库存水平而波动。这种高度相关关系持续到 2012 年年底的 -0.95,基本上是产成品库存决定新订单水平。随后,这种关系逐步下降,产成品库存对新订单的决定性减弱。从 2012 年年底以来,又出现了新的情况,即新订单领先产成品库存的相关系数出现了 0.5 以上的中度相关,两次波动后于 2016 年 8 月历史首次达到 0.72 的高度相关,说明 2016 年开始新订单指标开始支配产成品库存。

因此,依据产成品库存与新订单的相关程度分期,我国经济经历了几个阶段:2009 年以前产成品库存与新订单同升同落相关不强,2008 年以前,产成品库存滞后新订单并中高度相关,2009—2012 年产成品库存决定新订单,2013—2015 年产成品库存对新订单的决定性下降,2016 年以来新订单开始决定产成品库存。从不同领先时滞下二者关系,也可以看到 2016 年以来的变化。具体如附图 4-1 和附图 4-2 所示。

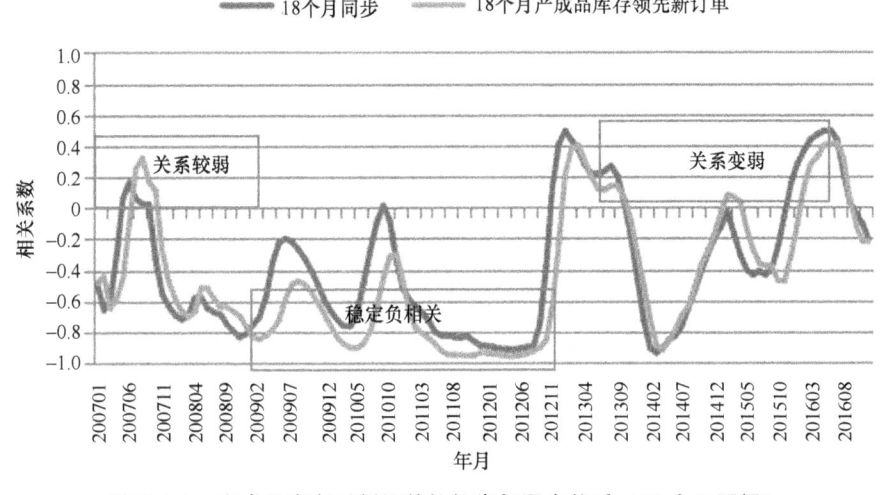

附图 4-1　产成品库存对新订单的领先与同步关系（18 个月区间）

上述数据节点可结合当时特殊的经济环境分析成因,其中重要时点一个是 2012 年年中,另一个是 2015 年年底。

其间,有几个经济现象帮助我们理解库存数据的变化。首先,我们在企业调查中获知,2012 年以后,越来越多的企业采用供应链管理以降低库存水平,尤其是涉及轻工、消费和 IT 科技的行业,企业规模小、技术转型快,更多接近零库存管理,进入 3.0 精益化生产阶段。其次,美国制造业中普及精益化生产的格局,使得其在 PMI 数据的提供上,产成品库存指标在 20 世纪 90 年代已经消失,代之以用户库存,企业会计核算中甚至将用户库存作为销售类目处理。最后,在精益化生产、零库存管理时代,物流环节的库存周转率高度提升,而我国物流库存的周转次数在 2015 年年底至 2016 年以来也出现了大幅回升。

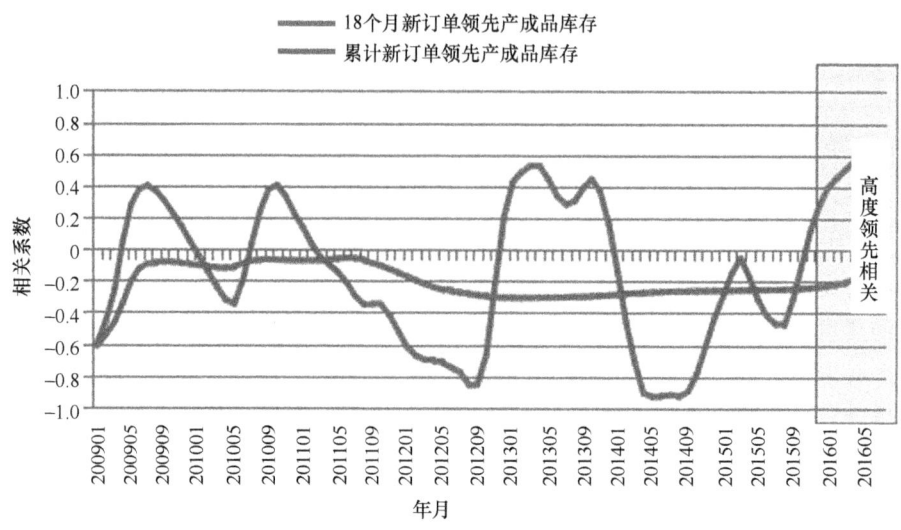

附图4-2 新订单领先产成品库存（累计与18个月区间）相关关系

上述数据与现象，可以帮助我们理解全国数据表现出的制造业升级换代的趋势，即2012年以来，中国制造业的大部分行业主动调整了产能，制造业的整体升级进程有了新的征象。但为何2013—2015年产成品库存逐年创出新低、相关度下降，新订单却直到2016年才能够支配产成品库存指标？借助行业结构数据分析，可以进一步分析以发现成因。

（二）周期行业产成品库存与全国产成品库存数据的差异

其实，在目前我国经济环境下，各个制造业行业面临不同的发展态势。从产能方面看，轻工业行业去产能的过程从数据表现看已经接近完成，而周期性（原材料）行业大多产能过剩并未去除，市场需求往往因供给过多而销售受阻、价格下降，这一过程已经持续了3~5年，但因各种因素的存在，企业去产能的过程并不顺畅，从而拖累了整体去产能的成效。

从数据看，2015年以前黑色金属冶炼及压延加工业等行业的产成品库存与全国库存产生了很大差异，虽然同样是新订单不如从前，但黑色金属冶炼及压延加工业等行业并没有经历全国数据中2012年以来的产成品库存中枢逐步下移，而是直到2015年12月产成品库存才出现较大的环比回落，侧面证明了黑色金属冶炼及压延加工业去产能的动力不全是来源于市场需求收缩。

以黑色金属冶炼及压延加工业为例，其产成品库存与全国数据的不同表现如下：

第一，2013年，黑色金属冶炼及压延加工业产成品库存出现下限值后又波动上行，没有长期去库存过程。而全国数据显示，由于大多数行业主动转型去产能，2012—2014年即使有短期新订单波动，但产成品库存指标响应缓慢，只呈现波动和中枢下移，几年也没有下限值出现。同时可以看到，黑色金属冶炼及压延加工业数据2012年以前的短时波动也比较强。数据说明周期行业产成品库存管理方面比较敏感，延时去产能不是因为库存管理水平低下。

第二,黑色金属冶炼及压延加工业库存管理水平高于全国水平。黑色金属冶炼及压延加工业产成品库存与新订单关系方面,相对全国指标更多显示为二者长期的同步负相关,相关系数保持在−0.85以上,而全国数据这一水平为波动状态,长期相关系数只有−0.5左右。说明黑色金属冶炼及压延加工业产成品库存指标更敏感,传统的库存管理水平高于全国。

第三,2014年,黑色金属冶炼及压延加工业产成品库存与全国背离,与其库存管理水平背离。在2012年以来全行业的产能过剩背景下,黑色金属冶炼及压延加工业产成品库存不降反升,2014年甚至出现年度均值的历史最高值55%。

如附图4-3所示,2013年11月以后,黑色金属冶炼及压延加工业产成品库存与全国产成品库存趋势上开始产生差异,全国产成品库存中枢一路下移,而黑色金属冶炼及压延加工业产成品库存不断上升,保持在50%以上,而这期间黑色金属冶炼及压延加工业新订单并没有有效上升。直到2015年12月发生拐点,产成品库存及其6月均回到50%以下。

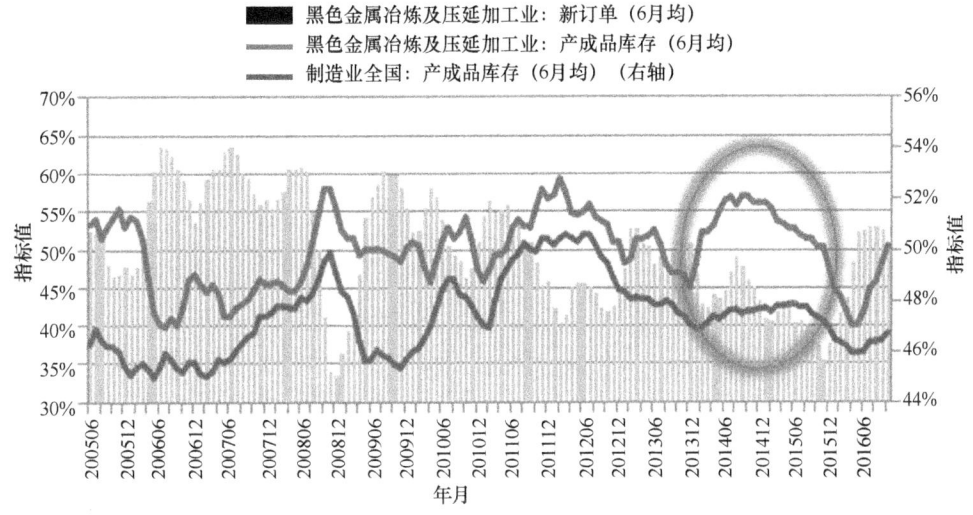

附图4-3 制造业全国产成品库存与黑色金属冶炼及压延加工业产成品库存、新订单对比

数据说明,以黑色金属冶炼及压延加工业为代表的周期行业,未能像全国数据那样经历2012—2014年的去产能、去库存,产成品库存相对于新订单保持了较高位置,这与其本来库存管理较好的行业水平是不相适应的。

第四,黑色金属冶炼及压延加工业产成品库存低点出现在2016年年初,滞后全国数据两年半。黑色金属冶炼及压延加工业产成品库存低点是2016年1月和3月的10年历史最低水平33.7%,最低环比值−9.8%出现在2015年12月。而全国产成品库存低点为2013年10月的45.6%,当时黑色金属冶炼及压延加工业为49.5%,属于推高因素,而2016年以来黑色金属冶炼及压延加工业产成品库存对整体已经是拉低因素。这里的滞后说明黑色金属冶炼及压延加工业去库存的动因与其他行业不同。

第五，黑色金属冶炼及压延加工业产成品库存与新订单关系的拐点发生在 2015 年 12 月。2014 年以来二者关系开始不稳定，至 2015 年 5 月开始转向正相关，12 月产生高点；2016 年企业再度压缩产量，产成品库存急剧回落，而新订单却开始回升，二者相关关系再度转向正常的负相关。拐点时间再次指向 2015 年 12 月，可以说明这种变化基本上是来源于供给侧改革产生的去产能效果。具体如附图 4-4 和附图 4-5 所示。

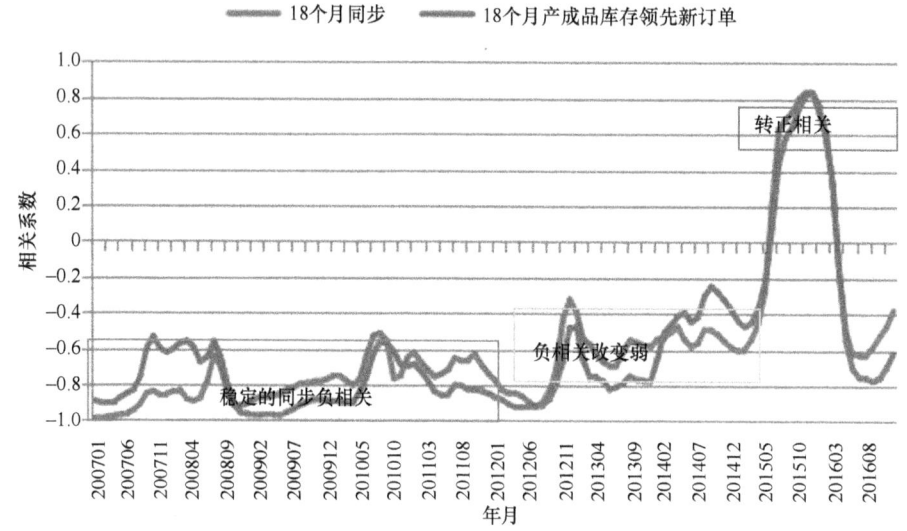

附图 4-4　18 个月产成品库存领先新订单与同步关系

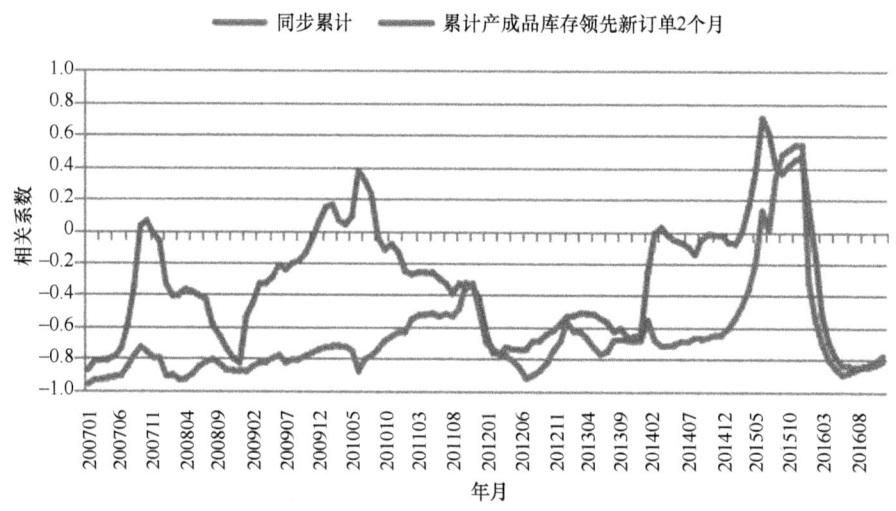

附图 4-5　累计产成品库存领先新订单与同步相关关系

结合调查实际，上述数据表现发生在黑色金属冶炼及压延加工业等行业库存水平很敏感的背景下，长期去产能不到位只能是与周期行业多为国企、债务矛盾难以简单化解、去产能阻力较大等背景相关。

而 2015 年年底之后，与以往经济环境不同的一大事件就是供给侧改革，因为行政性的产能压缩任务，才是周期行业国企去产能比较有效的手段，过剩行业由此出现了产业集中度提高、固定资产投资增速快速下行、业内兼并重组提升质量等事件。收缩了供给，同时在需求方面有部分提振，黑色金属冶炼及压延加工业等行业开始经历较为明显的去产能去库存过程，购进价格指标显著提升，改善了企业利润，进一步改善了供需关系。

二、新订单与购进价格关系分析

新订单与购进价格关系在历史上呈明显的高度正相关，但黑色金属冶炼及压延加工业购进价格与新订单的关系，同样与全国数据的拐点不同，拐点时间仍然指向 2015 年 12 月。

全国数据相关较弱的区间自 2012 年年底至 2015 年年中，而黑色金属冶炼及压延加工业数据相关较弱区间为 2013 年年底至 2015 年年底。究其原因，相关变弱是新订单不能引起购进价格变化，尤其是走升的变化，购进价格始终低位徘徊，说明供应过多导致购进价格与需求不能配合。黑色金属冶炼及压延加工业量价重新配合比全国晚，也说明依靠市场本身的力量，周期行业收缩供应较为困难，而适时出台的供给侧改革举措将供需关系调整推入了合理轨道。

全国数据中，2015 年 6 月以来二者相关关系回升至 0.85 的高度相关，说明大多数行业供需配合自 2014 年已转入正常（区段相关关系的拐点滞后于实际拐点约为分析区间的一半）。黑色金属冶炼及压延加工业新订单与购进价格本次重新配合的时间较短，而此前相关分析区间为 18 个月，携带了之前弱相关的影响。为此，调整分析区间，当区间减少为 13 个月时，二者相关系数为 0.92 以上的持续高度相关。说明转好也持续了一段时间，新拐点尚未出现。具体如附图 4-6 和附图 4-7 所示。

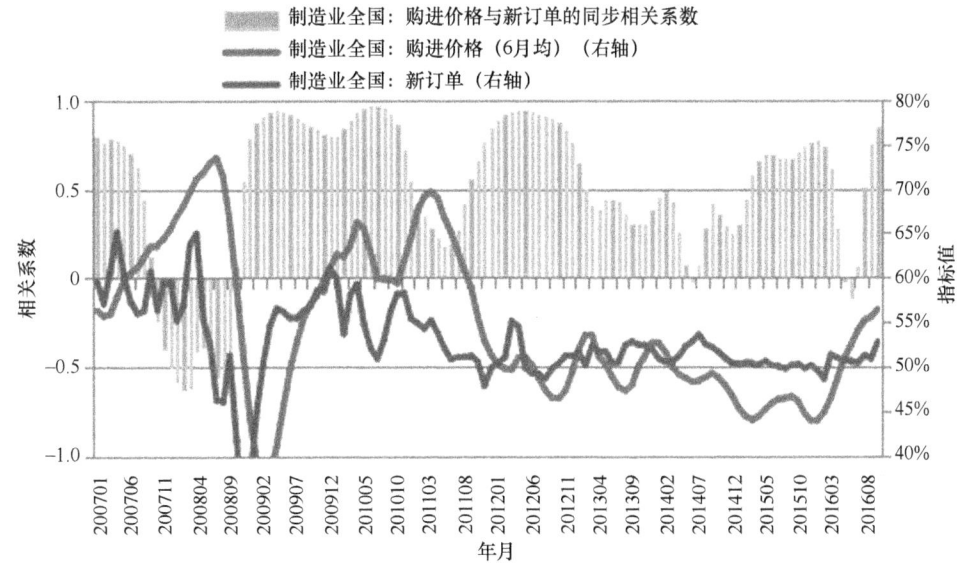

附图 4-6 制造业全国购进价格与新订单的关系

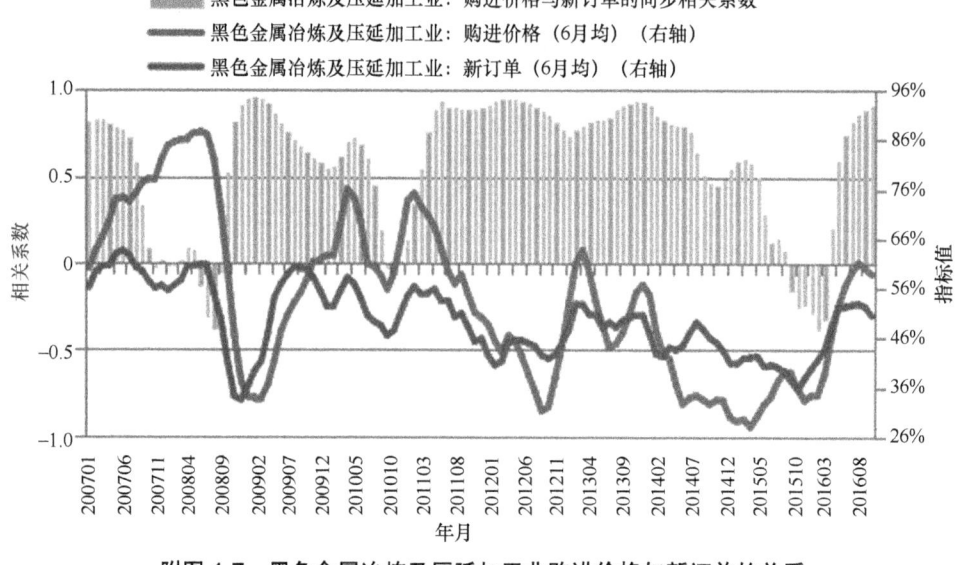

附图 4-7　黑色金属冶炼及压延加工业购进价格与新订单的关系

三、工业统计数据表现分析

结合历史数据表现和 PMI 经济学含义可以发现，同比数据与 PMI 数据的可对比性最好。PMI 数据不计入金额因素，对趋势的反映更为敏感，不仅行业数据，全国数据也相对金额数据形成了领先性。但 PMI 数据波动较大，观测趋势时往往需要用移动均值，造成拐点滞后。历史上，PMI 数据领先工业统计绝对值数据的拐点 3～6 个月，领先同比数据 3 个月。

由工业企业产成品存货同比增速数据可见，轻工业去产能较早，而周期性行业去产能较晚。例如，黑色金属冶炼及压延加工业 2016 年以来一直为 20% 以上的回落，石油加工及炼焦业 2016 年年初开始出现负值回落数据。说明周期行业去产能从 2015 年年底开始，正在持续期间。

我们分析了制造业 39 个行业产成品存货同比数据的变化趋势（附表 4-1），发现在 2012—2013 年产成品存货存在较大负值的都是轻工行业，如纺织业、纺织服装服饰业等；2014 年存在较大负值的多是中间品制造业，如造纸印刷及文教体美娱用品制造业；而 2015 年存在较大负值的有采掘业和农副食品加工业等；黑色金属冶炼及压延加工业、有色金属冶炼及压延加工业、石油加工及炼焦业等原材料制造业都是 2016 年同比回落幅度很大，并拖累了全国数据。

附表 4-1　产成品存货同比增速出现较大负值的行业及其年份

行业	产成品存货同比增速出现较大负值的年份
纺织服装服饰业	2012 年
纺织业	2012 年
非金属矿采选业	2012 年

续表

行业	产成品存货同比增速出现较大负值的年份
非金属矿物制品业	2012年
金属制品业	2012年
木材加工及家具制造业	2012年
计算机通信电子设备及仪器仪表制造业	2012年
造纸印刷及文教体美娱用品制造业	2012年
化学纤维及橡胶塑料制品业	2012年
烟草制品业	2012年
电气机械及器材制造业	2012年
燃气生产和供应业	2013年
农副食品加工业	2013年
通用设备制造业	2013年
造纸印刷及文教体美娱用品制造业	2014年
水的生产和供应业	2014年
有色金属矿采选业	2014年
化学纤维及橡胶塑料制品业	2015年
农副食品加工业	2015年
其他采矿业	2015年
石油和天然气开采业	2015年
石油加工及炼焦业	2015年
黑色金属矿采选业	2016年
黑色金属冶炼及压延加工业	2016年
化学原料及化学制品制造业	2016年
煤炭开采和洗选业	2016年
有色金属冶炼及压延加工业	2016年
造纸印刷及文教体美娱用品制造业	2016年
专用设备制造业	2016年
总计	2016年
医药制造业	未出现负值
食品及酒饮料精制茶制造业	未出现负值
汽车制造业	历史上有回落但较少
电气机械及器材制造业	波动、平均
木材加工及家具制造业	波动、平均
其他采矿业	波动、平均

全国产成品存货的回落之所以也是在2016年开始发生，这与周期行业的产成品库存比重有关。前期其他行业去产能并未在全国数据上形成负值回落，这是因为周期行业即使进行精细化生产，其安全库存边界大大高于后周期行业，而且产成品库存在产

品价值上更是较高，因此对全国数据的拉低程度比较明显。

综上所述，黑色金属冶炼及压延加工业等周期行业 2015 年年底以来力度较大的去产能去库存，其主要成因是来自供给侧改革，并且周期行业产成品库存下降、产能控制的格局，促成了全面的价格上升，整体工业企业利润企稳。

供给侧改革调整供需关系的链条与结果是一致的。首先，产能释放为产量得到控制，如粗钢、焦炭产量 2016 年前三个季度是负增长，但市场需求还在增长，市场供需关系进入良性循环。如果供给侧改革可以持续，则这种势头也可以持续。其次，供需良性可促进企业由大变强、产业质量提高。质量的提高不仅仅会使当前经济向好，也反映未来的经济增长不会很差。最后，新订单对产成品库存的支配会持续加强。制造业产业质量提升的标志之一就是精细化生产程度，其中新订单对产成品库存的支配是关键进程。随着过剩行业的产能控制、供应链管理全面深入，制造业向 3.0 的整体升级进程将加快。不过，目前值得注意的问题是价格。适度的价格上涨对市场最有利，但是短期涨幅过高过快会导致市场的不确定性，未来应高度关注价格走势，适时调控，使价格保持在与市场供需相适应的水平上。

供给侧改革将供需关系的优化推上主导地位，期待在将来，供给侧改革可以将中国的经济带上一个新的台阶。

（2016 年 9 月发表于《中国证券报》，《经济日报》转载）

附录5　供给侧改革持续深化　周期行业有望年内出清

2017年过半，中国经济稳中向好态势明显，IMF年内两次上调中国经济增长预期。在供给侧改革持续深化下，业内期待的市场出清何时实现？下半年中国经济走势如何？

中采咨询首席经济学家于颖在接受《中国证券报》记者采访时认为，2017年是"出清年代"。从PMI行业数据来看，周期行业的新订单和购进价格表现出第二次向上波动，产成品库存经历第二次向下波动，这种反季节的新订单、购进价格回升，意味着行业集中度正在提升、企业定价能力转强、出清进程即将过半。

筹划成立于2005年的中采咨询，是一家致力于宏观经济、行业和市场研究的专业咨询机构，成立时独家承接了PMI数据项目的运营。近年来，有关经济转型影响GDP和行业构成、2015—2017年工业企业利润企稳回升等宏观预测分析，包括2014年6月的A股历史大底判断、2015年6月5日起多次提醒大盘调整、2017年春季行情等策略分析，中采咨询屡次成功预测宏观经济周期及股市的拐点变化，进行了多种股市与基本面密切相关的实证研究。于颖认为，目前PMI数据已经成为宏观经济决策和金融投资的重要依据，PMI行业数据与股市各行业股指的走势多年来保持密切的领先相关，多数行业的相关系数达到或超过0.6，研究细分行业数据走势，才能解析数据真正含义，更好地指导投资。

2017年5月PMI行业数据显示，周期行业的新订单和购进价格表现出第二次向上波动，产成品库存经历第二次向下波动，这种反季节的新订单、购进价格回升，意味着行业集中度正在提升、企业定价能力转强、出清进程即将过半。此前，我们将2015—2016年命名为"转型时代"，而2017年是"出清年代"，后半年可能看到"周期升级日、L横走完时"的数据表现。这一预判似乎正在发生。

我们一直认为，2012—2018年，我国制造业逐渐由2.0升级到3.0，发生转型升级。这一历程的起点是2012年PMI产成品库存达到最高点、非周期性行业民企开始变革，期间次第经历各个行业转型升级出清重组，每个行业经历2～4年的变革时间；而终点将是2017—2018年国有体制占比高的行业进行出清重组、产业集中度提升。

2016年去产能、压库存、价格抬升后，周期行业企业效益大幅好转；但随着出清升级的开始，2016年10月至2017年4月，PMI购进价格和采购量又完成了向下波动；目前，2017年迎来5—7月的淡季，PMI数据却显示，需求并未全部收缩，而是在局部发生反季节反弹（附表5-1），似乎提示周期行业发生去产能、高质供应已经开始。

2015—2016年，我们发表过《此7非彼7——有质量的增长在路上》（2015年10月）、《PMI显示：供需关系改善　供给侧改革初见成效》（2016年5月）、《抓住时间窗口　提质增效　深化供给侧改革》（2016年9月）等文章及多篇报告，描摹中国制造业沿着民企到国企、从非周期到周期行业的路线，次第变革，完成产业转型出清升级、行业集中度提高、经济结构优化的进程，提出"剩者为王"；并且认为，2017年是我国

附表5-1　2017年5月周期行业反季节反弹

行业	指标	2017年5月	环比值	同比值	3月均	3月均同比值
非金属矿物制品业	PMI	62.0%	−1.2%	18.3%	60.57%	8.4%
黑色金属冶炼及压延加工业	PMI	54.8%	5.7%	3.9%	51.50%	−1.13%
化学原料及化学制品制造业	PMI	59.0%	−1.4%	6.9%	59.03%	6.60%
石油加工及炼焦业	PMI	62.5%	7.4%	7.8%	58.87%	7.13%
有色金属冶炼及压延加工业	PMI	50.8%	−9.2%	−2.4%	54.63%	1.10%

经济结构转型的关键一年，尤其是周期行业的出清重组、集中度提高、提质增效进程，与整体经济走出L形底部密切相关。

未来，新兴产业及新型服务业将在中国经济中构成更大占比，消费将是GDP构成的主要力量。尤其是三四线城市中低收入人群的消费，将在很大程度上"维稳"就业及"维稳"经济增速。

伴随中国经济进入转型时期，近年很多经济数据呈现数据关系混乱、匹配度下降的情况，令研究人士非常困惑，其实这正是转型时期的特点，并不奇怪。而从数据本身的特征来看，由于去掉了自然增长干扰和基数效应，PMI数据在预测拐点和趋势上的应用都比较好，尤其是观察拐点，领先于工业统计数据，同时由于行业链的存在，通过分析PMI行业数据，可以发现经济环境转变的成因并预测未来。

一、不同行业产能出清的时点不同

不同行业产能出清的时点不同，但路径基本一致，大致经历高库存—去库存—低价竞争—库存管理水平竞争—大量倒闭—优质企业存活—债务重组—科技投入竞争—行业集中度提升—行业升级进入3.0时代（零库存管理）—行业效益提升。从过去五六年非周期行业升级的路径可以推导周期行业出清升级的进程，结合行业企业所有制类型、债务类型、政策进程等，我们判断2017年是周期行业的出清之年，其转型升级将在2017年下半年次第实现，2018年出现效益回升。

从企业类型看，非周期行业往往中小企业较多，小企业自2012年开始转型进程；周期行业通常大企业居多，大企业自2015年开始进行转型。行业和企业转型过程中，技术升级非常必要，但只有大企业才拥有充足的资金和实力进行科研投入、设备和技术的升级，所以只有市场落后产能出清、市场集中度提升后，才有利于剩下的优质企业进行科研投入，改善企业盈利，形成提质增效的良性循环。

（一）非周期行业已经基本完成转型出清历程

第一，高位库存、产能过剩倒逼行业出清整合，实现产业集中度提高，加大科技投入，增加行业生产附加值。

第二，科技投入增加的效果是产业实现升级，制造业零库存管理，跨入3.0。2012年以来中国制造业逐步向3.0（精益化生产）升级，越来越多的企业采用供应链管理以降低库存水平，不能进行技术升级的企业在竞争中逐渐退出。其中，涉及轻工、消费和IT科技的行业,企业规模小、技术转型快,更早更多地接近零库存管理。

随着技术管理水平升级,数据表现是工业订单对库存的支配水平由弱变强。2012年产成品库存领先新订单的相关性达到历史最高点93%,新订单完全由产成品库存决定。这意味着整体经济将以去库存为主要行为。2015年以后,大部分行业的新订单已经支配产成品库存,而周期行业的新订单支配产成品库存从2016年开始显现(详见附录4《PMI显示:供需关系改善 供给侧改革初见成效》)。所以在PMI的领先指标中,依据产成品库存与新订单的相关程度分期,我国经济近10年经历了几个阶段:2007年以前产成品库存与新订单同升同落相关不强;2008年产成品库存滞后新订单并中高度相关;2009—2012年产成品库存决定新订单;2013—2015年产成品库存对新订单的决定性下降;2016年以来新订单开始决定产成品库存。

上述过程以最早转型出清的纺织业为例。2011—2013年,其PMI数据的相对排名一直在制造业倒数3位以内,其中最旺季的PMI值也只是45%左右,产成品库存曾高达60%以上;2014年10月,纺织业PMI重新突破50%;2015年6月,4年来纺织业首次出现与上下游行业同时走出旺季回升,PMI达到56.5%,此后一直保持匀速扩张;2016年,国家统计局发布的利润总额同比数据(比PMI滞后6个月)显示,纺织业行业效益几年来首次排名进入前5名(附图5-1)。

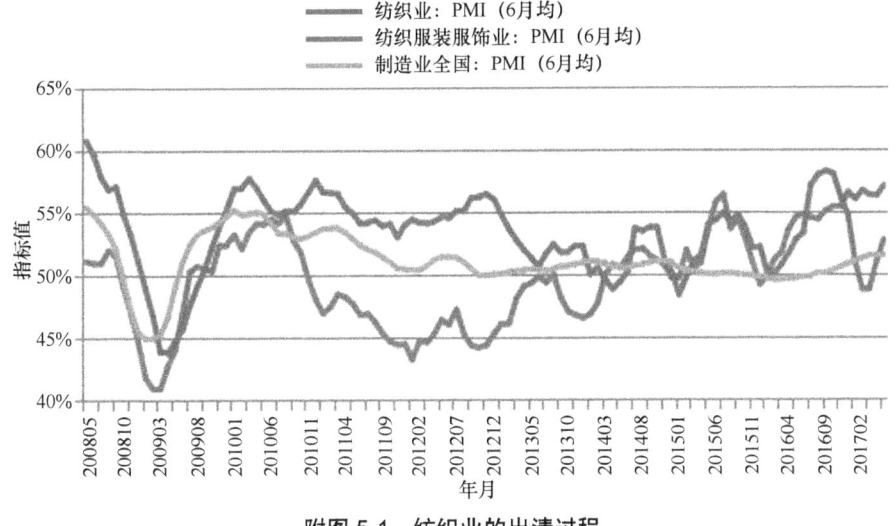

附图5-1 纺织业的出清过程

同时,我们在企业调查中获知,3年的去库存、出清、整合期间,纺织业行业内高达80%的企业倒闭,仅有一小部分高质高效、做了整改的企业存活下来,随着产业集中度提高,行业龙头企业获得更多资金和意愿,进行更大更多的技术投入及生产流程改造,行业效益由此转好。

制造业内部,造纸印刷及文教体美娱用品制造业、通用设备制造业、医药制造业、纺织服装服饰业、化学纤维及橡胶塑料制品业、电气机械及器材制造业等行业,不同程度地在不同时点复制了上述纺织业的数据演变历程。

而周期行业的转型出清，显然落后于其他行业，一个重要原因就是不同行业存在不同的产能构成和资本构成。从产能方面看，非周期行业如轻工业行业去产能的过程从数据表现看已经接近完成。而周期（原材料）行业大多产能过剩并未去除，市场需求往往因供给过多而销售受阻、价格下降，这一过程持续到2015年年底；同时因为资本构成的各种因素，企业去产能的过程并不顺畅，从而拖累了整体去产能的成效。

（二）周期行业的落后产能出清已经半年时间

2015年10月开始，周期行业的购进价格反弹；2015年11—12月，周期行业新订单反季节反弹；反弹经历了一年，自2016年10月开始，周期行业购进价格高位回落，导致随后一系列的订单、采购透支，企业经营困难；2017年5月，部分数据转好，显示行业在质量标准提升的背景下，可能经历了优胜劣汰的历程。

以黑色金属冶炼及压延加工业为代表的周期行业转型是所有行业中最后开始的。前期周期行业未能像全国数据那样经历2012—2014年的去产能、去库存，产成品库存相对于新订单保持了较高位置，这与其本来库存管理较好的行业水平是不相适应的。但与行业内国企众多、生产方式不易改变、债务规模大的因素相关。

黑色金属冶炼及压延加工业产成品库存与新订单关系的拐点发生在2015年12月。2014年以来二者关系开始不稳定，至2015年5月开始转向正相关，12月产生高点；2016年企业再度压缩产量，产成品库存急剧回落，而新订单却开始回升，二者相关关系再度转向正常的负相关。拐点时间再次指向2015年12月，可以说明这种变化基本上是来源于供给侧改革产生的去产能效果。结合调查实际，在黑色金属冶炼及压延加工业等行业库存水平很敏感的背景下，长期去产能不到位与周期行业多为国企、债务矛盾难以简单化解、银行不肯坐实坏账、去产能阻力较大等背景相关。而2015年年底之后，供给侧改革改变了企业经营环境。行政性的产能压缩任务，成为周期行业国企去产能有效的手段。

周期行业开始出清发生在2016年年底。经历去产能、效益提升之后，行业才迎来出清重组的契机（详见《抓住时间窗口 提质增效 深化供给侧改革》）。供需关系有所改善为提质增效提供了最佳时间窗口，国家制定相应政策，提高产品供给的质量标准，成为行业进一步升级的关键举措。由此出现了产业集中度提高、固定资产投资增速快速下行、业内兼并重组提升质量等事件，这些事件在2016年年底开始逐步显示在数据中。

二、2017年周期行业的出清进程

出清进程是在去库存、去产能之后发生的，是提高产业集中度、进一步技术升级的必经之路，也是压力之下市场的无二选择。用2017年5月原材料行业PMI的部分反季节反弹，结合调查实际来观察，意味着行业集中度正在提升、企业定价能力转强、出清进程即将过半。

（一）前期周期行业的下行压力

周期行业在2016年10月和11月相继出现新订单和购进价格的高点，购进价格和采购量已经见顶回落。

从数据链看，2017年5月PMI数据乏善可陈（附图5-2）。在附表5-2中，主要原材料库存-新订单由1月的2.1%降至-4.6%，采购量-新订单由1月的4.8%降至0.2%，而这两项指标在2016年5月为-2%和1.4%，2015年5月为4.8%和5.0%，采购量当时已经处于明显的透支状态。生产量超过3年的阈值，持续性存疑。主要原材料库存高位，产成品库存中位，后续新订单动力一般。但同时，PMI购进价格处于持续回落的态势，前期已经位于50%以下，这使得周期行业的盈利状态得以回归。

正是在市场下行压力下，政策进一步施压，企业之间展开了技术性竞争，迫使低效企业退出市场。

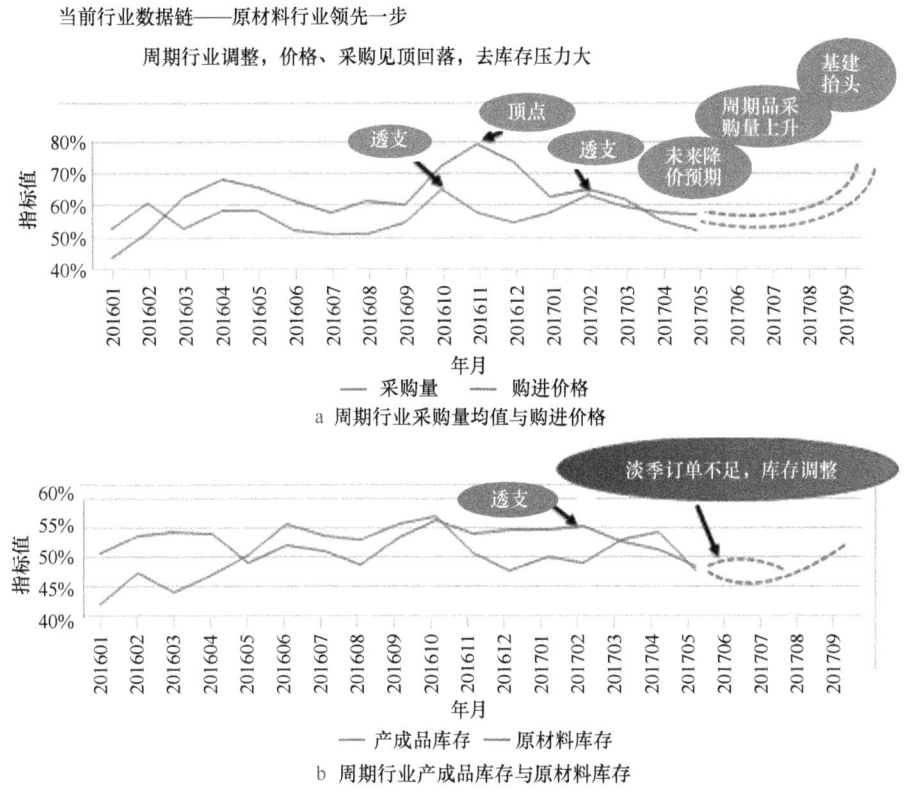

附图5-2 周期行业2017年第三季度预判（虚线部分为预测）

附表5-2 原材料大类行业PMI主要原材料库存、采购量前期的透支

参数B	201705	201704	201703	201702	201701
主要原材料库存5月均	54.9%	55.1%	55.0%	54.9%	54.6%
采购量5月均	59.7%	59.0%	58.8%	59.2%	57.3%
主要原材料库存-新订单	-4.6%	-1.7%	0	0.1%	2.1%
采购量-新订单	0.2%	2.3%	3.8%	4.3%	4.8%
新订单均值	59.5%	56.8%	55.1%	54.8%	52.6%

续表

参数B	201605	201604	201603	201602	201601
主要原材料库存5月均	51.2%	51.0%	48.9%	49.3%	49.5%
采购量5月均	54.6%	54.5%	52.8%	52.2%	53.0%
主要原材料库存-新订单	−2.0%	−1.8%	−1.9%	−0.9%	−1.5%
采购量-新订单	1.4%	1.7%	2.0%	2.0%	2.0%
新订单均值	53.2%	52.8%	50.8%	50.1%	51.0%
参数B	201505	201504	201503	201502	201501
主要原材料库存5月均	53.1%	52.4%	51.1%	50.7%	51.2%
采购量5月均	53.3%	50.9%	48.9%	48.3%	46.8%
主要原材料库存-新订单	4.8%	5.6%	6.3%	7.2%	7.5%
采购量-新订单	5.0%	4.0%	4.1%	4.8%	3.1%
新订单均值	48.3%	46.9%	44.9%	43.5%	43.7%

（二）2017年5月周期行业出现反季节反弹

5月，部分行业出现反季节订单反弹（附表5-1），同时部分购进价格反弹、产成品库存低位，多数行业PMI大幅好于2016年和往年，原材料行业在大类中整体排名第一。由于前期采购的明显透支，周期行业在下行压力中进行了调整，此时反弹我们认为标志着前期高位回落过程中，企业层面发生了去产能和技术提升过程，行业定价能力增强、集中度提升。

从PMI调查中我们获知，在一年多以来的供给侧改革政策约束下，传统生产模式发生了一系列的变革，库存管理、技术等级等水平上都大有提升。2016年10月以来，国家发展改革委在钢铁行业的去产能方面开展了大量的工作，如专门召开整治地条钢的会议，实际上已经遏制了地条钢的增长趋势，促进了企业加快升级，正是由于去产能工作一直在持续推进，才有了5月数据的改善。目前周期行业的生产方式、行业集中度都有提升，如2016年前10家钢铁企业产量占比34%，而美、日等发达国家前10家的钢铁企业产量占全国比重的60%以上。中央经济工作会议已经提出，力争"十三五"期间前10家钢铁企业产业集中度由目前的34%提高到60%。

技术提升也在行业集中度提升期间实现。以黑色金属冶炼及压延加工业为例，传统高炉技术老旧，存在点火时间长、不能停炉等巨大缺陷，而小型高炉的密集分布，形成了污染严重、产能效益不足、产品质量低下等诸多社会问题，但是随着市场压力循环加大及政策高压，传统高炉正在有序退出市场，并被代表新技术的电频炉替代。根据世界钢铁协会统计数据，2015年我国电炉钢产量比例为6.1%，远低于世界平均水平25.1%，同时也意味着钢铁行业减少低效产能具有很大的改革空间。随着我国供给侧改革的进一步深化，去产能、淘汰落后产能成为必然，具有工序短、投资省、建设快、节能减排效果突出等优势的电频炉将成为未来发展的趋势（附图5-3）。

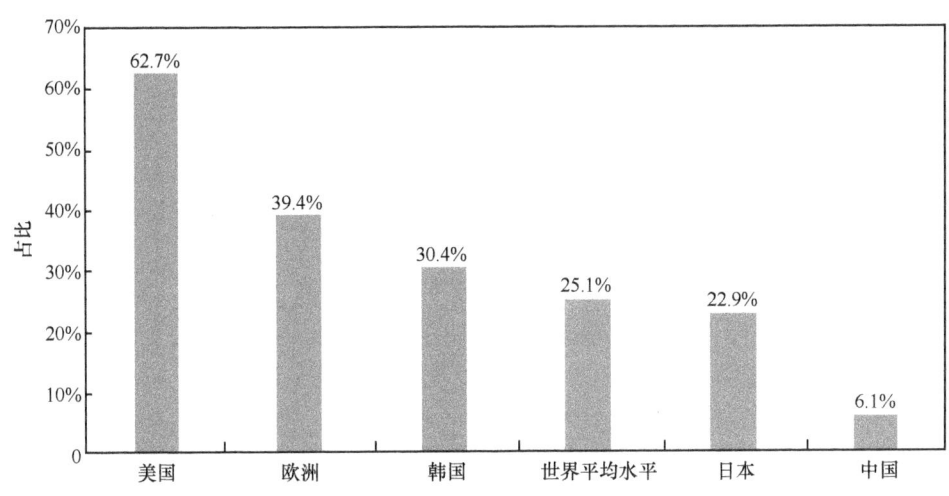

附图5-3 2015年部分国家电炉钢产能占比
（数据来源：世界钢铁协会）

此外，原材料行业PMI反季节反弹显示供需关系改善。例如，石油加工及炼焦业新订单大幅回升有强烈的国际背景，非金属矿物制品业大幅回升属于基建背景，黑色金属冶炼及压延加工业是限产和基建共同推高需求因素。后续需要重点观察2017年7—8月周期行业的新订单情况，如届时新订单表现不差，则表明产能出清进展比较顺利。

（三）周期行业产能出清的混改重组路径

周期行业的转型方式必然不同于非周期行业。由于周期行业以国企、大企业为主，考虑到就业等社会稳定的因素，不可能像非周期行业那样进行大量的破产倒闭，而是以企业并购、重组为主，这也是当前政府着力推动国企、央企改革的主要动因。

此外，应当注意的是，出清以不能引发金融危机为底线。周期行业以国企为主，而国有企业去产能的最大障碍，不是政府过度干预，而是债务。在巨大亏损压力下，银行不肯打破刚性兑付，不能坐实坏账、影响银行资损表。所以央行现在的紧缩方面的努力是符合市场导向的，目标是加大资金压力，倒逼企业出清。但如果全部交给市场，全部实行刚性兑付，出现集中破产，则很可能出现资金链断裂，多米诺倒塌，将会出现很大的经济社会压力，并且，周期行业之前占有大量优质资源，如果与市场资金结合，潜力仍然巨大。

因此，混改改革是解决以上出清问题的关键之举，资本市场已经给予高度关注。引入民间资本，以优质资本扩充优质企业的经营空间，利于科研投入的增加和行业质效升级。同时，实行产权与经营权分离，剥离不良，也有利于银行债务的顺利重组。目前，各地出台的各种混改举措不仅得到社会资金的支持，也将在资本市场上获得积极响应。

三、消费提升和去产能的关系

我们认为,长期的消费升级既是优化经济结构的结果,也是解决路径。技术提升和去产能之后带来的问题之一是就业,这也关系到中国经济的结构变化,我们认为消费终将替代出口和投资成为GDP的中坚(详见附录3《有质量的增长正在路上》)。但是,大量从过剩行业退出的就业如何吸收,也是亟待面对的问题。

起源于浙江的特色小镇已经上升到国家战略高度。中央明确指出,到2020年,将在全国建设1000个特色小镇,引领带动全国特色小镇建设,根据不完全统计,全国已经启动或正在规划中的各级特色小镇已经超过3000个。虽然财政部在出台地方政府不得担保的各种意见,但围绕特色小镇建设的热潮仍方兴未艾,或将带动业态的转变、环境好转,同时吸收就业。

首先,特色小镇的建设将带动三四线城市本土人群就地就业、回家就业、转岗就业,可解决上述去产能形成的失业问题。其次,特色小镇建设将带动基建,这或许是2017年5月PMI非金属矿物制品业和黑色金属冶炼及压延加工业的需求来源之一,必将拉动社会总需求。最后,特色小镇建设加快,或许也是2017年5月服务业PMI少见的大幅回升的来源——三四线城市的建设和自我服务、小镇周边旅游兴起、消费增长——因为中低收入人群的消费提升贡献边际更大,其所带来的消费总量和制造业内需需求将非常可观。

远观未来,消费贡献绝大部分增量、GDP下移将达到新的平衡点。但目前由于旧投资体量仍然庞大,过快收缩有可能导致债务链条断裂、城镇隐性失业显性化等问题,因此在当前调整期内,应给予积极财政政策、灵活货币政策支持,大力推动消费升级、制造业产业升级与各种企业创新活动。

总之,保增长也好、稳增长也罢,唯一原因是三期叠加状态下,债务链条与就业形势存在一定隐忧,但也存在解决之道。在不引发大规模连锁债务危机的前提下,过剩产能尽快出清,是构成良性经济循环的选择。我们相信,按照目前的发展态势,只要周期行业的产能出清工作持续发展下去,辅以新型消费信贷建设方式的推进,则必然能够看到"经济出清升级、L横右侧回升"的彻底完成。

(2017年6月以采访形式发表于《中国证券报》)

附录6　PMI显示：供给体系创新　新消费时代来临

2012—2018年，我国制造业逐渐由2.0升级到3.0，发生转型升级。这一历程的肇始是2012年PMI产成品库存达到最高点、非周期行业民企开始变革，期间次第经历各个行业转型升级、出清重组、走出数据低谷，每个行业经历2～4年的变革时间；经过供给侧改革的大力推动，2017—2018年国有体制占比高的行业进行技术改造、出清重组、提高产业集中度，从而完成整个制造业的模式升级、结构优化。制造业转型升级对消费和投资格局都产生了联动影响。

数据显示，高技术行业、消费相关行业过去较为迅猛的扩张一直持续积累，创新消费产品、创新业态不断发展；就业数据显示了明显的产业迁移，收入结构正在改变，新的消费人群正在形成；目前数据似乎正走在新消费奇点前的时刻，展望未来，消费增长呈现什么格局，对总体GDP增长带来什么影响？本文做了一些探讨。

之所以将2018年以后称为"新消费时代"，一是因为制造业转型升级已有阶段性成果；二是消费领域面临新的供给和新的需求，将生发与传统消费不同的结构、速度、规模；三是整个社会矛盾的转化和治理，正走到趋势性节点。其中，技术进步带来的产品服务新模式、制造业升级引发的就业转移、工业化进程转而进入城镇化进程、全民财富分配格局改变都对中国新的消费时代影响重大。需求端方面，收入结构改变，中低收入人群跨过温饱线后的消费体量和质量同时爆发，新的人群力量形成需求端的拉动，对新消费时代的总规模做出更大边际贡献；供给端方面，创新技术对中高端及新型消费品的供给将形成新消费时代的爆发奇点，层出不穷的新业态也构成消费新领域、新模式、新增长。新消费时代的消费质量和规模同时快速扩张。

相关数据也表明，2017年消费相关行业逐渐接近变化的临界点，有望在2018—2019年形成爆发式增长，从而引领中国经济进入新消费时代。未来，人民日益增长的美好生活需要被不断满足，消费质量提高、结构改善、规模扩张、占比增加，进而带动经济稳健发展、波动减弱。GDP将围绕新的增长中枢（如6.8%左右相对小幅波动）。

总之，未来几年我国消费将出现稳健快速增长特征，支撑GDP增速走过关键节点，帮助中国跨越"中等收入陷阱"，形成现代化经济体系。

一、新消费时代是我国社会和经济主要矛盾发展的必然结果

首先，我国社会主要矛盾已经转化为人民日益增长的美好生活需要和不平衡不充分发展之间的矛盾，这一矛盾解决的核心路径，就是未来消费增长速度及质量的提升，进入新消费时代。

党的十九大提出的公平社会实际上也是经济建设主题，因为，公平社会的建设在经济层面主要指向更广泛的民众群体的生活，与消费数量质量密切相关，从而影响到整个经济建设的结构和方向。过去几年精准扶贫、有效的财政转移支付、增加底层居

民的社保投入、棚改等政策的实施都对消费产生了实质性的推动,党的十九大提出的实施乡村振兴、区域协调发展等战略将对居民收入分配格局和消费数据有重大改善。

其次,供给侧理念和体系的深化将完善消费供给,创造新的需求,实现消费升级。

党的十九大提出的保障和改善民生水平的几项重要举措,都涉及供给侧的改革创新,将不断改善我国消费结构和质量。优先发展教育、提高就业质量和人民收入水平、加强社会保障、打赢脱贫攻坚战、实施健康中国战略等,从民生的角度对传统消费结构提出了新的方向,社会经济中也切实产生了新的发展迹象。技术进步提升供给端的质量,进而也会拉动消费规模,促进消费升级。

最后,时代文化决定了消费的新特征。

文化,无论如何是历史最终的决定力量。经济、政治、文化,是历史依次的传动轮,好比生物链中,最上端波动最缓又最坚决,动力轮的最远端最软又最坚韧。近年来,随着科技的进步,社会话语权逐渐由个别权力群体向普罗大众群体挪移,政治模式由精英式转而扁平化,数个审美风格接近后现代的政治家异军突起,都显示了鲜明的时代文化特征:个性化时代已经开启。这种文化特征对消费的影响主要体现在多元化、个性化的消费选择,配合技术进步不断形成新供给,将形成新的消费特征和格局。

二、新消费时代在供给端、需求端都具有新的特征

首先,收入结构改变引致需求端质量改善,形成我国消费体系的新力量,在总体消费规模和层次上形成突变。改变财富分配机制才可以改变目前收入结构,数量巨大的中低收入人群同时跨过温饱线后的消费升级,体现我国人民日益增长的美好生活需要,将形成消费爆发奇点。

过去 30 年改革开放使中国进入快速发展轨道,人均收入不断提高,温饱问题基本解决,但整个社会的收入结构呈现金字塔形,基尼系数偏高,这已经成为我国经济保持可持续发展的阻力,也是我国进入全面小康社会的阻力,提升全社会尤其是中低人群的幸福生活水平势在必行。通过财税调节等政策缩小贫富差距,通过社保转移支付提高保障能力,通过棚改货币化政策充实中低人群财富等,多措并举,未来基于党的十九大强调的持续民生政策,我国社会收入结构将向椭圆形转变。

从数学角度分析,在平均收入水平不变、中低收入人群收入水平增速快于收入处于顶层人群的情况下,由于金字塔底部的人群占比很高,其对消费的边际贡献是成倍增长的。一方面,收入总规模成倍增长:在奇点时刻,原来处于底层的人群,其收入增加到 1 万元以上跨入中等阶层,这个人数增长不会只增长一倍变为 2%,而是可能增长 5 倍变为 5%;另一方面,温饱民生转向幸福民生,消费升级会呈爆发状态,消费总规模成倍增长:中高端消费品的需求在收入只增长一倍的情况下是成倍增长的,收入提升的中低人群对消费品、服务产品的需求从基本需求跨越至品质需求、个性需求,而大占比效应也会引致爆发式增长而不是平稳增长,同时低端消费品的需求迅速削减;由于价格的差异,总规模仍然是爆发式增长。

从数据看,过去 6 年消费领域的扩张一直高于周期制造业,规模和质量升级都已

经具有良好基础。如附图6-1所示,消费制造业PMI长期趋势好于其他大类制造业,使得最终消费支出在GDP中的占比不断增加。2017年以来周期制造业的回暖对居民收入增长的影响,在2017—2018年数据中会有体现。而2017年以来,消费服务业扩张程度数次强于生产服务业,并且创出6年来的均值新高,也是消费服务加速扩张的体现(附表6-1)。这一扩张进程,由于经济景气程度加强,未来可能加速进行。

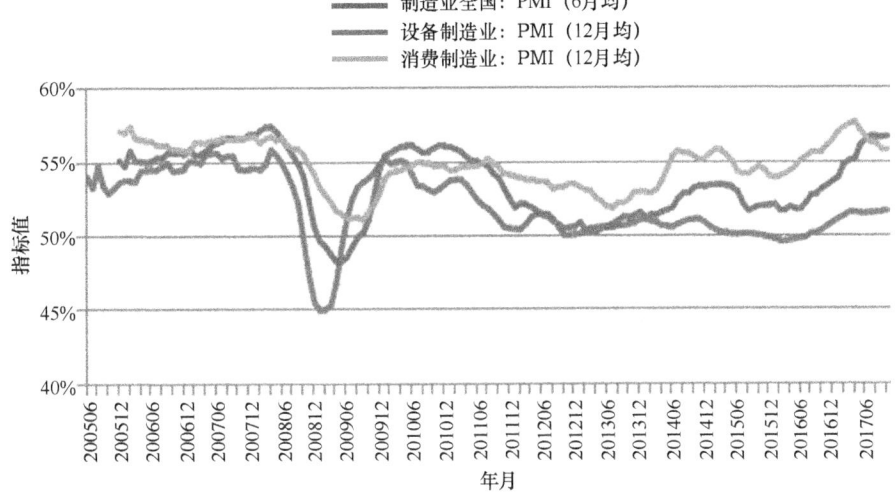

附图6-1 消费制造业与其他制造业的对比(说明消费增速相当稳健)

附表6-1 PMI生产服务业、消费服务业均值及二者差值

时间	生产服务业状况	消费服务业状况	差值
200812	55.20%	53.97%	1.23%
200912	55.61%	53.88%	1.73%
201012	58.81%	55.41%	3.40%
201112	56.93%	55.14%	1.79%
201212	56.99%	53.51%	3.48%
201312	54.72%	52.99%	1.73%
201412	54.40%	52.36%	2.04%
201512	53.46%	51.25%	2.21%
201612	54.62%	50.50%	4.12%
201710	57.00%	53.99%	3.01%

其次,技术创新、模式创新、区域创新等形成新消费的供给端,是供给体系的新发展。新体验、新创意、个性化产品、新型消费品的供给都是消费爆发奇点的充分条件。

从数据看,我国居民消费从物质需求逐渐上升到文化、教育、娱乐等精神需求,层次、质量都不断提高。例如,观察非制造业往年春节期间的行业PMI数据可以看出,2007—2012年,居民节庆期间数据排名第一、第二的行业集中在餐饮业、铁路运输业、网络购物等行业;2012年房地产业快速扩张,建筑安装装饰及其他建筑业数据优异;

而 2013 年以后，节间数据靠前的行业都与旅游相关，集中在航空运输业、生态保护环境治理及公共设施管理业；2017 年春节期间，电影电视等媒体服务业 10 多年来首次排名第一，同时铁路运输业与航空运输业不分高下，显示了高铁的快速发展，高铁技术、电影技术进步所形成的新供给都是创新消费的原动力。

消费制造业和中间品制造业中部分行业的数据，显示我国经济中出现的消费升级趋势很大程度来源于企业产品的更新迭代。2014 年后期，造纸印刷及文教体美娱用品制造业的 PMI 指标异军突起，达到 60% 以上的高位，并且打破了原有的季节性规律，指数连续高企，提示居民对体育、教育的需求已经触发；企业反映，由于效益高企，企业加大了科研投入，竞相展开新产品投产，2017 年年初以来行业进入二次整合阶段，竞争集中在新产品市场，而不是 2014 年以前的价格竞争。食品及酒饮料精制茶制造业 PMI 在 2012—2014 年，一般保持居中位置，只有个别旺季月份会有突出表现，但 2014 年年底直至 2015 年年中，呈现淡季不淡的特征。调查中受调企业反映，市场对饮料的需求逐渐呈现健康、绿色特征，产品更新迭代加快，传统饮料市场收缩，而新型饮料市场份额渐次扩大；2017 年，高端饮料走旺，部分企业质量效益回落的原因主要是产品不够优质和创新，印证前文低端产品市场萎缩的论证。医药制造业 PMI 从 2013 年年底至 2015 年连续 23 个月排名前列，但 2016 年开始，行业内部也出现了二次整合的历程，只有科技投入大、产品质量高的质优企业才能在整合中继续胜出，2017 年秋季开始，行业数据开始整合后的反弹。

新兴产业的发展对消费的新供给提供了有效支撑。2014 年有数据以来，新兴产业生产量保持在 55% 左右的均值，大大高于制造业和非制造业相应指标，扩张速度惊人（附图 6-2）。新兴产业涉及产品接近 1/3 作用于消费产品，其快速发展对于消费新供给的支撑作用很强。进一步分析新兴产业 EPMI 数据，可测算得出其增加值近年来保持了 15% 以上的增速，是消费新供给的中坚力量（附表 6-2）。

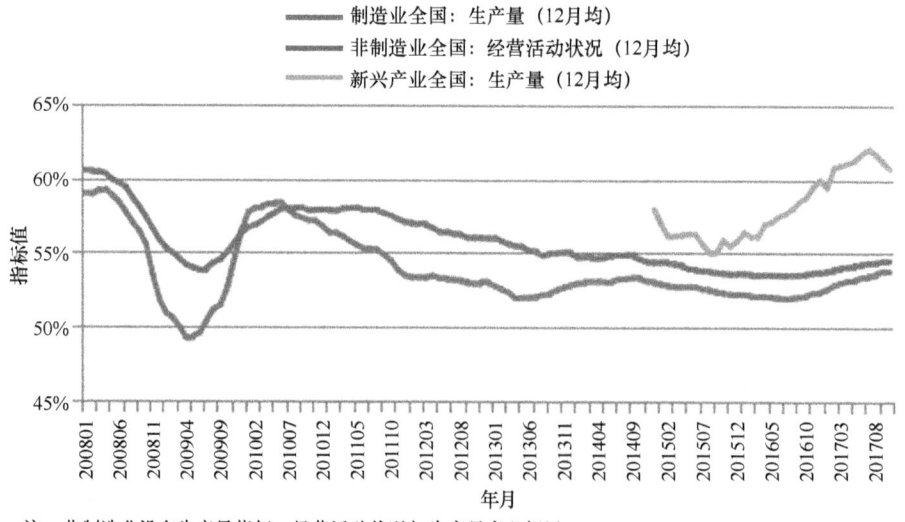

注：非制造业没有生产量指标，经营活动状况与生产量意义相近。

附图 6-2 三大类 PMI 生产量指标 12 月均对比

附表6-2 新兴产业现价增速（拟合结果）

年份	拟合增速
2014	12.60%
2015	12.20%
2016	14.90%

最后，新业态既是新消费的供给端也是需求端，是消费供给体系提升质量的关键领域，可以提升消费品质。数据显示，就业从传统领域不断转向新业态，自服务、区域循环服务、资本服务等业态持续增强，同时支撑消费。

从效率指标观察，新兴产业对就业的吸收增量大大高于传统制造业；非制造业的人力效率最低，每万元产值需要的就业人口最多，是容纳就业的优先领域。同时，2017年数据表明，各个领域的人力效率都继续提升，形成2014年以来的历史高点，意味着产业内部的技术投入、二次整合正为新时代注入新的动力（附表6-3）。

附表6-3 三大类PMI人力效率对比

日期	人力效率12月均		
	新兴产业	非制造业	制造业
201412	5.17%	0.82%	3.38%
201512	2.80%	1.19%	2.23%
201612	5.37%	1.07%	2.82%
201708	6.71%	1.77%	3.83%

从产成品库存指标看，技术进步、管理水平提升了生产效率，促生新业态。

企业管理水平提升可以从产成品库存指标的相关关系观察得出。我国PMI产成品库存自2007年以来，经历了与新订单无关、领先于新订单、滞后于新订单、新订单持续回升情况下持续回落等几个阶段（附表6-4），体现了我国供应链管理水平持续提升、从制造业2.0嬗变进入3.0的历程，生产效率和人均产值极大提高，对社会财富和人均财富都是正向因素。2017年PMI中，8月周期行业产成品库存和10月全国的产成品库存又出现了小反弹，2018年其均值有望形成低点回升态势，代表制造业企业安全库存建立新平衡，继续提升供应链生态质量。

附表6-4 产成品库存领先新订单2个月的相关系数

日期	相关系数
200806	−0.458
200912	−0.779
201211	−0.951
201508	−0.450

从就业指标看，其异动显示我国经济中就业迁移的现象，将持续创新消费格局。最近几年，制造业PMI与非制造业经营活动状况指标均在50%以上运行，新订单指标

2017年以来持续保持在53%以上的中高位，但与此同时，雇员（生产经营人员）指标长期徘徊在50%以下，显示企业雇用的管理人员不断减少，究其原因就是传统企业的生产模式发生了机器替代等重大变革（附图6-3）。而从传统企业领域退出的就业人口，在新产业、服务业领域，尤其是自服务、区域循环服务等领域得到吸收。

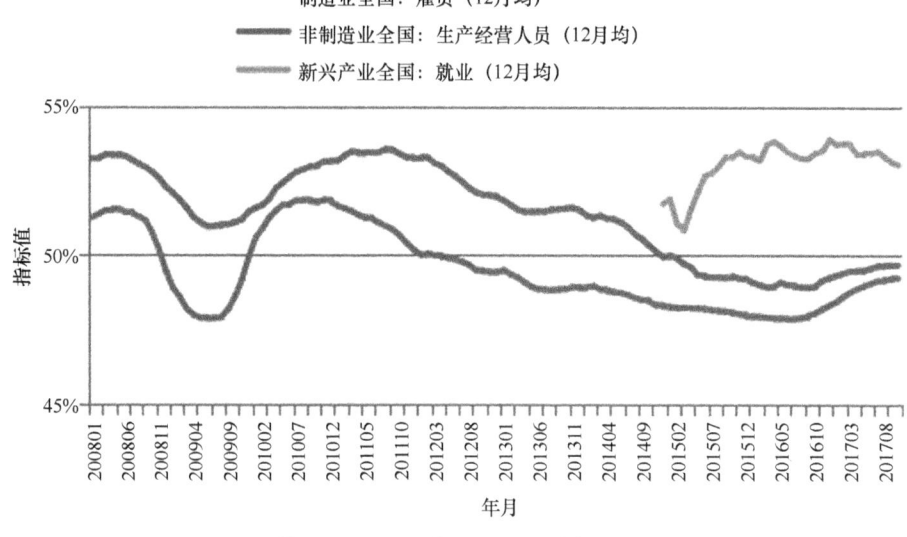

附图6-3　三大类PMI就业指标对比

我国发展不平衡的矛盾其一就是城乡发展不平衡。农村振兴、乡镇振兴，会带动三四五线城镇本土人群就地就业、回家就业、转岗就业，也集中体现在上述就业迁移的数据结果上。同时，一批中央城市带动周边城市乡镇，区域经济格局逐步建立，基础设施和公共服务两个方面都要实现同城化，也必将拉动社会总需求。另外，乡镇和农村建设加快，也是2017年服务业经营状况大幅回升的来源。三四五线城市的建设和自我循环服务、城市群周边旅游兴起、消费增长，其所带来的消费总量和制造业内需需求将非常可观。

未来，新兴产业及新型服务业将在中国经济中构成更大占比，新兴产业的PMI就业指标远高于制造业和非制造业的就业指标。其中，消费增速有可能呈现爆发模式，最终消费支出对GDP的占比逐渐达到发达国家的临界点——80%以上。这一前景，在目前的数据表现中已经有所刻画。

三、中国GDP增长的核心力量改变，消费的扩张将构筑GDP的韧性

2015年，《有质量的增长正在路上》（附录3）一文论证了消费与GDP增速之间的关系并非线性，并提出中低收入人群边际贡献高、总量较大，其消费升级需求满足时，消费时代可以开启。届时，一个以最终消费支出为主构成的GDP，其潜含的效益能形成良性的经济循环。

经过计算，2008—2015年，第三产业增加值复合增速为15.07%（扣除价格因素后

复合增速为8.76%）；第二产业增加值复合增速为11%左右，近年每年递减1%左右。其间，非制造业经营活动状况指标每月高于制造业PMI 2.5个百分点以上；服务业经营活动状况指标年平均高于制造业PMI 3个百分点，8年的均值为54.6%。非制造业的扩张速度高于制造业，与增加值数据表现一致，可估算出增速比。而消费驱动类产业的综合PMI近4年表现出54%以上的中枢值，即其增加值增速能够保持在10%左右；而制造业周期行业PMI与投资增速是密切的领先相关关系，用PMI数据测算，我国投资增速近年回落，但2017年出现回升，未来或有回落，但回落幅度将小于2014—2015年数据。由此，最终消费支出在国民经济中的占比将进一步扩大。

统计数据也表明，消费增速虽然逐年回落但降幅小于投资降幅，这是国民收入提高到一定程度后，经济提质增效、低端制造业转型、注重绿色发展、以人为本的结果。由于消费增速多年保持在GDP增速之上，对GDP的影响将越来越大，消费占比逐年提高，80%成为数学上的一个临界点。例如，以目前增速模拟，在消费支出占比达到80%的临界点上，即使投资和消费都继续回落，GDP增速反而呈现回升态势。世界银行数据显示，国际上主要发达国家的消费支出占比也都是在80%以上，其中美国达到89%以上，这也是有其内在原因的。因此着力于改善人民日益增长的美好生活需要和不平衡不充分发展之间的矛盾，创造新消费，也是跨越"中等收入陷阱"的必由之路，所谓"消费崛起日，陷阱跨越时"。

新的收入结构、新的供给动力持续带来消费加速，投资侧重于基础设施和公共服务、改善民生的棚改工程，也将是居民消费的稳定因子，同时外部环境改善使得我国出口增速能保持稳定增长。由此，即使投资增速有所回落，未来几年我国GDP也能够在新的中枢值上下建立平衡，新消费时代将形成现代化经济体系的鲜明特征之一。

（2017年11月发表于《中国证券报》，收入中国社会科学院《2018年中国经济蓝皮书》）

附录7 经济发展的协调性不断增强

当前我国经济发展进入了新时代,由高速增长阶段转向高质量发展阶段。适应这一转变,中央提出要加强顶层设计,抓紧出台推动高质量发展的指标体系、统计体系、绩效评价、政绩考核办法。PMI作为国际通用的重要经济监测指标体系,不仅能够反映经济发展态势,而且客观地反映了我国经济质量的提升,为监测高质量发展提供了新的指标体系。

从近年来中国经济发展的轨迹来看,2012—2015年,市场倒逼轻工业转型;2015年年底开始,供给侧改革大力推进,经济结构优化和质量提升明显加快。PMI指标体系中,供需平衡、供给效率、供给调节能力、库存边际、新动能、新品投产、出口结构等指标及行业结构数据,很好地反映了这种转折性变化,2018年我国经济将迎来新的发展节点。通过PMI分项和行业数据对比,两大方面的细节表明提质增效取得明显效果。

目前,国内杠杆率偏高,债务风险进入释放期,加之外围形势复杂多变,在经济增长、通胀、债务、国际贸易、汇率博弈等方面,政策需要取得多角平衡。我们认为,坚定地继续提升经济质量,辅以灵活短效的流动性支持、财税支持,政策需要小步多样、长期短期兼顾。经济质量提升、转型取得阶段性成果,则为"三去一补"政策的持续性提供了支撑。

一、质量指标的提升,表明我国经济先进性、协调性增强

一是供需比指标明显好转,增长更有质量。供需比拟合指标(生产量-新订单),表示供给与需求匹配状况,自2012年的2.09%降至2017年的0.77%,中枢值持续下降;2018年前两个月供需比指数一度降至-0.3%和-0.2%,为多年所罕见,表明3.0生产方式逐渐形成,企业反应速度提高,供给的精准性改善(附表7-1)。

附表7-1 生产量、新订单及供需比历年年度均值

日期	PMI新订单年度均值	PMI生产量年度均值	PMI供需比年度均值
201212	50.86%	52.95%	2.09%
201312	51.71%	52.82%	1.11%
201412	51.64%	52.96%	1.32%
201512	50.16%	52.21%	2.05%
201612	51.12%	52.41%	1.29%
201712	53.12%	53.89%	0.77%

二是供给效率指标不断上升,同时就业保持稳定。供给效率指标(新订单-雇员),表示单位人员实现的供给量,该指标从2012年3月的1.25%提高到2018年3月的

4.04%，不断上升，表明中国制造业由人力密集型向智能密集、科技带动的模式转变。

从2012年以来，制造业雇员指标长期呈50%以下的回落态势，但最近半年，雇员指标稳定回升，但两指标之差仍不断扩大，表明单位人员供给的效率仍在提升中（附表7-2）。

附表7-2　制造业供给效率指标不断上升

日期	PMI雇员（12月均）	PMI新订单（12月均）	PMI供给效率
201203	49.98%	51.23%	1.25%
201303	49.24%	50.65%	1.41%
201403	48.84%	51.54%	2.70%
201503	48.22%	51.54%	3.32%
201603	47.88%	50.04%	2.16%
201703	48.74%	51.93%	3.19%
201803	48.89%	52.93%	4.04%

三是库存边际指标实现新平衡，新订单支配产成品库存，企业生产组织方式和供给模式加快创新。库存边际指标（新订单－产成品库存）是代表企业安全库存高低的质量指标，近7年来，企业去存去化，逐渐实现零库存管理，备用安全库存越来越少，在新订单稳定提高的同时，产成品库存指标反而逐年回落：企业用很少的备用库存就可以满足市场订单，接受订单任务后能快速投产。改变了以往先有大量产品备货等待需求的情况。当库存边际指标降低到不能再低时，说明企业安全库存已经降低到新的界限，没有再下降的空间了，制造业3.0模式完成。从数据看，库存边际指标从2012年的1.40%逐年提高到2017年年底的6.88%，企业进入零库存管理，2018年以来为5.3%，升势趋缓，表明技术进步，新的低安全库存成为常态，供应链管理水平进入新阶段。

PMI产成品库存近6年的变化有3个特征：第一，2009—2012年，由于产能过剩和产品积压，产成品库存领先、支配新订单；第二，从2012年6月开始不断回落，2017年9月创出历史新低，表明企业库存安全边际不断下降；第三，2015—2017年，新订单开始领先、支配产成品库存，制造业进入零库存管理时代，降本增效的效果显现（附图7-1和附表7-3）。

四是新产品投产指标显示，新技术供给放量并不断融入传统制造业。新兴产业PMI的新产品投产常年均值在63%以上，且呈上升趋势，企业产品不断更新迭代。一方面，科研成果和新兴技术调动了新的供给，新产品投产增加；另一方面，人民美好生活需求，提示企业产品升级、经济质量提升。

对比不同产业的新产品投产指标，可动态监测新动能发展。早期新兴产业新产品投产指标曾高于传统制造业6个百分点；但2016年以后新兴产业与制造业的新产品投产指标差逐步缩小到2%，新兴产业的新品最终成为制造业的产品。

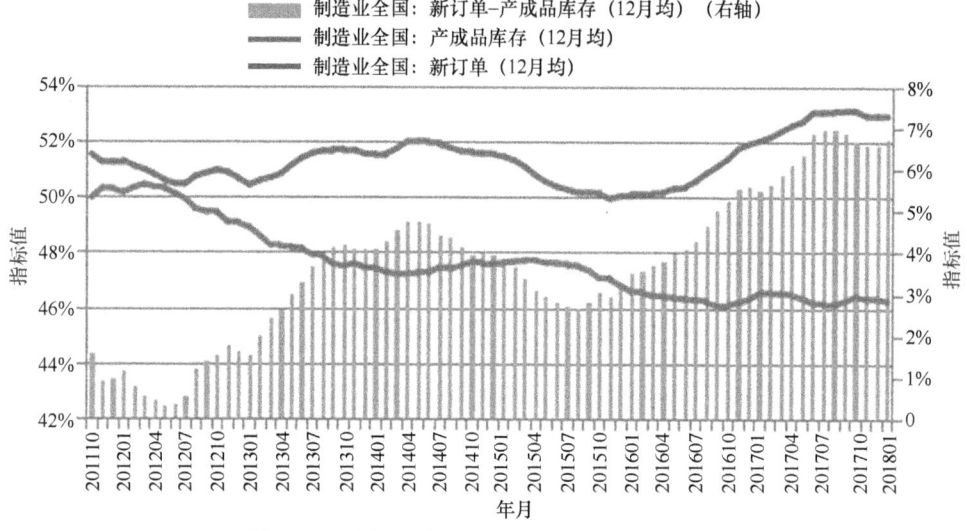

附图7-1 制造业新订单和产成品库存指数情况

附表7-3 制造业新订单与产成品库存差值情况

日期	PMI新订单（12月均）	PMI产成品库存（12月均）	PMI库存边际
201212	50.86%	49.46%	1.40%
201312	51.71%	47.57%	4.14%
201412	51.64%	47.51%	4.13%
201512	50.16%	47.35%	2.81%
201612	51.12%	46.07%	5.05%
201712	53.12%	46.24%	6.88%

五是出口结构优化，技术型出口提高。从数据对比来看，新兴产业PMI出口订单指标明显高于传统的制造业和非制造业，2018年3月新兴产业出口订单年度均值在53.5%，高于制造业的50.7%和非制造业的49.6%；制造业中高技术行业的出口增长迅速，从2012年50%左右增长到2018年的55%甚至60%以上，而原材料类行业出口订单6年来几乎没有变化，如黑色金属冶炼及压延加工业出口订单仍然停留在44%，化学原料及化学制品制造业出口订单停留在50%左右。企业正在加快发展智能制造，依靠品牌和专利技术等培育竞争新优势。同时，内需出口比例逐年上升，出口的经济总量占比缩小（附表7-4），出口结构转优提升了整体经济质量。

附表7-4 内需出口比例情况

日期	PMI出口订单（12月均）	PMI新订单（12月均）	PMI内需出口比例（12月均）
201212	49.29%	50.86%	1.57%
201312	49.43%	51.71%	2.28%
201412	49.56%	51.64%	2.08%
201512	47.94%	50.16%	2.22%
201612	49.39%	51.12%	1.73%
201712	50.91%	53.12%	2.21%

二、分产业PMI显示经济结构优化,新动能加快成长

第一,从制造业内部产业结构来看,新动能加快成长。高耗能行业贡献度逐步缩减,装备制造和高新技术行业快速发展,形成新的增长值,其在宏观经济中的比重明显增加。2015年4月至2018年3月,高技术行业PMI年度均值为53.0%,装备制造业PMI为52.30%,高于全国PMI年度均值51.5%和基础原材料行业的49.98%,装备制造业、高技术行业加速发展(附图7-2)。

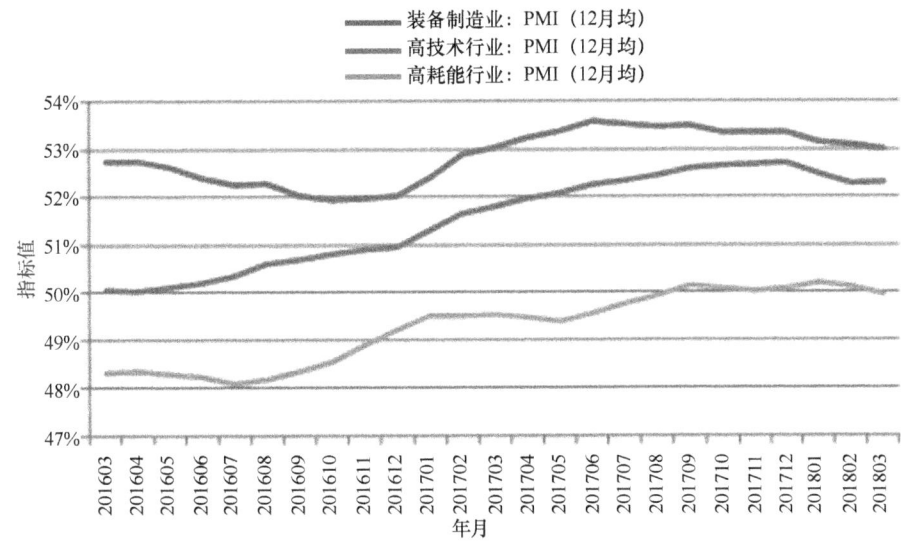

附图7-2 装备制造业、高技术和高耗能行业PMI情况

第二,新兴产业、非制造业、制造业3个领域的对比,体现经济转型升级、高质量发展和科技创新加速。新兴产业发展潜力巨大,近年来扩张极为显著,据PMI测算,其对应的增加值5年以来一直保持了15%以上的增速。新兴产业PMI常年均值为55.5%,非制造业常年均值为54.1%,明显高于制造业的50.6%(附表7-5)。3个领域新订单指标的关系也是如此。

非制造业中,建筑业高度活跃,服务业整体加快发展,新兴服务业发展势头尤为强劲。铁路运输业和航空运输业领跑,信息技术服务业、金融业已成为国民经济新的增长极。

附表7-5 新兴产业PMI明显高于传统制造业和非制造业PMI

日期	制造业PMI均值	非制造业PMI均值	新兴产业PMI均值
201212	50.74%	55.98%	—
201312	50.76%	54.93%	—
201412	50.69%	54.37%	54.81%
201512	49.91%	53.62%	54.57%
201612	50.32%	53.72%	56.35%
201712	51.61%	54.55%	55.98%

第三，消费类产业最近出现赶超势头。如附图7-3、附表7-6和附表7-7所示，消费类PMI数据2017年以来扩张速度超过往年，消费服务业PMI指数首次出现一年内有4个月高于生产服务业的现象，且2018年开年连续高于生产服务业；零售业、生态保护环境治理及公共设施管理业、餐饮业等消费服务业PMI显现了底部崛起的特征，2018年以来首次连续高于往年均值。制造业内部，消费制造业如医药制造业、造纸印刷及文教体美娱用品制造业、食品及酒饮料精制茶制造业等，也都在2017年年中或年末出现中枢值高于往年均值的现象，扩张速度明显提升。

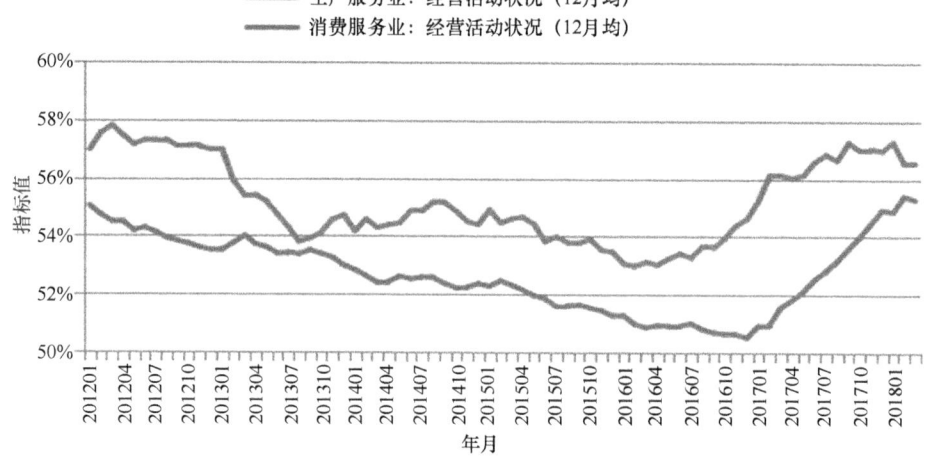

附图7-3 生产服务业和消费服务业经营活动状况指标情况

附表7-6 部分行业PMI（经营活动状况）及其往年均值情况

日期	食品加工	食品加工（往年均值）	医药制造	医药制造（往年均值）	餐饮业	餐饮业（往年均值）	零售业	零售业（往年均值）
201712	60.9%	52.3%	59.1%	63.2%	49.3%	46.1%	53.5%	58.0%
201801	63.6%	62.6%	65.5%	60.9%	49.3%	51.1%	57.0%	54.1%
201802	67.8%	59.0%	65.6%	55.1%	64.5%	59.1%	59.0%	56.8%
201803	51.1%	49.3%	63.4%	53.9%	48.5%	39.6%	53.1%	45.6%

附表7-7 生产服务业和消费服务业经营活动状况年度均值

日期	生产服务业（12月均）	消费服务业（12月均）
201212	56.99%	53.51%
201312	54.72%	52.99%
201412	54.40%	52.36%
201512	53.46%	51.25%
201612	54.62%	50.50%
201712	56.98%	54.92%

行业结构变化，说明当前我国经济结构将继续发生投资主导向消费主导的转变，

经济增长正在向满足人民美好生活需要的目标转移。2017年消费相关行业接近变化的临界点，有望在2018—2019年形成爆发式增长，我国进入"新消费时代"，消费领域面临新的供给和新的需求，将发生与传统消费不同的结构、速度、规模。而前述新兴产业的发展对消费的新供给提供了高质量的支撑。

三、经济发展中的关键问题

目前，经济增长、通胀预期、债务违约、国际贸易、汇率博弈等方面，我国仍面临多重问题，政策需要小心翼翼地获得多角平衡。小不忍则乱大谋，长期战略为纲，短时忍耐局部放松为目，一时的、局部的困难要挺住，才能迎来最终的脱胎换骨。同时，注意随时关注局部的风险，严防引发系统性风险。

中国金融系统的封闭性质、国有企业的内部消化功能、中央银行的管控能力、政府部门的杠杆率较低，在目前形势下都是优势，在风险完全释放、可规避之前，汇率管制不能放松，人民币基本跟随美元币值，去杠杆应有序进行，通胀可高度容忍，对美贸易政策攻心为主、"拖"字为上。科技领域，则需加快鼓励开放创新，鼓励民营资本进入，争取更多关键技术上的自主自治。

第一，经济增长质量提升，制造业转型、投资驱动转为消费驱动、服务业比重升高，都使得我国经济增长的韧性提高，为政策收紧形成支撑。但稳健偏紧的货币政策某种程度上影响实体经济扩张，经济增长受限可能引发债务链条断裂，因此偏紧的货币政策关键在于度的把握，应随时关注实体经济领先数据，做好预调微调。由于主动引导投资下降，部分人士认为伤害较大，但我们认为，除了必要的民生设施，中国经济结构已经从投资驱动转为消费驱动，增长应主要关注质量而非绝对数量。

第二，有限度的通胀，是通过时间消化债务压力成本最低的路径。过去几年积累的剩余流动性经过供给侧改革，会提升产品价格及名义GDP，慢慢消化债务压力，只是需要时间。在这个消化进程中，需要随时保持对债务链条断裂的关注，随时小量投放货币维持存量债务的稳定存续。同时，小范围内、对低效领域的债务选择打破刚兑，在设立局部防火墙的情况下，有所保护地拆除部分特别低效的债务。如附图7-4所示，2015年以来，我国制造业的利息支出在营业收入中的占比呈现一度降低的走势，说明主要负债体的利息压力已经在长期趋势上得到缓解，这为降低杠杆率提供了空间和支撑[①]。

第三，目前的债务违约，一定程度上是风险释放，要保持定力和高度关注，有序释放风险点，引爆个别点，严防形成面。

随着去杠杆政策的持续推进，前期债务扩容的风险开始释放，违约潮开始出现，去杠杆工作进入攻坚阶段。我们认为，坚定地推行"去化"政策是经济软着陆、规避美元升值风险的必经之路，不能因为短期局部风险而止步不前、功亏一篑。我们在调查中发现，制造业转型之所以成功，淘汰低效产能功不可没，那些出清早的行业转型更早，周期行业转型则与供给侧改革的强力推行密切相关（参见附录4《PMI显示：供

---

① 于颖，《抓住时间窗口 深化供给侧改革》，2016年9月发表于《新华社内参》。

需关系改善 供给侧改革初见成效》），只有去除低效的部分，市场才能健康扩容。在债务问题的解决上，提高定力，分阶段去除低效杠杆，同样是改善经济结构的必经之路。

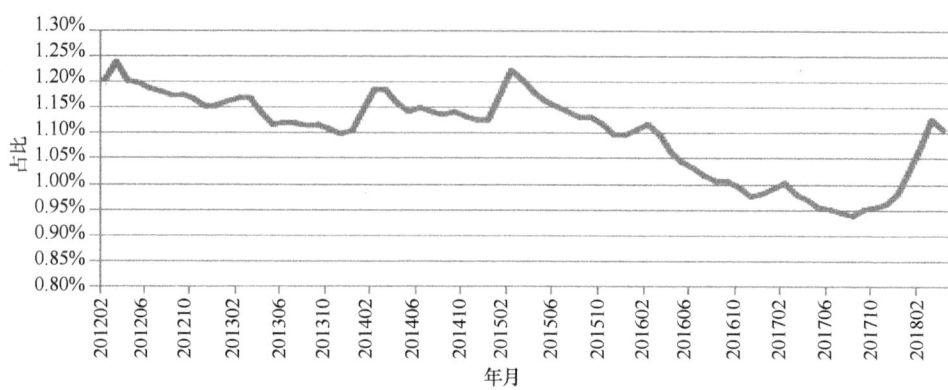

附图7-4　规上企业利息支出占主营收入比重

中采咨询2017年开始提出，政策提倡"俯卧撑"模式，在实体经济形势能承受的情况下，加压监管与收缩，而在实体经济感觉承压过度时，给予一定的放松，同时保证名义GDP的充足增长，推动有限度的通胀慢慢消化债务压力，用时间换取空间。监管与货币政策是一个问题的两个方面：强监管是通过资金提供方——金融机构的利润诉求遏制各参与方的发债冲动，防止风险扩大；紧货币是通过收紧整体规模，迫使低效杠杆逐步有序退出。二者方向不可背离，关键都在于度的掌握。

国内、国际环境都存在着债务链条断裂的风险。中美较力中，对债务风险的抗压能力也是焦点之一。我国目前的优势是政府部门杠杆率较低、救助能力较强；而欧美国家，虽然企业部门杠杆率相对较低，但与政府杠杆率一起双双已超过2008年高点（附表7-8）。经过一轮全球QE，欧美发达国家政府对企业部门债务的吸收能力也有所下降。国际经济都走到了但求自保的阶段，这也是贸易保护主义抬头的经济基础。2008年金融危机期间，由于我国经济严重依赖出口，为解决增速问题，出台宽松计划是时势使然。经过前文所述的经济转型、消费增长，我国经济的对外依赖度已经下降不少，本轮可能存在的债务危机，我国的相对空间好于2008年，但内部空间有限，所以继续着力内需、稳健货币政策不放松，才能进一步提高防范国际风险的能力。

附表7-8　中美欧不同企业部门杠杆率比较

日期	中国		美国		欧洲	
	非金融部门	非金融企业部门	非金融部门	非金融企业部门	非金融部门	非金融企业部门
200712	144.9%	96.8%	228.3%	69.7%	217.7%	91.5%
200812	141.3%	96.3%	239.6%	72.5%	228.5%	96.1%
201212	194.6%	130.6%	252.5%	66.6%	263.8%	103.2%
201612	255.3%	166.4%	251.7%	72.2%	265.4%	104.5%
201712	255.7%	160.3%	251.2%	73.5%	258.3%	101.6%

第四，汇率是否市场化取决于人民币是否能够成为结算货币，目前阶段不可放松管制。中国与美国之间这方面的竞争，我国劣势在于人民币还不是主要结算货币，优势是金融系统相对封闭，可通过政府行为管制（掌控）汇率。美元升值倒逼人民币保持高币值和利率不利出口与经济，不跟随又会使我国外汇储备承压。但目前若快速推进汇率市场化、人民币国际化，其风险是汇率不可控、系统不可控。因此，加快"一带一路"进程，加快石油人民币结算，人民币成为硬通货，才可缓解目前随时需要顾忌外储升降的左右为难局面。因此，在成为主要结算货币之前，应继续严格的外汇管制，跟随美元币值，阻止人民币快速贬值，才可防范热钱挤兑的风险。上述优劣势决定了我国经济地位的发展阶段，也期待二者在发展过程中互相靠近，直至消失。

第五，中美贸易摩擦的复杂，增加了保持汇率稳定、发展技术主导的高附加值经济的困难，但暂时的合作让步，绝不能伤害强国的长期战略。暂时的逆差，对于已经具备一定韧性的中国经济而言，还不会导致致命伤害，但无法获取新技术则是可以导致致命伤害的。谈判的技巧放在一边，科技上的差距需要更快的追赶，即使贸易谈判的结果使得中国经济增速有微幅的收窄，但若能使我国获得更多技术上弯道超车的机会，也是值得的。

第六，经济结构的优化，带有增量边际缩窄的效应，应淡定应对，谨慎重启投资驱动模式。从PMI质量指标可以看出，我国经济2012—2018年经历了转型、出清、升级的历程，至2018年各项指标趋于稳定，经济特征走入"新消费时代"。2017年，供给侧改革、供给效率、库存边际改善等所体现的制造业效益提升可能进入尾声，棚改带来的消费放量释放较多；2018年增量小于2017年，叠加2018年贸易摩擦的影响，2018年经济增速低于2017年是大概率，但应清楚认识到随着人口红利减少、劳动力价格提高，总量增速放缓是正常现象，急于增速、一味投资驱动、慢于改革将会使中国经济进入泡沫越来越难以去除的境地。（参见附录6《PMI显示：供给体系创新 新消费时代来临》）

从2015年"中国经济质量增长在路上"、2016年"供给侧改革加速出清转型过程"到2017年年底"中国经济进入新消费时代"，中采咨询描摹了中国经济嬗变的脉络。2015年中采咨询提出的新周期，其含义是中国经济的转型得到了数据验证，已经能够预判趋势。2018年很多指标出现新特征，表明中国经济转型进入一个新的节点——制造业进入3.0时代。

但随着转型阶段性结束，过去几年的转型带来的增量已经进入一个边际减小的时段。从过去几个月PMI供给效率、库存边际指标的长期趋势来看，这个节点已经形成。未来增量一方面来源于创新供给，它带来的增量即将逐渐替代转型所带来的增量；另一方面是创新消费，即"新消费时代"观点中提到的消费产品创新、消费模式创新，宏观增速更加依赖消费扩张。之所以判断2018年市场是一个震荡的格局，就是因为增量减弱，同时监管和货币政策只能局部边际节奏放缓而不能全面放松。这时，如果出于对增速的担忧，重启过剩领域的投资，不仅会延长去杠杆进程，也会相应降低新消费时代的经济增长质量。

总体来看，当前我国经济结构正处在优化升级阶段，经济发展质量稳步提升。一方面，传统产业通过模式重构、路径优化、产业升级，优化了"存量经济"；另一方面，一些影响面广、带动作用强的新主导产业正在加快形成，逐渐释放供给增长潜力，发展了"增量经济"。两方面协调发力，为经济稳定增长注入了新动力，为经济提质增效注入了新活力，经济发展正在由速度型向质量型加快转变，而 PMI 质量指标体系，为我们动态监测高质量发展提供了方法论。

（2018 年 5 月，本文编辑后发表于《上海证券报》）

附录 8　新消费时代　资本市场助力创新供给增量

我国经济正处于迈过"中等收入陷阱"的窗口期，进入"新消费时代"。2019 年全球需求回落、中美贸易摩擦，中国经济比较稳定，但增量的实现变得愈发困难，如何挖潜增效，走出迷局？

我们认为金融供给侧改革，是创新供给体系的重要举措，发展资本市场、撬动民间资本，将助力"新消费时代"，增加创新产品和创新服务的供给，拉动消费增量。从发达国家经验看，美国近几十年来的发展，甩掉欧日，独骑绝尘，资本市场的健康壮大功不可没。

如今，中国资本市场扩容正当其时。我们建议信任资本，也信任资本的逐利性质——只要制度鼓励创新获得收益，资本就会投入创新。在过去，资本从来都表现了无与伦比的聪明，未来仍将如此。

20 世纪 50 年代，PMI 是美国几乎唯一的领先指标，其原因就是第二次世界大战之后制造业在美国高速崛起；进入六七十年代，消费指数成为美国领先指标，其原因是美国已经转变为消费占比达 80% 以上的经济体；而 80 年代以后，美国道琼斯指数才真正成为经济领先指标，那是因为人口增幅减缓，生活质量提升到一定水准，投资收益已经相当程度上左右了居民的消费增量，股指领先消费发生变化了。

当然，在美国的今天，PMI 和消费指数并没有被废弃，因为生产生活资料是人生存的必需品，扩张的经济必定伴随着制造和消费的扩张，但是，股指是领先于 PMI 和消费指数的。

目前，我国人口仍在中速增长，但老龄化正在加速到来，增量人口的消费对经济增量的边际贡献正逐步减弱；随着产能饱和，财政投资的效益也逐步下滑，对经济增量的边际贡献减弱；出口面临着劳动力成本上升，劳动密集型产业出口难以为继。最能贡献增量的就是技术创新和服务领域的增加值新高。

我们在 2018 年的多篇文章中提到，金融市场目标是先健康再扩容，扩容是经济增长必由之道，不可以因噎废食。经过两年多的治理，我们看到，网贷平台的基本消失，通道业务的天量转为冰点量，穿透式监管已经渗透到个人股票账户，风险得到了极大的控制。

信任资本的逐利性质，包括允许资本得利，毕竟得利的同时还有需要资金的企业，还有需要资金的科技。

一、发展资本市场，提升科技创新水平

新兴产业 PMI（EPMI）最近表现亮眼，2018 年春节期间的数据呈现多项反季节回升，3 月 EPMI 为 59.4%，比上月回升 10.6 个百分点，各项指标对比也都显示下月开工动能充足，大大扭转了半年多的乏力状态，显示走过底部的乐观前景。企业在政策激励下，迅速扭转预期，积极投入生产创新。新兴产业 PMI 从局部传达了整体经济将重回扩张的信号，也再次表明新兴产业对政策面、资金面异常敏感。最近资本市场的

火热,预计将对新兴产业PMI数据继续形成正面影响,而"新消费时代"的两大元素,科技和消费服务,都将受益于资本市场的兴旺。

2018年前三季度,由于资本市场疲弱,叠加美国加大对中国新兴产业技术的封锁,新兴产业PMI数据出现一定程度的趋势性回落。随着资管新规落地、央行中性货币、加大研发投入税前抵扣比例、不再追缴创投企业所得税等政策的出台,新兴产业PMI在10月出现反季节回升,达到为60.2%,环比回升6.3%,同比持平。

在资本市场转暖的2019年1月之后,新兴产业PMI 2月数据(春节期间)多个正向指标出现从未有过的反季节回升,企业提前开工,预期大旺,3月表现非常强劲,环比回升幅度是近年同期最显著的一次(附表8-1)。这都反映了实体企业对政策冷暖非常敏感。我们希望这一稳定趋势在2019年得以持续,加力中国高质量增长。

附表8-1 新兴产业PMI 2019年3月数据

指标	本月值	环比值	上月环比值	同比值
PMI	59.4%	10.6%	−1.5%	−0.4%
生产量	65.0%	16.2%	−4.9%	−1.5%
产品订货	63.6%	14.0%	−0.2%	−0.9%
出口订货	50.2%	0.9%	4.4%	−3.9%
现有订货	59.6%	15.6%	−1.5%	−0.1%
用户库存	47.9%	0.1%	−1.7%	1.3%
采购量	64.4%	14.7%	1.3%	2.0%
进口	51.6%	0.3%	9.9%	1.3%
购进价格	53.7%	1.0%	3.1%	−6.3%
自有库存	57.7%	5.3%	−1.3%	−0.7%
就业	53.8%	7.6%	1.8%	1.8%
配送	49.7%	−2.4%	3.3%	0.3%
研发活动	61.3%	3.3%	3.8%	−2.7%

从数据看,新兴产业PMI与各种资金指标具有较高的相关性,如新兴产业PMI与M2、信贷和社融规模的相关性分别达到0.73、0.67和0.81,说明新兴产业的扩张严重依赖资金支持(附表8-2)。

附表8-2 新兴产业PMI与资金指标相关性

指标	资金指标	相关系数
新兴产业全国:PMI	M2	0.73
新兴产业全国:PMI	信贷	0.67
新兴产业全国:PMI	社融规模	0.81

此外,新兴产业PMI与股市状况联系紧密,股市也是资金进入实体经济情况的表征。历史上,二者相互领先相关,相关系数达到0.73,说明缺少股市资金的支持,新兴产业的发展也会受限(附表8-3)。

附表8-3　新兴产业PMI与上证综指关系

指标	股指指标	领先5个月相关系数	领先6个月相关系数
新兴产业全国：PMI（3月均）	上证综指	0.73	0.86

新兴产业的亮点表现在新品投产和科研投入上，无论是新品投产和科研投入都需要大量资金，而仅仅靠企业自身又难以持续，如新药、半导体、集成电路等都是投入巨大，需要依靠企业外的资金支持。国家政策的导向难以使财政资金进入新兴领域，因为新兴领域、新产品的机会与风险都同样巨大，创投资金是对新兴产业发展极为有利有益的补充。

近年来，无人机、生物新药、太阳能、光伏等产业都获得长足发展，离不开股权创投资金的支持，离不开中国民间科技研发投资的热情与努力。在我国着力发展新兴科技，以各种方式手段促进新兴产业投资、加快科技兴国的背景下，加大政策力度支持，也是复杂贸易形势下的应有选择。

2018年8月31日，在有关部门领导言及股权投资行业应该补税的事件中，我们发文直陈利害。从数据分析的角度指出：新兴产业的发展与资金支持密不可分，追缴税款于法应当，但对于支持新兴产业的创投资金可以网开一面。意见得到国务院支持，创投基金税款不追缴成为现实。

纳斯达克综合指数成为全球科技风向标是众所周知的，由于不要求盈利、倾向风险投资、允许同股不同权等制度，大大鼓励了创新精神与创业者。发展至今，纳斯达克综合指数容纳了多个当今世界上增长最高的公司，也代表了世界科技发展的增速，为数不多的企业支撑了纳斯达克综合指数。从附图8-1可以看出，纳斯达克综合指数与苹果公司收入非常相关。无论是纳斯达克综合指数还是标准普尔500指数，指数成分经常更新，因此其股指水平一直代表了先进企业的增长，这一点尤其值得借鉴。科创板借鉴了纳斯达克综合指数的创新制度，完全区别于创业板和新三板，因此有望成为中国的"纳斯达克"。

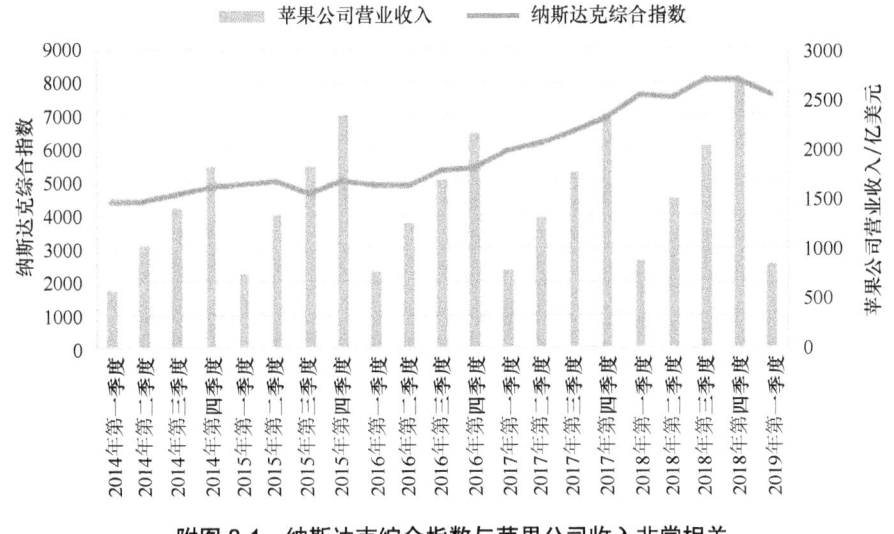

附图8-1　纳斯达克综合指数与苹果公司收入非常相关

健康有效的资本市场带动新兴产业的发展,向社会提供新产品,改善"新消费时代"的供给端,将助力消费增量,稳定经济发展。

二、资本市场的发展,有助于消费增量

发达国家的经验证明,资本市场的成熟与发展,与居民财富增长息息相关。资本市场的涨跌,左右了居民消费增速。我国市场也正在实现同样的特征。

(一)美国股市左右消费增速

1. 美国股市增速是其GDP增速的8倍

由附图8-2可见,美国GDP逐年走高,资本市场的交易量与波动程度也成倍放大。资本市场增长倍速于GDP增长现象的产生,是伴随着消费支出占比提升进行的。随着居民财富的增加,快消品和房产上已经无法容纳剩余资产,只能用于投资,而企业缺乏资金,二者相与成全。居民剩余财富累积于资本市场,股指增速就快于GDP的增速,并且金融资产在个人财富中的占比逐年升高,也成为美国资本市场波动的主因之一。同时对比消费增速数据,资本市场的荣衰也与之息息相关。

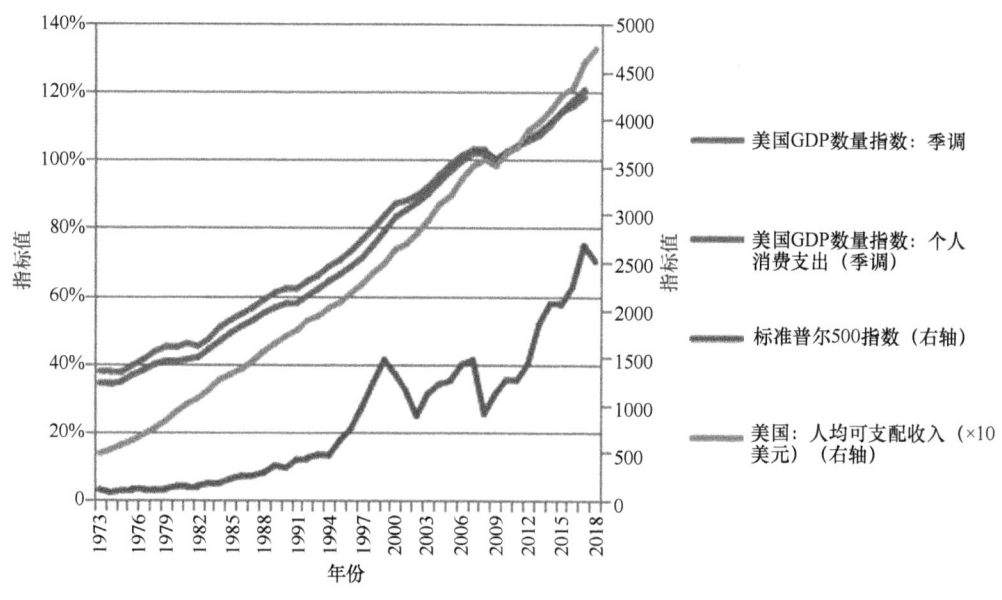

附图8-2 美国股市与GDP的关系

因为中国消费占GDP比重与美国1971年水平相当,所以以1971年为基期进行中美对比。

由附表8-4可见,1971—1985年,尽管GDP增长明显,但美国股市仍处于低位,除了纳斯达克综合指数之外,道琼斯工业指数涨幅甚至赶不上GDP增速。1985年以后,由于大规模减税,美国企业及资本市场均受到鼓舞,实体经营收益和居民财富增加,技术创新得到激励,股市市值与GDP之比连续创出新高,并且在后来发展途中,股市、技术创新、消费一直保持密切联系、循环互动。

附表8-4 以1971年为基期的美国相关指标增长倍数对比

年份	道琼斯工业指数	标准普尔500指数	纳斯达克综合指数	实际GDP
2018/1971	26.21	24.56	58.14	3.62
1984/1971	1.36	1.64	2.17	1.50
1980/1971	1.08	1.33	1.77	1.32

2. 美国股市增速左右消费增速

由附图8-3可以看出，美国个人消费支出数据与美国股指走势呈高度正相关，时间越接近当今，二者相关性越强，并且股指领先消费指数越来越明显。当股市向下波动，消费支出占比在一年半左右随之回落；而股市底部回升之后，也能够拉动消费进入下一轮回升。

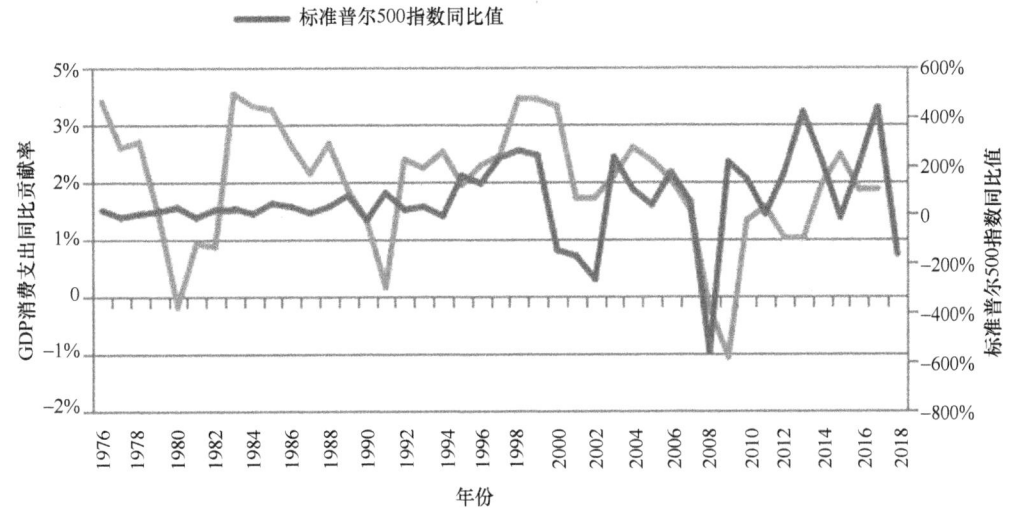

附图8-3 美国标准普尔500指数同比值与GDP消费支出同比贡献率的关系

原因是美国经济已经进入以消费主导的结构，人均收入水平早已跨越温饱，人口稳定，消费的增量比较恒定。一方面，投资收益的波动，大幅影响居民收入，成为消费增减的明显动因；另一方面，股票市场的升降，往往体现了科技发展、企业创造附加值的能力，也就是企业提供新型消费产品的能力。高质量的新供给增加，消费则形成增量，反之，消费回落。

（二）中国股市增速是GDP增速的3～8倍

目前，中国股市正处在从反映经济规模到反映经济质量的拐点上。金融供给侧改革的实质目标就是提供质量更高的金融产品，其一是向社会资金提供质量更高的上市企业、充分交易的市场。

从附表8-5可以看出，中国股市市值与交易规模的最大累计增速只是GDP累计增速的8倍（以1998年为基期），也没有达到美国的10倍水平。

附表8-5 以1998年为基期的中国股市规模的增长倍数是GDP增速的3~8倍

年份	市场总值	流通市值	成交额	GDP	贷款余额
2018/2008	29.07	78.19	47.77	9.71	13.88

由附图8-4可知，如今中国股指与GDP的关系与美国1985年大规模减税之前比较类似：GDP连年升高，但是股指长期停滞不前。同时，消费对GDP的贡献已经处于中高位置，接近于GDP增量贡献的60%。

股市成交规模与中国人均收入和消费总量的提升相适应。1997—2006年，沪深股市年内单日最大成交量一直没有突破150亿股，2018年达到603亿股。其中1999年上证市场创出阶段性单日成交量高位，不过50多亿股，这一数字在2015年牛市中飙升到800亿股。其实在中国跨入消费型发达国家之前，单日成交规模一定不会保持在过去的水平，这是与GDP增长、居民财富增加相匹配的。

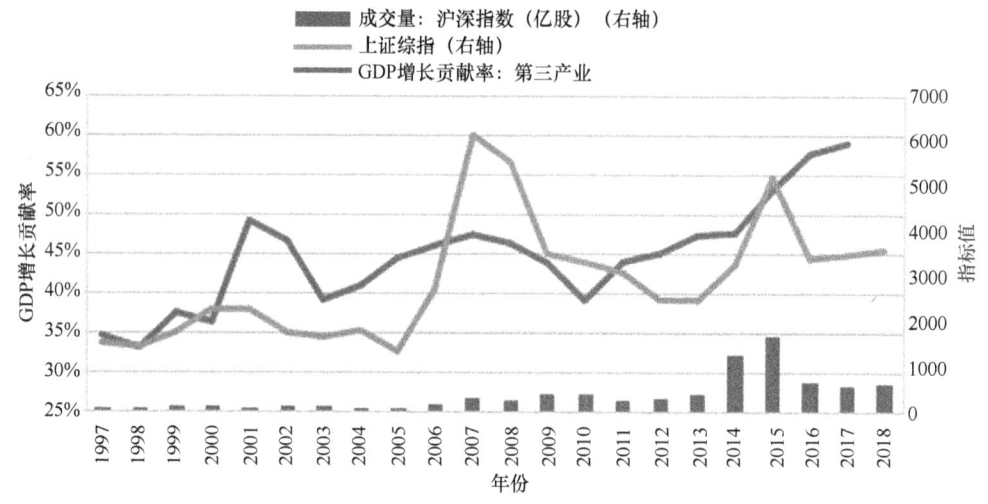

附图8-4 中国股市与第三产业对GDP增长的贡献率相匹配

2007年之前，股指趋势不能与经济趋势匹配，主要原因是上市公司数量的问题。在股改之前，股市基本没有代表中国经济存量的公司，股市市值占GDP比重极低，股指与GDP走势自然偏离。

2007年至今，中国股市主要问题已经是质量问题，也是发展阶段的问题。股市无论是市值还是交易量，其规模都增长了10倍以上，已经能够在某些角度上反映中国经济的规模，但结构和质量存在问题，还不能反映中国经济的扩张速度和质量。

未来，规模扩张还有待持续。规模不是最大问题，上市企业的质量与健康有效的市场秩序才是关键。目前，科创板的推出无疑是用市场解决市场问题的成功决定，未来注册制的实施更是人心所向。

（三）中国股市变化左右消费增量

虽然中国资本市场存在多种问题，但从"投资品"属性上还是反映了中国人均收入的提升,也在某些时段左右了消费的增速,与美国特征基本一致。

从附图8-5至附图8-7可以看出,居民消费强度与股指表现息息相关,滞后于股指一年左右出现高点或低点,非常明显地说明投资品也已经成为中国居民财富的重要组成部分,对消费起到引领作用。(由于餐饮业与三公消费的关系,零售业与网络购物的关系,这两个行业的数据统计存在环境影响,不是完全受居民消费意愿左右,因此近年来作为对比不是十分明显,但也很好地显示了股指对消费的支配性影响。)

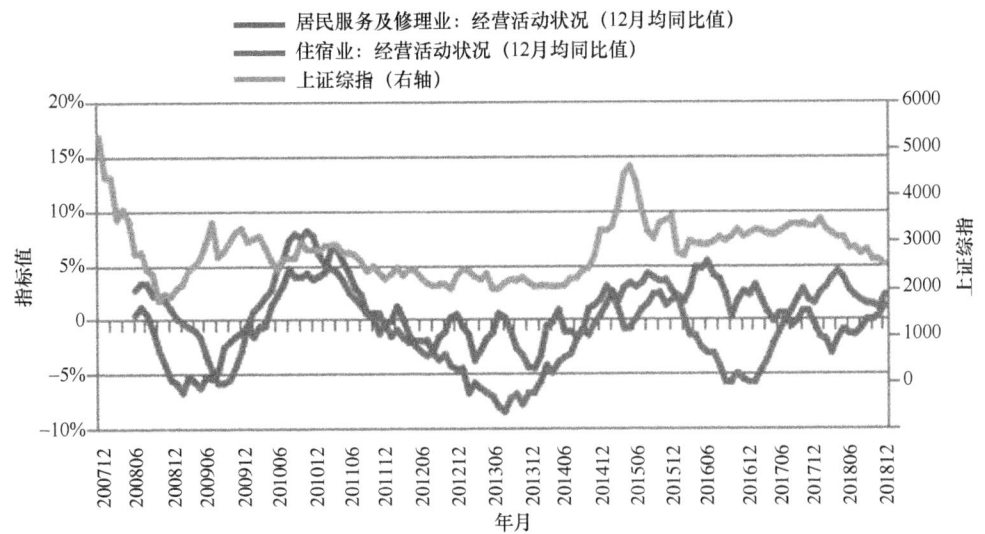

附图8-5　上证综指与居民服务及修理业、住宿业经营活动状况12月均同比值走势对比

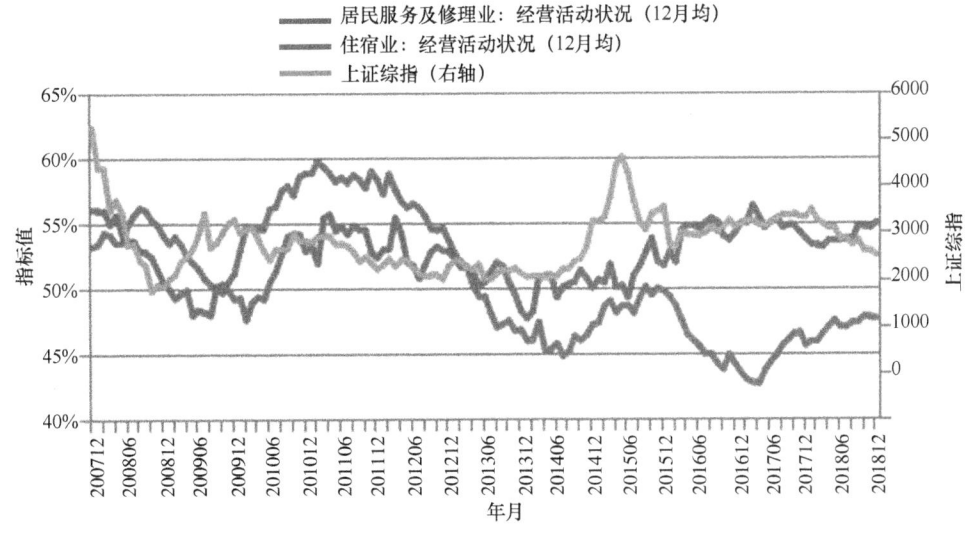

附图8-6　上证综指与居民服务及修理业、住宿业经营活动状况12月均走势对比

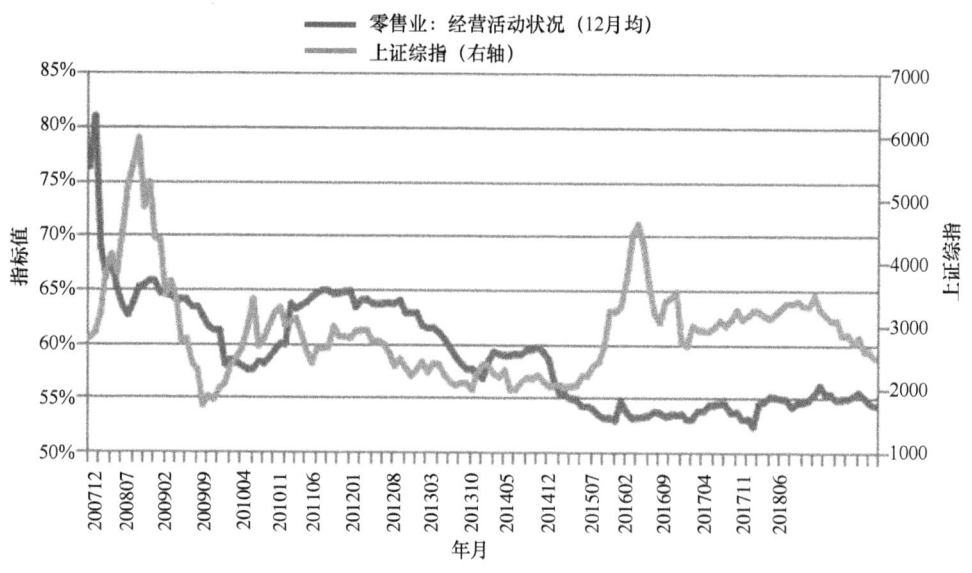

附图 8-7 上证综指与零售业经营活动状况走势对比

由附图 8-8 可以明显看出，股指的变化对于社会消费品零售总额增速的总体变化趋势有指引作用。2011 年年初、2013 年年初、2017 年第四季度等，随着股市上涨，社会消费品零售总额数据在之后的 2～4 个月里环比都有明显上升。2018 年年末股市见底时，社会消费品零售总额增速与 PMI 消费服务业都回落到一个较低的水平。但 2019 年开年股市涨势强劲，尤其在 2 月上证综指创下 2015 年以来最大涨幅，同时领涨全球。受此影响，2019 年 2 月的社会消费品零售总额增速也随之出现强力反弹，同步出现一波大幅增长与回升。

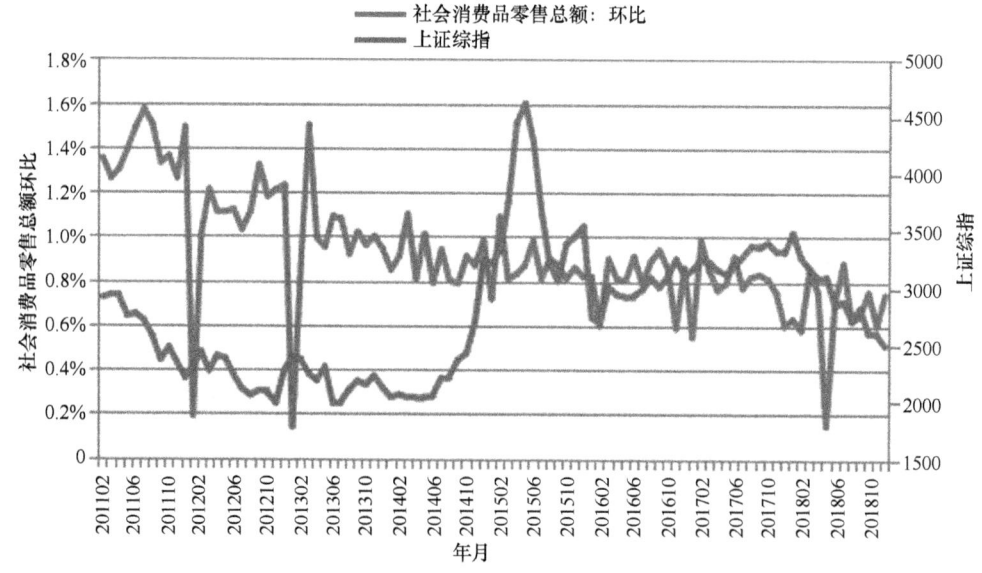

附图 8-8 上证综指与社会消费品零售总额环比关系

三、建议与展望

未来中国股市的目标,应该是像美国股市那样,成为与居民消费支出水平指标联系密切的一个市场,成为总体经济情况直观的反映。为达到此目标,我们的建议是:

中国的资本市场,应该在合理监管的前提下,让市场来承担主要工作。

目前,对规模扩张持以谨慎欢迎的态度,规则用以限制不当牟利,而不是限制牟利。

直接融资快速扩张有其他副作用。例如,非科创实体更加受益,因为快消领域变现快,中国式资金更青睐;又如,杠杆率重新升高,泡沫风险重来;再如,炒作投机风气盛行,影响市场长期建设。不过,市场的归市场,管理的归管理,如果因为市场过于喧嚣而关闭市场,显然是得不偿失的。注册制,用市场甄别质量,当足够多的博弈方存在的时候,理性往往胜出;审批制下,偌大市场,依靠监管机构人员的职业操守与奉献精神进行管理,工作量巨大却容易成效偏离。在前两年的重手治理、股市大幅波动中,投资机构的行为得到了极大约束。

目前,资本市场扩容是"新消费时代"的重要组成部分,是提升创新水平、促进消费、稳增长的有效手段。

(2019 年 3 月发表于《中国证券报》)

附录9 中国PMI成为全球经济"晴雨表"

近年来,由于贸易保护主义抬头,中美贸易摩擦一波三折,对全球经济造成较大影响,本轮库存周期(基钦周期)何时触底备受关注。由于全球各大国家均有PMI数据,国际可比性很好,本文分析了PMI数据的"国际链"后认为,经济的全球一体化已经成为趋势,各国经济数据呈现明显的链条关系,在经济周期,尤其是库存周期里,各国拐点固守着自身的位置,中国PMI不仅是中国经济,也是全球经济的"晴雨表"。

一、主要国家PMI的"国际链"

PMI数据始于1923年的美国,世界上其他主要国家都在20世纪建立了自己的PMI体系,中国物流与采购联合会于2005年向全球发布中国PMI,从而为全球经济对比研究提供了新的依据。

研究PMI历史数据可以看到,PMI的长期趋势波动充分反映了传统经济理论中的库存周期,并且比其他经济指标更为领先(这一点我们在其他文章中另有论述),而将全球主要国家的PMI放在一起进行比较,可以看到全球经济一体化非常明显。

因为PMI指标的当月波动较大,对长期趋势的反映不甚明显,为了更加直观地展现PMI国际链变动的趋势,我们使用各国PMI 3月均进行对比,如附图9-1所示。

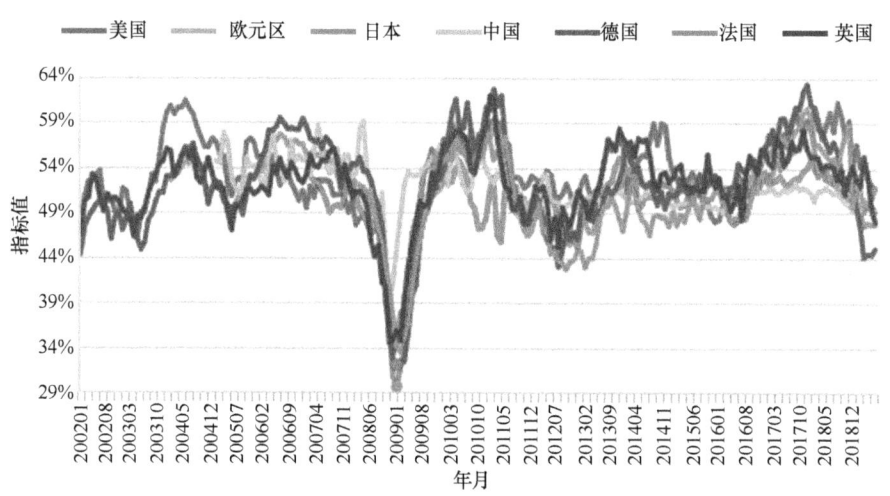

附图9-1 PMI数据在国际链上的变动趋势

从附图9-1可以看出,2002—2019年世界主要经济体PMI波动趋势几乎完全一致,全球经济的变化是同升同落的,没有例外。从中国PMI诞生的2005年到现在,全球经济经历了3个库存周期,全球经济一体化趋势十分明显。

究其原因,是国际产业转移活动日益频繁,使各个国家之间的产业结构关联性与互动性不断增强。国情不同,资本、技术、资源、劳动力几者在国与国之间分布得极不平均,是国际分工形成的主要因素,其中资本占据最重要的地位。资本强大的发达国家倾向于更少开发本国资源或将本国资源形成高附加值产品后用于出口,而资本缺乏、只能以劳动力取胜的发展中国家倾向于用劳动力换取利润,同时开发本国资源,却只能出口初级产品。这样,发达国家与发展中国家的经济活动联系更为紧密、不可分割。科技、物流的发展使得国际供应链更为成熟,国与国之间的经济进一步互相影响和制约,国际合作已经变得不太可能逆转。从各国的贸易史来看,自由贸易和贸易保护主义始终是交替出现的,贸易保护主义即便一时出现,在两三年的时间依然会不得不回到合作的道路上来。

附图9-1也可以看出,2008年金融危机带来的全球经济下滑,各国表现最为一致。但是其他几个周期里各国表现好像并不完全一致。其实这种在图中显现的差异,并非是哪个国家独立于世界经济之外,而是因为拐点时间不尽相同。各国在国际产业链分工中扮演了不同角色,承担了不同生产任务,从而在经济周期中拐点位置依次排列。

二、中国PMI是全球经济的"晴雨表"

各个经济体之间,周期拐点并不是同时到来的。在2008年金融危机的时候,这六大经济体的拐点前后相差的时间最短,约为4个月,从中国开始到日本结束,依次到来。后面顶点到来在时间上也存在先后差异。分析2005年以来的主要国家PMI,找出其各个库存周期的拐点,可以形成附表9-1。

附表9-1 世界主要经济体PMI高低点时间

经济体	低点月份	高点月份	低点月份	高点月份	低点月份	高点月份	低点月份
中国	2019年2月	2017年9月	2016年2月	2013年11月	2012年9月	2010年12月	2008年12月
英国	2019年6月	2017年11月	2016年5月	2014年1月	2012年7月	2011年2月	2009年1月
法国	2019年3月	2017年12月	2016年6月	2014年4月	2012年10月	2011年1月	2009年3月
德国	2019年4月	2017年12月	2016年4月	2014年2月	2012年7月	2011年4月	2009年3月
美国	2019年6月	2018年8月	2016年2月	2013年12月	2012年12月	2011年3月	2009年2月
日本	2019年2月	2018年1月	2016年6月	2014年12月	2012年12月	2011年3月	2009年2月
欧元区	2019年3月	2017年12月	2016年4月	2014年3月	2012年7月	2011年4月	2009年2月

从历史上看:
2008年低点是:中国—欧元区(英国)—美国—日本—法国、德国;
2010年的高点是:中国—英国—美国—日本;
2012年低点是:欧元区(英国、德国)—中国—美国—日本;
2013年高点各国PMI排序:中国—美国—德国(欧元区)—日本;
2016年低点传导顺序是:中国—美国—欧元区(英国、德国)—日本;
2017—2018年的PMI高点依次排序:中国—欧元区(英国、德国)—日本—美国;
2019年开始,PMI下行出现新低的时间点摆成一个链条:中国2019年2月、德国

2019年4月、日本2019年7月为最近3个月新低，美国ISM制造业PMI指数2019年6月为51.7%，7月为51.2%，继续刷新2016年10月以来的33个月最低。

综上所述，PMI的国际链传导顺序为中国—欧元区（德国、英国）—美国—日本。

为了更明显地呈现数据链的传导，我们制作了附图9-2。可以看出，从2008年开始到现在，一共经历了三个完整的库存周期，六个拐点，其中包括三个高点、三个低点，除了2012年低点外，在每一次全球经济拐点来临的时候，不管是高点还是低点，都是中国PMI首先产生变化。

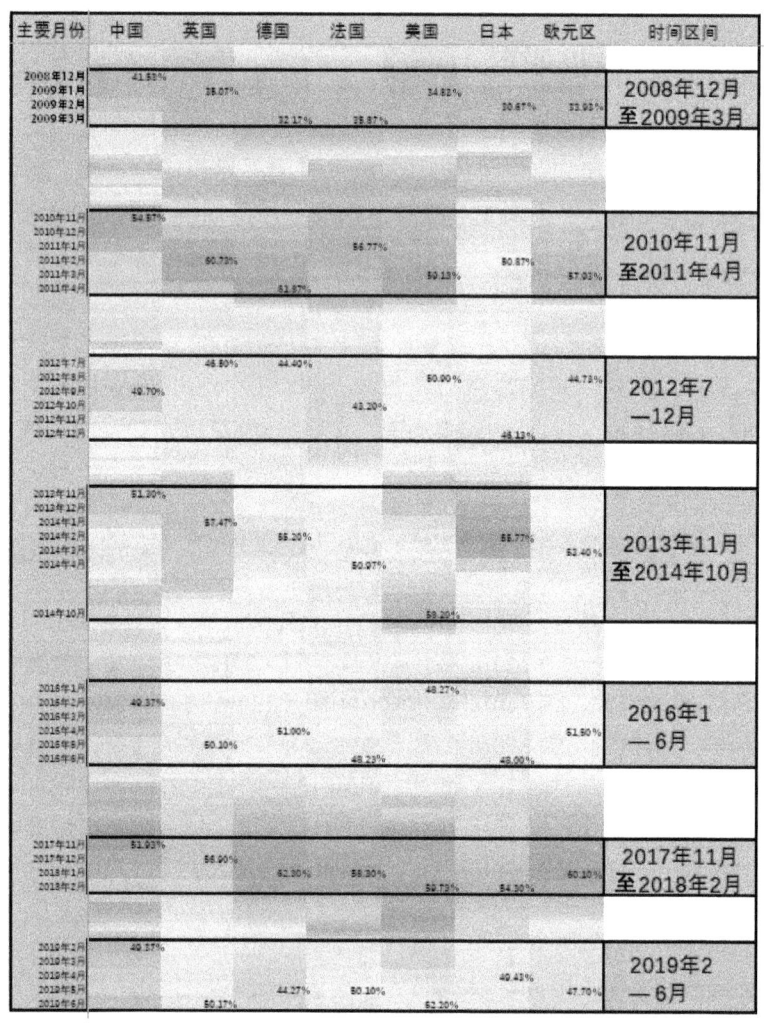

附图9-2 世界主要经济体PMI高低点变动热力图

分析成因，我们认为，拐点时间上的差异来源于全球分工，而且这种分工已经变得非常明显。

制造业需求在经济数据链条中领先于消费需求，原材料价格数据的变化领先于通胀（CPI）。在制造业内部，我们将行业划分为原材料制造、设备类制造、中间品制造和消费品制造几个大类，在行业链条上，四大类行业始终是依次传导的关系，前二者被称为周期行业，其变化领先于其他制造业。

国际分工是国民经济内部的劳动分工发展到一定程度后，由于前述国际供应链的发展而跨越国家界限在世界范围的延伸和继续。行业链之间的关系因为上下游传导，数据链之间的关系因为指标实现的先后传导，"国际链"，则是国际分工导致经济拐点形成先后，也跟各国的消费贡献率非常匹配。

分析全球各个国家在经济链条中的位置，也可以从上述两个角度观测。第一，发达国家的消费率高，消费支出对GDP的贡献率均在80%以上，在全球供应链中处于下游位置。第二，从制造业构成看，中国制造业采购对全球需求举足轻重，也是因为中国制造业中原材料行业产值占比超过60%，而发达国家制造业更多集中于设备制造，并且其设备制造的低增值环节也转向了中国等新兴国家。以中美贸易为例，中国主要从美国进口高端工业品，出口下游制成品，美国对于中国生产的下游制成品会有较强依赖性，结果是中国经济数据的波动，在一段时间之后才传导到美国的经济数据上。

PMI数据国际链清晰地显示了，中国经济的变化已经是全球需求的晴雨表。

三、未来国际链将继续变化

远观未来，产业链转移仍然在继续，随着中国人均收入的不断提高，中国资本的拥有量不断提高，中国也可能成为资本输出国而不再是劳动力资源输出国。例如，中国向东南亚转移部分产业，就如同美国当初向中国转移制造业一样，是发展阶段决定的、必需的。

短期，以东南亚为例，其劳动力成本虽然较低，但是劳动力数量级别与质量远远达不到中国的储备量，短期替代中国制造是没有可能的。首先，大量转移的结果是迅速推高替代者的成本，如越南人工的成本2018年以来迅速攀高，技术工人缺口迅速上升，房价地价也迅速上升，则长此以往必将推高成本。其次，中国上亿技术工人的储备，是东南亚劳动力的总和，长期看，全部替代是没有可能的。最后，制造业工艺决定了，向外转移的更多是组装，但制成很难转移。这些现象，就像中国没有向非洲转移制造业、美国只向中国转移了低端制造业一样，是共同的原因。长期看，即便发生产业外移，其速度将逐步放缓以至于停止。

但用历史的眼睛看，基于资本和阶层固化的原因，富有者和贫穷者的地位，只能靠教育改变；当资本贫富分属不同国家，同时穷国人口众多，若国家给予足够的教育和科技支持，贫国与富国的地位是可以转换的。

因此，未来随着中国科技和消费供给的扩容，中国经济结构优化，其在全球产业链上的贡献不同了，那么在"国际链"中的位置可能发生变化，但预计这个进程很长，至少需要在10年以后用PMI进行观测。

（2019年8月发表于《中国证券报》）

附录 10　从 EPMI 看，新兴产业将成为新引擎

目前中国经济正处在一个比较特殊的时期。由于人口红利消失、基数变大、人口老龄化加剧等原因，中国在走到中等收入国家的临界点时，GDP 增速已经逐年回落，同时由于全球贸易保护主义抬头，全球需求与中国需求仍将面临挑战，基尼系数比较高，各种形式表现出来的社会矛盾也很明显，中国能否成功跨越"中等收入陷阱"成为各界关心的问题。

研究我国 EPMI 数据，对比发达国家数据，逐项分析中国经济增长中的动力因素，我们认为，中国新兴产业将是中国经济新引擎，其扩张速度与中国整体经济增速息息相关，是未来中国人均收入保持增长的稳定器，也是中国跨越"中等收入陷阱"的通行证。开通科创板的致富示范效应对整体研发热情将有极大提升，同时其他产业政策的跟进，如减少科技投入计入折旧比例、加大科技投入所得税税前抵扣等，都将取得良好的政策效应。

所谓"中等收入陷阱"，是指第二次世界大战之后许多发展中国家在经济起飞到达中等收入后，缺乏增长动力，既无法在工资方面与低收入国家竞争，又无法在尖端技术研制方面与富裕国家竞争，最终出现经济停滞的一种状态。南美一些国家，如巴西、阿根廷、墨西哥、智利等就是具体的例子。它们的经济从 20 世纪 50 年代开始起飞，在 70 年代中期达到中等收入水平，然后就长期停滞不前，一直到 21 世纪，人均收入基本上还在中等水平徘徊，同时贫富差别扩大、腐败现象严重、公共服务短缺、金融体系脆弱、失业高居不下、社会矛盾激化等。

经过 30 多年的高速增长，2019 年中国的人均 GDP 已超过 6000 美元，达到了中等收入水平。但 2015—2019 年来，经济增长速度持续下跌，到现在已经低于 6.5% 且预计未来仍然会维持长期下行趋势（附图 10-1）。

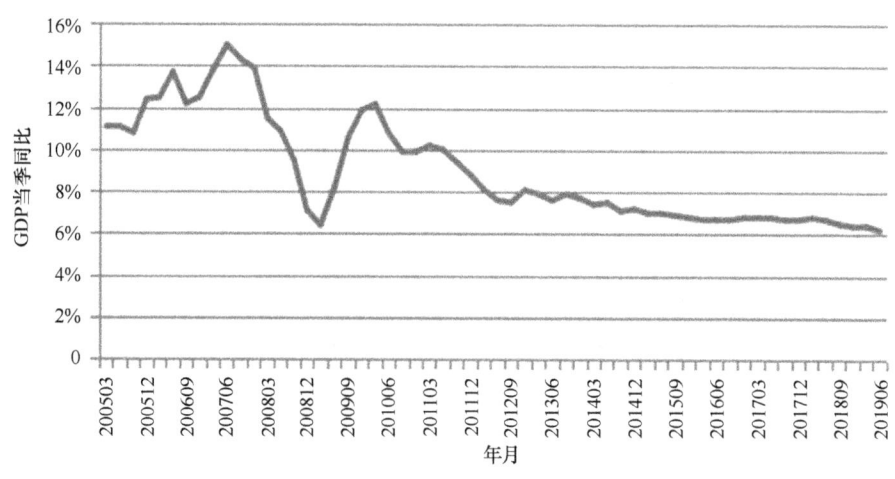

附图 10-1　中国 GDP 波动变化

分析中国经济增长中的动力因素，我们认为，新兴产业将是中国经济增长动力的新引擎。中国要成为发达国家、人均收入翻番，就需要制造业、采掘业等基础业态贡献足够多的利润，以基础业态为支撑的服务业贡献足够高的工资水平，二者配合，才能持续推升人均收入水平。

而制造业维持较高利润率，提升产品科技含量几乎是唯一可行之道。改革开放30年来，中国制造业从最开始的"粗制滥造"走到"全球最完整产业链"，其中科技创新的贡献已然成为制造业共识。

一、消费增速逐年下降，只有新兴产业能提供高质量供给

2014年以来，中国社会消费品零售（简称"社零"）增速形成趋势性下降，从2014年的12.1%逐步降至2019年的8%～9%，与2018年相比，2019年累计增速更是一直稳定在9%以下，引发社会各界担忧，同时引发"消费降级"的讨论（附图10-2）。我们认为，这是人均收入提升、社会保障增强到一定水平后产生的长期趋势，当这一增速停留在与名义GDP相当的位置时，会稍事停留，其后发展趋势则需要观察其他产业对人工的报酬水平，若社会整体报酬水平保持提升，则消费增速稳定，否则消费增速将无法维持。

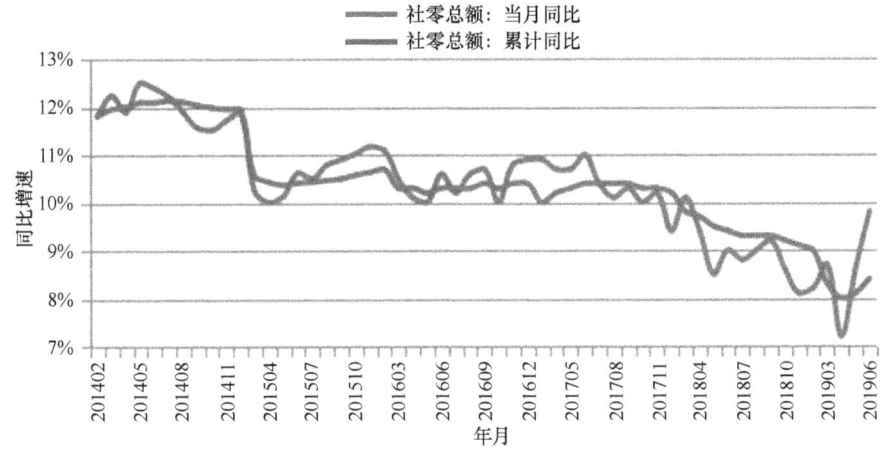

附图10-2　社零总额历年波动

对于社零数据我们的解读包含以下内容：

其一，社零并不完全代表消费，它不包含服务消费和虚拟消费，社零口径仅仅包括实物性的商品消费。同时，中国正向"服务占比将大幅增加"的经济结构转变，社零增速的下行不完全代表居民收入和消费支出下行（于颖，2019）。例如，2016年最终消费支出增速上升、贡献率上升，但社零增速就是下降的。

其二，社零数据除包含居民消费外，政府采购数据也占了很大一部分。而近几年由于政府采购限制增强，或者有阶段性的特殊支出，就会对社零数据造成扰动。

其三，无论哪种口径的消费，达到中等收入水平后，长期趋势都大致与名义GDP

相当，即它们的增速下降只是经济整体增速下降的一部分，且由于降幅更小，对于GDP贡献一直在上升（于颖，2015）。

总体来说，由于社零数据有失真的地方，用社零数据来证明"消费降级"不成立，但社零数据仍然可以说明一些问题，长期来看，未来社零数据进一步下行的压力依然较大。中国消费数据需要提升，全社会报酬和支出水平需要新的动力才可以有更多增量。

但在社零数据下降的另一面，国内同时存在需求无法满足的问题。例如，国内消费产品和服务质量不高，一方面制约消费；另一方面国内消费资金流向国外。也就是说，国内消费产品的科技含量、设计水平都存在很大的提升空间，从产业的角度看，新兴产业有广阔的发展空间。

因此，我们认为，我国经济社会发展的主要矛盾，已经不是人民日益增长的物质文化需要同落后的社会生产之间的矛盾，而是转变为人民日益增长的美好生活需要和不平衡不充分的发展之间的矛盾；主要矛盾不是满足温饱的问题，而是实现消费需求升级的问题。这为国内现有产业带来新的挑战和机遇（于颖，2018）。

二、工业增加值中枢下移，新兴科技提升企业利润率

在国内市场对于消费升级的需求越来越迫切的同时，工业增加值的同比增速却呈下降趋势（附图10-3）。工业增长持续、较大幅度地减速，是当前经济下行压力的主要来源。近年来，工业增长整体上呈现减速趋势，服务业成为GDP增长的主要动力。从PMI数据看，2018年是中国制造业转型进入3.0的平台期（于颖，2018），各项指标表明未来动力减弱，同时EPMI由于各种因素扩张速度放慢，而非制造业中的服务业保持强劲势头。

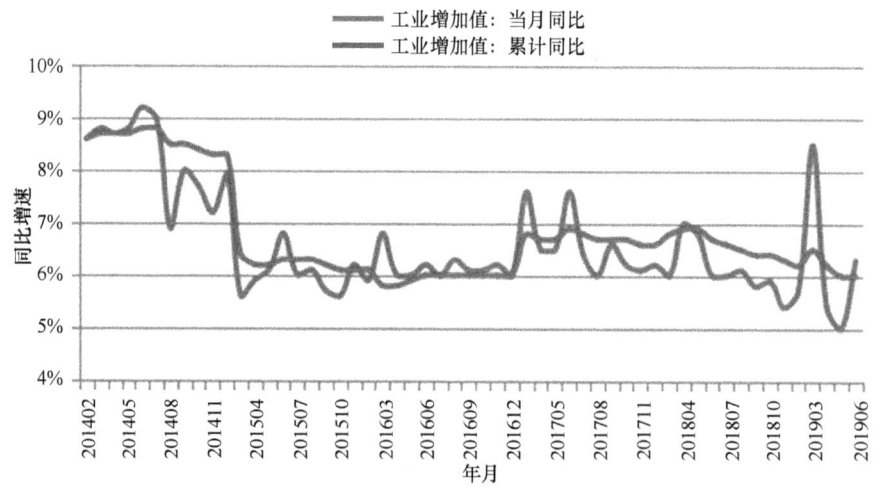

附图10-3 工业增加值历年波动

工业增加值增速回落除了基数变大外，主要原因一是世界经济复苏艰难曲折，中国出口形势不容乐观；二是中国投资增速回落；三是创新成分增长能力还需加强。我

们调查中企业反映的困难还表现在综合成本上升、市场需求不足、融资难融资贵等几个方面。如果工业增加值增速不能企稳甚至回升，那么人工薪酬也难以大幅提升，GDP增长也难以稳定。可以说，工业（其主要组成部分是制造业）的持续、稳定增长是我国保持中高速增长的关键。

但工业发展中也有乐观的一面。制造业投资增速，从2016年增长2.8%的低点回升到2018年的9.5%。2019年，制造业投资增长的回落主要和中美贸易摩擦导致的产业外移有重要的关系。我们认为，中美贸易摩擦只是一个中短期的影响因素，未来制造业投资总体是稳中趋升的一个发展态势，其中制造业产业升级可以拉动制造业投资进一步增长，提高附加值，有助于营造制造业长期健康发展的优良环境。

三、新兴产业增量是重要引擎

中国EPMI可以衡量描摹新兴产业发展状况，这是由中采咨询与科技部联合发布的数据体系，是我国仅有的一套反映新兴产业发展状况的数据库。国家有关部门零星公布的新兴产业增加值，历史上与EPMI表现高度相关，说明EPMI数据真实描摹了我国创新科技的规模与发展。数据表明，中国新兴产业的增加值近年来远远超出普通工业的增加值，但2018年发生增速放慢的现象（附图10-4）。

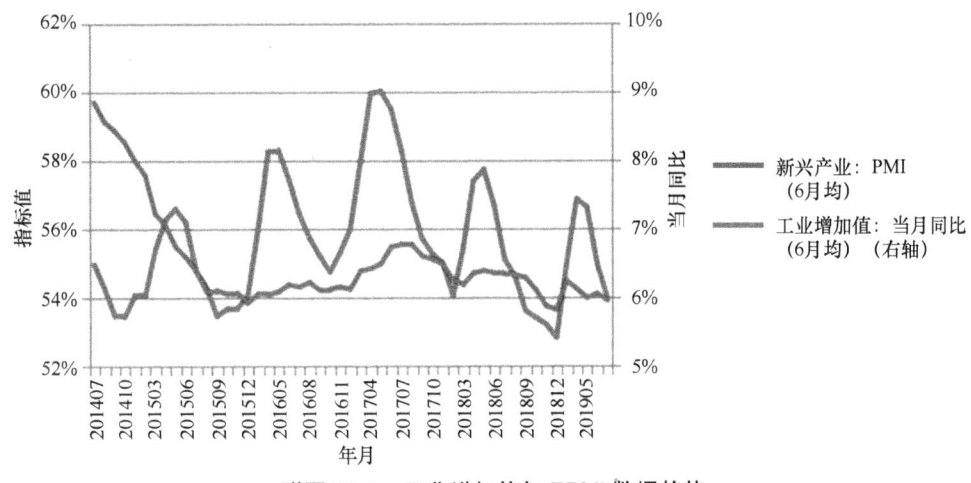

附图 10-4　工业增加值与 EPMI 数据趋势

（一）发达国家经济增长与科技产业数据的关系

经济理论中，劳动生产率与人均薪酬是直接相关的。推而言之，基础工业或者说制造业薪酬水平是消费服务业薪酬水平的绝对依据。只有制造业提供更多附加值、人均薪酬提升，服务业才能为其他劳动力提供相应水平的薪酬，从而制造业薪酬决定着整体居民收入水平的高度。发达国家的现状是，科技高附加值产品占比较多、劳动生产率较高，因此，人均收入高。反观历史，过去几十年甚至上百年工业革命、信息革命过程中科技力量的积累，是目前发达国家人均收入高的基础。因此，我们试图从可比的科技力量数据反证其与人均收入、经济增长之间的关系。

全球可比的科技相关数据，比较难以寻觅，全球五大知识产权局的分国别申请数据，除了韩国知识产权局以外，都在2015年停止发布。但管中窥豹，片段数据仍能从中看出中国科技的突飞猛进，并且大大带动了中国生产率的提升。其实，从几大产权局自2015年停止发布有关数据这一事件本身也能够看出，中国知识产权领域的发展，已经从被动从属地位上升到与美欧日韩的竞争关系。各国科技成就也可以从知识产权保护开始的年代窥得：美国和欧盟的知识产权保护在20世纪70年代就已经开展全球业务了；中国知识产权局是2005年才开始面向全球办理业务的。

所以，首先以仅有的韩国知识产权局数据来对比几个主要经济体的情况（附图10-5）。

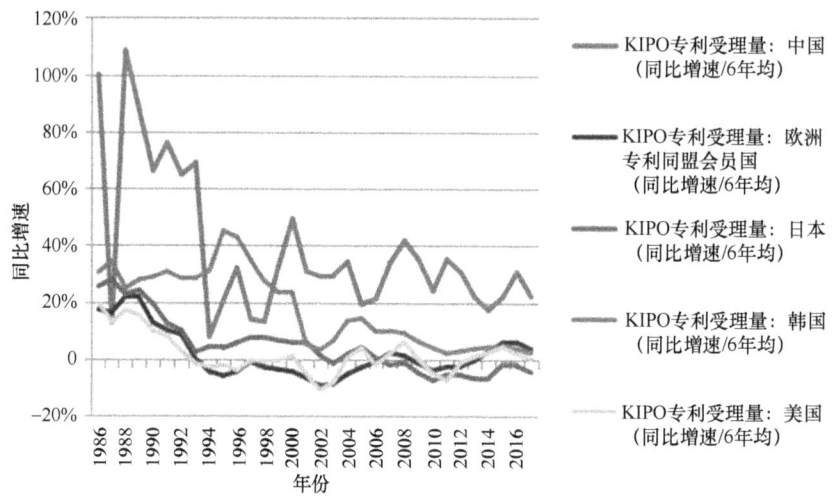

附图10-5　韩国受理的专利数量（主要国家增速比较）

由于韩国并非全球科技领头国家，其知识产权数据可能并不能全面反映全球科技分布，但从附图10-5中仍非常直观地看出，中国改革开放以来，其科技发展异常迅猛，知识产权申请数量多年来独占鳌头。中国申请知识产权数量增速与发达国家增速之差值，与其经济增速的差值非常吻合，明显地说明科技是第一生产力，科技力量的扩张与劳动生产率、整体经济增速息息相关。虽然，经济增长来源于多种资源禀赋，包括资本、劳动力、资源与科技，过去几十年中国经济发展得益于成本低廉的劳动力，但在中国目前与发达国家的比较中，显然中国最具潜力的已经不再是劳动力成本，而是科技了。

另外，我们可以研究美国知识产权局历史数据，分析专利数量与经济增长的关系。从附图10-5也能看出，韩国、日本20世纪的经济腾飞，与其经济中科技含量的快速增加完全匹配，再观察之前数据，美国的发展路径也同样拜科技所赐。

由美国知识产权局历史受理数据（附图10-6）可以看出两个特征：其一，1995年有数据以来，韩国、日本的专利申请量增速均与其GDP增速呈现明显的正相关。韩国两个数据增速在1999年、2009年前后跌入低谷，1997年、2003—2004年出现顶峰。日本专利申请量增速在2001年达到顶峰，而GDP于1997年、2004年分别出现峰值，随后2011年与专利数量增速同时出现谷值，2014年的差异可能与数据中断有关系，后面无法比较。其二,韩国的专利申请量增速一直大于日本,且波动较大;反映在GDP上面,韩国GDP增速也远远高于日本,同时波动幅度也较日本GDP更大。

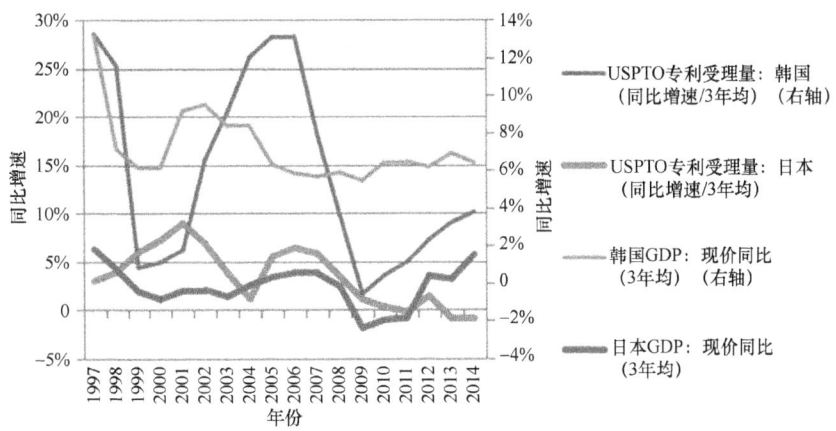

附图10-6　日韩在美专利申请数量与其经济发展波动关系

由上可见,科技与经济增长互为动力所言不虚。美国是当今世界经济最发达的国家,美国2018年人均GDP高达6.26万美元,很重要的原因是其科技高附加值产品占比多。美国科技水平和科技创新引领世界,可以极大推高劳动生产率,其在各个制造环节基本都占据甚至独自占据高技术含量、高附加值的部分,可以拿走行业链条中的绝大部分利润,从而推高了美国人民的收入。高收入经济体并不必然是发达经济体,但发达经济体必须是技术创新型国家,技术创新是其驱动增长的根本动力源泉。

(二)中国新兴产业高速发展,与GDP、人均收入的增长率正相关

同样可以从在美国知识产权局申请专利的数量增速方面,观察中国增速如何大于目前的发达国家。因为美欧日知识产权部门已经于2015年停止发布申请来源地数据,上文引用了韩国知识产权局数据,但其实从欧洲和美国历史上的专利受理数据也能看出近年来中国科技发展速度超越美国的程度(附图10-7和附图10-8)。

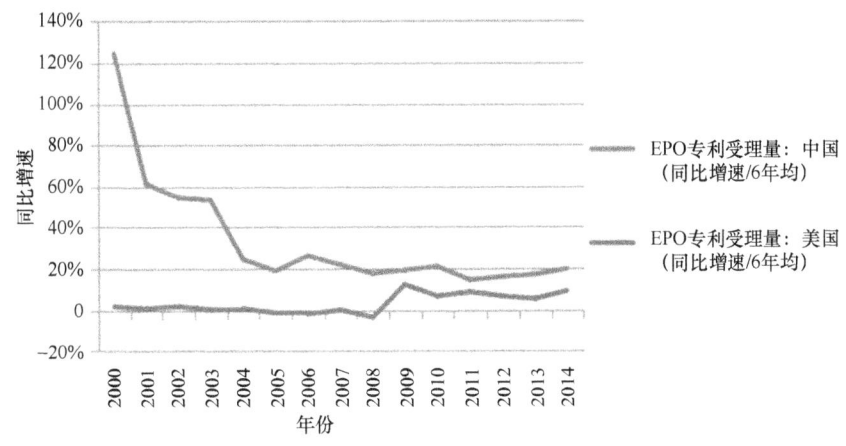

附图10-7　中美EPO专利受理量同比增速

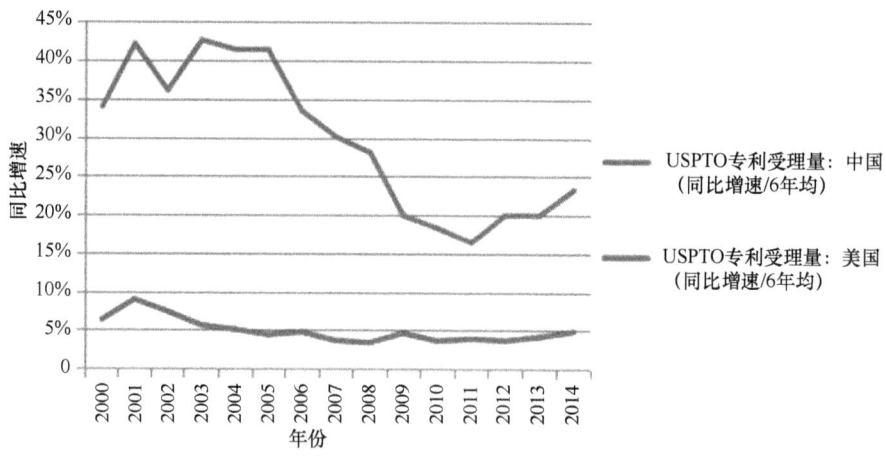

附图 10-8　中美 USPTO 专利受理量同比增速

由附图 10-7 可见，2000—2014 年欧洲专利局受理的中国专利申请量增速，由 130%下降到 20%；而美国同样的数据，长期在 0 左右，2008 年金融危机后其增速忽然抬头，稳定在 10%左右。美国知识产权局受理的中国专利申请量增速，由 2000 年 40%左右回落至 2011 年的 10%～20%区间，又回升至 2014 年的 23.3%；而美国本土的申请增速，由 2001 年最高的接近 10%增速，回落至 2012 年 4%以下的低点，随后稳定在 5%左右。虽然这两个增速比较，含有美国基数较高、中国后发优势等因素干扰，但其反映的中国科技发展从增速来看远高于美国也是事实，这与中国人均收入和 GDP 增速都高于美国的事实是一致的。

此外，从中国国家知识产权局 2008—2014 年发布的专利申请来源地数据也能看出端倪。中国本土申请常年保持 10%以上的增速，而美国申请量增速保持在 3%左右，并且美国在中国申请量增速的曲线与在其本土申请数量的增速并无不同，说明中国国家知识产权局的数据十分可靠。那么，从 2014 年年底的绝对数量看，中国受理本土居民申请的专利数量 798 074 件，已经超过美国受理本土居民申请专利数量 277 381 件，即使不考虑人口因素，也足以说明中国科技的长足发展。

另外，我们使用 PMI 这一国际可比数据体系。2015 年以后，专利申请来源地数量缺失，我们可以用中美 PMI 及 EPMI 的波动观测两个国家科技产业增速的关系（附图 10-9）。

因为中美 PMI 存在各自的波动区间，所以仅仅用绝对值对比是不科学的，我们采用波动率（离散程度）来观察 2014 年以来两国 PMI 数据的变化，并且为观测趋势，对 3 种离散程度数据做了移动平均处理。可以明显看出：

① 中美 PMI 波动一致。
② 中国制造业 PMI 领先于美国制造业 PMI 的波动。

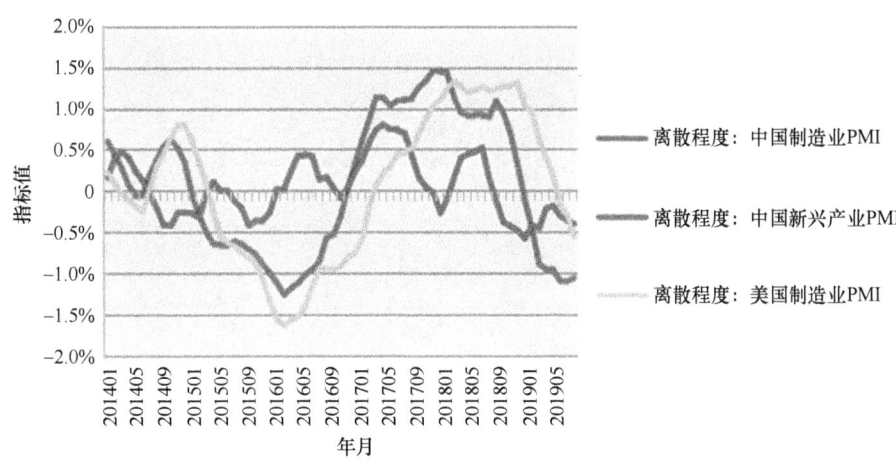

附图 10-9　中国新兴产业 PMI 与中美制造业 PMI 波动对比

③ 中国新兴产业 PMI 的波动拐点，明显领先于中国制造业和美国制造业拐点。

④ 中国新兴产业 PMI 波动较小，在 2015 年 4 月至 2016 年 10 月不存在明显的向下波动，说明其发展稳健。

⑤ 与中国 GDP 做对比，2015 年 4 月至 2016 年 10 月前后，中国制造业 PMI 向下波动时，中国 GDP 并没有产生同样幅度的向下波动，可以得知，中国新兴产业曾经形成了中国经济增长的重要增量。

2018 年中美贸易摩擦直接影响了中国新兴产业的发展，历史数据研究证明，中国新兴产业的扩张影响中国制造业扩张，然后通过国际链影响美国制造业。但是，中国新兴产业的扩张受限，也是中国经济的重要掣肘因素，因此应多措并举、大力扶持，期待其为中国整体增长护航。

离散程度 =（当月值 - 长期均值）/ 标准差，计算过程及数据如附表 10-1 所示。

附表 10-1　中美 PMI 均值和标准差值

日期	中国制造业 PMI	中国新兴产业 PMI	美国制造业 PMI
201401—201907 均值	50.6%	55.1%	54.8%
201401—201907 标准差	0.81%	3.93%	3.49%

中国新兴产业数据说明，在长期制造业振兴的基础上，中国新兴产业取得了长足的发展，从 PMI 对比看，新兴产业高涨之后往往伴随着制造业的一轮振兴。新兴产业低迷则制造业数据不良，由附图 10-10 可见，新兴产业在 2014 年、2015 年高涨之后，与制造业的差值 2016—2017 年有所缩窄。二者相互融入、相互支持，制造业 PMI 代表基础，新兴产业 PMI 代表增量。由附图 10-11 可见，从近年与 GDP 的关系看，新兴产业的发展态势与 GDP 的增速关系更强。长期如此，短期也是如此。

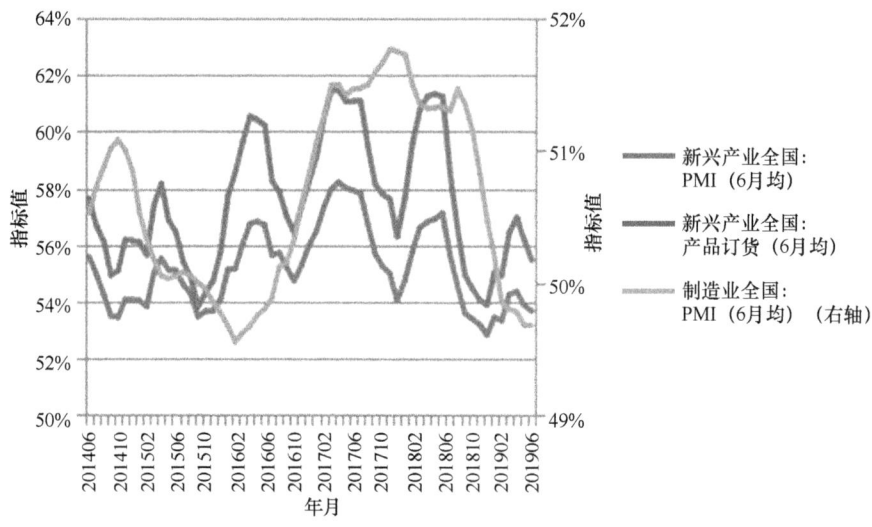

附图 10-10　新兴产业 PMI 与制造业 PMI 波动

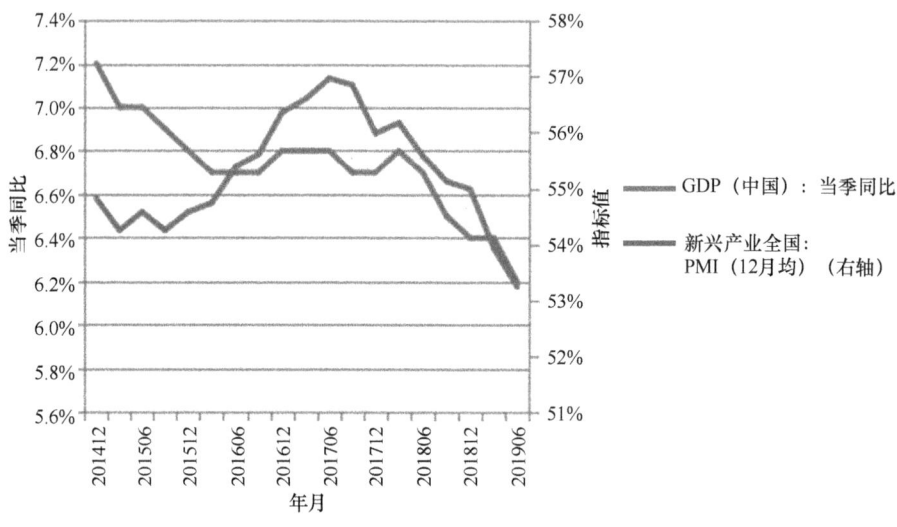

附图 10-11　新兴产业 PMI 与 GDP 波动

我国人口规模大、市场需求广阔，改革开放 30 年制造业发展的同时，形成了全世界最完备的供应链条，这样的巨型经济体可以发展的新兴技术是非常广泛的。目前，我国在很多领域已经或正在移除人力密集型的制造业，但在技术上只有少数领域处于全球比较领先的位置，缩小这些差距，提高全要素生产率，中国仍具有后发优势，而新兴产业是保持中高速增长的原动力。

（三）科创板可护航新兴产业

数据表明，新兴产业的发展与资金支持密不可分（附表 10-2）。从数据看，新兴产业 PMI 与各种资金指数具有较高的相关性，如 EPMI 与 M2、信贷和社融规模的相关性分别达到 0.73、0.67 和 0.81。说明新兴产业的扩张严重依赖资金支持。

附表10-2　新兴产业PMI与资金指标同步率

PMI指标	资金指标	同步相关系数
EPMI	M2	0.73
EPMI	信贷	0.67
EPMI	社融规模	0.81

此外，新兴产业PMI与股市状况联系紧密，股市也是资金进入实体经济情况的表征（附表10-3），历史上，二者相互领先相关，相关系数达到0.73，说明缺少股市资金的支持，新兴产业的发展也会受限。

附表10-3　新兴产业PMI与上证综指关系

PMI指标	股指指标	领先5个月相关系数	领先6个月相关系数
EPMI	上证综指投入	0.73	0.86

新兴产业的亮点表现在新品投产和科研投入上，无论是新品投产和科研投入都需要大量资金，而仅仅靠企业自身又难以持续，如新药、半导体、集成电路等都是投入巨大的，需要依靠企业外的资金支持。国家政策的导向难以使财政资金进入新兴领域，因为新兴领域、新产品的机会与风险都同样巨大，创投资金是对新兴产业发展极为有利有益的补充。近年来，无人机、生物新药、太阳能、光伏等产业都获得了长足发展，离不开股权创投资金的支持，离不开中国民间科技研发投资的热情与努力。

纳斯达克综合指数成为全球科技风向标是众所周知的，由于不要求盈利、倾向风险投资、允许同股不同权等制度，大大鼓励了创新精神与创业者。发展至今，纳斯达克综合指数容纳了多个当今世界上增长最高的公司，也代表了世界科技发展的增速，为数不多的企业支撑了纳斯达克综合指数。科创板借鉴了纳斯达克综合指数的创新制度，完全区别于创业板和新三板。科创板已经携带新规则推出，这将极大满足中国科技产业的融资需求，也为中国新兴产业的发展带来新机遇。未来我们希望中国的科创板可以成为中国的"纳斯达克"，为中国新兴产业蓬勃发展保驾护航。

四、发展新兴产业需要多策并举

中国目前新兴产业的发展，受制于资金和中美贸易摩擦，自2018年以来进入数年最低状况。2019年以来，EPMI数据从5月便一直持续疲软，且各项指标月度间来回交错、波幅大于往年，这对于整体经济增长无疑是不利的。但是2019年7月的EPMI在最近4年中，仅低于2017年。在年度次低的淡季季节，7月EPMI环比值为-0.8%，明显高于往年均值的-6.8%，同时其3月均为-3.8%，也高于往年均值（-4.7%），是较强的淡季数据，这为科技产业抬头提供了一丝线索。

我们的新兴产业调查显示，加大科技投入已经成为企业的共识。目前，中国经济的发展已经不再像以前一样与环境污染、高能耗、低人力成本等因素联系在一起，而是变得与技术紧密联系，变成研发驱动。中国很多的企业，尤其是新兴产业企业都在追求工业的进步、技术的进步,追求产品的竞争力,希望和国际上最好的公司做标杆的比较。这样的趋势对于形成有利于新兴产业发展环境无疑是极其有利的。

但同时企业也反映,虽然政府方面的各种政策支持也能够看到,但落实到基层、企业能够真正受益的政策还是偏少。例如,加快科技投入计提折旧、加大科技投入所得税税前抵扣等政策,对于企业方面是利好,但基层执行往往不能到位。所以我们呼吁,在保护主义抬头、全球贸易环境恶化的局面下,各级政府应励行贯彻"科技兴国"战略,多措并举,提升新兴产业发展水平,为实现跻身中等发达国家和实现第二个一百年奋斗目标而努力发展。

目前,我国技术创新对经济增长的贡献率已上升至55.3%,但仍远低于发达国家水平(郑秉文,2016)。创新发展是中央提出的新发展理念的第一条,提高创新能力是供给侧改革的重要内容。国家对于新兴产业发展的重视,既着眼于解决我国当前问题,也着眼于实现长期发展。只有新兴产业健康发展、自主创新能力大幅提升、发展主要由创新驱动,我国才能顺利跨越"中等收入陷阱",实现21世纪中叶达到中等发达国家水平的目标。

(2019年10月发表于《科技中国》)

数据链行业链，互为因果
—— 代后记

感谢师长们的褒奖和认可，感谢一路同行的所有人。

真的是幸运，PMI横空出世的时候，宏观策略圈刚好没有靠诗文功夫闻名的，于是一篇篇恰似散文的数据报告赢得了眼球。从没靠文字获得偌多认可的文青，剑走偏锋倒栽数学以蓝青，然每每杀青之处，隐约五院余温。

挖掘PMI的十几年里，投研圈也得到太多支持，来自太多朋友，朋友来自大家对数字和经济共同的热爱。每一位，都珍惜，都感谢，都是一路走来的兄弟。

有些支持，一直持续至今；而有些支持已经不再，因为人已不在。不再的比如大项，比如尼古拉斯，比如利得"帅锅"，都是年轻"油菜"。因为忙成了习惯，没有时间探究宿命这个词的意思。是否有超越人类的信息存在，是不知道的。看书几乎是不记得内容的，就像看人记不得面孔，只记得判断结论和特质。看完《周易》，如众所周知的，我确乎忘记内容，只记得两个字，轮回。

就像经济周期一样，循环。

十六年前，有人说，这，就将一个中国的事交给你了，那时阳光灿烂得有些耀眼。那时阳光是上午的，有些凉和薄的光，带着北京的平板味道，就此穿透理想，穿透光阴。

2009年写道，"数据链行业链华丽交叉。"写完第一本书还给自己布置了任务，把中国经济数据的传导链条尽量厘清。写着写着，就写满了春夏秋冬。那时不大懂股债期汇，只是刚刚学了C#。

2011年写道，"时间经停此处，历史半个循环，价格、订单与库存，随时为我们指示后面的进程。"青春捆绑着4万亿的滔滔，也捆绑着最现实的取舍，进出三里河，十六层的楼，计算季节和调整的因果优劣。写道，"时间仿佛经停、合拢，仿佛即将印证某一个历史时点，但实际上此处非彼处，时间永远经停而从不停留，历史从来仿佛绝不重复。"2013年，有病迁延。

2015年写道，"此7非彼7，危中有机，有质量的成长在路上。"2016年写道，"供改与转型升级出清。"2017年写道："供给体系创新，造就新消费时代。"也在想PMI要贡献何样的新供给。2018年，制造业平台和质量同来，开始写供应链。2019年，横纵对比写下长文，讲效率故事。2020年，出清重塑再来一波，再述供应链节点龙头。

数据在目，青春不再。历史永远是半个循环，没有闭环，也许偶有莫比乌斯环。

循环再来时,需要用历史把握未来时,需要睿智得足够判断何处取舍。不幸而有幸的是,舍即有得,一路取舍,拘守胡杨。距离PMI出品十六年,距离第一本书出品十年,一直未曾偏离,一直努力践诺。大音稀声说的是庄家,没有声音的研究者注定不是好学者,但无形地做事未必不成事罢。一位前辈说,稍等等。

　　用青春见证过循环或者说周期,却不敢说不辱使命、不负师恩,不知道努力够不够,只知道肩上沉得很,每一位前辈,每一位同道,每一位小伙伴,就像订价存,在一个链条上彼此相依,虽有波动的冲动,却拗不过彼此间生物场互动的互生。彼此支撑方见长势久业。

　　人与事,量与价,构成周期,互为因果。

　　无法计算闭环何处,欲提笔常忘言,因为一直在出发的路上。

于　颖